广东省优秀社会科学家文库（系列三）

李凤亮自选集

李凤亮 ◎ 著

中山大学出版社
·广州·

版权所有　翻印必究

图书在版编目（CIP）数据

李凤亮自选集/李凤亮著． －－广州：中山大学出版社，2024.12．
（广东省优秀社会科学家文库）．－－ISBN 978-7-306-08372-2

Ⅰ．C53

中国国家版本馆 CIP 数据核字第 2024Z0M008 号

LI FENGLIANG ZIXUANJI

出 版 人：	王天琪
策划编辑：	嵇春霞　廖丽玲　陈　霞
责任编辑：	陈　霞
封面设计：	曾　斌
责任校对：	高津君
责任技编：	靳晓虹
出版发行：	中山大学出版社
电　　话：	编辑部 020-84110283，84113349，84111997，84110779，84110776
	发行部 020-84111998，84111981，84111160
地　　址：	广州市新港西路 135 号
邮　　编：	510275　　传　真：020-84036565
网　　址：	http://www.zsup.com.cn　E-mail：zdcbs@mail.sysu.edu.cn
印 刷 者：	佛山市浩文彩色印刷有限公司
规　　格：	787mm×1092mm　1/16　28 印张　482 千字
版次印次：	2024 年 12 月第 1 版　2024 年 12 月第 1 次印刷
定　　价：	98.00 元

如发现本书因印装质量影响阅读，请与出版社发行部联系调换

李凤亮

　　李凤亮，1971年生于江苏阜宁，现任华南农业大学党委书记、二级教授、博士研究生导师，兼任广东农村政策研究中心主任、《华南农业大学学报（社会科学版）》主编、乡村振兴研究院院长。1994年毕业于徐州师范学院中文系，留校任教。1996年考入暨南大学中文系文艺学专业攻读硕士学位，1998年提前攻读博士学位，2001年获博士学位后留暨南大学任教，2006年破格晋升教授（其间，2001—2004年在中山大学中国语言文学博士后流动站从事研究，2007年赴美国南加州大学访学一年）。2008年任深圳大学党委常委、副校长。2016年任南方科技大学党委副书记（后兼任纪委书记），2021年任党委书记。2023年任华南农业大学党委书记。

　　从事学术工作近30年，研究领域集中在文艺理论、文化产业与文明发展方面，其中，在西方小说诗学、当代海外华人学者批评理论、文化科技融合与新型文化业态等领域具有开拓性贡献。独立主持国家级课题6项（其中国家社科基金重大项目3项），出版《诗·思·史：冲突与融合——米兰·昆德拉小说诗学引论》等各类著作近30部，发表学术论文200余篇、文化评论近200篇。曾获得中国文化产业20年学术贡献奖、霍英东教育基金会高校青年教师奖、广东省哲学社会科学优秀成果奖、广东省文学评论奖、鹏城杰出人才奖等。目前兼任中国文艺理论学会副会长、中国中外文论学会副会长兼文化创意产业研究会会长等。

"广东省优秀社会科学家文库"（系列三）

出版说明

哲学社会科学是人们认识世界、改造世界的重要工具，是推动历史发展和社会进步的重要力量。党的十八大以来，以习近平同志为核心的党中央高度重视发展哲学社会科学，习近平总书记亲自主持召开哲学社会科学工作座谈会，就哲学社会科学工作发表一系列重要讲话，作出一系列重要论述和指示批示，对构建中国特色哲学社会科学作出总体部署，有力推动哲学社会科学事业繁荣发展。党的二十届三中全会进一步明确提出"构建中国哲学社会科学自主知识体系"，这是党中央立足完成新的文化使命和哲学社会科学发展规律作出的重大部署，也是新时代我国哲学社会科学发展的战略目标。

广东省委省政府深入学习贯彻习近平文化思想，认真落实习近平总书记关于哲学社会科学的重要论述，着力加强组织领导、政策保障、人才培育，扎实推动全省哲学社会科学事业高质量发展。全省广大哲学社会科学工作者自觉立时代之潮头、通古今之变化、发思想之先声，积极为党和人民述学立论、建言献策，涌现出了一大批方向明、主义真、学问高、德行正的优秀社科名家，在推进构建中国哲学社会科学自主知识体系进程中充分展现了岭南学人担当、演绎了广东学界精彩。广东省委宣传部、省社科联组织评出的"广东省优秀社会科学家"就是其中的杰出代表，他们以深厚的学识修养、高尚的人格魅力、先进的学术思想、优秀的学术品格和严谨的治学方法，生动展现了岭南学人的使命担当和时代风采。

遵循自愿出版原则，"广东省优秀社会科学家文库"（系列三）收录了第三届广东省优秀社会科学家中9位学者的自选集，包括（以姓氏笔画为序）卢晓中（华南师范大学）、朱桂龙（华南理工大学）、李凤亮（南方科技大学）、李庆新（广东省社会科学院）、李宗桂（中山大学）、吴承学（中山大学）、何自然（广东外语外贸大学）、陶一桃（深圳大学）、程国赋（暨南大学）。自选集编选的原则是：(1) 尽量收集作者最具代表性的学术论文和调研报告，专著中的章节尽量少收。(2) 书前有作者的"学术自传"，叙述学术经历，分享治学经验；书末附"作者主要著述目录"。(3) 为尊重历史，所收文章原则上不做修改，尽量保持原貌。

这些优秀社会科学家有的年事已高，有的工作繁忙，但对编选工作都高度重视。他们亲自编选，亲自校对，并对全书做最后的审订。他们认真严谨、精益求精的精神和学风，令人肃然起敬，我们在此表示衷心的感谢和崇高的敬意！

我们由衷地希望，本文库能够让读者比较方便地进入这些当代岭南学术名家的思想世界，领略其学术精华，了解其治学方法，感受其思想魅力。希望全省广大哲学社会科学工作者自觉以优秀社会科学家为榜样，始终胸怀"国之大者"，肩负时代使命，勇于担当作为，不断为构建中国哲学社会科学自主知识体系，为广东在推进中国式现代化建设中走在前列作出新的更大贡献！

丛书编委会
2024年11月

目 录

学术自传 / 1

第一辑　米兰·昆德拉与西方小说诗学

诗·思·史：冲突与融合
　　——米兰·昆德拉小说诗学研究论纲 / 3
幽默小说：品性与历史
　　——米兰·昆德拉的启示 / 20
复调：音乐术语与小说观念
　　——从巴赫金到热奈特再到昆德拉 / 30
叙事与述史：多元重合的精神空间
　　——文学叙事与历史叙事比较的理论基点 / 40
遗忘与记忆的变奏
　　——米兰·昆德拉小说的题旨隐喻 / 47
思想与音乐的交响
　　——米兰·昆德拉小说的结构隐喻 / 58
审美与存在的合奏
　　——米兰·昆德拉小说诗学的当代意义 / 71

第二辑　批评理论与海外华人诗学

批评的开放与开放的批评
　　——论当代批评建构的文化之路 / 79
海外华人学者批评理论研究的几个问题 / 89
徘徊在现代与后现代之间
　　——李欧梵文学批评的现代性视野 / 99

"互译性"研究与跨语际批评
　　——论刘禾文学研究的现代性视野 / 114
走向跨地域的"中国现代诗学"
　　——海外华人批评家的启示 / 139

第三辑　文化产业与城市文明

文化产业提升文化软实力的战略路径 / 151
数字创意时代大城市群的文化消费升级 / 162
数字文化产业视野下的传统文化创新 / 175
新发展格局中的文化消费走向 / 187
从文化自觉、文化自信到文明创新
　　——中国共产党百年征程的文化贡献探赜 / 205
新时代守正创新的价值意蕴与文化实践 / 216
习近平总书记关于国家文化安全论述的哲学底蕴探析 / 233
国家文化安全：时代语境、战略布局与实践路径 / 244
中国式文化现代化建设论纲 / 256
中华民族现代文明建设的三重自信 / 272
全球文化创新资源集聚与深圳城市文明典范构建 / 286
以习近平文化思想指引城市文明典范建设 / 302

第四辑　新文科与话语体系

新文科：定义·定位·定向 / 323
新文科视野下的大学通识教育 / 329
加快建设中国特色世界一流的新文科 / 342
新文科与当代中国文论的"破"与"立" / 348
内化与外溢：社会转型背景下的人文学术生产 / 356
新时代构建中国自主知识体系的几点思考 / 371
话语体系建设是构建中国特色哲学社会科学的关键 / 382

附录　李凤亮主要著述目录 / 389
后　记 / 417

学术自传

◎ 李凤亮

一

我出生成长于苏北一个普通的农民家庭。现在想来，走上学术研究的道路，偶然中有一定必然。偶然，是我的家乡阜宁虽然自古崇文重教、尊道厚德，是著名的"淮剧之乡""杂技之乡""散文之乡"，素有"江淮乐地"之称，但我出生于世代农民的家庭，根本谈不上一点学术的家传；必然，是父亲从我小时候开始就不断耳提面命，要做有出息的"读书人"。父亲对我影响最大的一句话，便是"力养一人，智养千人"。这是一个乡下人朴素的进取哲学，却足足影响了我几十年。父亲对子女教育的重视，体现在方方面面。记得我上小学的第一阶段，是在村小的一至三年级度过的。村小没有食堂，家在外地的老师要轮流到学生家里吃"派饭"。我清晰记得，轮到老师到我家吃饭时，父母会提前好几天准备，并会约上不用吃"派饭"的其他老师和乡贤，比过年还隆重。家庭的尊师重教，在我幼小的心中刻下极深的印痕，也成为促使我后来选择上师范、当教师的重要因素。

1984年春，父亲因病去世，当时我正读初一。这一打击是巨大的，也催促我在学习上更加用功刻苦。父亲在世时，他不仅像大多数农民一样辛勤劳作，而且还尽可能创造条件，让在乡下的孩子打开眼界，接受教育，努力改变自身的命运。也许是和父亲的交谊吧，还有对努力上进的我的喜爱，老师们给了我能给的一切帮助。中考时，我取得了全县第一的好成绩。为了让母亲早日卸下生活的重担，我选择了报考中等师范学校（以下简称"中师"），成为江苏省阜宁师范学校数百名中师生中的一员。

中师的生活是新鲜而愉快的。开学典礼上，校长鼓励同学们要努力争取三年后那几个保送高校的机会，使得因不能读高中失去考大学的机会而苦闷的我感到天空重新又明亮了起来。按照保送规则，学生不仅要在同年级学生中成绩名列前茅，还要在中师生基本技能的"三字一话"（毛笔字、钢笔字、粉笔字、普通话）上取得优秀，更要在学生干部和社团活动中表现突出。在这几个方面，我付出了比别人多出数倍的努力。学习任务重，加上担任学生干部，没有时间练字，我就买来蜡烛，每天清晨四点起床到教室学习书法。一个学期不到，字已写得像模像样，并被推荐参加江苏省中师生毛笔字比赛，获得二等奖。中师的生活同时也是丰富多彩的，我在其中得到的锻炼也很全面。除了学习，作为班长和年级学生会主席的我经常组织各种活动，如书法竞赛、手抄报比赛、迎新晚会、跨年级对口交流，甚至还和同学创作并表演过相声。其间，我报名参加了学校的社会实践调研，在政治课老师马浩的指导下，我撰写的《在改革中腾飞——阜宁化肥厂改革纪实》获得华东六省一市中师协作体学生调研报告的特等奖，这可以说是我对"研究"的最初尝试。

中师毕业后，我被保送进入徐州师范学院（今江苏师范大学）中文系汉语言文学专业学习。这里不仅成为我疯狂汲取知识营养的花园，更成为我学术蹒跚起步的芳草地。徐州师范学院中文系虽然地处苏北，但名家荟萃：廖序东、吴奔星、王进珊、蒋庭曜、古德夫、吴汝煜等一批学术造诣深厚、享誉国内外学术界的专家学者先后执教于此，形成了厚重沉潜的学风。刚入大学，我便一头扎进书海里。中国古代文学、现代文学、当代文学、外国文学、语言学甚至逻辑学，门门都是我的最爱。而我尤其喜爱的是文学概论。为了系统阅读，我从图书馆复印了一本《大学中文专业必读书举要》，按不同课程先挑出数十本优先阅读的书目，逐一从图书馆借出仔细研读。一年下来，我已精读了一批专业书籍，由此培养出了初步的研究兴趣。从大学二年级开始，我参加了老师的课题组，撰写了多篇现代词的鉴赏文章。大三时偶然读到捷裔法籍作家米兰·昆德拉（Milan Kundera）的小说《生活在别处》，我觉得眼前一亮，在较短时间内通读了昆德拉的其他小说，并以《别无选择：诠释"昆德拉式的幽默"》为题，写了一篇上万字的学年论文。中文系党总支副书记（后任学校党委书记、校长）徐放鸣教授读后，十分惊讶一位本科生能写出这样的论文，随即将其推荐给《徐州师范学院学报》，并在1994年第1期刊出。本科生在大学学报上发表论文，还被高校《文科学报文摘》转载！这对于我来说无疑是个极大的鼓励，从此我对学术研究更加着迷了。还记得大四的那个寒假，同学们都回家过春节了，我一个人留在学校，撰写关于"复调小说"的毕业论文。巴赫金、热奈特、昆德拉……这些文论史、小说史上的著名人物，纷纷走进我的笔下。后来，这篇本科毕业论文的不同部分在《国外文学》《社会科学战线》上相继发表，进一步坚定了我在学术道路上不断探求的信心和决心。

大学生活紧张而又充实，我先后获得江苏省三好学生、第一届全国三好学生、第一届朱敬文奖助学金等。1994年夏天大学毕业，我留校任教，成为中文系文艺理论教研室的一名助教。在教学之余，我也在文艺理论的不同领域反复逡巡，试图从比较文艺学角度找到自己最初的学术方向。1996年，我以第一名的成绩考入暨南大学中文系文艺学专业攻读硕士学位，两年后获准提前攻读博士学位。饶芃子、胡经之、蒋述卓、谭志图等文艺学导师组老师分别为学生授课，"群养群教"的方式使我和同学们得以接受多方面的学术熏陶。相对于国内同类学科点，暨南大学文艺学专业更加凸显开放意识与比较视野，其比较文艺学、海外华文文学与诗学等研究方向在国内颇具特色。在研究思维上，导师蒋述卓教授既强调"大处着眼"、对研究对象进行宏观把握，又重视"小处着手"、注重材料和实证。这一点对我影响尤深，使我逐步培养起关注前沿、敏锐思考、敢于创新的学术个性。我如饥似渴地投入研究生的学习当中，系统研读专业名著，参加相关学术会议，并不断在学术刊物、报纸、杂志上发表自己的研究成果，成为在文艺学界崭露头角的年轻学人。我撰写的博士学位论文《诗·思·史：冲突与融合——米兰·昆德拉小说诗学引论》近30万字，被答辩委员会一致评定为优秀博士学位论文。

2001年夏，我获得博士学位后，留暨南大学中文系任教，后又在中山大学中国语言文学博士后科研流动站从事研究工作。在暨南大学任教八年间，也是我学术的第一个高产期。除了比较诗学、批评理论方面的研究，我还涉及文学与文化关系、城市文化等研究领域。我广泛参加国内外学术会议，成为广东省内外十分活跃的青年批评家，主持了两个国家社会科学基金项目，入选教育部"新世纪优秀人才支持计划"等多项人才计划，获得教育部霍英东教育基金会高校青年教师奖（社会科学）等科研奖励。虽然教学、科研任务繁重，我却从未因此推却社会服务的工作，承担了好几个"秘书"职务：教研室秘书、学科点（博士点、硕士点、国家重点学科）秘书、基地（广东省人文社科重点研究基地暨南大学华文文学与华语传媒研究中心）秘书，后又担任了暨南大学中国语言文学研究所所长助理、中文系党总支副书记等职务，在相关岗位上积极履职，使我得到了更为全面的锻炼。2006年，我破格晋升为教授，成为当时暨南大学文科最年轻的教授。

为开拓学术视野，2007—2008年，我赴美访学一年。这是一段真正的"访学"，不只在南加州大学阅读、听课、开会，还带着详细的访谈提纲，去美国多所大学访问了从事20世纪中国文学与文化研究的10多位华人学者。这些访谈对话录，后来结集为《彼岸的现代性》，由广西师范大学出版社于2011年出版，引起学界的广泛关注。

自美国访学归来，我入选广东省"双百领导干部人才计划"，来到深圳经济特区，担任深圳大学党委常委、副校长。深圳大学是深圳第一所全日制高校，以敢闯敢试、改革创新而闻名，因此也被称为"特区大学、窗口大学、实验大学"。我以服务师生为宗旨，努力推动改革创新；同时，也不放弃最初的学术抱负，在深圳这个新舞台上努力谱写研究的新篇章。

刚到深圳大学，我接受了分管人文社会科学的任务，一干就是八年。引进学术人才，发展文科智库，创办文化产业研究院、城市发展研究院、基本法研究中心、美学与文艺批评研究院（与中国社会科学院大学共建）、饶宗颐文化研究院……一系列工作陆续开展。与此同时，我在研究领域和思维上也有了进一步拓展。我赴深工作的2008年，文化产业已成为深圳四大支柱产业之一，其"文化+科技""文化+金融""文化+创意"的融合发展模式引领全国，深圳国际文化产业博览交易会（简称"文博会"）也成为每年一度国内外文化产业的盛会。能否结合实际开展人文社科的研究，成为萦绕我脑际的一个日常问题。我试图在之前关注城市文学文化的基础上，向文化创意产业领域拓展。对我来讲，这无异于一次学术转型。我撰写发表了一系列文化产业研究论文，并于2011年申请获得国家社科基金重大项目"文化与科技融合创新的内在机理与战略路径"，这也是深圳市获得的第一个国家社科基金重大项目。在此基础上，我们上报了多篇研究报告，发表了数十篇高质量论文，形成了40万字的书稿《文化与科技融合创新：理论和实践》，每年定期召开小规模、高层次、国际化的"文化科技创新论坛"，出版《文化科技蓝皮书》，承办文博会分会场，培育出文化科技融合与新型文化业态的研究特色。

2016年10月，按照深圳市委安排，我来到南方科技大学工作，担任校党委副书记，2021年担任党委书记。南方科技大学虽是科技类大学，但在我看来，一流科技大学同样可以建设一流人文社科、一流大学文化。在我的倡议推动下，2018年南方科技大学主办了"全球一流理工科大学的文科建设"国际论坛，邀请境内外数十家一流理工科高校参加，既借鉴了国内外先进经验，也理清了未来发展思路。2019年，南方科技大学又发起召开了"新文科之新与创新人才培养高端论坛"，提出结合学校实际创新文科发展思路。目前，南方科技大学正完善人文社科发展规划，着力推动人文与科技的跨界融合，着力在通识教育、书院文化、特色研究、智库服务方面积极探索，寻求突破。与此同时，我在文化领域的学术研究也在向纵深拓展。2018年，我带领团队再次获批国家社科基金艺术学重大项目"习近平总书记关于文化建设重要论述研究"，从思想资源、核心理念、当代实践、价值意义等角度，对这一课题展开综合性研究，形成了一系列重要成果。2023年，我再次牵头申报并获得"研究阐释党的二十大精神"国家社会科学基金重大项目"推进文化自信自强的时代背景与现实途径研究"。作为地方高校，能够连续三次获得国家社科基金重大项目立项，显示我们的研究成果、方向凝练、团队建设获得了国家认可，这一点让我感到十分欣慰。

大学是现代社会的一个重要纽结，既相对独立，更与政府、社会、公众发生着密切互动。现代大学既要有沉潜办学的定力，也应该尽力打破学校与社会之间的"无形围墙"，借社会之力实现人才培养、科技创新、社会服务、文化引领等大学功能。在南方科技大学，我一方面通过媒体报道、文化活动等加强学校与社会的联系，另一方面也积极提升大学的社会服务功能，强化大学对社会文化的引领。比如，与深圳市委宣传部共建全球城市文明发展研究院，出版《城市文明发展研究报告》，牵头主编科普读物《十万个高科技为什么》，积极筹建南方科技大学文博中心（含档案馆、校史馆、艺术馆），邀请全国知名文化学者、艺术家成立"文化艺术专家委员会"，推动筹办以科技考古、科幻创意、科学传播等为方向的"科学教育"专业，努力打造南方科技大学"科技传播"品牌，取得积极进展。事实证明，只要找准定位、积极谋划，富有中国特色的高品位大学文化是完全可以形成的。

2023年6月，我调任华南农业大学党委书记。这是一所有着110多年办学历史，以农业科学、生命科学为特色的综合性大学，20多个学院中，除农科、理工科之外，人文社科的学院有近1/3。我期待学校能够在涉及"三农"问题的区域均衡协调发展、乡村振兴、农业文明与非遗文化等方面持续发力，进一步凸显自身的特色和优势，走出一条农业大学新文科发展的道路。

回顾走过的学术历程，研究领域随着时代的发展而不断拓展，个人学术研究与单位事业进步也同向同行。30年间，我独立主持国家级课题6项（其中国家社科基金重大项目3项），出版各类著作近30部，发表学术论文200余篇，在《人民日报》等报刊发表文化评论近200篇。因学术业绩优秀，成为广东省第三届"优秀社会科学家"，并获得中国文化产业20年学术贡献奖、霍英东教育基金会高校青年教师奖、广东省哲学社会科学优秀成果奖（6次）、广东省文学评论奖、鹏城杰出人才奖等。我还受聘担任中国文联首批特约研究员（全国16人），兼任中国文艺理论学会副会长、中国中外文论学会副会长兼文化创意产业研究会会长等，积极以学术服务国家、贡献社会。

二

如果从1993年在大学三年级完成的《别无选择：诠释"昆德拉式的幽默"》（1994年发表）这篇学术论文算起，迄今我已走过了30年的学术历程。30年来，我坚持从事文艺理论批评与文化研究工作，专长集中在小说诗学、批评理论、文化产业与城市文化等领域，既有传统的人文研究，也有与现实紧密结合的社会科学研究，在基础理论和应用对策研究两方面均做出了积极探索：从建构"昆德拉小说诗学"出发，深入阐述了当代叙事理论的发展趋向，被誉为国内米兰·昆德拉小说理论系统研究"第一人"；提出"跨地域的'中国现代诗学'""20世纪中国文学研究整体观"等主要观点，成为海外华人学者批评理论研究的"拓荒者"；作为当代中国文化创新的理论"探路者"，坚持和倡导"发展论"的文化观，在文化科技融合、新型文化业态研究方面形成了开创性成果。

（一）当代西方小说诗学的创获

20世纪西方小说创作蓬勃发展，摇曳多姿，同时其小说诗学理论也经历了从传统、现代到后现代的深刻变化。而如何深入地理解和阐释这种变化与缘由，及其对当代中国小说在创作、海外传播、走向世界等方面的启示，成为学界关注的焦点。我的学术研究是从关注捷裔法籍小说家米兰·昆德拉开始的，在1994年大学毕业前发表了有关昆德拉的研究论文后，持续关注昆德拉，并以此申报省部级、国家级课题，完成博士学位论文撰写，再到2006年出版相关专著，前后跟踪研究十余年。其间，先是出版了对早期昆德拉研究现状进行总结的资料汇编《对话的灵光——米兰·昆德拉研究资料辑要（1986—1996）》，接着结合米兰·昆德拉生平和创作，撰写了导论性的《米兰·昆德拉小说诗学研究论纲》和评传《米兰·昆德拉：诗意存在的沉思者》，并经博士学位论文修订而最终形成了专著《诗·思·史：冲突与融合——米兰·昆德拉小说诗学引论》。此书中大部分章节在出版前即以论文形式分别发表在《外国文学研究》《中国比较文学》《国外文学》等刊物上，获得了学术界的认可，帮助我在学术起步阶段较快打开了局面。

透视性观念和整体论思路是《诗·思·史：冲突与融合——米兰·昆德拉小说诗学引论》一书最基本的方法论特色，以及由此带来昆德拉小说诗学研究在观点上的突破创新。透视性观念意在谋求点的深入与面的拓展的结合，即强调个案研究中的诗学发现，不局囿于个案，而是挖掘深层次的诗学问题，这源自巴赫金的理论。而整体论思路作为一种综合辩证的思维方式，则要求形成多重辩证的统一，具体落实在理论、批评与创作的互现，以及美学与历史的原则、本土意识与比较视野的结合，这得益于韦勒克的启示。鉴于对昆德拉小说诗学（理论形态、实践形态和批评形态）理论与实践的二重性之独特理解，我从诗（文学）、思（思想）、史（历史）三个维度，建构起对昆德拉小说诗学进行整体性研究的逻辑框架。"诗""思""史"不仅是昆德拉小说理论与创作的言说内容，而且还是他得以言说的表达方式，同时还显示了昆德拉"书写"的相对论立场与多元价值倾向。我认为，在昆德拉小说诗学中，诗、思、史并非一般意义上的遇合，而是根植于一种新型的小说本体论思想，伴随着对小说使命的新的审视。

我关注和研究昆德拉小说诗学其实还有更深层面的考虑。这一诗学只是作为一个可能而有效的入口或诸多问题域的关键节点，而以此发现、描述、诠释当代小说诗学、叙事学、文体学及其他人文学科在知识及思维方式的内在联系及其在当下与未来的反映,才是我介入昆德拉研究的真正目的所在。因此,我从方法论和小说诗学建构上寻求创新与突破,努力拓展和深化昆德拉研究的空间,同时也为"当代小说何处去"提供了一条可能路径,以此赢得了学界的广泛好评。如曾繁仁认为,李凤亮"将米兰·昆德拉的小说理论同其创作实践一起综合研究,带有创新意义"。朱立元指出,李凤亮的"论述较充分地体现出作者具有鲜明的现代意识和开阔的理论视野,对对象的思考和研究具有独创性"。林岗认为,"论文能将作品与理论对照探讨,见解允当,论证也比较周密,看得出作者是经过长时间的研究,搜求了大量资料的基础上做出来的,所以论文的基本观点是很有见地的"。饶芃子说道:"论文运用跨学科、多视角的方法,以诗、思、史互证的论述架构和研究模式对研究对象进行透视性考察与整体性思考,在方法论上是一种创新与突破。"蒋述卓也指出,"这种将作品编译、资料整理、评传写作、国外研究成果译介与理论阐释相结合的做法,反映了一种相当扎实也较为成功的研究思路","从材料、方法到观点,均有不少创新之处"。①

(二) 海外华人学者批评理论研究的垦拓

我介入海外华人学者批评理论研究,是受到暨南大学海外华人文学研究学术传统的熏陶。既往的海外华人文学研究,对华人作家作品和华人诗学研究比较充分,但对批评家及批评理论研究还比较薄弱。2001 年,我到中山大学跟随程文超教授从事以"20 世纪中国文学批评的现代性追求"为题的博士后研究,发现 20 世纪中国文学批评的现代性,是由海内外从事中国现代文学研究的学者共同建构的,于是我自觉地将海外华人学者批评理论研究纳入 20 世纪中国文学批评现代性中加以整体考察,先是撰写了李欧梵、刘禾等的专论,后又申报了"当代海外华人学者批评理论研究"的国家社科基金项目。经过近 20 年的垦拓,除了在《文学评论》《文艺研究》《文艺理论研究》《文艺争鸣》《南方文坛》等期刊发表系列论文,我还在这一领域陆续出版了《彼岸的现代性——美国华人批评家访谈录》(2011)、《移动的诗学:中国古典文论现代观照的海外视野》

---

① 上述专家的引文,均见李凤亮《诗·思·史:冲突与融合——米兰·昆德拉小说诗学引论》之"序",商务印书馆 2006 年版,第 3-4 页。

(2012)、《二十世纪中国文学批评的海外视野——当代海外华人学者批评理论研究》(2020)三部著作。

整体意识、反思现代性视角和跨文化比较视野，是我开展海外华人学者批评理论研究的基本思路和方法。2006年，我在《海外华人学者批评理论研究的几个问题》一文中认为，当代海外华人学者批评理论并非一个孤立的批评现象，而是全球化语境中当代跨国流散文化的一个重要镜像，是20世纪中国学术现代化的一个典型表征，也是审美现代性追求的一个独特语域，它隐含着跨文化、跨学科、跨语际的交流特征。对这种彼岸的现代性的挖掘，有助于我们进一步理解并推进全球华人学术研究的互动，厘清中国文学批评"现代性"的复杂面貌。① 在2010年发表的《走向跨地域的"中国现代诗学"——海外华人批评家的启示》中，我又指出，"海外华人批评家的跨国批评实践，提供了一个考察当代西方批评理论、20世纪中国文学研究崭新而特别的视角，其对中国当代批评建设的借鉴意义格外突出"。因此，我们有理由相信，跨地域的"中国现代诗学"正以一种顽强的生命力弥散于不同语言和国家的华人学者之中。② 海外华人学者很大程度上打破了过去中国文学研究的封闭单一视角，在某种意义上已经改变了20世纪中国文学研究的总体格局。我抱着以"20世纪中国文学研究整体观""重绘中国现代文学批评地图"，建构跨地域的"中国现代诗学"的学术雄心，投入了这项系统工程的研究。③

从海外视野比较研究中国古典文论"传统之现代转化"，是《移动的诗学》最主要的入思理路与研究特色。该书根据不同的海外华人学者的专长与个性，以个案的方式集中对刘若愚、叶维廉、唐君毅、牟宗三、徐复观、杜维明、陈世骧、高友工、孙康宜、林顺夫、叶嘉莹、夏志清、王德威、黄维樑、张错等展开考辨，涉及跨文化对话中的道家美学、中国艺术精神、中国抒情传统、兴发感动等现代转换的核心命题。我认为，"海外华人学者以美感经验、艺术精神和生命情味为主线所发掘的中国古典文

---

① 参见李凤亮《海外华人学者批评理论研究的几个问题》，载《文学评论》2006年第3期。

② 参见李凤亮《走向跨地域的"中国现代诗学"——海外华人批评家的启示》，载《南方文坛》2010年第5期。该文被《新华文摘》2010年第24期全文转载后，引起较大学术反响。

③ 参见李凤亮《重绘中国现代文学批评地图》，载《中华读书报》2011年10月19日第7版。

论体系，不仅具备了现代艺术体制所规定的自律性特征，更在与启蒙话语笼罩下的白话文学的张力中，以其'感性'气质所体现的人文价值获得了'现代性'意义的创造性转换"①；并指出，"从反思现代性的立场，重新挖掘启蒙叙事所压抑了的传统可能，潜在地构成了海外华人学者古代文论研究的基本脉络和追求，也因此构成了他们与近代中国文化保守主义间的继承关系"②。在我看来，海外华人学者返归传统所开拓的研究视野和理论构想，一方面以其论域的"边缘性"拷问西方现代性规划的普世预设，另一方面则以其"跨界"的双重身份对本土研究的稳定结构提出挑战和质询。因此，从审美现代性的思维和他者的海外视野来双向观照中国古典文论的现代化转换，这就突破了以往从单一封闭的视角进行研究的做法，揭示了过去曾被启蒙话语长期压抑的传统价值逐渐在文化特别是审美领域体现出独特的人文关怀和世界意义，为传统的创造性转化在阐发全球性价值和参与全球性对话中开辟了新的路径。

如果说《移动的诗学》着重于考察海外华人学者中国古典文论研究的话，那么《彼岸的现代性》与《二十世纪中国文学批评的海外视野》则集中对当代海外华人学者批评理论展开梳理与辨析。2007—2008年，我在南加州大学做访问学者之际，带着具体问题面对面地与夏志清、张错、王德威、刘禾、张旭东、唐小兵、鲁晓鹏、张英进、王斑九人进行了长篇的学术访谈。这些访谈先后发表在《文艺研究》《中国比较文学》《文艺理论研究》等刊物上，而后结集为《彼岸的现代性》于2011年出版，在学界引起较大的反响。《彼岸的现代性》的主要价值在于较为清晰地勾勒了一幅海外华人学者批评理论的"地形图"，体现了较为开阔的学术视野与敏锐的问题意识。实地的学术访谈，可以揭示作为亲历者的海外华人学者在海外中国现代文学学科建构过程中诸多隐而未彰的事实，从而见证这一进程中存留于学术著作所未及的丰富历史细节。访谈内容大体涉及受访对象的研究历程，其所擅长的学术领域，海外中国现代文学研究的历史、现状与前景，新形势下海内外学术交流状况及其对广义"20世纪

---

① 李凤亮等：《移动的诗学：中国古典文论现代观照的海外视野》，暨南大学出版社2012年版，第303页。

② 李凤亮等：《移动的诗学：中国古典文论现代观照的海外视野》，暨南大学出版社2012年版，第301-302页。

中国文学研究"的影响。这些访谈侧重于他们的学术贡献及对中国现代文学批评建设的启示,成为了解当代海外学界现状及反思我们自身学术研究的一个"窗口"。访谈议题则包括现代汉诗的海外经验、华语语系文学、20世纪中国现代文学研究的整体观、跨语际实践、全球化时代的文化认同、华语电影、视觉文化研究、性别批评、诗史互动、抒情传统、重写文学史等众多崭新的理论命题。目前,这些命题已成为我国现代文学研究的热点,对推动相关学科的深化发展具有重要影响。

与《彼岸的现代性》侧重挖掘富于学术价值的问题不同,《二十世纪中国文学批评的海外视野》则将整体考察的落脚点放在相关的专题上,两书点面结合,相得益彰。这些专题曾经既是海外20世纪中国文学研究的学术热点,也是海内外对话甚至"交锋"的前沿阵地。像海外华人学者观测20世纪中国文学的"整体"观念、对"晚清"文学文化的重视、对张爱玲等一批作家的重估及"重写文学史"的实践、对"十七年文学"的"再解读"、对以上海为代表的"都市文化"及"现代性"的关注、对"华语电影"不同批评模式的探索及"华语语系文学"(sinophone literature)的争论……在在都构成了海内外热烈讨论的"批评场"①。该著力求聚焦但又不限于上述"学案"的探讨,同时也不局囿于对海外华人学者批评理论本身的分析,在呈现历史、反映过程、做出评判、提供启示的过程中,试图重绘中国文学现代性的新版图。我自觉地通过海内外的比较分析与对话互动来还原现场、透视异同、前瞻路向,以此提醒我们海外华人学者批评理论别有洞天,也试图为跨地域的"中国现代诗学"的形成与建构提供有益探索。诚然,海外华人学者批评理论并不是铁板一块,该著也注意对其中的异质性做整体的揭示,并辨析现代性如何经由文学形成互动对话:文学性、审美性、历史性成为海外华人学者批评理论中念兹在兹的主题。更为重要的是,此书一方面自觉把海外华人学者纳入20世纪中国文学批评的现代性进程中加以整体省察,辨析他们"双重彼岸"的多元"现代性",另一方面又通过对近40年来海外华人学者诸多批评"学案"的检讨,彰显其对当代中国文学批评话语体系建构的可能性路径。

---

① 李凤亮等:《二十世纪中国文学批评的海外视野——当代海外华人学者批评理论研究》"后记",生活·读书·新知三联书店2020年版,第588页。

对海外华人学者群体的系统研究，搭建了一个中西、古今文学研究对话的平台。海外华人批评家作为"理论中介"和"批评个案"的意义与价值，体现在他们在西方理论中国化的过程中，并不是简单的西方理论执行者，而是"在用的过程中他们有很多独立的思考"，包括方法观念上的更新，还有他们本身作为批评个案的研究价值。[①] 海外华人学者一方面对西方的批评理论做近距离移植，另一方面又对中国本土的文学问题采取远观的姿态。这种"近取远观"的学术姿态与国内学界的研究思路迥异，在互动对话中能够激发出诸多值得探讨的话题，如西方理论话语的移植如何能够转化为中国文学批评的有效资源，在"理论旅行"的过程中又产生了哪些误读与变异，以及国内学界对他们学术研究的接受与回应，等等。虽然学术背景、出场语境、问题意识、研究方法等存在着差异，但在以对话与交流为主调的当代文学研究领域，打破观念性、时间性、空间性的自我设限，寻求跨地域、跨科际、跨语际的学术整合，早已成为一种必须而且可行的研究路向。

《彼岸的现代性》《移动的诗学》《二十世纪中国文学批评的海外视野》三者点面结合，相互联系，彰显出中西交融、古今对话、文史哲结合的研究观念，一起构成我的"重绘中国文学现代性版图三部曲"，对跨地域的"中国现代诗学"或"20世纪中国文学研究的整体观"的形成和建构具有重要推进作用。我多年耕耘于海外华人诗学研究的领域，以系列成果不断拓展世界华文文学研究的疆域，博得了学界同行的赞赏，也赢得了"海外华人学者批评理论研究的拓荒者"的赞誉。2010年，年仅38岁的我就开始担任国家一级学会中国世界华文文学学会的副会长，也是该学会有史以来最年轻的副会长。目前，我和年轻的学术同行仍在跟踪此领域的研究，承担蒋述卓教授担任首席专家的国家社会科学基金重大项目"华人学者中国文艺理论及思想的文献整理与研究"的子课题"华人学者中国现代文艺批评与理论建构的文献整理与研究"任务，试图从现代、中国、世界、审美、文化五个方面，整体考辨海外华人学者批评理论之于20世纪中国文学批评现代性的价值与意义。希望假以时日，能够在此方面推出更为集中与深入的研究成果。

---

① 参见李凤亮《彼岸的现代性——美国华人批评家访谈录》，广西师范大学出版社2011年版，第36页。

（三）从文化诗学批评到文化创新研究

我以昆德拉小说诗学为学术生长点，形成由比较诗学研究向批评理论、海外华人学者批评理论研究延展，并进一步向文化诗学、文化研究、文化创意产业研究等多角度拓伸的学术路向。这一学术转向，某种程度上也彰显出知识分子关注现实、叩问心灵、呼应历史的责任担当和人文关怀。

1. 文化诗学批评的新拓进

20世纪90年代以来，全球化浪潮不断加剧，消费社会、网络数字传媒文化迅速兴起及不断繁荣，国内外学界纷纷掀起了关于中国古代文论的现代转换、文学的终结与文学性蔓延、日常生活的审美化与审美的日常生活化、文艺学学科边界，乃至文论"失语症"等问题的热烈讨论。"文化诗学"也成为此次众多针对中国文学批评存在的问题或危机所提出的解困之途中的一种方案。

1995年，在《走文化诗学之路——关于第三种批评的构想》中，蒋述卓先生提出"文化诗学"的批评建构思想，成为国内"文化诗学"的首创者之一。他指出，"文化诗学"一方面"着重发扬中国传统批评理论与方法的优势，使传统文学批评理论与方法在现代化的转化过程中得到审美维度的再确立和审美意义的再开掘"，另一方面也"使西方文学批评的各种新理论与方法在经过中国文化的选择、过滤与转化之后，归结并提升为审美性，从而成为文化诗学的有机组成部分"。[①] 蒋述卓先生的文化诗学理路与其业师王元化先生所倡导的"古今结合、中外结合、文史哲结合"的"综合研究法"一脉相承。受此熏陶和影响，我不仅借此推进前述的昆德拉小说诗学研究，还积极参与文化诗学理论建构和批评实践，先后协助蒋述卓先生完成《文化视野中的文艺存在》（2003）、《批评的文化之路——文艺文化学论文集》（2003）、《文化诗学：理论与实践——20世纪中国文学批评的跨文化视野与现代性进程》（2005）、《传媒时代的文学存在方式》（2010）等著作，并承担其中相关章节的撰写工作。如果说蒋述卓先生的文化诗学以文学批评为核心的学术特色在于其强烈的现实关怀意识和对融合古今文论的学术追求方面，我在此基础上更希望突出文学

---

① 蒋述卓：《走文化诗学之路——关于第三种批评的构想》，载《当代人》1995年第4期。

批评的开放性、文化与学科的双重跨越,以及前述对海外华人学者批评理论的比较研究,从而完成了对文化诗学的某种拓进。我探索的这种拓进,一方面强调在批评的开放与开放的批评之辩证中,敞开文化诗学的审美性坚守,迈向当代批评建构的文化之路。例如,《批评的开放与开放的批评——论当代批评建构的文化之路》一文指出,文学的文化批评的意义,就在于从文学的角度理解文化,从文化的视野阐释文学,而这两点,正映现了狭义的文化批评与广义的文化批评入思与取意的不同视角:前者注重的是文学的阐释功能,突出的是批评的弥散性,后者强调的则是深化对文学自身的理解;换言之,前者把文学理解当作手段,后者把文学理解当成目的。我理解的"文化诗学"不应限于新历史主义的知识视界,它既是文化系统的实证性探讨与文学审美性描述的统一与结合,又是文学外在研究与内在剖析、感受的统一与结合,力求达到西方哲学化批评与中国诗化批评的化合。① 另一方面强调在文化批评多重指涉中重新理解文化诗学。在我看来,文化批评具有三重不同的指涉:一是"泛文化批评",具体指突破文学学科界限的跨学科批评,以及突破文学与其他艺术门类壁垒的跨艺术门类批评。二是文化诗学批评,它与泛文化批评反向,着意于发掘文学文本中所包含的丰富的文化蕴含。三是文化研究,它比文化诗学走得更远,不仅改变了文化诗学的研究对象,而且在视野、方法、理论目标的设定上有了巨大变化。文化研究与泛文化批评及文化诗学批评最大的不同在于,在研究对象上,已从单一的文学艺术文本扩展到一般的社会日常生活领域;在研究方法上,呈现出混杂性、多样性、综合性,其批评指向更具现实性。在我看来,社会的变化及生活方式的演变,为学科内爆提供了合法性,也为当代文化批评的兴起寻找到了方法跨越与现实指涉的多种可能性。正是以此,我一方面回应了"文学已死""文学批评已死"等论调,重新打开当代批评建构的话语空间,另一方面也释放出"文化诗学"独特的实践性品格、批判性取向和开放性特点,进而拓进一条面向现实问题的本土文艺理论建构的文化诗学批评之路。

2. 文化产业研究的创新突破

21世纪最初几年,还在暨南大学工作时,我就参与发起成立了暨南

---

① 参见李凤亮《诗·思·史:冲突与融合——米兰·昆德拉小说诗学研究引论》,商务印书馆2006年版,第34页。

大学文化产业研究中心。2008年底调任深圳大学副校长后，我结合国家和区域文化产业发展需求，创办了深圳大学文化产业研究院，努力打造在广东乃至全国有影响力的新型跨学科研究智库。近20年来，我积极投身文化产业研究、推广和实践，在文化科技融合、新型文化业态等领域取得了一定成果，获批了深圳第一个国家社科基金重大项目"文化与科技融合创新的内在机理与战略路径研究"，主编出版了包括"荔园文创译丛"（共两辑7本）、《文化科技蓝皮书：文化科技创新发展报告》（2013年起每年1辑）、《百年文创力——文化创意产业案例集》（2012年起，已出3辑）、《粤港澳台文化创意产业发展报告》（2015）、《中国特色新型智库建设研究》（2016）、《风起南山——文化与科技融合创新的深圳之路》（2017）等十余种研究成果，引起了学界的广泛关注。

  21世纪以来，文化产业蓬勃发展，规模日益庞大，给我们带来了很多机遇与挑战，也给理论界提出了很多思考问题。我着眼于文化科技融合和新型文化业态进行突破创新，同时对数字创意、传统文化创新等领域保持密切关注，助力深圳迅速发展成为国内新型文化业态研究的重要阵地。在我看来，信息化、虚拟化、体验化、跨界化、国际化正成为当今全球文化产业发展的方向，文化产业研究也要因应这样的发展趋势，适时调整文化产业的策略。科技创新与文化创意的融合，是推动文化产业业态更新与经济转型的重要途径，也是参与全球文化产业竞争的关键环节。除了前述的相关研究成果，即将出版的《文化与科技融合创新：理论和实践》《数字创意产业：全球视野与中国战略》等也将较为系统地体现我上述的思考。

  文化产业的健康发展，离不开艺术的原创突破，也离不开学科建设与人才培养。在这两方面，近10年间我也依托艺术学学科发展契机，出版了以《艺术原创与价值转换》（2014）等为代表的一批新的学术著作，得到了业界的肯定。《艺术原创与价值转换》是第一批"深圳学派建设丛书"之一，其价值或特色在于从文化产业的角度来探究艺术原创与价值转换的问题，并由之反思文化产业发展所面临的现实困境，从而为我国文化产业发展过程中艺术原创动力不足的状况寻根溯源，寻找培植、加强、巩固艺术原创力的思路和方法。艺术原创不仅是艺术品市场价值得以兑现的前提，也是文化产业可持续发展的关键因素。艺术产业的市场结构、产制行为和市场行为不仅使艺术的价值形态发生了改变，也全面支配着艺术价值的转换关系和可能途径。因此,从价值学的角度来看,现代文化产业的发展方式就不能被单纯地看成"文化+科技"的二元组合模式,而应该是"文化+科技+市场运营"的三元结合体。[①] 因此,面对新一轮的产业浪潮,我们不仅要从理论上认知文化产业的特征以及原创之于文化产业的关键意义,更要在实践中以多方面的举措推动文化产业的发展,促进艺术原创向市场价值的顺利转换。这是国内第一本系统研究艺术原创与价值转换问题的理论创新之作,对于指导我国文化产业的转型升级和艺术学理论的深化具有积极意义。

3. 文化创新研究的积极探索

中国是一个文化资源大国,正努力建设文化强国。文化资源有效转化的制约因素很多,但我认为至为关键的是能否实现文化创新。文化创新是坚定文化自信、推进文化自强的必由之路。近年来,我主持了2项这方面的国家社科基金重大项目,发表了不少探讨文化创新战略和路径的研究成果,对为何推进文化创新、如何实现文化创新等展开了系统思考。《跨界融合与文化创新》(2019)是其中的代表性成果,即将出版的《文化自信视野下的文化创新》及"推进文化自信自强研究丛书"也将在此一领域进行更为深入的探讨。

文化创新研究是一个跨学科命题,在中国这样一个文化大国、文明古国谈文化创新,更要思考其战略和路径的中国特色。我在文化创新研究领域的探索目前较为集中在以下两个方面。一是文化创新的战略问题,包括文化创新在建构国家创新体系中的地位,文化创新与文化自觉、文化自信、文化自强之间的关系,文化创新的价值构成,等等。二是文化创新的实践路径,包括中华优秀传统文化如何实现创造性转化、创新性发展,城市文明典范的时空差异及实践策略,乡村文化振兴的新模式新经验,大学如何引领文化创新,等等。特别是在城市文明典范研究领域,我在南方科技大学推动并与深圳市委宣传部共建了全球城市文明典范研究院,近年来开展了一系列兼具理论性与实践性的课题研究,已发表了一些成果,《新时代深圳城市文明建设的理念与实践》一书通过对深圳这座"现代文明之城"在城市文明建设方面的全方位扫描,试图总结其中的规律,提出面向未来建设"城市文明典范"的对策。此外,我在即将出版的著作

---

① 参见李凤亮等《艺术原创与价值转换》,海天出版社2014年版,第124页。

《社会主义现代化强国城市文明典范研究》中分析了人类文明史上不同的城市文明典范模式，提出新时代全球城市竞争合作背景下我国城市文明发展的可能路径。值得一提的是，在深圳工作的 15 年，也是我观察、思考这个新兴城市文化建设的 15 年。创办研究机构、承担研究课题、发表公众演讲、出版学术成果、制定园区规划……这些都反映出我参与城市文明发展的实践履痕。我为有机会为深圳和粤港澳大湾区的文化创新发展做出点滴努力而感到自豪。

除了以上三个方面较为集中的学术成果外，近 30 年来，我还在文艺理论研究和文化批评的其他领域开展了一些工作，特别是有意识地以比较的视野、跨学科的方法推动理论和批评的创新，这方面的理论与评论成果不下一两百篇，《沉思与怀想——对话、想象与批评的现代性》也是我的第一本文学评论集。这些论文和评论，反映了时代的变迁、审美的变化和学科的变革，某种意义上也是时代精神和文化发展的一种投射。此外，近年来因应新文科发展及中国特色自主知识体系构建，我也发表了系列论文，回应了一些重要问题。"文章合为时而著"，在当今人文社科理论研究对策化、跨界化、国际化、技术化的趋势下，人文社会科学的发展也需要紧跟时代、创新观念，不断探索新的路径、新的方法。

三

回顾 30 年的学术历程，我有一些体会和感受。勤能补拙，在勤勉治学这方面我自己觉得还是尽力做到了，但学术创造和贡献还有不小的努力空间。同时，我觉得，以学术为志业的学者，应具有清晰的学术理念、明确的研究计划与系统且行之有效的研究方法。新时代的文艺理论建设，需要坚持现实关怀、问题导向、跨界思维和方法创新，要重视文化生产、传播、消费方式的急剧变化，树立一种"发展论"的文化观、文论观。文艺理论应直面创意发生、文艺创作的技术伦理、文化新体验、文化生产的机制、文化生态构建与维护等一系列现实而迫切的文化问题，因应当前人文社科研究的对策化、跨界化、国际化、技术化趋势，突破传统文论研究的学科樊篱,加强跨界研究,实现理论创新。① 正是秉持这样的治学理念与研究视界,我在研究的不同阶段努力形成自己的研究特色和风格。

一是系统的思维与整体的视野。这种思维与视野贯穿于我过去30年学术研究的始终。在昆德拉小说诗学研究中,我一开始就明确了自己的研究规划,以对昆德拉作品的艺术研究与阐释为主要指向,配合以其生平介绍和作品重译,构成一个对昆德拉重要作品、文艺观念、生平思想加以整理、翻译、评价和论述的系统性整体计划。我借鉴韦勒克整体论,运用比较诗学理路,以文学与文化、微观与宏观、个案与专题等相结合的整体视野,从诗、思、史多个维度展开昆德拉小说诗学的系统研究,因而取得了突破性的研究成果。对海外华人学者批评理论的研究,起初我也设想有一个"系统工程",它包括资料编译、学术访谈、个案评述、专题研究等几方面,显示出扎实沉稳、"深挖一口井"的研究姿态。文化产业和文化创新研究更彰显这种系统综合思维和宏阔视野,正是着眼于文化与科技融合不断加剧的时代趋势,我和我的学术团队将研究聚焦于文化科技融合与新型文化业态,由此对文化产业视野中的艺术原创与价值转换、数字创意产业、城市文化与文化创新等展开多向面解读。在不同的学术阶段,我都注意在各种言说中"行进",不断拓展、深化,做系统的"构建",力图在多向性和整体维度中深入把握研究对象,立其根、固其本、成其大。

二是比较的意识与跨界的理路。比较意识不仅注重不同国家、地区异质文化之间的比较,更注重文学内部及文学与其他相关学科(文化)的跨界比较。在昆德拉小说诗学研究中,我既着眼于昆德拉小说的文本细读式的形式分析,又成功地引入对话复调理论、新历史主义、文化研究、后殖民主义、文化诗学等批评话语,在跨学科、跨文化的综合中透彻地捕捉到昆德拉小说诗学的实质,发前人所未发。海外华人学者身份特殊,其"近取远观"形成了批评理论的"交叉地带",既有比较的意识,又有多重的研究方法,如果论者没有比较意识与跨界理路,就很难准确地剖析他们的得失,更不要说从中生发出对20世纪中国文学研究的借鉴启示。从文学审美到文化诗学再到文化创新研究,包括数字创意产业,我都在不断地做跨界融合,寻求新的突破,努力体现出开放包容的学术品格。《跨界

---

① 李凤亮在"新时代文艺理论的创新"学术研讨会暨中国中外文艺理论学会第十五届年会(深圳大学,2018年11月23日至25日)后的记者采访发言。

融合与文化创新》虽是对文化产业及城市文化发展的研究集合，但这一书名也恰好显示了我在学术方法选择上的鲜明特色。

三是创新的指向和现实的关怀。从昆德拉小说诗学、比较诗学、海外华人学者批评理论，到文化诗学、文化产业与文化创新研究，都缘于对问题的追寻，得益于敏锐善思、把握前沿的"问题意识"。在昆德拉小说研究中，我引入比较诗学视角，建构出诗、思、史冲突与融合的"昆德拉小说诗学"，突破单纯作家论的研究范式。从20世纪中国文学批评的现代性着眼，探察海外华人学者批评理论，以多元的彼岸现代性为镜像"重绘中国现代文学批评地图"，我进而创造性地提出跨地域的"中国现代诗学"的学术构想。而对文化产业发展方向的把握，我试图抓住文化科技融合、数字创意产业和新型文化业态等前沿核心问题进行研究，体现了不断自觉创新、寻求超越的内在诉求。即使是偏人文的研究领域，如昆德拉小说诗学，也不完全是一个文学问题，而是涉及当代人思想困惑与民族文化创新；又如研究关注华人学者，也涉及当代人的移民文化冲突、学术话语政治，这些都昭示着鲜明的现实关怀和问题意识。文化产业有鲜明的对策性、实用性，产、学、研、用高度一体化，如果没有积极呼应历史，关注现实，回应当下的现实生活，就会变成向壁虚构的假学问或伪学问。因此，保持对现实的关注，尽可能为社会提供一些有价值的思考，通过不同的方式贡献知识与创意，已成为我学术研究的一种底色。当然，鲜明敏锐的问题意识、比较诗学的海外视野和多元对话的跨界理路，需要通过用思灵动、着眼宏阔、入笔精深去实现、去体现。研究是一种沟通，在学术表述上，我不太喜欢做佶屈聱牙的晦涩阐释，更愿以一种灵动笔触和用心话语去写作。在新时代网络化的语境中，写出面向大众阅读的高质量文章，往往需要不断适应新的要求。

30年弹指一挥间，而今我也到了知天命之年。学术于我，已不仅是一份职业、一番志业，更成为一种生活方式、一个与社会沟通的途径。30年笔耕不懈，我也有了一些粗浅的治学体会，总结几条如下。

（1）治学如掘井，越到深处越甘甜；治学又似开渠，及至宽处境界阔。学者治学，从来都是在广与精、博与约之间寻找平衡。过广则不专一，治学难以精进；过专又易拘滞，学术气象有限。

（2）"文章合为时而著，歌诗合为事而作。"在我看来，似乎很难有绝然独立于世的"化外之文"。真正的学者，既要保持与世俗的距离，更要葆有一种济世的大爱。学问不只出于书斋，学者可以在更广袤的神州大地上著书立说、抒写心志。

（3）学术研究既是个体的事，也是集体的事。一个好的成果，需要个人多年沉潜往复地钻研，每有一得则有柳暗花明之悦；也需要打开胸襟，有"三人同行，必有我师"的雅量，甚至要在争辩中走向更大的澄明之境。

（4）跨界灵动，一直是我推崇的治学理想状态。学府庄严，问题常常就在学科交叉的跨界地带。从这个角度讲，"问题意识"最重要，能否从跨界处发现问题线索、找寻思想端倪，便成为重要而有意思的事。做有意思的学问，不仅愉己，而且悦人。

（5）我时常记起马克思的一句话——"人的本质，在其现实性上是一切社会关系的总和"。从读书到工作，几十年的经历让我慢慢体悟到，个人事业要与集体事业有机结合起来，个人进步要与组织发展有机统一起来。就像鱼儿离不开水一样，学者个人学术方向的确立也要考虑所在学科的发展优长，从学科中汲取营养，也为学科壮大贡献力量。

（6）"传道、授业、解惑"，传统"师者"的角色在现代社会面临着不断被重新诠释的可能性。不管技术怎么发展，教师在思想引导上的角色都无可替代。当然，时代在变，教书育人的方式也应与时俱进。古人常用"鱼"和"渔"的关系比喻师生授受的境界。而我觉得更重要的，是做学生的朋友。当老师时，我亲历过的一件事是：几句话的勉励，就曾给予一个学生无穷的力量，让一个别人眼中离经叛道的学子成长为一所知名大学的教授。

李凤亮自选集

第一辑

米兰·昆德拉与西方小说诗学

诗·思·史：冲突与融合
——米兰·昆德拉小说诗学研究论纲

一

20世纪中国本土的汉语写作，一直是在同域外文学的交流中衍生并发展的。先是苏联和东欧等地"被欺凌与被侮辱的"文学，激荡起国人心中久积的启蒙与救亡愿望；再就是欧美各种现实主义和现代派的手法，引发了中国文坛的种种尊崇和效仿。然而，在20世纪之末的20年间，真正激发出中国作家学习兴趣的，还是来自经济并不发达地区的南美与东欧文学。这其中显然有不少较为复杂的社会政治因素。有人说，中国文学在一个世纪中走完了"革命""审美"和"解构"这个"三部曲"，尽管这一过程有时伴随着不少生硬的移植和过激的偏颇。不可否认的是，20世纪中国文学对域外文学的借鉴史，始终都在"艺术—非艺术"的天平上寻求着制衡：一方面，从社会政治角度着眼，有着艰巨变革使命的中国民众希冀文学发挥其现实功用，记载下他们追寻希望的轨迹；另一方面，就审美而言，鸦片战争以来，伴随着国运的变折，中国民族文学在世界文坛长期处于劣势地位，颇令这一"诗国"的民众无法平息内心的愧憾。或许正是这两个主要缘由，使得社会情况与文化心态颇为近似的南美与东欧文学，成为中国文学走向世界的首要借鉴。"魔幻现实主义"的代表人物、哥伦比亚小说家加西亚·马尔克斯（Gabriel García Márquez）和当代先锋小说的积极践行者、捷裔法籍作家米兰·昆德拉（Milan Kundera），遂先后成为近20年间最受中国作家瞩目的两颗巨星。① 前者凭借"立足拉美本土、有机吸纳西欧"而取得的世界性影响，给探索民族文学世界化道路的当代中国作家提供了不可多得的总体策略启示；而后者基于对民

---

① 日内瓦国际书籍报刊沙龙发起单位之一的瑞士《周报》曾邀请来自世界各国的18位文学评论家评出"健在的十大作家"，加西亚·马尔克斯和米兰·昆德拉分列"健在的最伟大作家"第一、二名（载《文学报》1996年5月30日）。

族发展道路的理性反省而对人类本性的深层剖析，恰恰迎合了中国作家的某些认知需求，昆德拉面对同样境地时的睿智批判与幽默笑声不失为一剂良药！它体现出某种超脱偏狭世俗体验、立于哲学思辨之维的诗意叙事优势。与马尔克斯相比，较为相似的个人体历与社会处境使中国作家更为认同昆德拉对现实生活的这种诗意升华，因为拉美的那种神话与现实交织的魔幻世界毕竟距离我们太远了，不如昆德拉所处的环境让我们感到熟悉。

二

地处欧洲中部的捷克常常成为东西方各种思想浪潮交融汇合之所。20世纪初，现代艺术在捷克得到较为充分的发展，而从 20 世纪 20 年代开始，它更与前卫的意识形态和无产阶级的革命理想联系在一起（这一切在昆德拉的《生活在别处》一书中得以全面展现）。青年时代的昆德拉怀着饱满的政治热情和强烈的变革欲望，在艺术领域进行了多方面的尝试：创作诗歌、编写剧本、发表评论、搞过绘画、干过作曲，并在布拉格高级电影艺术学院担任教职。总之，正像昆德拉本人所讲的："我在许多不同的方面发展着自己——寻找我自己的声音，我自己的风格和我自己。"①而在这一时期的摸索中，音乐一直比文学更能引起昆德拉的兴趣。直到他 30 岁左右发表第一个短篇小说《可笑的爱》（写于 1959 年）时，昆德拉才确信找到了自己。从那以后，小说便成为昆德拉文学创作的主要体裁，并一直不断地发展下去。小说使昆德拉声誉鹊起，也让他尝尽了人生的艰辛。

对于昆德拉来说，1967 年是富有命运转折意义的年份。就在这一年夏天的捷克斯洛伐克第四次作家代表大会上，身为主席团成员的米兰·昆德拉率先发表了一通言辞激烈的演讲，这一演讲成了 1968 年 "布拉格之春" 的先声。一大批知识分子随之而起，对现实生活和意识形态中的方方面面展开批判，呼吁国家的民主、改革、独立、自治。在苏联坦克的干预下，"布拉格之春" 犹如昙花一现，不久即告失败，其直接结果便是对一批作家作品的严肃处理。作为改革的急先锋，米兰·昆德拉受到严肃处

---

① ［美］露意丝·奥本赫姆：《米兰·昆德拉访问录》，段怀清译，载《当代外国文学》1991 年第 1 期。

理。他被开除捷共党籍,所有著作都被从公共图书馆清除出去,他在布拉格高级电影艺术学院的教职也随之被剥夺。当时他不能在捷克发表任何文章,并不时受到当局的传讯,审查其所谓的反国家的阴谋活动。"布拉格之春"以后的七年间,昆德拉就在这样的境况中生活着。此间,昆德拉以别人的名义用法文写了一个题为《雅克和他的主人》的三幕剧本(根据狄德罗的小说《定命论者雅克》改编),还创作了一个广播剧。1975年,昆德拉开始移居法国。

从1959年的第一个短篇开始,昆德拉迄今已创作出版了九部长篇小说、一本短篇小说集。此外,昆德拉还用法文写作随笔和评论,至今已出版了两本关于小说艺术的随笔集:《小说的艺术》和《被背叛的遗嘱》。前者与早年出版的论著同名,正是为了表达作者"对逝去岁月的怀念"①。

当今世界文坛,能够获得理论与创作双重丰硕成果的作家并不乏其人,但是像米兰·昆德拉这样有着较为完备系统的小说理论观念并在此指导下取得巨大创作成就的,就不是很多了。昆德拉以其不同凡响的小说观念与创作实践赢得了世界文坛的普遍激赏。20世纪90年代末,他的作品已被译成20多种文字,在37个国家和地区的69个出版社(1999年不完全统计)② 一版再版,并获得了一系列国际文学大奖。1973年,《生活在别处》刚在法国出版就获得了该国重要的"梅迪西斯奖"。1978年,《为了告别的聚会》获"意大利蒙德罗国际文学奖"。1981年,他的全部作品获得"美国共同财富文学杰出服务奖"。1982年,获"欧洲文学奖"。1985年,他凭借新作《生命中不能承受之轻》获得以色列授予的"耶路撒冷文学奖"。不久前,日内瓦国际书籍报刊沙龙发起单位之一的瑞士《周报》组织了一项评选"健在的最伟大作家"的活动。这家杂志邀请来自世界各国的18位著名文学评论家评出"健在的十大作家",米兰·昆德拉名列第二,仅次于1982年诺贝尔文学奖得主、哥伦比亚文豪加西亚·马尔克斯。自1986年成为诺贝尔文学奖六位候选人之一以来,他已多次获得提名,进一步显示他作为当今世界级文学大师的广泛影响。昆德拉刚刚年过七旬,国内外文学界不少有识之士认为,尽管对昆德拉作品中

---

① [美]露意丝·奥本赫姆:《米兰·昆德拉访问录》,段怀清译,载《当代外国文学》1991年第1期,第135-138页。

② 根据捷克共和国文化部和阿特兰蒂斯(Atlantis)出版社提供的有关资料统计。

的一系列观念存有争议，但就其文学成就及在当今世界文坛的影响力而言，有生之年他应该有机会登上斯德哥尔摩诺贝尔文学奖的领奖台。可以说，撰写20世纪的小说史、小说观念史及思想史，恐怕已很难跨过"米兰·昆德拉"这一章节。

三

冷静审视昆德拉作品在中国"旅行"的过程，我们易于发现：分别形成于20世纪80年代中后期和90年代的两次"昆德拉热"，在形式和本质上都有较大的区别。前者主要是翻译、阅读的热潮，对昆德拉作品的评论只零星见诸报刊；后者则主要是研究、评论的热潮，它显示出中国读者对昆德拉作品由最初的感性认同到自觉的理性解读的演递过程，因而这一次热潮较之于前者显得更为冷静客观一些，研究也较前一阶段有所深入。更有意味的是，昆德拉所撼动评论界、研究界的，除他在小说题材和形式上所尝试的革命性实验外，还有他作为先锋艺术的探索者所实现的广泛、持久而又深入的阅读反应。纯艺术的追求与现实读者面的获取，此二项常常成为众多作家较为头疼的两难；在这一点上，评论界不能不惊叹于昆德拉的独到与成就，并往往把这一结合的成功归之于后现代派小说创作与阅读的特殊语境。

问题并非如此简单。在两大阵营"冷战"业已结束（随着其中一极的瓦解）、东西方政治及文化对话已成趋势的时代背景下，昆德拉及其作品构成的"昆德拉现象"仍极具他者难以替代与比拟的文学本体意义、文化隐喻色彩及现实启示意味：昆德拉是20世纪70年代从东欧走向西欧的，但他的定居西方不同于与他相似的其他移民作家（如索尔仁尼琴）；他是在尝试了作曲、诗歌、戏剧、电影等诸多艺术形式后选择小说创作的，而他以"幽默"与"复调"为原型的小说创作则引导了世界文坛的某种倾向，因而使其小说带有了浓重的前卫色彩；昆德拉小说对现实的强烈关注与对存在理念的无尽寻求，展示给现代社会一个思想家的远阔眼光和艺术干预生活的先锋意识。除却诸多身世的、艺术的、语境的因素外，昆德拉所引发出的阅读撼动，还潜藏着一系列值得深思的隐喻话题。首先，就创作而言，当代小说写作的可能性被推至探讨的前席。在这方面，昆德拉显然不是现代小说出路的唯一探求者，但他的一系列小说却不仅代表着当今小说界在艺术革新上所做出的至为大胆的尝试，而且在一定程度上形成了对自巴尔扎克以来的叙事传统的反叛与颠覆。其次，从昆德拉作品在当今世界的传播与被接受过程，以及读者的阐释与批评中，我们也能够发现一些饶有趣味的话题。从表面上看，中西方读者对这位东欧小国移民作家的感受与印象并不一致。西方读者所感兴趣的，往往是昆氏作品中展示的"对斯大林主义的有力控诉"、对极权的哲学批判。在他们眼中，被捷共开除党籍、取消国籍、从东欧迁居西欧并决定扎根于斯的米兰·昆德拉显然成了西方意识形态战胜东方的一个标志，成了他们成功推行"文化殖民主义"的一个范例。因此，西方社会对昆德拉的接受，不能说不带有强烈的意识形态斗争的策略考虑。有别于此，中国读者对昆德拉的认同，则至少是基于以下三点现实背景或思想前提：一是为中国读者提供了与历史经验教训相参照、相汲取的基本可能；二是昆德拉在处理作品两大基本题材——政治与性爱时，能以一个哲人的睿智将之提升到形而上的高度加以考虑，不仅完成了对现实社会生活的思考，而且完成了对人性的批判；三是昆氏以自己的创作去实践了他的艺术雄心——对小说艺术的革新、对小说使命的探求，其已初步形成的以"幽默"与"复调"为基本特征的小说风格无论对中国读者还是作家，无疑均有极大启迪意义。但问题的本质在于，中西方读者对于昆德拉这种表面不太一致的读解印象，事实上还隐含了对这位作家的一些颇为相似的误解；换言之，当今世界文坛对昆德拉的共同激赏，虽然角度不一样，但在很大程度上都受到意识形态化的"前理解"制约。这种读解效果，无疑为阅读现象学和文学阐释学提供了不可多得的注脚和范例。作为研究者，我们便可以从昆德拉被不断"解构"和"重构"的过程中，探讨一些既关涉于文本又逸于文本之外的话题，从昆德拉这个有意味的个案中发掘出更具普遍意义的诗学命题。

四

不论是昆德拉本人、广大的读者还是专业的批评家，在对昆氏作品的总体评判中，都易于取得如下的认同，即：就作品本体而言，它们从材料到结构，基本上撼动了西方传统叙事文学的技法与观念；而对读者来说，这些作品又是对他们阅读观念、阅读能力的一种挑战。作家期望着读者的参与，因为"读者的想像自动地完善了作者的想像"①；作家又有着比传统小说家更为强烈的"观念欲望"，努力借助着各种叙事技巧，隐示、透露甚至直接讲述一系列重要观念。这些观念，既有哲学的，又有历史的，更有文学的，此外还包括众多关于政治的、伦理的、艺术的观点；而对于爱情、女性、翻译等的看法更是开卷可得。在这个意义上，说昆德拉小说是个包罗万象的"大炼炉"，似乎并不为过。但若探求起昆氏作品的基本价值指向与文学追求，则不能不把目光集中到现象学和存在主义的哲学取向与文学观念上。昆德拉在小说艺术上所尝试的种种革新，首先就是植根于现代西方哲学的沃土之中的，其次才应被看成是20世纪西方叙事观念和技巧发展变异的结果。

因此，若要对昆德拉这位当代小说巨擘进行综合考察，只采用某种单一视角显然是难以真正"观其象外，得其环中"的，因为昆氏小说从材料到结构的种种尝试，亦已突破了传统叙事手法与批评观念的某些定式，成为特立独行的"这一个"。昆德拉作品在内容上的思辨倾向、在小说艺术上的先锋色彩及其写作背景、个人体验及经历的特殊性，似乎喻示给我们这样一个诠释路向，即对昆德拉小说，至少应做以下三个维度的解读：首先，我们应从"诗"的维度切入，因为昆氏作品诉诸读者的第一印象，即是与传统小说不一路数的叙事旨趣；从分析小说的叙事个性与基本文学追求入手，不仅易于归结昆德拉作品的文学价值，而且还能够借此探讨后现代语境下小说叙事的可能走向。其次，鉴于昆德拉作品强烈的哲理倾向，对其进行"思"的维度的考察显得至为重要。凝聚于昆氏作品中的一系列观念，将成为我们诠释其"小说性哲学"和"哲理性小说"的对象和材料；当然，昆氏作品中的哲学，不论是其内容还是表达方式，都是小说式而非纯粹哲学式的，因此，对这些理念的诠释就不可能只是对纯粹哲学的探讨，而应兼顾其鲜明的诗学特质。而借助于这种"思"的维度的考察，我们将不仅发掘"融思之诗"的一些优劣，探讨现代哲学为现代小说带来的发展机遇，还将省视"入诗之思"之不同于"纯粹思辨"的某些特性，推究现代小说如何承担现代哲学的部分使命。最后，基于对昆德拉小说"诗""思"两个维度的考察，给予其作品以第三个维度——

---

① [法]米兰·昆德拉：《小说的艺术》，孟湄译，生活·读书·新知三联书店1992年版，第33页。

"史"的维度的考察，则显然至为必然且重要。通过这一考察，我们将不仅探讨昆德拉的生活背景与特殊身世对其小说题材与手法的影响，还会在当代西方小说史、思想史层面上对昆德拉这位哲理性的小说家或小说式的哲学家进行定位，并由此探讨现象学和存在主义哲学及其指导下的小说创作的本质与命运。不言而喻的是，上述"诗""思""史"三个维度的考察，是依据昆氏作品的最基本征质而划定的；它们并非孤立地存在，而是将彼此有机地糅合起来，达到互诠互证、分而有宗；除此之外，其他视角的诠解也不可避免，它们将相互补充，共同鉴识昆德拉小说的堂奥。

五

昆德拉对于当代人文知识界首要的贡献，是在理论和实践两个层面引起了小说创作观念与技法的更新。在"小说还可以这样写!"的惊叹中，读者们领略到的，除了一系列新异的创作技法外，还包含有昆德拉对现代小说传统及其出路的深思。昆德拉的视角无疑是现代的，应合了20世纪后半叶文化的转型趋势。在小说与其他文类、小说与政治、小说与哲学、小说与历史等既对立又融合的诸二元中，我们不妨从"诗与非诗"的角度，对昆德拉作品进行一番叙述阐析，以期从其小说鲜明的形式感中去发现某些艺术真谛。

（一）复调叙事与文体学

"复调"原是音乐术语，它被用来喻示小说的形式类型，最早见于苏联文艺学家巴赫金的《陀思妥耶夫斯基诗学问题》一书中。在该书中，巴氏通过对陀思妥耶夫斯基系列小说的考察，把小说中作者和作品中人物所形成的"声音"的错杂、意识的纷呈称为"复调"，"声音的多重性"成为巴赫金复调小说理论的基础。不难看出，巴赫金更多的是从题材内容、主题意蕴的角度来定位小说的"复调"的。① 这一观念被热奈特从叙事学角度予以发展。他根据对普鲁斯特《追忆似水年华》的叙事分析，把叙述视点的转移所造成的叙事体式上的变异称为"复调"；热奈特关注

---

① 参见［苏］米·米·巴赫金《陀思妥耶夫斯基诗学问题》，白春仁、顾亚铃等译，生活·读书·新知三联书店1988年版。

的焦点是小说的艺术形式，切入的角度是叙述方式，显然不同于巴氏对"复调"的范定。① 值得注意的是，二者对"复调"从内容到形式的分别解释，并未能遮蔽他们对小说结构的共同关注，因为不论是内容题材还是形式技巧的"复调"，都共同隐含着对于小说结构的重视。昆德拉对复调小说的理解与实践，也正是从小说结构这个简易的入口进去的，但最终又超越了小说的结构层次。他在分析了奥地利小说家赫尔曼·布洛赫（Hermann Broch）的小说后认为，虽然在结构层面，布洛赫的小说不及陀思妥耶夫斯基来得复杂，但前者把报道、诗、论文等"非小说性的类合并在小说"的复调法，堪称一种革命性创举。② 显而易见，昆德拉已超越了对小说狭义结构的关注，而进入小说文体创新的反思之中。在自己的小说创作中，他又实践了上述文体学的小说结构论，创造出文类杂糅、风格独特的复调小说，使之成为在小说文体、叙述视角、情感空间、时空观念上分别展示复调特性的"多重复调"作品。③ 他在大部分作品中有意识地运用了"理论与文学的结合，杂谈与故事的结合""虚构与纪实的结合，梦幻与现实的结合，通俗与高雅的结合，先锋技巧与传统手法的结合"④，使其小说成为一种不折不扣的新型"复调小说"。我们发现，"复调小说"在概念内涵上由内容到形式再到文体的延扩史，同时象征了现代小说结构模式的演变轨迹。而昆德拉小说的复调特征，不仅集中体现了他对小说架构原型、叙述模式的个体之思，还在很深程度上接续了小说文体学这一时髦话题。这里，不仅有文体上的"小说性"和"非小说性"之区别，还有叙述上的视角、人称、语式、时空等分野，另外又隐含着小说形态学的一系列其他命题。总之，昆德拉的复调小说理论与创作所能引发的，绝不仅仅是对其小说的特殊性诠解结论，更是包含了现代小说文体创造上的诸多带有根本性的可能话题。

---

① 参见［法］拉热尔·热奈特《叙事话语 新叙事话语》，王文融译，中国社会科学出版社 1990 年版。
② 参见［法］米兰·昆德拉《小说的艺术》，孟湄译，生活·读书·新知三联书店 1992 年版，第 71 页。
③ 参见李凤亮《大复调：理论与创作——论米兰·昆德拉对复调小说的承继与发展》，载《国外文学》1995 年第 3 期；李凤亮《复调小说：历史、现状和未来——米兰·昆德拉的复调理论体系及其构建动因》，载《社会科学战线》1996 年第 3 期。
④ 韩少功：《〈生命中不能承受之轻〉前言》，见［法］米兰·昆德拉《生命中不能承受之轻》，韩少功、韩刚译，作家出版社 1995 年版，第 12 页。

（二）幽默叙事与修辞学

如果说对昆德拉小说复调特征的上述概括指出了其在架构原型、叙述模式上的趋向和小说文体学的类归属性，那么鲜明而突兀的幽默及笑剧特质则显示出昆德拉小说在风格原型、语言特色上的美学追求，从中我们看到的是一种另类独居的修辞效果。幽默及笑剧风格在布拉格有着悠久的传统，捷克人甚至在自己父亲的葬礼上也会调侃地开上几个玩笑，而昆德拉对塞万提斯和拉伯雷等幽默小说家的格外偏爱，似乎也能够显示他特有的小说美学旨趣。生活本身的怪诞和政治迫害的严酷，赋予昆德拉以幽默叙事的动力和机缘。昆德拉写道："幽默：天神之光，把世界揭示在它的道德的模棱两可中，将人暴露在判断他人时深深的无能为力中；幽默，为人间诸事的相对性陶然而醉，肯定世间无肯定而享奇乐。"① 以冷峻思辨、沉痛自嘲与机智反讽为基调的"昆德拉式的幽默"，事实上不仅仅是他本人的一种修辞策略，还从心理图景的角度映现出 20 世纪人类面对苦难时的煎熬、抉择与希望。这正如叔本华在《意志与表象的世界》中说到的，幽默是一种主观的、然而严肃的崇高的心境，这种心境是在不情愿地跟一个与之极其抵牾的普通外在世界相冲突，既不能逃离这个世界，又不会让自己屈服于这个世界。由"小说之思"到"美学之辨"再至"生命之悟"，"昆德拉式的幽默"超出了文学和美学的范畴，进入对宇宙、人生的具体质询和关于存在的抽象悟思。崇尚相对成为由幽默引发的哲学话题，而追求悲喜交加的叙述效果则成为这一话题在美学上的有效延伸。② 作为解读者，我们正是要从对昆氏作品幽默性的修辞学分析入手，进而探求其在美学和哲学上的动因，并最终在幽默文学史上与之遇合，一探幽默小说的历史遭际与未来使命。

（三）隐喻叙事与文化诗学

昆德拉作品传入中国十余年来的诠解史，似乎一直伴随着这样的阐释

---

① ［法］米兰·昆德拉：《被背叛的遗嘱》，孟湄译，牛津大学出版社、上海人民出版社 1995 年版，第 31 页。

② 参见李凤亮《别无选择：诠释"昆德拉式的幽默"》，载《徐州师范学院学报（哲学社会科学版）》1994 年第 1 期。

悖论，即：一方面，读者津津乐道于昆氏作品中的性爱描写与政治分析，并在某种程度上将昆德拉视为人性分析和极权批判的"英雄"；另一方面，作者本人和批评界又不满于一般读者的这种普泛而强烈的读解印象，认为那是对作品本义的曲解、误读。因此，当有读者称《玩笑》是"对斯大林主义的一个有力控诉"时，昆德拉忍不住这样申辩："请不要把你们的斯大林主义来难为我了。《玩笑》是一部爱情小说。"[①] 上面讲到的只是对昆德拉作品诸多争论和分歧中的一个，我们却并不能简单地认为这仅只反映了作者创作与读者接受的错位，或读者以自己的"前理解"延伸了昆德拉作品这样一个阐释学命题。存在于昆德拉作品中的一系列隐喻，造成了这种读解的多元。因此，在对这些文本进行诗学分析时，我们不能不借助于"文化诗学"式的观念和路式，把昆德拉的小说文本还原到特定的文化背景中作整体性考察，并对其加以人类学的原型评析。这样做，似乎更能符合昆氏作品同现实政治、人生既贴近又超越的表征，也能有效地发掘作者的本意趋向和作品的可能指向，以弥合对作品感性认同与诗意提升之间的分裂。因此，作为研究者，不仅要对昆氏小说的题材动因进行可能性的实证，还需对潜藏于这一动因背后的深层意旨作主题学的挖掘。我们尝试从隐喻角度进入对昆氏作品的文化诗学分析，也将主要从上述两个维度展开。事实上昆德拉小说隐喻意向的本身就有多重性：它有时以重视全书影射功能的方式而显示为一种"整体性隐喻"，如《笑忘录》一书对回归故国心理的折射及对人类"遗忘"本性的剖析；有时又通过某个特定人物或场面，揭示出某个神话学或心理学的问题，从而表现为一种"局部性隐喻"，如《为了告别的聚会》中，一个厌恶母亲的中年男子杀死了一个即将做母亲的年轻女子这一情节所隐含着的形而上的意蕴；有时还会借助于一种特定的章节架构设计，以配合小说题旨的开掘与拓展，从而形成一种"结构性隐喻"，如诸多小说在架构上潜藏的数字"七"的原型；等等。这就不仅有着美学的考虑，还有着神话的背景了。昆德拉小说的隐喻倾向远不止此，不论是作为修辞策略、结构方式还是意蕴隐藏的"春秋笔法"，它都值得研究者去深入发掘一番。

---

① ［法］米兰·昆德拉：《〈玩笑〉自序》，景凯旋译，作家出版社1993年版，第1页。

六

文学与哲学的亲缘关系，受到古今中外的共同重视。随着现代哲学的发展与转向，这一命题已被赋予了新的含义。具体到昆德拉这位小说家身上，就已不仅是笼统的关于文学与哲学如何互相促进生发的问题，而是小说家如何担当哲学家的位用问题。在西方，柏拉图崇哲学而贬文学的"影子"论曾影响了其后的很多思想者，但他的学生亚里士多德就首先以历史与文学的比较反驳了上述观点。亚氏认为："诗人的职责不在于描述已发生的事，而在于描述可能发生的事，即按照可然律或必然律可能发生的事。"故此，"写诗这种活动更富于哲学意味，更受到严肃的对待；因为诗所描述的事带有普遍性，历史则叙述个别的事"①。就对后世的影响而言，亚氏显然超过了他的老师。其中的一个表现就是西方思想史上出现了尼采、狄尔泰、海德格尔等众多"诗人哲学家"。

如前所言，昆德拉的小说创作，在很大程度上受到了以胡塞尔、海德格尔为代表的现象学与存在主义哲学的影响。昆德拉作品强烈的思辨倾向，被巧妙地赋予一种极为奇特的艺术框架。哲学与艺术的遇合在昆德拉那里有了新的含义，而这又与萨特创作的大量哲理小说有着形式感上的巨大差异，尽管二者在思想渊源上有着众多相近之处。昆德拉在他的一系列小说和文论中，以艺术的方式申说了自己对存在哲学、欧洲前途、小说命运、翻译美学等的见解。他的"个我之思"也在上述层面得以不断展开。

（一）存在命题的质询

小说是什么？它是"关于存在的诗意的沉思"②。昆德拉常挂在嘴边的这句话如今已广为人知。昆德拉着意探讨的是：在成为陷阱的世界里，"科学的高潮把人推进到各专业学科的隧道里。他越是在自己的学问中深

---

① ［古希腊］亚里士多德：《诗学》，见伍蠡《西方文论选》上册，上海译文出版社1979年版，第65页。
② ［法］米兰·昆德拉：《小说的艺术》，孟湄译，生活·读书·新知三联书店1992年版，第34页。

入,便越是看不见整个世界和他自己"①。海德格尔称之为"存在的被遗忘",很为昆德拉所赞服。对于被遮蔽的个体而言,世界是一个谜;而当纯粹哲学家在科技的进逼下逐步退位之际,昆德拉认为小说家应该勇敢地承担起探寻存在的使命。因此,从某种角度看,他的小说也是一篇篇哲学论文,其论述题旨大多在书名中得以标示:玩笑与严肃、遗忘与记忆、媚俗、不朽、缓慢、本性、无知等,而这些哲学关键词又通过一系列艺术关键词——温柔、激情、晕眩、软弱等得以形象诠释。当然,昆德拉对"存在"命题的终极探寻是小说家式的,是他所认为的"小说的智慧"的显现。他希图以小说的方式解答现代人类如何诗意栖息的问题,这一尚在持续的探索无疑是值得加以关注与分析的。

(二) 对小说命运的阐示

昆德拉对于小说命运的看法同其哲学观念是一脉相承的。简言之,他认为小说家与哲学家在本质目的上是相通的,但在表现形式及话语方式上却是迥异的,这也内在地影响了小说家的思维内容。因此昆德拉认为:"小说唯一的存在理由就是说出只有小说能说出的话。"② 他的这一论断为小说发展出路的探求奠定了一个价值性的前提,即小说有它自身存在的意义,不应被其他东西所替代。在昆德拉看来,小说最首要的存在价值,即倡导了一种怀疑性的精神——"小说作为建立在人类事物的相对与模糊性基础上的这一世界的样板,它与专制的世界是不相容的"③。昆德拉对小说精神的概括固然是出于现代哲学的相对论背景,但却对当代的社会政治生活具有较强的批判性。对于经历了两次世界大战和各种专制主义的20世纪而言,拒斥绝对、肯定相对所包含着的"宽容"与"对话"精神,本来就应该成为人类走向21世纪的一份共同遗产。昆德拉对小说使命的思考,正是在这个意义上突出了一种反思、疑问与关怀的哲学精神。而他对卡夫卡、穆齐尔、布洛赫、贡布罗维茨所代表的后普鲁斯特时期的

---

① [法] 米兰·昆德拉:《小说的艺术》,孟湄译,生活·读书·新知三联书店1992年版,第2页。

② [法] 米兰·昆德拉:《小说的艺术》,孟湄译,生活·读书·新知三联书店1992年版,第35页。

③ [法] 米兰·昆德拉:《小说的艺术》,孟湄译,生活·读书·新知三联书店1992年版,第13页。

小小说传统的推崇，以及在小说形式感追求上的一系列实验，则可归结为他的这一精神在操作层面上的体现。

事实上，昆德拉的小说及文论本身就体现了他所倡导的这种质疑与宽容的"小说精神"。在政治及文化方面，他思考了欧洲特别是中欧的前途；在人类生存心理的探索方面，他探讨了女性和知识分子的命运；在文学的存在与传播方面，他提出了自己对翻译美学的一系列创见。包括这些中欧文化观、女性观、翻译美学观在内的一系列论见，虽未构成古典哲学家那样自足的理论体系，但已表达出了具有共同内核且极富启发性的诗性话语。小说家不再仅仅是讲故事的工匠，而是人类思想进程中一个不可或缺的谛造者。对于现代小说出路的思索者而言，昆德拉的思辨精神与人本指向不失为一个参照。

七

在文学与周边的关系中，除了文学与哲学之外，文学与历史的关系应该是最为重要的了。历史具有二重性：现实的历史与历史学家的历史。因此，一方面，文学是现实历史的产物，创作与评论都不可能摆脱现实与历史在生活素材、时代潮流、思想观念上的影响；另一方面，文学与历史又互相弥补，文学中的历史文学或历史材料就常常成为历史学家治史的旁证，所谓"诗史互证"着意正在于此。文学与历史的这种亲密关联，也深刻地影响着文学的创作与评价。从创作而言，有什么样的历史观，就有什么样的文学；一部缺乏历史眼光的文学作品，在题旨深度上往往难有开掘；就评论来讲，往往也要把作品放在整个文学史中进行比较，历史主义不仅由此成为曾经风行一时的批评流派，同时被公认为深度批评的一个必备观念。中外文学史上对于"史诗"的看法，从一个侧面反映了对于文史关联重要性的确认。因此，如果说对于昆德拉小说的哲学诠释意在透视其创作的观念动因，那么这里对于其小说的史学分析则欲考察出其创作的现实动因。

在昆德拉的系列小说中，历史占据着十分突出的位置。他把自己的非凡经历及捷克民族的特殊遭际当作小说的主要题材，由此引发了人们对处于特定时期中的捷克民族及其知识分子命运的关注。本来，创作中如何处理作家生平经历与社会时代背景，是一般作家都要面对的问题；不过对于昆德拉而言，历史（个人经历与民族遭际）进入小说却有了更为独特的表现。昆德拉并不太看重历史的连续性和真实感，在他看来，真正有价值的历史情境，产生于对历史的"剥离"中，因此他为自己小说中的"历史题材"确定了这样四条原则：其一，尽可能简练地处理所有的历史背景，这与历史学家们对历史事件的放大与扩张恰成反比；其二，抓住历史背景中那些能给小说人物"创造一个有揭示意义的存在境况"的部分，这又与传统历史小说对历史作无止境的描绘与想象大异其趣；其三，选取那些常被历史学遗忘、但却极具"人类学意义"的事件，从而体现对人的个体存在的关注；其四，从某个独特角度重新分析和理解历史事件本身，使之成为"一个被放大的存在的境况"①。可见，昆德拉是从敞亮被遮蔽的人的存在的角度进入历史本身的，这使得他采取了与历史学家及传统历史小说家迥然不同的一种历史眼光，即弱化政治—社会维度的意义，还原历史事件在人本—存在维度上的价值。在这里，昆德拉的小说及其中的历史都遭遇到了一个更高层次的哲学追问，正是在这种带有终极性的追问中，历史被间离、重组，构成了一系列富有哲学意蕴的历史影像，沉淀在人们的心灵深处。这就像他反复强调的，"小说的（绘画的，音乐的）历史则产生于人的自由，产生于他的完全个人的创造，和他的选择。一种艺术的历史之意义与历史的意义是对立的"②。

由上不难看出，昆德拉小说所显示的历史观是现象学的、存在主义的；但如果仅对昆氏作品作上述现象学的理解，显然还很不够。只有在此基础上更进一层，追寻作为历史的小说（即小说所承担的历史作用）和进入小说的历史（作为小说素材的历史）的某种特殊规律，才可能实现对昆德拉小说的艺术发现。这便要系统整理昆氏小说中对政治与性爱这两个题材的处理方式了。在我们看来，昆德拉选取政治与性爱作为叙写和分析的对象，是有着极为巧妙而深刻的考虑的。性爱生活大概是文明社会中人类最隐秘、最个人的部分了，而政治生活则相反，居于人们公共生活的核心。在性爱和政治这两类或个人化或公众化的生活中，人类都能够爆发出惊人

---

① ［法］米兰·昆德拉：《小说的艺术》，孟湄译，生活·读书·新知三联书店1992年版，第37页。

② ［法］米兰·昆德拉：《被背叛的遗嘱》，孟湄译，牛津大学出版社、上海人民出版社1995年版，第15页。

的狂热，这狂热犹如两道强光，照亮人们的心底世界。昆德拉正是凭借着性与政治这两柄利剑，挑明了一系列哲学题旨的真谛。而就在他完成对历史情境的哲学分析的同时，他也把小说写成了历史——现象学意义上的心灵史。

我们可以学习昆德拉，把一种历史眼光带到对其小说的考察中，在对现代小说叙事历史的历时性梳理中，对昆德拉这一"个案"进行阐发与定位。我们还可以把这一历史眼光带入对昆德拉本人创作历史及中欧文学历史的关注中，揭示昆德拉创作轨迹所隐含的移民作家的意义，以及他的小说对中欧文化的汲取与反哺。在这些方面，昆德拉有关"不朽"的历史观念、有关小说已进入"第三时"（从叙事的小说到描绘的小说再到思索的小说）的小说史观念，都将成为十分重要且极富机趣的分析对象。正是借助于历史视野的扫描，我们才可能确定昆德拉在小说史上的位置，以及"昆德拉之后"现代小说的未来走向。

八

由"诗""思""史"三维结合所建构的昆德拉研究模式，首先是植根于昆德拉作品在这几方面所分别展示出的生动特征；而这一结合，同时也隐喻着笔者在观念与方法上的一种尝试，即通过一种"文化诗学"式的考察，把跨学科、多视角的观念融注于研究之中。需要指出的是，研究昆德拉这类颇为多面的作家采用"文化诗学"式的考察，也是谋求对象与方法和谐统一的一种尝试。"新历史主义"学者谋求在文学本文与文化系统（语境）的互动中实践形式主义方法和历史方法相结合的尝试；他们"结合历史背景、理论方法、政治参与、作品分析，去解释作品与社会相互推动的过程"[①]。而其发起者斯蒂芬·葛林伯雷在《通向一种文化诗学》中更明确地使用"文化诗学"（the poetics of culture）这一术语，以倡导大胆跨越历史学、人类学、艺术学、政治学、文学、经济等各学科界线的"跨学科研究"[②]。文化诗学研究所赋予文学观照的多角度与文化

[①] 廖炳惠：《新历史观与莎士比亚研究》，见张京媛主编《新历史主义与文学批评》，北京大学出版社1993年版，第253页。

[②] 参阅张京媛主编《新历史主义与文学批评》，北京大学出版社1993年版，第1–16页。

整合性，有利于人们从不同向面理解和看待文学作品，因为事实上，文学文本自身总是与其他文本和领域不可分割地联系着的，尤其是作为其近邻的历史与哲学。这也正如加拿大学者诺思罗普·弗莱所说的那样——文学是这样的一种文化形态：它一头连着历史，另一头牵着哲学。

说到这里，不能不归结到我们的理论目标上。事实上，对昆德拉这样一位尚且健在①、富有诠释空间的作家，开展专论式的研究、总结出他创作的独特规律，本身就已极富挑战性。就笔者所知，虽然十几年来，昆德拉近 200 万字的作品在中国读书界掀起阵阵解读的热潮，有关的评论与研究也已初步形成"对话"与"争鸣"局面，但国内尚无人从诗学的高度与历史的维度上系统剖析昆德拉的写作意义。迄今为止，国内学界还没有推出一部研究昆德拉的专著，便是一个明证。同时，在现有的中文评论中，众口一词的褒扬更多地生发自昆德拉作品的哲理倾向及结构探索中，但这些探索有何解构色彩，如何加以辩证的分析，指明其中的得失，这方面的工作就显得尤为不足了。② 在国外，除玛丽亚·班纳吉的专著《终极悖论：米兰·昆德拉小说论》③ 和阿隆主编的《米兰·昆德拉与小说艺术批评文选》④ 等外，虽然众多文章形成了蔚为壮观的评论局面，且显示出多学科的投射与互补，但总体性的诗学解读仍显不足。如何走出"就昆德拉论昆德拉"的境地，不仅体现了一般作家研究策略上的宏观需要，而更重要的是昆德拉的创作与文论本身就揭示或隐含了当代小说文化的一系列核心论题。换言之，昆德拉作品及昆德拉现象本身，业已提供了一个探视当代小说创作现状与趋势的可能而有效的"入口"。由此进入，不是就昆德拉而谈昆德拉，而是试图从这位具备诸多"关键节点"意味的小说家身上打开"缺口"，尝试着发现、描述、诠释当代叙事学及相关文化理论所面临的"真问题"，从而实现超出一般作家专论的宏观意义。这样，过去在作家研究中面临的"只见树木，不见森林"或"宏观不广，

---

① 米兰·昆德拉于 2023 年 7 月 11 日去世。——补记
② 参阅李凤亮、李艳《对话的灵光——米兰·昆德拉研究资料辑要（1986—1996）》，中国友谊出版公司 1999 年版。
③ MARIA NěMCOVá, BANERJEE. Terminal Paradox：The Novels of Milan Kundera. New York：Grove Weidenfeid, 1990.
④ Aron Aji, ed. Milan Kundera and the Art of Fiction：Critical Essays. New York：Garland, 1992.

微观不深"的两难，便可统一于昆德拉所引发出的诗学话题的探讨之中了。在这方面，巴赫金为我们提供了不可多得的文学研究范例。"复调小说"这一理论命题，就是他在系统研读陀思妥耶夫斯基作品基础上归纳出的艺术创作特征；这一特征又并不仅为陀氏所独有，而且带有诗学上的普遍意义。更为重要的是，他由此归结出的对话艺术思维和观物方式，不仅把陀氏的诗学品位提升了一步，还成为其后迄今不同学科共同尊崇的一种方法论观念，受到学界广泛的认同。研究昆德拉，同样要把其小说创作实践与理论置于整个西方诗学、西方文化中进行考察和评析，从宏观上研究昆德拉式的写作所蕴含的诗学意义，把昆氏创作特征的归结与新的小说观念的提升有机地统一起来。在以小说叙事为研究对象的叙事学已成显学，但叙事类文学的诗学概括尚未取得戏剧及抒情诗类文学的突破性进展的情形下①，我们所提出的这一研究，应有其格外的意义。

可以想见，在经历了"情绪认同—感性体味—理性思辨"这一轨迹之后，有着本体意义与语境契机的昆德拉研究，应能成为世纪之交文学研究界一个新的学术生长点。伴随着这一领域探索者的研究心态的开放，以及思维上的对话与共鸣，"昆德拉学"必能获得深度与广度上的实质性拓展。由此，中国的创作界、读书界便可以从昆德拉身上，不断汲取更加多元、繁富的艺术启示了。

（发表于《思想文综》第四辑，暨南大学出版社 1999 年版）

---

① 厄尔·迈纳（Earl Miner）曾从比较诗学的角度对现有的三个"基础文类"（foundation genres）与原创诗学体系的关系做出这样的对应性归纳：亚里士多德根据对戏剧类文学的研究，奠定了"摹仿－情感的"（mimetic-affective）诗学基础；而奠基于抒情诗实践之上的"情感－表现的"（affective-expressive）诗学，则通过不同形式成为西方之外所有诗学体系的特征。他特别惊奇地指出，迄今为止，世界上没有任何一种文化在叙事文学的基础上设想出一种原创诗学来。见［美］厄尔·迈纳《比较诗学》，王宇根、宋伟杰等译，中央编译出版社 1998 年版。也有论者指出，叙事学研究的晚及以之为基础的原创诗学的未创立，可能与小说出现最晚、被当作一种"不纯"的文类，以及阅读与批评的偏见有关（参见韦勒克、沃伦《文学理论》，刘象愚等译，生活·读书·新知三联书店 1984 年版；林岗：《建立小说的形式批评框架》，载《文学评论》1997 年第 3 期）。

幽默小说：品性与历史
——米兰·昆德拉的启示

一

何为幽默（humor）？审美意义上的"幽默"概念是如何产生与发展的？长期以来，对"幽默"的理解错综复杂，不一而足。在西方，"幽默""笑"或"喜剧性"等审美范畴曾进入包括柏拉图、亚里士多德、霍布斯、洛克、康德、里普斯、柏格森、弗洛伊德等大师的研究视野，以之为主题的研究著作汗牛充栋。学者们对"幽默"的关注，一方面是由于作为一种日常现象，幽默不仅调剂着人们的生活，还凝聚了深刻的人生智慧；另一方面，幽默又是艺术的重要样式和表现手段，成为众多大师艺术风格构成中的有机因子。生活与艺术中的幽默现象，诱导着人们努力发现"幽默"的内在奥秘。对于"幽默"含义的界定，有人归纳出"批评说""同情说""微讽说""滑稽说""逗笑说""元素说"等多种范式①。不过，尽管人们赋予"幽默"以各种各样的解释，但似乎均未能取得一致性的认同，以至于对"幽默"概念的争论本身也成为人们"幽默"的对象。英国17—18世纪喜剧作家康格里夫说："在我看来，'有多少人，就有多少意见'这句话用来解释幽默也许更为恰当。"② 美国当代画家索尔·斯坦伯格说道："试图给幽默下定义，是幽默的定义之一。"③ 法国作家让·诺安在《笑的历史》中罗列了哲学家们的种种"笑"论后，不无怀疑地说道："这场关于笑的庞大工作是否不过是一场积木游戏？因为总是在原有思想基础上，不断地补充、补充、再补充，就好像一座摇摇欲坠的金字塔，一堆又一堆的石块不断摞上去，越摞越高，终有一天这座金字

---

① 季素彩等：《幽默美学》，河北教育出版社1997年版，第109－114页。
② ［英］康格里夫：《论喜剧中的幽默》，见古典文艺理论译丛编委会编《古典文艺理论译丛（第七册）》，人民文学出版社1964年版，第7页。
③ 转引自王玮《"笑"之纵横》，上海社会科学院出版社1988年版，第5页。

塔会在某些人的笑声中、在另一些人的沮丧中坍塌！"让·诺安随之又引出伏尔泰的话当作激将法："为什么这种笑的喜悦能够把嘴巴周围十三组肌肉中的颧肌牵向耳根？要有谁能知道为什么，就算他学识渊博！"①

　　对于"幽默"或"笑"的含义及特征的争议，除了由于这一现象本身处于变动不居的历时性演变之中，还因为人们对"幽默"所包含的种种复杂因素的混淆。有学者指出，首先要区分"幽默"的两层内涵，即作为创作主体和欣赏主体所具有的一种审美感受能力的"幽默"和作为一种美学现象（即美的形态）的"幽默"；其次，生活领域和艺术领域的"幽默"相互联系，但也有所不同，应予以区别；再次，"幽默"有广义、狭义之分：广义的"幽默"指生活及艺术中的一切笑的形式，狭义的"幽默"则是"喜剧"的一种特殊样式，是生活领域里的"喜剧因素"和艺术领域里的"喜剧情境及手法"之中比较温和、含蓄、深沉的一种类型，是审美意义上的"幽默"；最后，即使在艺术领域里，"幽默"的成分、地位及功能也有所不同：有时候它仅是一种语言或情节手段，只是作品的一个因子；而有时候它又可能是构成作品的主要手法，从而促成了"幽默作品"的问世。② 至于"幽默"在精神现象、人生态度、个性才情、审美形态、招笑技法等不同层面所展现出的形态与功能的区别，我们也应予以正视，努力加以区分③。总之，谈及"幽默"时，我们不应一概而论，而要努力界定它的语境、内涵及外延。这里不拟罗列中西方对"幽默"的多重解释，而着重分析作为审美范畴之一的"幽默"所具有的修辞效果与美学意味。

　　现有的研究成果大都指明了"幽默"一词的起源及语义发展过程。一般认为，"幽默"（humor）一词最初起源于古罗马人的拉丁语 (h)ǔmor，成形于古法语 humor；至于这一名词被用作美学范畴，则始于英国。虽然中国早在屈原的《楚辞·九章·怀沙》中就有"孔静幽默"之句，但此处的"幽默"意谓寂静无声，根本不同于今天美学意味上的"幽默"，倒是古代的"滑稽""诙谐""科诨"等词，多少与今日之"幽

---

① ［法］让·诺安：《笑的历史》，果永毅、许崇山译，生活·读书·新知三联书店1986年版，第65页。
② 参见陈孝英《幽默的奥秘》，中国戏剧出版社1989年版，第106-113页。
③ 参见徐侗《话说幽默》，上海社会科学院出版社1991年版，第24-123页。

默"相近。有意味的是,"幽默"(humor)一词在西方,最初也并不是被当作美学术语使用的,它经历了由生理学概念向生活艺术概念过渡、最终成为美学术语的漫长流变过程。拉丁文(h)ŭmor 原义是"潮湿",由此派生出"水分""体液"之义。古希腊医学家希波克拉底在传统的"体液说"基础上提出,人体内有血液、黏液、黄胆汁、黑胆汁四种基本的"幽默"(即体液),这四种体液的混和比例决定着人的健康与气质,并由此形成胆汁质、多血质、黏液质、忧郁质四种气质类型。"体液 — 气质"说在西方医学界和心理学界影响深广,直至文艺复兴时期;"幽默"(humor)一词也由一般性地泛指人的性情气质转为特指某种特殊的气质、倾向和爱好。"幽默"(humor)由生活领域引入艺术领域,应归功于英国喜剧作家本·琼生。他于1598年、1599年分别创作了两部以"humor"构成剧名的喜剧:*Every Man in His Humor*(《个性互异》)和 *Every Man Out of His Humor*(《人各有癖》)。本·琼生"把幽默的范畴从观相术的水平提高到了喜剧的领域"①,作为喜剧美学范畴的"幽默"与生理学术语 humor 相遇合,产生了 humor 一词的美学意义上的萌芽。康格里夫把幽默看作"一种特殊的、不可避免的言谈举止的方式,只对某一个人说来它是特有的、自然的,从而使他的言谈举止与别人相区别"②;他认为幽默是与生俱来的天性的产物,并指出了它的后天个体差异;他还把幽默与机智相对比,从中发现了幽默之独特审美价值,从而为作为近代美学范畴的"幽默"在十七八世纪之交的形成做出了铺垫。

二

幽默引发的,是睿智的笑声。在幽默的笑声里,世界的本来面目受到质疑,人类得以在理性精神的导引下重新发现被历史浮尘遮盖的一切。从这个意义上说,幽默的游戏精神,其本质来自理性。理性精神与怀疑态度,是文艺复兴以来西方哲学的主调;近代美学意义上的"幽默",正是深深植根于这一理性的思想土壤之中。一旦看清了事物的本质,便会采取

---

① 陈孝英等:《幽默理论在当代世界》,新疆人民出版社1987年版,第84页。
② [英]康格里夫:《论喜剧中的幽默》,见古典文艺理论译丛编委会编《古典文艺理论译丛(第七册)》,人民文学出版社1963年版,第7页。

一种洞悉一切的无所谓态度，幽默正是其表现之一。林语堂说："幽默者是心境之一状态，更进一步，即为一种人生观的观点，一种应付人生的方法。无论何时，当一个民族在发展的过程中生产丰富之智慧足以表露其理想时则开放其幽默之鲜葩，因为幽默没有旁的内容，只是智慧之刀的一晃。历史上任何时期，当人类智力能领悟自身之空虚、渺小、愚拙、矛盾时，就有一个大幽默家问世。"① 可见，他认为"幽默"是聪明人和达观者的智慧游戏，是心智的释放，是心理优越感在骤然间能量的积聚。在此意义上说，"幽默"是"绝对"的天敌，"相对"的产物。"幽默：天神之光，把世界揭示在它的道德的模棱两可中，将人暴露在判断他人时深深的无能为力中；幽默，为人间诸事的相对性陶然而醉，肯定世间无肯定而享奇乐。"② 捷裔法籍小说家米兰·昆德拉此话道出的，也许正是幽默美学的哲性实质——相对性、对话性的思维机制，以及众声喧哗的狂欢化立场。

"狂欢化"被作为一个审美概念分析，始于苏联著名文艺学家米哈伊尔·米哈伊洛维奇·巴赫金对幽默小说大师拉伯雷的小说的特征描述。作为一种理论话语资源，"狂欢化"更重要的意义在于对社会转型期的文化特征的概括上：它揭示了某些非官方的民间话语存在的必要性，还为拒斥权威与专制话语提供了不可多得的理论依据。在隐喻意义上，狂欢化实际表征着文化多元时代不同话语在权威话语消解之际的平等对话，应合了后现代文化潮流对种种"中心主义"的消解：在众声合唱、多极共生的时代，任何一种思想或话语所尝试的"独白"企图，最终都将以一种喧闹近乎喜剧的情境收场。正是因为众神的退场，狂欢才有了它存在的天地。现代社会的狂欢不同于古老的节日狂欢，而更多地显示为个体意志的张扬与释放。幽默，正是这一个体意志与人文理性从压抑走向释放的必然结果。在现代西方的思想版图上，幽默智慧的凸显与理性精神的高张、叛逆意志的强化同步呈现。海德格尔曾说："世界的非神化是现代的特殊现象。非神化不意味着无神论主义，它表示这样一种境况：个人，即我思，取代作为一切之基础的上帝；人可以继续保持他的信仰，在教堂里下跪，在床上祈祷，他的虔诚从此只属于他的主观世界。"在描述了这种境况之

---

① 林语堂：《吾国与吾民》，中国戏剧出版社1990年版，第61页。
② ［法］米兰·昆德拉：《被背叛的遗嘱》，孟湄译，上海人民出版社1995年版，第31页。

后，海德格尔下了结论："诸神便这样走开。由此而导致的空虚被对神话的历史与心理的探索所填充。"① 昆德拉基于此进一步指出神化的退位、世俗化的衍行与小说幽默智慧产生的内在联系："历史地、心理地探讨神话、圣文，这意味着：使它们变为世俗，使它们世俗化。世俗来自拉丁语 Profanum，意为：圣殿前的地带，在圣殿之外。世俗化即指将神圣移之于圣殿之外、宗教之外的领域。如果说在小说的空气里，笑被无形地散布，小说的世俗化便是世俗化中最恶劣的一种。因为宗教与幽默是不能相容的。"② 西方现代小说的幽默品格，正是在这样以世俗对抗神圣的精神氛围中产生并发展起来的。

三

"幽默"作为生理学术语使用，在西方有着悠久的历史；"笑"的现象在生活和艺术中的长期存在，更是一个不争的事实；但"幽默"作为一个审美范畴而形成，则是近代的事。这并非一件偶然的事，从中，我们不仅能看到一个审美范畴得以形成所应有的漫长流程，更应进一步思考这一范畴产生的思想与文化语境。墨西哥当代诗人、1990 年诺贝尔文学奖获得者奥塔维奥·帕兹（Octavio Paz）说："荷马和维吉尔都不知道幽默；亚里士多德好像对它有预感，但是幽默，只是到了塞万提斯才具有了形式。"他认为，幽默是现代精神的伟大发明，它"使所有被它接触到的变为模棱两可"。米兰·昆德拉则说得更加明确，"幽默不是人远古以来的实践；它是一个发明，与小说的诞生相关联"；它不是从来就在那里，也不会永远在那里，这是一个关于幽默的"具有根本意义的思想"。③

值得注意的是，在昆德拉现有的两部小说文论中，开篇之作均是以"幽默"为话题阐发的：《小说的艺术》首篇是《被忽视的塞万提斯的遗产》；而对幽默小说史的辨析之作《巴努什不再让人发笑的日子》则拉开了《被背叛的遗嘱》的演讲帷幕。塞万提斯和拉伯雷，这两位欧洲小说

---

① 转引自［法］米兰·昆德拉《被背叛的遗嘱》，孟湄译，上海人民出版社1995年版，第7页。

② ［法］米兰·昆德拉：《被背叛的遗嘱》，孟湄译，上海人民出版社1995年版，第7页。

③ ［法］米兰·昆德拉：《被背叛的遗嘱》，孟湄译，上海人民出版社1995年版，第4页。

的开山鼻祖，也成了昆德拉论述小说艺术、阐发幽默精神的入口与起点。昆德拉反复指出的一点是，虽然他们在开创小说历史的同时开创了"幽默"的小说智慧，但这一智慧却正日渐为现代人类所淡忘。在昆德拉眼中，横亘于读者与他之间的美学误解不是别的，正是"幽默"，而这也是现代人类离小说智慧越来越远的原因。

昆德拉曾以文字描画了心目中"欧洲小说"的民族图——

  在小说的不同阶段，各民族相继倡导，有如在接力赛跑中：先是意大利，有它的薄伽丘，伟大的先驱者；然后，拉伯雷的法国；再后，塞万提斯和赖子无赖小小说的西班牙；18 世纪的英国伟大小说和世纪末德国歌德的介入；19 世纪完全属于法国，以及后三分之一时间，俄罗斯小说进入，还有继它之后迅速出现的斯堪的纳维亚小说。之后，20 世纪和它的与卡夫卡、穆齐尔、布罗赫和贡布罗维茨一起的中欧的冒险。①

在昆德拉所描画的这幅小说地图上，幽默不仅是它的光辉的起点，而且是一条贯穿始终的经线。伟大的小说幽默传统揭开了欧洲小说的辉煌开篇，它的开创者——拉伯雷和塞万提斯，成为昆德拉小说创作不断追摹的范本，也是他在理论上探索小说幽默智慧的精神基石。

不可忽视的是，昆德拉小说诗学中反复廓清"欧洲小说"这一重要概念。这并非一般意义上所讲的"在欧洲由欧洲人创造的小说"，而是指"属于开始于欧洲现代黎明的历史的小说"②；因此，昆德拉的"欧洲小说"不仅是一个跨民族的整体概念，还应被看作具有共同精神的小说概念。这一精神的内涵是多向面的，但最首要且有发端意义的，无疑是"幽默"的小说精神。昆德拉曾以描述性的口吻解释"笑（欧洲的）"一词："对拉伯雷来说，快乐和好笑依旧是同一种东西。在 18 世纪，斯特恩（Sterne）与狄德罗的幽默是拉伯雷式快乐的一种深情的、怀乡般的追忆。19 世纪，果戈理是一个消极的幽默家，他说：'我们越是长久而细致地欣赏一则玩笑故事，就越是感到悲哀。'欧洲对其自身存在的玩笑故事

---

① ［法］米兰·昆德拉：《被背叛的遗嘱》，孟湄译，上海人民出版社 1995 年版，第 21 页。
② ［法］米兰·昆德拉：《被背叛的遗嘱》，孟湄译，上海人民出版社 1995 年版，第 21 页。

已经探求了如此之久,以致到了20世纪,拉伯雷的快乐史诗已经变成尤奈斯库的绝望喜剧,他说:'在恐怖和好笑之间只有一丝之隔。'欧洲笑的历史正趋于终结。"① 20世纪欧洲小说版图中幽默精神的失落,却在欧洲之外的土地上开花结果:"先是在北美,在二三十年代,然后,随着60年代,到了拉丁美洲继巴特利克·沙穆瓦索(Patrick Chamoiseau),安第斯群岛的小说家的艺术给了我快乐之后,接着是拉什迪……"昆德拉甚至更为诗意地提及地球纬度"35度线以下的小说"或"南方的小说"这一新文化范畴,它把"非凡的现实性与跨越所有真实性规则的无羁想象"联系在一起,这一点令昆德拉喜出望外,因为他发现,拉美小说家们引发的"小说的热带化"倾向,尽管趣味上令人感到陌生怪异,但就其精神、形式的实质来讲,却是"欧洲小说"的延续和再生:"拉伯雷的古老汁液仅仅在这些非欧洲小说家的作品中才这般快活地流动,而不在任何别的地方。"②

"一时代有一时代之文学"。文学因时代、地域等差异而形成风格上的不同,或因不同时代、不同地域而有着审美上的承继与延续,都是十分现实的文学命题。当昆德拉一方面为欧洲小说的幽默传统在本土的衰落而失望,另一方面又为这一传统在欧洲以外的小说中复活而欣喜时,我们不难体会他作为一个欧洲幽默小说家所内在的矛盾情绪与艺术雄心。现实背景的变异、信息与交流的发达,使得不同民族、不同大陆间的文学传播与影响成为可能,更何况像"幽默"这样的艺术风格与审美范畴,本身便是一个全球性的实践命题。但我们不能因此认为,昆德拉在当下语境中对幽默小说的标举与实践是类似于堂·吉诃德大战风车式的悖逆行为,而应从中看到他作为一个有着明确的批判意识、幽默精神与小说史观念的小说家,对小说使命的执着思索与探求。如果说像昆德拉所理解的,"欧洲小说"有其内在的连贯性,它起源于幽默、相对性的狂欢节,目前正受到媚俗与绝对精神的困扰;那么我们是否可以这样理解:在欧洲小说幽默精神即将终极的地方,昆德拉正努力将其复兴,并以自己的作品延续和挽救这一历史。昆德拉不奢谈历史,但却常常用深刻的艺术史尤其是小说史眼

---

① [法]米兰·昆德拉:《小说的艺术》,唐晓渡译,作家出版社1992年版,第138页。
② [法]米兰·昆德拉:《被背叛的遗嘱》,孟湄译,上海人民出版社1995年版,第28－29页。

光衡量作品的存在意义。昆德拉所复兴的，不仅是一种主导性的小说美学风貌，还有他一贯主张的小说智慧的内在精神，一种现代人类诗意生存所必需的相对性价值立场。可以说在幽默小说游戏精神的背后，潜藏着写作者"绝圣弃智"的存在论态度。

四

当我们把昆德拉当作当代幽默小说写作的一个典型个案加以分析时，便会发现在其身上所凝结的关于幽默的诸多历史与时代因素。幽默及笑剧风格在布拉格素有传统，捷克人甚至在自己父亲的葬礼上也会调侃地开上几个玩笑。生活本身的怪诞和政治迫害的严酷，赋予昆德拉以幽默叙事的动力和机缘。以冷峻思辨、沉痛自嘲与机智反讽为基调的"昆德拉式的幽默"，事实上不仅仅是他本人的一种修辞策略，还从心理图景的角度映现出20世纪人类面对苦难时的煎熬、抉择与希望。正如叔本华在《作为意志和表象的世界》中说到的，"幽默是一种主观的、然而严肃的崇高的心境，这种心境是在不情愿地跟一个与之极其抵牾的普通外在世界相冲突，既不能逃离这个世界，又不会让自己屈服于这个世界"①。

事实上，以幽默文字承载沉重主题，一直是捷克文学的传统。哈韦尔在谈到中欧地区的文学传统时也说过，在中欧的环境里，总是有某种极端的方式，把本来是很严肃的东西与相关的滑稽可笑连在一起，这恰恰表现出一种宽容、超脱和自嘲。而当这些东西反馈到客观环境及行为时，则出现了具有震撼力的严肃性。他接着说道："难道本世纪最严肃、最富有悲剧色彩的伟大作家卡夫卡不恰恰也是幽默大师吗？处于逆境的捷克人开玩笑的方式在某些外国人看来简直不可理解，甚至有些不知羞耻。……谁若总是板着面孔，很快就会变成可笑的人。而谁若能保持自嘲，他实际上不会成为笑柄。"② 这使笔者想起一个古老的捷克笑话——有人说："太太，一个压路滚筒从您的女儿身上压过去了。"太太回答："那好，那好，我正在我的浴缸里，把她从我的门底下塞过来，把她从我的门底下塞过来

---

① ［德］叔本华：《作为意志和表象的世界》，石冲白译，杨一之校，商务印书馆1982年版，第25页。

② 转引自李梅、杨春《捷克文学》，外语教学与研究出版社1999年版，第120－121页。

吧。"在别人眼里,捷克民族的随意天性与"悖谬"性格显得惊世骇俗,而捷克当代作家伊凡·克里玛却将这些悖谬及面对悖谬的态度称为"布拉格精神"。悖谬之一是既重视文化又轻视文化:布拉格虽然"布满了教堂,而实际上基督徒只是一个很小的数目;它为自己拥有中欧最古老的大学及拥有相当数量有文化的人而自豪,但世界上很少有地方像这里轻视学问的";悖谬之二显示在作为城市象征物的城堡,虽然它是中欧最大的堡垒之一,后来成了总统府所在地,但总统们的命运反映了被他们统治的这个城市的命运。九个前任总统,有四个坐了三年以上的牢;第五个在牢里度过了不长时间,而另外一个死于狱中;后来三位免遭牢狱和行刑之苦,仅仅是因为他们逃到国外:"在监狱和王室城堡之间的联系是多么奇特和悖谬!"悖谬并不仅仅作为结果,它还作为原因而存在。也许正是因为这个城市充满了如此多的悖谬,在相隔几个星期之内,诞生了两个有着巨大差异但同样杰出的作家——哈耶克与卡夫卡。表面上,二者相差极大乃至人们无法将之相提并论:在常人眼里,哈耶克是一个醉鬼、无政府主义者、美食家、嘲笑自己的职业和责任的人,在烟雾腾腾的小酒馆里写作,为了一点啤酒就地把自己的作品卖掉;而卡夫卡则是一个素食主义者,绝对戒酒和专注自我的苦行僧,如此着迷于他自己的责任、使命及自身缺陷,活着的时候竟不敢出版自己的大部分作品。然而,二者在精神实质上却是同多异少:他们生活在同一座城市的同一个时期,从同一个时代中汲取营养;两人的出生日期只相差几个星期,去世的时间也相距不到一年,在相隔仅仅几条街道的地方度过了自己短暂的一生。后来的布拉格人理所当然地同时接受了这两份礼物,他们"用'卡夫卡式的'这个词来形容生活的荒谬,而把自己能够藐视这种荒谬和以幽默来面对暴力及整个儿是消极的抵抗称之为'哈谢克式的'"①。昆德拉不能不注意到两位先贤的这种区别与联系,在一则关于布罗赫的小说《梦游者》的笔记中,昆德拉对卡夫卡和哈谢克作了比较,认为尽管帅克(哈谢克《好兵帅克历险记》主人公——引者注)与约瑟夫·K(卡夫卡《审判》主人公——引者注)对生存的态度不同:前者绝对的玩世不恭,后者绝对的虔信不疑,但"在卡夫卡的炼金术和哈谢克的通俗化之间,存在着某种相似性(一种奇妙的、意想不到的相似性)"。哈谢克笔下的军队和卡夫卡笔下的法庭都

---

① [捷]伊凡·克里玛:《布拉格精神》,崔卫平译,作家出版社1998年版,第51-53页。

是荒谬不经的,他们以轻重不同的笔调,诉说着相似的存在悖谬。作为卡夫卡与哈谢克的后继者,昆德拉深深得益于二者在精神上的滋养:他的作品的幽默风格,与哈谢克为代表的捷克幽默文学传统一脉相承;而其作品的思想底蕴,却是典型的卡夫卡式的"悖谬"型的。捷克当代文学中的大师,包括博胡米尔·赫拉巴尔、哈韦尔、伊凡·克里玛等,在精神气质与作品风格上都与昆德拉极为相似。

[发表于《暨南学报(哲学社会科学版)》2002年第3期]

复调：音乐术语与小说观念
——从巴赫金到热奈特再到昆德拉

一

在当代小说版图中，"复调小说"作为一种新兴的小说模式与理论概念，正日益显示着它蓬勃的生命力。何谓"复调小说"？它的形式优势体现在哪些方面？这些问题不断引起文学研究界的关注。这里，我们不妨从梳理"复调小说"概念的演进过程入手，回顾这一重要范畴的不同含义及思想内核。

"复调"和"多声部"原都是音乐术语，"复调音乐"（polyphony）是多声部音乐的一种主要形式，与"主调音乐"（homophony）相对。"主调音乐"也是一种多声部音乐，其特点是其中一个声部旋律性最强，处于主导地位（一般是高声部），其余声部则起烘托作用，以和声学规则为主要创作技法。"复调音乐"则是这样一种多声部音乐：它由两条或以上同时进行的旋律线所组成，各声部各自独立，但又彼此形成和声关系，以对位法为主要创作技法。换言之，一方面，复调音乐的各个声部在节奏、重音、力度及曲调起伏等方面都具有自己的独立性；另一方面，各声部之间又彼此和谐地统一为一个整体。对位法的这两个要求对于复调音乐而言缺一不可。尽管后来"复调"被当作小说形式术语而有了多种阐释，但在对位法这两个最基本的"音乐要素"的认识上，不同的论者尚有其一致性。

将"复调"及"多声部"引入小说理论，即使之成为蕴含了丰富类比和隐喻含义的一组小说理论基本术语。从音乐术语到小说术语，"复调"及"多声部"被引入小说理论体系时具有的这种类比性、隐喻性，使得小说家、理论家可以从自己的主观意念出发，赋予其以不同的内蕴。而对这组基本术语的不同理解，正是确立和辨别复调小说理论这一母系统中不同子系统的前提。

二

复调小说理论，发源于苏联著名文艺学家巴赫金对俄国作家陀思妥耶夫斯基小说的话语分析。1929 年，巴赫金在其所著《陀思妥耶夫斯基的创作问题》一书里，将音乐中的"复调"概念引入小说理论之中，首次提出"复调"或称"多声部性"是陀氏小说的根本艺术特质。1963 年，在更名再版的《陀思妥耶夫斯基诗学问题》（以下简称《诗学》）中，巴赫金声称自己是从"艺术形式的独特性"① 出发来研究陀氏小说创作的，从而从根本上区别于以往人们仅从割离了形式的内容（主题、思想观点、人物形象）出发来评价陀思妥耶夫斯基的研究思路；巴赫金还由此进一步发展了"复调"及"对位"理论，使原理论体系更趋完整和系统。在《诗学》一书中，巴氏认为："有着众多的各自独立而不相融合的声音和意识，由具有充分价值的不同声音组成真正的复调——这确实是陀思妥耶夫斯基长篇小说的特点。""在他的作品里，不是众多性格和命运构成一个统一的客观世界，在作者统一的意识支配下层层展开；这里恰是众多的、地位平等的意识连同它们各自的世界，结合在某个统一的事件之中，而互相间不发生融合。"而陀氏小说中的主要人物，"不仅仅是作者议论所表现的客体，而且也是直抒己见的主体"；"主人公的议论，在这里绝不只局限于普通的刻画性格和展开情节的实际功能（即为描写实际生活所需要）；与此同时，主人公议论在这里也不是作者本人的思想立场的表现（例如像拜伦那样）。主人公的意识，在这里被当作是另一个人的意识，即他人的意识；可同时它却并不对象化，不囿于自身，不变成作者意识的单纯客体"，一句话，主人公是直抒己见之主体。② 巴赫金的复调小说理论中原创性术语众多，体系庞密，这里不便赘述。纵观《诗学》全书我们得知：巴赫金着重强调的是主人公自我意识的独立性、对话性，主

---

① ［苏］米·米·巴赫金：《陀思妥耶夫斯基诗学问题》，见钱中文主编《巴赫金全集》（六卷本）之《诗学与访谈》卷，白春仁、顾亚铃等译，河北教育出版社 1998 年版，第 59 页。

② ［苏］米·米·巴赫金：《陀思妥耶夫斯基诗学问题》，见钱中文主编《巴赫金全集》（六卷本）之《诗学与访谈》卷，白春仁、顾亚铃等译，河北教育出版社 1998 年版，第 4-5 页。

人公与主人公、主人公与作者之间的平等、对话关系。① "声音的多重性"② 成为巴赫金复调小说理论的基础,也是理解其复调理论的关键之处。

巴赫金并不把自己算在形式主义派别内,但是由于他把对陀氏作品的研究点置于思想形象的构造、艺术作品的结构、人物关系和体裁的承先启后上,故而被托多罗夫认为"比形式主义更加形式主义",而巴氏更因发现"文学作品材料布局的规律"而吸引了莫斯科语言学学会与布拉格学派创始人罗曼·雅各布森的学术注意③。巴赫金在《诗学》一书中所探讨的首要的诗学问题即为形式构造问题。这里的"形式"既含有寻常意义上的作品体裁、结构等外在因素的综合之意,又不排斥由这些外在因素承载的内在思想。通读《诗学》不难发现,巴赫金在其中展现出他作为一位文化哲人所具有的广阔视野与辩证思维,也正是基于此,笔者才认为,巴赫金对复调小说理论的原创意义,不仅仅体现于对陀氏小说艺术特征的独特把握上,而更体现于该理论所具有的一种话语乃至思维方式优势上。巴赫金研究陀氏并提出复调小说理论时所运用的这种"整体论"艺术思维,受到研究者们不约而同的重视。比如,在韦勒克这位"新批评"家那里,这种整体论艺术思维就要求把文学作品的语言分析和内容分析有机结合在一起,在对作品的批评中,形成的是这样的多重辩证统一:内部研究与外部研究的统一、共性与个性的统一、主观与客观的统一。巴赫金是这样论述文学批评的内外整体性的:

> 每一种文学现象(如同任何意识形态现象一样)同时既是从外部、也是从内部被决定的。从内部——由文学本身所决定;从外部——由社会生活的其他领域所决定。不过,文学作品被从内部决定的同时,也被从外部决定,因为决定它的文学本身整个地是由外部决

---

① 关于巴赫金复调小说理论中所蕴含的对话立场与狂欢化思想,笔者曾专文加以评述,可参阅蒋述卓、李凤亮《对话:理论精神与操作规则——巴赫金对比较诗学研究的启示》,载《文学评论》2000 年第 1 期。

② 在《陀思妥耶夫斯基诗学问题》中,巴赫金赋予"声音"以特别的术语意义,指通过语言表现出来的某人的思想、观点及态度的综合体。

③ 参见〔美〕罗曼·雅各布森:《序言:诗学科学的探索》,见〔法〕茨维坦·托多罗夫编选《俄苏形式主义文论选》,蔡鸿滨译,中国社会科学出版社 1989 年版,第 3 页。

定的。而从外部决定的同时，它也被从内部决定，因为外在的因素正是把它作为具有独特性和同整个文学情况发生联系（而不是在联系之外）的文学作品来决定的。这样，内在的东西原来是外在的，反之亦然。①

整体论批评与其说是出于对形式主义的叛逃、反驳与超越，不如看成是以睿智的、整体论的批评眼光审视文艺本质的结果。张杰在《复调小说理论研究》一著中专门就巴赫金的"整体性批评"思维作了归结，认为巴氏是以批判庸俗社会学和形式主义为出发点，把艺术作品的语言、风格和技巧等形式研究同社会意识形态及经济环境紧密结合起来，从社会环境、文学环境的大角度去把握文学创作现象的②。应该看到，巴赫金从文化相对主义观念出发，融社会历史批评与形式主义批评于一炉的批评实践，开掘了"文化诗学"研究之先河。他由此提出的复调小说理论，不仅被当作小说的一种叙述结构，而且被看成一种对话性的艺术观念，还被看成一种人类认知世界的思维方式。巴赫金自己也说："复调小说的创立，不仅使长篇小说的发展，属于小说范围的所有体裁的发展，获得了长足的进步，而且在人类艺术思维总的发展中，也是一个巨大的进步。据我们的看法，简直可以说有一种超出小说体裁范围以外的特殊的复调艺术思维。这种思维能够研究独白立场的艺术把握所无法企及的人的一些方面，首先是人的思考着的意识，和人们生活中的对话领域。"③ 正如一些研究者所归结的，在这一意义上，"复调"从一种小说论、批评论走向了审美学，最终返归于哲学④。巴赫金被许多人追捧为文化哲学家，其原因盖在于此。

---

① ［苏］米·米·巴赫金：《文艺学中的形式主义方法》，见钱中文主编《巴赫金全集》（六卷本）之《周边集》卷，李辉凡、张捷译，河北教育出版社1998年版，第145页。
② 参见张杰《复调小说理论研究》，漓江出版社1992年版，第34页。
③ ［苏］米·米·巴赫金：《陀思妥耶夫斯基诗学问题》，见钱中文主编《巴赫金全集》（六卷本）之《诗学与访谈》卷，白春仁、顾亚铃等译，河北教育出版社1998年版，第360－361页。
④ 参见张首映《西方二十世纪文论史》，北京大学出版社1999年版，第347页。

三

巴赫金发表《陀思妥耶夫斯基的创作问题》是在 1929 年，以《诗学》为名再版该书则是在 1963 年。对 20 世纪世界文坛而言，这两个年头颇有特殊意味：前者正是俄国形式主义走向晚期并逐渐向布拉格转移的岁月，而后者却又是布拉格学派趋于沉寂、法国结构主义应运而生的起点。这 30 多年间，标举"形式"与"结构"的各种文学批评流派，从欧洲东部到西部裹挟成一股全球性的艺术潮流，影响甚巨。就连早期对形式主义大加贬斥的苏联，自 20 世纪 60 年代起也对之进行了重新评价，早年形式主义的一些主要著作又得以重新出版问世，巴赫金《诗学》一书的更名再版便出现在这一历史背景中。当然，如前所言，由于"整体论批评"所带有的文化诗学观，巴赫金本人并不把自己算在形式主义派别内，但他对语言创作美学及艺术形式构造问题的青睐，又不能与形式主义完全无关，甚而还被托多罗夫认为是"比形式主义更加形式主义"的"后形式主义者"①。他的某些研究思路，乃至观点术语，都为其他结构主义研究者所继袭。他的"复调小说"理论，就曾得到法国结构主义叙事学重要人物热奈特的注意，并为后者所发展。《叙事话语　新叙事话语》一书就是，是热奈特对普鲁斯特《追忆似水年华》作细读后所写下的叙事学著作。

我们不妨将热氏与巴赫金的复调理论作一比较。一方面，在《诗学》中，"复调"是探讨的核心诗学话题，具有原创性和生发力；而在《叙事话语　新叙事话语》中，"复调"并非作为一种内在的理论基调，而是热奈特整个叙事结构分析中归结出的一个叙事技巧因素。另一方面，如果说巴赫金通过对陀思妥耶夫斯基小说的考察，把小说中作者和作品中人物所形成的"声音"②的错杂、意识的纷呈称为"复调"，从而显示出他更多的是从题材内容、主题意蕴的角度来定位小说的"复调"的；那么热奈

---

① 参见［法］托多罗夫《巴赫金、对话理论及其他》，蒋子华、张萍译，百花文艺出版社 2001 年版，第 230 页。

② 在《陀思妥耶夫斯基诗学问题》中，巴赫金赋予"声音"以特别的术语意义，指通过语言表现出来的某人的思想、观点及态度的综合体。

特则是把因叙述视点的转移所造成的叙事体式上的变异称为"复调",所关注的焦点是小说的艺术形式,切入的角度是叙述方式中的语式变异,显然不同于巴氏对复调的范定。热奈特分析了普鲁斯特小说中叙述视角的不同聚集方式,指出普氏"毫无顾忌地、好像未加留意似的同时运用三种聚集方式,任意地从主人公的意识转入叙述者的意识,轮流地停留在各式各样人物的意识之中,这种三重的叙述立场无法与古典小说单纯的无所不知相比拟"。热奈特还明确指出,普鲁斯特创作《追忆似水年华》所运用的这种"复调式"的多重聚集,可能深受当时(1913年)俄裔作曲家斯特拉文斯基所创作的芭蕾舞剧《春之祭》的影响,后者所开创的复调曲式在当时颇为流行。①

四

从巴赫金的"声音、意识的复调"到热奈特的"叙述语式的复调","复调"被赋予了艺术内容或艺术形式上的不同隐喻意义。值得注意的是,二者对"复调"从内容到形式的分别解释,并未能遮蔽他们对小说结构的共同关注,因为不论是内容题材还是形式技巧的复调,都共同隐含着对于广义的小说结构的重视,后继的复调论者正是领悟到了这一点,赋予"复调"以新的小说艺术内涵。米兰·昆德拉便是这一后继者中极具代表性的人物。他对复调小说的理解与实践,正是由小说结构这个简易的入口进去的,但最终又超越了小说的结构层次,在小说文体领域提出并实践了自己的"复调"理论。也正是注意到这些联系和区别,所以有学者作了这样的比较,认为"巴赫金的复调理论无疑具有美学上的发现性和洞辟性,热奈特则具有叙事学上的科学性和规律性,而昆德拉的复调明显带有小说自身建设上的开拓性和革命性"②;这种区别,或许与昆德拉身为小说家有关。

的确,既往的叙事学研究更多地着眼于叙事的结构和话语形式,对结构与文体的关系关注不够;而事实上,结构与文体是小说形式的双翼,叙

---

① 参见[法]热拉尔·热奈特:《叙事话语 新叙事话语》,王文融译,中国社会科学出版社1990年版,第144–145页。

② 邵建:《复调小说创作新的流向》,载《作家》1993年第3期。

事学与小说文体学的关系异常密切。英国文体学家福勒（R. Fowler）在其主编的论文集《文学中的文体与结构》的前言中，认为文体学研究的"文体"和叙事学研究的"结构"互为表里，彼此补充。他借用乔姆斯基关于语言深层结构与表层结构的理论，指出叙事学研究的"结构"属于文本的深层结构，文体学研究的"文体"属于表层结构，在小说研究中，二者不可偏废。[①]近年来，我国叙事学研究界也已有人尝试将传统叙事学研究与小说文体学研究结合起来，以探求小说叙事更为复杂的"话语"形式；有学者认为，在小说的形式技巧这一层面上，"话语"与"文体"呈互为补充的关系，只有兼顾两者才能对小说的形式技巧进行较为全面的研究[②]。作为一个小说家，昆德拉较为深刻地体验到了小说文体与叙事结构间的这种互动关系；在他的复调理论体系中，"文体的复调"是诉诸读者的第一艺术印象，也是他整个复调体系的一个基石。这里我们感兴趣的是，昆德拉的"复调小说"理论，与巴赫金和热奈特的理论话语之间除了上述区别，是否还有某种承继轨迹？如果我们稍加梳理，便不仅易于发现这一问题的肯定性答案，而且还可从中归结出"复调小说"理论旅行的某些共同的语境因素。如前文所言及的，尽管我们不能把俄国形式主义—捷克布拉格学派结构主义—法国结构主义叙事学简单地看成是一脉相承，但它们之间的思想联系及承继轨迹还是十分显见的。尤其是布拉格作为结构主义理论的发源地，更在整个形式主义理论产生、发展、演变过程中一度起到了承东启西的中介作用。昆德拉对"复调小说"的早期实践，必然受到他的苏联近邻巴赫金的影响；而他在理论上提出"复调小说"，则已是身处法国结构主义大本营巴黎之时。当"复调小说"理论沿着形式主义流变的路线走进法国结构主义理论家的视野时，昆德拉也带着他的"复调小说"创作实践从布拉格移居至巴黎（巧合的是，昆德拉与热奈特同在巴黎的法国社会科学高等研究院任职）。当俄国形式主义最终在西方找到栖息地时，"复调小说"的理论与创作也在巴黎引起了世界文坛的瞩目，这显然不是一个偶然的文学现象。

---

① R. Fowler, ed. *Style and Structure in Literature*, Ithaca: Cornell University Press, 1975, pp. 10 - 12.

② 申丹的《叙述学与小说文体学研究》（北京大学出版社 1998 年版）是第一部对叙事学（又称"叙述学"）与文体学理论同时展开研究的专著，代表了国内迄今此一比照性研究的最新成果。

若是深入比较一下昆德拉与他的两位"复调"先驱的艺术旨趣,我们又会惊人地发现某些契合之处①。尽管巴赫金发表《陀思妥耶夫斯基的创作问题》的1929年才是昆德拉出生的年头,但这位捷克小说家在诸多艺术问题上的兴致乃至识见却与那位苏联前辈有着戏剧性的巧合——对狂欢化理论及现象的偏爱(巴赫金在《诗学》中以专章探讨狂欢化的问题,昆德拉则在长篇处女作《玩笑》中以较大篇幅描述并缅怀民间狂欢节盛况),对拉伯雷(Rabelais)艺术地位的重视与赞肯(巴赫金学位论文的题目即为《现实主义历史中的弗朗索瓦·拉伯雷》,1965年该论文出版时名为《弗朗索瓦·拉伯雷的创作与中世纪和文艺复兴时期的民间文化》②,而昆德拉则在其一系列论文中屡屡称颂塞万提斯、拉伯雷所开创的欧洲小说的幽默传统),对小说这种文体的关注以及对小说叙事潜力的认同,诸如此类的艺术趣味的殊途同归,不能不被视为昆德拉对巴赫金"复调性艺术思维"承继轨迹的重要部分。当然,出于不同的思想处境及艺术观念,昆德拉与巴赫金在具体论见上也有某些相左之处,比如对陀思妥耶夫斯基和托尔斯泰的评价,昆德拉的论述明显对巴氏有所反拨。巴赫金把陀氏作品称为"复调小说",而把托氏作品称为是无"复调性"的"独白小说",褒前而贬后,观点鲜明;昆德拉则认为,托氏"揭示了无逻辑、无理性的闯入",而陀氏仅仅"抓住了决心顽强地将其逻辑贯穿到底的理性的疯狂",故而昆德拉为托氏对安娜命运的安排而叫好。在他看来,老托尔斯泰在发现"非理性在我们的决断和生活中所扮演的角色"③方面所作的探索,为后继者(如布罗赫、乔伊斯、昆德拉等)提供了鲜明有力的艺术鉴照。至于昆德拉与热奈特,除了因出生年月相近(热奈特生于1930年)而可能拥有相近的知识背景外,昆德拉对存在主义和普鲁斯特的偏爱,或许也是他追踪结构主义、力倡对话与复调的一个心理动因。

---

① 有关巴赫金生平思想及艺术创造的详细记述,可参阅两本巴赫金评传:① [美] 凯特琳娜·克拉克、迈克尔·霍奎斯特:《米哈伊尔·巴赫金》,语冰译,中国人民大学出版社1992年版;② [俄] 孔金、孔金娜:《巴赫金传》,张杰、万海松译,东方出版中心2000年版。

② 参见 [苏] 米·米·巴赫金《弗朗索瓦·拉伯雷的创作与中世纪和文艺复兴时期的民间文化》,李兆林、夏忠宪等译,见《巴赫金全集》之《拉伯雷研究》卷。

③ [法] 米兰·昆德拉:《〈梦游者〉札记》,见《小说的艺术》,唐晓渡译,作家出版社1992年版,第60-61页。

五

从根本上说，巴赫金、热奈特、昆德拉对"复调小说"的选择，更多还是植根于"复调性思维"的艺术魅力。就某一思维具体而言，复调性思维所体现的思辨方法论优势至少有两点：其一，在思维过程中，艺术创造者只有通过不同话语形式和不同意识内容的参照、"对话"与互动才能形成一定的思维成果，这一思维成果亦因之而一方面具有了辩证的色彩，另一方面又包含着进一步开放的可能；其二，在思维成果的接受过程中，接受者要以多种方式展开与原创者的"再对话"——或以自身原有的意识储备"填充"原创者展示的开放性思维成果，或开放自身意识结构以接纳新鲜养料。故此，在复调性思维世界中，没有绝对肯定或绝对否定的思想，探寻社会存在与社会意识的可能性领域成为思维的终极目标，而复调性思维自身恰又使这种"终极目标"难以终极而步入永无止境的螺旋上升的发展轨道；对话、开放与未完成既是复调性思维的征质，又成为其进一步展开的动力。客观地说，复调性思维的这种方法论优势正切合了当今世界多极化进程中平等对话的时代趋势。作为艺术思维方式，它使得本来难以确定的意识内容显示出更多的不定点，从而使作家的思维成果——文本的内容实质与形式特征分别呈现出摇曳多姿的"复调"景观。

比较之下，如果把巴赫金以声音、意识的"全面对话"为基石的复调理论视为从小说内容着眼的"局部复调"，把热奈特的以叙述语式与视点变换为主的复调观念看成从小说结构入手的"局部复调"，那么昆德拉从小说文体入手倡导并实践的这种内容与形式的全面复调显然称得上是一种"整体的复调"①。"复调小说"在概念内涵上由内容到形式再到文体的延扩史，同时象征了现代小说结构模式的演变轨迹。而昆德拉的复调思想，不仅集中体现了他对小说架构原型、叙述模式的个体之思，还在很深程度上接续了小说文体学这一时髦话题。这里，不仅有文体上的"小说性"和"非小说性"之区别，还有叙述上的视角、人称、语式、时空等分野，另外又隐含着小说形态学的一系列其他命题。"复调"，不仅是对

---

① 对此笔者曾有专文论述，见李凤亮《大复调：理论与创作——论米兰·昆德拉对复调小说的承继与发展》，载《国外文学》1995 第 3 期。

昆德拉小说形式原型的一种总结，也不仅是昆德拉对某种理想态小说文本形式的一种设想，它还应被视作昆德拉对小说形式发展的一种多层面、开放性的实验思路。总之，昆德拉的"复调小说"理论与创作所能引发的，绝不仅仅是对其小说的特殊性诠解结论，更是包含了现代小说文体创造上的诸多带有根本性的可能话题。当代小说创作的多元发展倾向，正在并将继续为复调小说的这种艺术可能性提供日益丰富的佐证。

（发表于《外国文学研究》2003年第1期）

叙事与述史：多元重合的精神空间
——文学叙事与历史叙事比较的理论基点

一

个体的人，总是存在于作为整体的人类长流之中，置身于"历史"之中。人是历史的存在物，人的历史化（体现为人的具体时空化）与人的文明化是统一的。人不可能脱离历史而存在，同样，人的认识也不可能在历史之外获得。伏尔泰说："人这种类型融化在历史过程中。人是什么，不是靠对本身的思考来发现，而只能通过历史来发现。"①

不过，当我们试图深入一步理解"历史"时，却发现这一语词包蕴着更为丰富复杂的含义。历史的存现形态有两种：一种是指人类过去生活的实在过程，有人称之为"历史的本体""历史存在"或"现实的历史"，也就是"史实"；另一种是历史学家根据过去的各种材料用文字写下来的历史，它体现了人类对自己过去生活的一种认识上的努力，人们称之为"历史的认识""历史意识"或"符号（文字）的历史"，也就是"史学"。作为第一性的"历史"（史实）是客观存在的，但作为第二性的"历史"（史学）则是由主观确立的，历史概念的这种二重性，是物质与意识、现象与映象、客观与主观等二元世界在人类认识过去时的反映，显示出具体与抽象之辨。为了避免误解，人们试图以术语的区别来指称不同的对象，黑格尔就曾用拉丁语 res gestae 和 historia rerum gestarum 分别称呼"发生的事情本身"和"发生事情的历史"。但史实和史学是互动而难以严格分割的，史识正是人类为了认识史实而产生的。叶秀山说："狭义的'文字'的发明，使人类进入了'文明史'，即人类的'思想''意义'不再寄生或埋藏于实际的物质世界中，而依靠'记号'系统，自身得到了一种特殊的存在和保存方式，而这种特殊的保存方式，又反过来深刻影响了人们对那个物质的世界的看法。……于是，在人们的现实的、实

---

① 转引自［德］兰德曼《哲学人类学》，阎嘉译，贵州人民出版社1988年版，第255页。

际的交往中似乎分化出了一种纯粹思想性的交往关系,'历史'不仅仅被理解为实际的历史,而且也被理解为思想的历史,理论的历史。"① 由于历史都是对过去事物的记录和认识,而过去仅仅以某种实物、资料或记忆等非现时且不完整的形式存在,因此,历史(史学)本身的真实性就受到了普遍的质疑。柯林武德指出:"一切历史,都是在历史学家自己的心灵中重演过去的思想。"② 贝克尔认为:"在历史学家创造历史事实之前,历史事实对于任何历史学家而言都是不存在的。"③ 卡西尔则指出,对于历史事件,历史学家并非要将其"再现"或"再造"出来,而是企图借助于这些史料来"解释"历史事件的"意义",从而认识事件,最终认识"人"自己过去的活动。或许正是基于这一点,阐释学家才较为偏激地认为,历史只不过是一个流动的存在,一切历史(史学)其实都是当代史。这种历史怀疑论观点显现出过于绝对的相对论立场,历史价值被彻底地悬置了起来。

对史学真实性和真理性的这种怀疑,只是人们对历史认识所持的不同态度之一种。历史学作为一种自身"历史"本就十分悠久的学科,它自产生以来,便一直伴有对自身的反思和批判,这种反思和批判被称为"历史哲学"。类似于科学哲学作为科学诸学科的反思主体而存在,历史哲学是一门关于历史学的科学,它不再像一般史学家那样着眼于历史过程中具体的个别细节,而是超越这种具体性和个别性,将人类历史作为一个整体,采取一种批判的思维,探寻出人类历史发展的一致性及其制约这种一致性的规律。然而,这样一种从宏观上反思历史学并试图以寻找规律而达到超越的历史哲学,又受到一种新的历史哲学的批判和超越。产生于20世纪30年代的这种新的历史哲学,对旧的历史哲学家所致力寻找的"意义"表示怀疑,对他们寻找意义的能力表示怀疑。在他们看来,真实地复原已逝的过去本身以及揭示这个尚未完结的过去的意义在逻辑上可能并非已经解决,而是一个有待证实的问题;相反,更重要的是认清对象的性质,重新确立研究的起点。于是,不仅"历史"具有了史实和史学两

---

① 叶秀山:《美的哲学》,人民出版社1991年版,第175–176页。
② [英]柯林武德:《历史的观念》,何兆武、张文杰译,中国社会科学出版社1986年版,第244页。
③ 转引自[英]卡尔《历史是什么?》,吴柱存译,商务印书馆1981年版,第18页。

重概念，连反思历史学的历史哲学也具有了两个层次：一种是试图对历史总体做出总结以探明历史意义的历史哲学，另一种则是对历史学本身进行反省和思考的历史哲学。前者被命名为"思辨的历史哲学"，后者则属于"分析的批判的历史哲学"。① 历史学界对研究的这种多重反思，整体上顺应和契合了近代尤其是 20 世纪以来整个科学界、学术界的批判性潮流，即对认识对象与认识本体进行双重观照与反思，以期确立学科建设的新起点、新方向，现代人文学科基本上都经过了这一历程。

二

这里对历史概念的辨别，不是要做历史哲学式的深层探讨，而主要是为考察历史（史学）和文学的渊源与联系并确立一个可比较的理论基点。传统的历史学一直受到"靠近科学还是接近文学"这一争论的困扰。一方面，实证主义的历史学家以历史材料的"真实性"和历史推理的严密性，将历史看成一门科学，认为人类历史的运行规律在历史证据齐备的情况下是能够而且必定被揭示出来的；另一方面，人们又将史学看成文学的姐妹学科，甚至视为文学的一个门类，从而使史学远离科学。这方面的论述汗牛充栋，占据了争论的主流。说历史不是科学，主要是因为历史所处理的材料是人类过去的行为，但"人不可能两次踏进同一条河流"②，时间的流逝性决定了历史事件时刻处于变动不居之中，这种稍纵即逝的事物自然难以成为科学研究的对象，因为科学寻找的是规律，而规律必须能够被反复证明。历史不表现一般，转瞬即逝，不可重复；历史事件的个别性、独特性也因此成为缺乏"哲学意味"的理由，正是在这一点上亚里士多德强调"诗比历史更永久"。但亚里士多德的诗史之辨，本意上并非割断诗与历史的联系，而是基于"依哲论诗"的出发点，欲为诗的合理性做出辩护。事实上，古希腊人强调诗与历史的本质联系，显然要比强调二者的差别更多。希腊神话的九位女神中，司掌历史和"叙事"的女神克莉奥居于首位。在古希腊人眼中，历史隶属于修辞学，合格的历史学家

---

① 参见严建强、王渊明《西方历史哲学——从思辨的到分析与批判的》，浙江人民出版社 1997 年版，第 3-4 页。

② 苗力田：《古希腊哲学》，中国人民大学出版社 1989 年版，第 39 页。

应该富有激情且充满想象，以优美的言辞和逼真的叙述，使人们像阅读文学作品一样获得教益。因此，古希腊的早期神话作品，不论是史诗还是悲剧，都是诗与史的合成，《荷马史诗》就是这方面的杰出代表，它的出现比西方历史学之父希罗多德所者的《历史》还要早大概三百多年。值得一说的是，这种诗史结合的"史诗"，不论在中国还是西方，都是被当作文学表现的最高形式而倍受尊崇。希罗多德以降，西方思想界一直在寻求和论证着诗与历史的本质类同，希望唤起历史学家恢复历史学与文学的天然联系。克罗齐在早期曾认为，历史和艺术在形式上是共通的，都致力于表现特殊事物，都是一种"叙事"；只不过历史表现真正发生过的事情，而艺术所描写的则是可能发生的事情；不过，真实的事物是可能的事物的一部分，所以历史是艺术的一部分。关于文学叙事与历史叙事异同的探讨，基本上是以上述认识为前提的。这一探讨在新历史主义学者那里显得尤为热烈。

新历史主义学者接受了卡西尔的"符号论"观念，认为历史和文学同属一个符号系统，都要借助于语言再现过去（个别文学作品也写将来），都要借助于想象形成虚构成分，以弥补事实的不足。就像海登·怀特在《元历史：19世纪欧洲的历史想象》中指出的，历史就是历史学家描写过去事情的方式，历史主要是由一些本文和一种阅读、诠释这些本文的策略组成①。在《作为文学虚构的历史本文》一文中，他更直言不讳地说："历史的语言虚构形式同文学上的语言虚构有许多相同的地方，它们与科学领域的叙述不同"，"历史叙事不仅是关于事件和过程的模式，历史叙事也是形而上学的陈述，这种说明昔日事件和过程的陈述同我们解释我们生活中的文化意义所使用的故事类型是相似的"。他借用形式主义观点指出，一个历史叙事不仅是它所报道的事件的再生产，也是象征符号的错综，这种象征符号的错综指引我们找到我们文学传统中关于事件结构的图标；"历史文件不比文学批评者所研究的本文更加透明。历史文件所揭示的世界也不是那么容易接近的。历史文件和文学文本均不是已知的"。②

---

① 转引自[美]伊丽莎白·福克斯－杰诺韦塞《文学批评和新历史主义的政治》，孔书玉译，见张京媛主编《新历史主义与文学批评》，北京大学出版社1993年版，第56－57页。
② [美]海登·怀特：《作为文学虚构的历史本文》，见张京媛主编《新历史主义与文学批评》，北京大学出版社1993年版，第161、167－169页。

因此，新历史主义文学研究直接反对以往那种"历史主义"的学术研究。根据这种"历史主义"的研究观念，过去的文学评论家在谈论某一文学作品的"语境"时，总是假定这个语境——历史背景——具有文学作品本身无法达到的真实性和具体性，文学研究的任务就是试图再现作者的原意、他的世界观、当时的文化背景，因此这些学者把研究重点放在版本、校注和探讨社会政治实况上。这种历史编纂学的研究思路遭到新历史主义学者的鄙弃；与之相对，新历史主义学者注重对写作、接受和批评等语境的分析，"结合历史背景、理论方法、政治参与、作品分析，去解释作品与社会相互推动的过程"。① 新历史主义的这套方法，不仅开拓了历史研究的新领域，而且也大大启发了文学研究的思路，颇受中国相关领域学者的重视。他们将历史还原方法用于文学研究中，文学成了他们回顾历史的一个可靠的途径。比如，王德威在对现代小说的分析中通过"文学意象"建立和扩大了人们对历史的想像，张贤亮通过"中国小说"让人们看到小说中的中国，许子东则努力在对"'文革'小说"的阐释中重建了人们的"'文革'想像"，虽然他一再申明研究的初衷"并非通过当代小说研究'文革'，而是研究'文革'如何被当代小说所叙述"。②

三

历史与文学在叙事趣味和虚构方式上的这种类同，共同源于一个更为重要的意义问题。汤因比说："科学家总是透过现象去钻研现实，而且用规则或规律这些术语去表达现实。研究人类事务也遵循同样的原则：当我研究历史的时候，我总是企图渗入人类现象的背后，去研究隐藏在它们背后的东西。"③ 历史学探索现象"背后"的实质，文学同样不忽视这种"背后"，捷克著名诗人扬·斯卡采尔以诗的语言写道："诗人不创造诗/

---

① 廖炳惠：《新历史观与莎士比亚研究》，见张京媛主编《新历史主义与文学批评》，北京大学出版社1993年版，第253页。

② 具体例证请阅读王德威《想像中国的方法：历史·小说·叙事》，生活·读书·新知三联书店1998年版；张贤亮《小说中国》，经济日报出版社、陕西旅游出版社1997年版；许子东《为了忘却的集体记忆——解读50篇文革小说》，生活·读书·新知三联书店2000年版。

③ 转引自田汝康、金重远选编《现代西方史学流派文选》，上海人民出版社1982年版，第141页。

诗在某地背后/它千秋万岁等在那里/诗人不过发现了它而已"①。如果说历史学家所发现的"背后"指向"规律",那么在小说家米兰·昆德拉看来,文学所发现的背后指向"存在"。诗人,这个"存在者",正要承担发现"存在"并说出它的使命。

这样看来,文学与历史之间的确存在着多层面的联系。因此,一方面,文学是现实历史的产物,创作与评论都不可能摆脱现实与历史在生活素材、时代潮流、思想观念上的影响;另一方面,文学与历史又互相弥补,文学中的历史文学或历史材料就常常成为历史学家治史的旁证,陈寅恪《柳如是别传》所走的"笺诗证史"路数,着意盖在于此;而历史写作中所体现出的想象力和叙述笔法,则成为衡度史家诗才的一个因素,如钱锺书所论:"流风结习,于诗则概信为征献之实录,于史则不识有梢空之巧词,只知诗具史笔,不解史蕴诗心"②;"史家追叙真人实事,每须遥体人情,悬想事势,设身局中,潜心腔内,忖心度之,以揣以摩,庶几入情合理。盖与小说、院本之臆造人物、虚构境地,不尽同而可相通;记言特其一端"③。文学与历史的这种亲密关联,也深刻地影响着文学的创作与评价。就创作而言,有什么样的历史观,就有什么样的文学;一部缺乏历史眼光的文学作品,在题旨深度上往往难有开掘;就评论来讲,往往也要把作品放在整个文学史中进行比较,历史主义也不仅由此成为曾经风行一时的批评流派,同时被公认为深度批评的一个必备观念。中外文学史上对于"史诗"的看法,从一个侧面反映了对于文史关联重要性的确认。

历史徘徊于科学与文学之间,似乎总处于尴尬的境地;其实历史学科的这种处境,在某种程度上恰恰显示为它的优势,像周宪所指出的,科学与艺术是对立的两极,历史则恰好处于两者之间④。历史与文学的诸多相

---

① 转引自[法]米兰·昆德拉《某地背后》,见[法]米兰·昆德拉《小说的艺术》,唐晓渡译,作家出版社1992年版,第117页。
② 钱锺书:《谈艺录》,中华书局1984年版,第363页。
③ 钱锺书:《管锥编》(第一册),中华书局1986年版,第166页。
④ 参见周宪《超越文学——文学的文化哲学思考》,上海三联书店1997年版,第162 – 163页。

似与关联，使作家和史家、历史文本和文学文本常常难以分辨清楚①；但这种相似性，并未使这两个学科合而为一，原因即在于"'历史'对具体事物而不是对'可能性'感兴趣，而'可能性'则是'文学'著作所表述的对象。因此，我们的批评传统一直在寻找小说中'真实'和'想象'的成分，在这样的批评传统中，历史一直是表述的'真实'角色的原型"②。文学与历史，就这样既冲突又融合地长期共存着；这使叙事与述史成为多元重合的精神空间，以不同形式各自保留在文学与史学之中。

[发表于《河南师范大学学报（哲学社会科学版）》2004年第2期]

---

① 韦勒克、沃伦曾经指出爱默生等哲学家对历史和小说在"真实性"上的共同欠缺："他们不能把历史视为真实，认为历史只不过是更多相同的事件在时间中的展示，而小说则是虚构的历史。"（[美]韦勒克、沃伦：《文学理论》，刘象愚等译，生活·读书·新知三联书店1984年版，第241页）

② [美]海登·怀特：《作为文学虚构的历史本文》，见张京媛主编《新历史主义与文学批评》，北京大学出版社1993年版，第168页。

遗忘与记忆的变奏
——米兰·昆德拉小说的题旨隐喻

一

法籍捷裔作家米兰·昆德拉早已成为蜚声世界文坛的小说巨擘。自20世纪80年代中期以来，中国读书界几乎译介了昆德拉迄今所有的重要作品，印数达到天文数字，一些作品甚至有多个译本，其中当然有为数不少的盗版盗印之作①。21世纪初，昆德拉的作品将再以一种全新的面目整体性地走进中国人的文学视野②，这无疑会成为当代文坛的又一盛事！不过，昆德拉作品传入中国十余年来的诠解历史，似乎一直伴随着这样的阐释错位，即：一方面，读者津津乐道于昆氏作品中的性爱描写与政治分析，并在某种程度上将昆德拉视为人性解剖和极权批判的"英雄"；另一方面，作者本人和批评界又不满于一般读者的这种普泛而强烈的读解印象，认为那是对作品本义的曲解、误读。误读的形成原因是多样的，而存在于昆德拉作品中的一系列隐喻，无疑是其中的一个主因。昆德拉的隐喻，既是特定文化语境中充满诗性智慧的叙述策略，又包含了这一诗意表达所蕴含的内容。因此，在对这些文本进行诗学分析时，我们不能不借助于"文化诗学"式的观念和路式，把昆德拉的小说文本还原到特定的文化背景中作整体性考察，并对其加以人类学的原型评析。这样做，似乎更能符合昆氏作品同现实政治、人生既贴近又超越的表征，也能有效地发掘作者的本意趋向和作品的可能指向，以弥合对作品感性认同与诗意提升之间的分裂。

不论是从语言表达角度认识还是从形象寓意角度理解，隐喻本身都是

---

① 关于昆德拉作品中译本的情况，笔者曾专文进行述评，详见李凤亮《米兰·昆德拉及其在中国的命运》，载《中国比较文学》1999年第3期。

② 上海译文出版社与米兰·昆德拉2002年发表了一项联合声明，该社获得了昆德拉13种主要作品的独家授权，一套全新的昆德拉作品中译本从2003年初始陆续面世。

文学之为文学的一个内在特性；也许正是基于这一点，昆德拉在"幽默"与"复调"之外，没有再把"隐喻"特别列为自己小说的特征之一。但考察昆德拉的小说理论及小说创作，我们不能不注意到他对隐喻的重视。在昆德拉眼中，隐喻不仅仅是一种表达方式与文学技巧，更是一种生存智慧和人生观念。既往的昆德拉评论之所以大多未能进入昆德拉小说形式与主题的核心，在很大程度上是由于忽视了对其作品隐喻意义的发掘，局囿于意识形态层面的批判或形式结构的缕析，而忘却了作品在终极意义上的人性色彩与智慧眼光，这可以说是既往昆德拉解读过程中最大的"遮蔽"。如果可能，我们应该努力使之"敞亮"。

如前所言，对昆德拉小说的多重误读，往往植根于对小说隐喻的忽视或偏离。昆德拉小说隐喻意向本身具有多重性：它有时以重视全书影射功能的方式而显示为一种宏观的"题旨隐喻"，如《笑忘录》一书对回归故国心理的折射及对人类"遗忘"本性的剖析；有时又通过某个特定人物或场面，揭示出某个神话学或心理学的问题，从而表现为一种局部的"题旨隐喻"，如《为了告别的聚会》中，一个厌恶母亲的中年男子杀死了一个即将做母亲的年轻女子这一情节所隐含着的形而上的意蕴；有时还会借助于一种特定的章节架构设计或人物对位原则，以配合小说题旨的开掘与拓展，从而形成一种"结构隐喻"，如昆德拉小说架构上所潜藏的数字"七"的原型；等等，就不仅有着美学的考虑，还有着神话的背景。昆德拉小说的隐喻倾向远不止此，不论是作为修辞策略、结构方式还是意蕴隐藏的"春秋笔法"，它都值得研究者去深入发掘一番。这里我们仅就昆德拉小说中整体性的"遗忘"题旨隐喻做出阐述；昆氏小说中的结构隐喻，将另文专予论证。

二

"也许小说家所做的全部事情，就是写一个主题（他第一部小说的）及其变奏。"① 这是昆德拉面对自己作品反复出现同一主题时所作的解释，却蕴含了他发自内心的某种母题情结，从这里出发，我们可以考察到他系

---

① ［法］米兰·昆德拉：《六十三个词》，见《小说的艺术》，唐晓渡译，作家出版社1992年版，第140页。

列小说中贯穿的题旨隐喻。昆德拉在多处阐述自己对小说题旨的认识。在《关于小说艺术的对话》中，他认为要使一个人物生动，并不要求对他外貌及内心世界的细致描摹，而是意味着"对他的生存问题追根究底。这依次意味着：对某些情境、某些动机甚至某些使他成形的语词追根究底。"① 这些"语词"也就是小说的关键词，它们支撑着小说的"大厦"。因此在《六十三个词》中，昆德拉谈到"定义"一词时认为，"长篇小说的冥想结构有赖于少数抽象用语的盔甲来支持。如果我不想掉进某个泥坑——那里面的每一个人都自以为通晓一切而其实什么都不懂——我就必须不仅选择那些绝对精确的用语，而且必须反复阐明它们的定义。……在我看来，一部长篇小说往往不过是某些令人难以捉摸的定义的漫长探索而已"；他因此而认为"格言"就是"定义的诗的形式"。② 主题词对昆德拉的小说具有本质性的意义。作为哲理色彩浓厚的小说家，昆德拉凸显主题词的用意，不仅在于他探索存在的旨趣，还映现出他在小说表达中的隐喻欲望。主题词的凸显无疑首先是为了给读者一张存在的地图，以减少他们对小说的误读；但又不能因此理解为昆德拉在单纯地直陈主旨。熟悉他的读者易于看到，在昆德拉小说中，思想直陈的背后，深藏着意义的隐喻；二者的对照形成了表达的张力。因此表层意义或主题词背后的隐喻意蕴，才是昆德拉小说题旨的真正所在。昆德拉曾这样表述自己阅读布罗赫小说的体会："我们必须慢慢细读《梦游者》，把那些无逻辑的行为当成可以理解的行为反复品味，以便发现潜在于帕斯诺、鲁泽娜、埃舍的种种决定之中的隐蔽而看不见的秩序。"他又说："布罗赫使我们看到，这是某种混淆的机制，某种潜在于一切个人和集体行为中的象征性思维机制。"③ 波德莱尔称之为"象征的森林"，人类正是"象征的森林"里的孩子。

那么，拨开昆德拉小说"象征的森林"的迷雾，我们能看到哪些深藏不露的隐喻题旨？这些题旨中居于核心的又是什么？正像昆德拉自己指

---

① ［法］米兰·昆德拉：《关于小说艺术的对话》，见《小说的艺术》，唐晓渡译，作家出版社1992年版，第36页。
② ［法］米兰·昆德拉：《六十三个词》，见《小说的艺术》，唐晓渡译，作家出版社1992年版，第128、122页。
③ ［法］米兰·昆德拉：《〈梦游者〉札记》，见《小说的艺术》，唐晓渡译，作家出版社1992年版，第63－64页。

出的，他的系列小说关键词众多，如玩笑、背叛、谋杀、不朽、缓慢、身份、媚俗、无知、轻、重、晕眩、软弱等。如果要找出这些关键词的核心，那么"遗忘"无疑是最为适合的。"遗忘"既是"存在"的一个基本范畴，同时也是现代"存在"被质询、思考和敞亮的最为直接的动因。"遗忘"是昆德拉存在小说主题词中的主题词，它关联着、辐射着各部小说的主题，各部小说成了"遗忘"的变奏，共同构成一个关于遗忘与记忆的叙述场。从长篇处女作《玩笑》到新作《无知》，昆德拉的多部作品，反复申述着这同一个主题，从而在题旨上构成了另一种意义的"复调"意味。

"遗忘"与"记忆"相对，作为人类存在的基本前提，遗忘与丢失、告别、非我、不自由等具有意义上的对位性，而与记忆、拥有、自我、自由等相对立。遗忘使时间和过去失去意义，"我们对死亡感到恐怖的不是丧失未来，而是丧失过去。遗忘是一种与生俱来的死亡形式"①。我们难以设想，倘若人类自其诞生起就全部患上遗忘症，那么历史、现在、未来便失去了联系，记忆中的"过去"不复存在，现实失去根的维系。正是因为人类遗忘的本性，存在在某种意义上才是虚无的。甚至艺术史，昆德拉也认为是一种被遗忘的历史。遗忘是人类的基本生存情境之一，这一生存情境常常在人类面临个人与历史命运的重大改变时而彰显其重要性。对于昆德拉而言，20世纪70年代中期移居法国前后，是遗忘还是记忆更成为困扰他的一个心理困境。有意味的是，这一阶段正是昆德拉小说创作由成熟而走向高峰的转换期。"布拉格之春"后多年的孤寂，反而给了他沉思冥想的契机。就在这种沉思中，他于1971年写作了《为了告别的聚会》，作为向故国告别的心灵预言；而到法国不久，他又写作了移居后的第一部小说《笑忘录》。在"欢聚"中"告别"，在"大笑"中"遗忘"，当历史安排小说家面临告别的苦痛时，遗忘的主题基调遂从小说的深层浮出水面，成为隐喻题旨的主音。

---

① [美]菲利普·罗思：《罗思和昆德拉关于〈笑忘录〉的对话》，高兴摘译，载《外国文学动态》1994年第6期，第42-44页。

三

昆德拉曾经说过，在现有的长篇小说中，他最珍爱的一部是《为了告别的聚会》，并自称"以更开心快乐的心情来写它……是一种不同的心态，走得也更远"①。然而，正像昆德拉承认的，这一轻灵的形式绝不排斥它所承载的沉重的遗忘主题。小说的情节充满巧合和离奇：爵士乐手克利马得知逢场作戏的情人茹泽娜怀孕后，专程去矿泉疗养地说服她堕胎。与此同时，曾受政治迫害的心理学家雅库布也来到这里，为了在出国前向他的朋友、妇科医生斯克雷托以及他一直担任监护人的孤女奥尔加告别。在疗养地轻松的节假日气氛中，展开了一幅日常的抒情画面。茹泽娜认定怀孕是克利马所致，意欲以此来明确她与有妇之夫克利马的关系，这使得克利马进退维谷。而茹泽娜在本地的青年追求者弗朗特却时刻监视着情敌的行踪。失望之中的茹泽娜得到了美国阔佬巴特里弗的温柔的爱情。一个极为偶然的场合，雅库布误将一片毒药放在茹泽娜的药管中，茹泽娜无意中服下毒药猝然死去。是自杀还是他杀，种种推论使事实真相更加模糊。最后，雅库布怀着离别故土的感伤，驾车远走他乡。

在这场近乎心理游戏的闹剧中，昆德拉试图透过事情的表象抵达人物的心底，窥视人性的善恶与冷热。茹泽娜的服毒而死犹如戏剧中的"关子"，被作者用来测试作品人物的灵魂，并调动读者的阅读情绪。表面看来，雅库布似乎并非有意谋害茹泽娜。他曾几次找过茹泽娜，试图取回药片；未能取回，仅是因为他有自认为行动迟缓，以及怀疑毒药真伪的侥幸心理。但雅库布延宕的背后，却有着一个可怕的本能欲望：他想看一看自己的另一个自我——一个人类的投毒者，这个欲望最终战胜了他挽回行动的动机，造成了茹泽娜的最终死亡。雅库布这种视谋杀为实验的心理动机，常常使人将之与陀思妥耶夫斯基《罪与罚》中的拉斯柯尔尼科夫联系起来。拉氏杀死高利贷老太婆，目的十分明显，旨在探讨一个杰出的人是否有权为了自己的利益而牺牲另一个人的生命，他探寻的是某种形而上的东西；雅库布则不然，他实施的，其实是"没有任何动机的谋杀，从

---

① ［法］米兰·昆德拉：《关于结构艺术的对话》，见《小说的艺术》，唐晓渡译，作家出版社1992年版，第95页。

中什么也得不到"。因此,雅库布没有拉斯柯尔尼科夫内心的矛盾与忏悔。雅库布惊奇地发现,"他的行为没有重负,容易承受,轻若空气。他不知道在这个轻松中是不是有比在那个俄国英雄的全部阴暗的痛苦和扭曲中更加恐怖的东西"①。雅库布是那个极其悖谬的时代的产物,通过这个人物,昆德拉给了读者一个放大镜,使我们看到人类可能的存在境况,人与人之间毫无意义的残酷。这正是异化时代对人的异化所导致的必然结果。

《为了告别的聚会》的遗忘隐喻,是从告别与逃避开始的。在一个人性被极权异化、崇高变得可笑、卑劣与享乐大行其道、"受害者并不比迫害者更好"的时代,很多人所做的,只有对过去的告别,对崇高的逃避:茹泽娜希望自己能从"尽是妇女的巢穴中逃出去",逃避并非出自意愿的初恋;克利马努力逃避茹泽娜的纠缠,逃避为父之责;斯克雷托逃避过婚姻,又甘愿做巴特里弗的义子,以逃避捷克的国籍;雅库布逃避以前热衷的政治,并开始逃离自己的故国。《为了告别的聚会》仿佛在上演一出"胜利大逃亡"的闹剧,引领读者进入了充满末世情绪的世界中。曾有学者主张对《为了告别的聚会》进行寓言学、神话学研究,从人物的象征寓意中考察人类共存的逃避意识与告别情结,显然是着眼于此。我们这里更关心的是小说家的创作意识。在沉闷的写作心境中,告别过去、逃离现状无疑会成为昆德拉的现实选择,也自然而然地进入了他的笔端。雅库布的身上,就深含着昆德拉本人的影像。雅库布的希望与困境,在一定程度上折射出昆德拉的悲观与怀疑情绪。昆德拉借助于雅库布的矛盾性,写出了普适于人类的生存悖谬:"他们生活在一个善良和邪恶之间的安全领域,他们看见一个凶手,会真诚地感到恐惧。不过,你只需要让他们离开这个安全的圈子,他们根本不知道这是怎么回事,也就变成了刽子手。历史时常使人们面临某种无法抵抗的压力和圈套。"② 在政治失望之余,昆德拉逐渐跳脱政治批判的俗套,走向人性批判的深层。因此他所描写的雅库布的告别,表面上是与朋友、故国的告别,实际上在思想的深层,则是

---

① [法] 米兰·昆德拉:《为了告别的聚会》,景凯旋、徐乃建译,作家出版社 1993 年版,第 203 页。
② [法] 米兰·昆德拉:《为了告别的聚会》,景凯旋、徐乃建译,作家出版社 1987 年版,第 82 页。

与其崇高与特立独行告别。① 遗忘难以回首的过去，呈现出昆德拉写作这一小说的初衷。但当他真正离开故国时，却发现了遗忘的可怕。《笑忘录》的写作传达出他的这一心态。

四

《为了告别的聚会》传递的是昆德拉作为移民作家即将流亡的信息，《笑忘录》则集中反映了他初居外国后的体验和心理。同昆德拉的大多数小说一样，《笑忘录》分为七部，但如果说其他小说多少还有着情节上的连贯性，那么这一连贯性在《笑忘录》中被完全打破了，从传统意义上讲，该作品已不能算作长篇，而更像是"系列小说"，使它们结合在一部作品中的，无疑是主题的统一性。似乎这正是昆德拉的美学安排，他说："如果我写成了七部独立的小说，我就不能指望在一本书里'包容现代世界生存的复杂性'，这就是我把简练的艺术视为关键的原因。"② 该书第一、四部均为《失去的信件》，第三、六部又同题为《天使们》。如果按昆德拉自称的，《笑忘录》"是一本以变奏曲形式写成的小说"③，则该书第二、五、七部就是上述四部的变奏。在这些章节中，题为《失去的信件》的两章是核心，在诠释昆德拉有关"遗忘"主题时起着至为重要的作用。

顾名思义，《笑忘录》是一部关于"笑"和"遗忘"的书。小说第一段即讲述了这样一则近似于现代神话的遗忘故事——1948年2月捷克建国大会上，捷共领袖哥特瓦尔德向群众发表演说。时值雪花纷飞，天气寒冷，外交部长克莱芒提斯关切地把自己的帽子戴到自己的同志哥特瓦尔德头上。四年后，克莱芒提斯以叛国罪被绞死，宣传部门立即把他从历史和所有照片中洗刷掉，他所留下的，只有戴在哥特瓦尔德头上的那顶帽子。政治生活中的这一遗忘情境似乎带有可笑的喜剧意味，然而发生在普

---

① 参见张志忠《诸神的谋杀与拯救——〈为了告别的聚会〉的寓言学研究》，载《批评家》1989年第6期。

② [法]米兰·昆德拉：《关于结构艺术的对话》，见《小说的艺术》，唐晓渡译，作家出版社1992年版，第71页。

③ [法]米兰·昆德拉：《笑忘录》，莫雅平译，中国社会科学出版社1992年版，第182页。

通人平常生活中的遗忘情境却有其独特的严肃性。作品第一部中主人公米瑞克就是一个力图忘却过去的人。他年轻时热衷仕途，为政治牺牲了爱情，与一位比自己大七岁的丑姑娘泽德娜保持了很长时间的关系，后来分手了。20多年后，米瑞克考虑到自己正被跟踪审查，就要失去自由，开始处理个人文件，并决定立即从泽德娜那里取回过去写给她的情书，原因在于他们当年曾狂热地相爱过，而他所爱之人是个并不美丽的女人——在米瑞克看来，这多多少少显示了自己的怯弱和可笑。因此，他要销毁曾寄给泽德娜的情书，好留一个完整的光辉形象供后人瞻仰。很显然，米瑞克在努力地遗忘过去，跟过去告别。这与政治生活中的遗忘有异曲同工之妙，"他们要把千千万万人的生命从人类的记忆里抹煞得毫无痕迹，以便留下一个无瑕年代的无瑕乐园"。米瑞克在努力"遗忘"，第四部的主人公塔米娜却在努力保存"记忆"，抗拒"遗忘"。塔米娜跟着丈夫逃离捷克，来到法国后丈夫死去，如今她在法国过着孤独的流亡生活。为了保存对已死的丈夫的回忆，塔米娜要努力找回曾记载着她和丈夫爱情的信件。由于他们夫妇是非法离境的，这些信件连同塔米娜的笔记本一起放在了她婆母家中。塔米娜最终并未能如愿拿到"失去的信件"，因为人们不理解她抗拒遗忘的心境，也并不关心此事。

  不难发现，在昆德拉笔下，遗忘是柄双刃剑。政治生活和集体意志需要遗忘历史和个人（像克莱芒提斯）；而个人要么希望遗忘（像米瑞克），要么害怕遗忘，力图保持记忆（像塔米娜）。在一般人眼中，遗忘是可怕的，是人类的一种死亡形式。感受着民族所受的文化劫掠，昆德拉痛心疾首："消灭一个民族的第一步，就是抹去它的记忆。销毁它的书籍、摧毁它的文化和历史。然后让某些人来写出新的书，造出一种新的文化，发明一种新的历史。不久那个国家就会记忆它的现在和过去，它周围的世界会忘得更快。""布拉格之春"后的捷克总统胡萨克便因把145名历史学家赶出捷克大学和研究所，而被昆德拉称为"遗忘的总统"。胡萨克组织遗忘的行为令文化人感到震惊和害怕。正是深惧于遗忘的可怕，所以小说家借助于写作努力抗拒遗忘。《笑忘录》便是昆德拉反抗遗忘的宣言之一。从纳粹集中营中幸存下来的克里玛不断提醒人们：剥夺别人生命和自由的人是可恶的和不能容忍的，然而从被剥夺的人的经历中也许并非必然生长出真理和正义，而可能使得我们迷失得更远，因为极端的经验可能使人们的判断力发生倾斜，如果仅仅从"受苦经历中得出结论，我们会被导向致命的错误，不是把我们引向我们想得到的自由和正义的境地，而是把我们引向相反的方向。对这些人来说，极端的经历并不打开通向智慧的道路，只有和自身的经验保持一定距离，才能得到想要的东西。①

五

除了前述的"有组织遗忘"外，还存在着其他形式的"无意识遗忘"。在现代自由社会中，政治意识形态让位于大众传媒，媒介的覆盖力无所不及，它淹没了人们严肃的思考，使得"集体意志"通过不同于"意识形态"的"意象形态"，在没有迫害的情形下以另一种形式疯长。在《不朽》中，昆德拉花了不少篇幅来描述"意象形态"中人类的遗忘情境。昆德拉在《六十三个词》中为"遗忘"定义时，并不忘它作为人类学范畴的本原意义及其后来的种种变体。昆德拉说："在发展成政治问题以前，遗忘的意愿是一个人类学的问题；人总是怀有某种愿望，想改写他自己的经历，改变过去，抹掉他自己和别人的足迹。遗忘的意愿和单纯的欺骗迥然有别。……遗忘：绝对的不公正，同时又是绝对的慰藉。小说家对遗忘主题的探索没有终结，也没有结论。"②

遗忘既有心理治疗作用，更显示出其残酷的另一面。"忘记过去意味着背叛"，这句我们熟知的话有时表现出其模棱两可性。有人向往遗忘，渴望在遗忘中生存：《生命中不能承受之轻》中的萨宾娜就有意逃离一切，背叛一切，企图以遗忘寻求生存的自在，但却跌入生命中不能承受之轻中。而特丽莎顶着生命危险拍下侵略者的照片，作为对遗忘的抗拒，最终却沦为迫害者的线索和刑具。遗忘与记忆，失去与拥有，在存在之维交替出现。昆德拉并不单纯对"遗忘"作某种价值判断，而是将之作为人类存在的一种基本情境来分析。人生在遗忘之网中显示其意义或无意义，而这一切又受制于一个更大的"存在"。

前面我们说过，揭示人生的遗忘情境，是贯穿于昆德拉小说的题旨隐喻。自昆德拉开始小说创作起，这一隐喻就宿命性地存现于他的笔下，呈

---

① 参见［捷］伊凡·克里玛《布拉格精神》，崔卫平译，作家出版社1998年版，第27页。
② ［法］米兰·昆德拉：《六十三个词》，见《小说的艺术》，唐晓渡译，作家出版社1992年版，第132页。

示出各式各样的遗忘形态。首先是人物"自我感"的丧失，它既是遗忘的形式之一，也表现为遗忘的一种后果。"认识你自己"，镌刻于古希腊德尔斐神庙上的格言在苏格拉底时代即已成为哲学思考的核心问题；从某种意义上讲，除了神学时代的蒙昧主义干扰，西方哲学一直没有淡忘探讨"自我"这一主题的旨趣，尤其是康德以后，对认知理性的张扬更加激发了哲学家察视人的本质的理念。笛卡尔说："我思故我在。"他从理性主义立场中高张起人类理性的尊严，人也因为有理性而成了"自然的主人"。然而在昆德拉笔下，理性因为现实的荒谬而显示出自相矛盾的一面。从短篇小说集《可笑的爱情》第一篇《搭车游戏》中的姑娘尝试"另一个自我"开始，到《生命中不能承受之轻》中特丽莎探询并实验灵与肉的分离，再到《认》里珊达尔对自我的认知困惑，直至新作《无知》里伊莱娜和约瑟夫试图重回昨日岁月却因遗忘而无法回避人生的苦痛，昆德拉的小说写作经历了一个有关遗忘与自我遗忘的大循环：如果说遗忘在政治结构中显示出历史的无情，在人性结构中显示出自我的分裂，那么昆德拉对遗忘形态的持续揭示实质上就是对荒谬批判的系列实验。遗忘的另一形态是"边界"的模糊与消失。在昆德拉那里，边界不仅指地域之界、生死之界，还指无形的信仰、情感、语言、认知等临界线。《笑忘录》的最后一部名为《边界》，他这样写道："一个人只需稍稍挪动一下就越过了那条边界，在边界的那一边，一切事物如爱情、信念、忠诚和历史，都将失去意义。人类的生活就在那条边界的边缘展开，有时甚至是和它在一起——这就是人生的秘密，人生与那条界线的距离并不遥远，充其量也只有一英寸的几分之一。"[①] 人类的认知只是在一定的范围内有效，滑出了边界，人对外界的认识与对自我内心的感知就会日渐模糊，进入遗忘之境。

　　寓重于轻，向来是昆德拉的风格。昆德拉一直致力的"遗忘"主题，探讨的实际是人类彼此确认的问题，归根结底是人对自我的认识。昆德拉旨在通过对方的眼睛看自己——有时候，我们的确会一时认不出在我们身边的那个人，这时候他的本性被抹去，他似乎成了陌生人，我们也由此怀疑起自己身份的真实、本性的存在。也许正是由于此，有些译者干脆把

---

　　① ［法］米兰·昆德拉：《笑忘录》，莫雅平译，中国社会科学出版社1992年版，第226页。

《认》译为《本性》《身份》。人类是有理性的，但人类的理性有其限度；一旦我们把握不了周围的世界，便会陷入失去自控的恐慌之中。把人类在现实世界中的生存陌生感及由此而来的恐慌感加以强化，成为昆德拉这部小说反复玩味的旨趣。在昆德拉看来，人们之间、事物之间总有不同的边界（如同身份和本性），只要你稍稍多超半步，越过这一边界，那么事情的性质就可能发生根本性的变化，这已成为昆德拉作品反复申说的一个母题。归根到底，还是由现实生存中的遗忘情境而生发出的对人的"自我性"及认知能力的思考。因此，昆德拉不同小说在主题上的这种统一与对位，不仅在形式上体现了他对重复美学和回环艺术的向往，也以隐喻的方式强化了某些深奥存在题旨的表达。从题旨的隐喻表达到存在的直接探讨，昆德拉小说自然而然地完成了由形式向主题的过渡。诗与思的对话，也因此成为昆德拉小说诗学中一个十分重要的论域。

［发表于《深圳大学学报（人文社会科学版）》2005年第2期］

思想与音乐的交响
——米兰·昆德拉小说的结构隐喻

一、"结构"的意义

在西方文学批评术语系统里,"结构"(structure)一词占据着重要一席。"所有的批评理论都包含与结构有关的概念,也即是说作品在发展中的统一性。"① 保持作品整体感与统一性的因素是多方面的,如主题、情节、语言、修辞、模式等,从广义上讲,这些无不与结构有关。传统意义上的结构是文学形式的一个组成部分,如"新批评派"就从"审美效果"着眼,把文学作品形式看成是"材料(material)—结构"的有机体;其中材料是"所有一切与美学没有什么关系的因素",结构则是"一切需要效果的因素",希图克服形式主义都诟病的"内容—形式"二分法。这样一来,艺术品便成为"一个为某种特别的审美目的服务的完整的符号体系或者符号结构"②。正是出于此,韦勒克才以"解释和分析作品本身"为"合情合理的出发点"③,强调文学作品是"符号与意义的分层结构"④,将"外部研究"与"内部研究"相结合,力图把握作品的整体性,开拓了文本解读的新途径。

因此,对"结构"一词应作双重理解。一方面,它作为文本的整体构思策略,具有谋篇布局、使文本诸因素凝聚为一个有机整体,从而使文

---

① [英]罗吉·福勒主编:《现代西方文学批评术语词典》,袁德成译,四川人民出版社1987年版,第266页。
② [美]韦勒克、沃伦:《文学理论》,刘象愚等译,生活·读书·新知三联书店1984年版,第147页。
③ [美]韦勒克、沃伦:《文学理论》,刘象愚等译,生活·读书·新知三联书店1984年版,第145页。
④ [美]韦勒克:《比较文学的危机》,丁泓、余徵译,周毅校,见《批评的诸种概念》,四川文艺出版社1988年版,第276页。另可参见张隆溪选编《比较文学译文集》,北京大学出版社1982年版,第37页;王春元《评韦勒克和沃伦合著的〈文学理论〉》,载《文学评论》1984年第4期,第93–101页。

本具有内在整体感、一致性的功能；此时，结构是形式、内容诸因素的上位概念，也可以说是一种"大结构"。另一方面，还存在着一种"小结构"，一种写作手法的结构，即文学叙述的具体手段，将素材组织成情节的基本途径，如象征、复调、叙述视角等，都是这种"小结构"的因素。从总体上看，结构不仅是一种形式因素与写作策略，还与特定的人物情节、故事内容构成作品的艺术整体。在与隐喻的相遇中，结构既承担着组织情节以形成题旨隐喻之责，其本身也能构成某种形式隐喻。在现代小说中，隐喻不再仅仅是内容与题旨的专利，而且也成为艺术形式尤其是结构所要表达的目的之一。题旨与结构的互动，推动作品宏隐喻的最终形成。

二、昆德拉的"结构"之思

伟大的作家无不重视作品结构的运思与营建，并赋予结构以更为深广的艺术功能。直接指向主题的结构，必定使其与主题在精神底蕴上同步一致，达至某种"异质同构"的佳境。当代捷裔法籍小说家昆德拉就认为，在思想小说的领地里，结构也是一种思想，一种隐含于写作策略中的思想动机。昆德拉的这一文学启示并非凭空生发，而是分别得自于既往的小说、音乐与哲学。结构与主题内在的一致性，这一传统在欧洲小说诞生之日起就开始了：欧洲近代早期的小说家们不仅挖掘了深刻的主题，还创造了梦一般自由的小说结构。拉伯雷等小说家在结构方面的自由实践使昆德拉梦想："写作而不制造悬念，不搭起一个故事，不摹仿真实；写作而不描述一个时代，一个地方，一个城市；放弃这一切而只与基本的相接触；这就是说：创造一个结构，其中桥和填充没有任何存在理由，其中小说家不必为了满足形式和它的强制性而被迫远离哪怕仅仅一行那些他心中所执着的、所向往的事情。"[①] 背景并不重要，重要的是主题的一致性。因此，昆德拉对肖邦音乐中的"小结构战略"与贝多芬音乐中"变调战略"尤有兴趣：前者在旋律上直接的跳跃使昆德拉从微观角度对小说章节表面上的松散不再狐疑；后者基于主题统一性的变调技法则从宏观上启示昆德拉从多种角度开掘同一存在问题的重要性。那么现代哲学家对小说结构的启

[①] [法]米兰·昆德拉：《被背叛的遗嘱》，孟湄译，牛津大学出版社、上海人民出版社1995年版，第147页。

示何在呢？昆德拉举出了尼采，指出他的六本成熟之作（《朝霞》《人性的，太人性的》《快乐的知识》《善恶的彼岸》《道德的谱系》《偶像的黄昏》）"继续、发展、建立、肯定和精练同一个结构范型"，其原则在于书的基本统一性是节；其长度可由一个单句到若干页；无例外，整节仅有一个段落；它们都有编号；一定数量的节组成一章，一定数量的章组成一本书；书建筑在一个主要的主题之上，由标题所确定；不同的章探讨从主要的主题中派生出的主题；这些派生的主题被纵向分在四处，而其他的主题则贯穿全书。尼采的哲学写作启示了昆德拉这样一种结构思想："它既是最大限度地被分节（被分成多个相对独立的单元），又是最大限度地统一（相同的主题反复地重新回来）。这同时也是具有一种特殊的节奏意义，建立在短与长章节交替能力之上的一个结构。"① 这样的结构不需要任何额外的补衬、过渡，反而在节与节、章与章之间产生了极大的思想张力；"人们看见的只是思想正在跑来"②，思想的跳跃性并未产生模糊和分离，因为在写作者的内心，存在着明确和一致的思想终极目标。

　　昆德拉学习经历曲折而丰富：他自小就在父亲的指导下学习作曲，大学最初读的是哲学，后改修电影；在艺术创造方面，他写过诗歌、剧本、散文，搞过绘画，参与过捷克民族电影的改革运动，当然，最能激起他艺术热情的还是小说。广泛的艺术实践养成了昆德拉多方面的艺术修养。在昆德拉的知识背景中，小说、音乐与哲学是三位一体、交相互融的；由此来理解昆德拉的小说艺术理想——创造"一种多声部小说的新艺术（它能使哲学、叙述和梦想交响为一）"③，我们便不仅不会感到诧异，而且能领会其中关于复调结构的更深的含义。做"广义"的艺术家，在西方有着深厚的传统。当代西方的很多知名作家，往往同时又是颇有建树的音乐家、画家；而作家与学者（思想者）身份的交错与融合，也已成为一个普遍而有趣的现象。正是得到多方面的知识濡养与艺术熏陶，不同艺术的优长才在某一艺术门类中对话、交流和互补。这是西方艺术史给我们的一

---

　　① ［法］米兰·昆德拉：《被背叛的遗嘱》，孟湄译，上海人民出版社1995年版，第157 - 158页。

　　② ［法］米兰·昆德拉：《被背叛的遗嘱》，孟湄译，上海人民出版社1995年版，第157 - 158页。

　　③ ［法］米兰·昆德拉：《关于结构艺术的对话》，见《小说的艺术》，唐晓渡译，作家出版社1992年版，第70页。

个宝贵启示，而这一传统早在亚里士多德时代就已发端并壮大了。

昆德拉小说的结构隐喻，其具体表现林林总总，形态各异。这里我们择其要，对其中的数字结构、音乐结构、人物结构、梦幻结构略作分析，以期走进昆德拉小说中深藏的隐喻世界。

三、数字的迷恋

对于数字，昆德拉似乎有着特别的迷恋。这首先表现为昆德拉小说中章节编号极为明显。抑或是受到尼采等哲学家的启发，昆德拉几乎所有作品，在印刷上都以数字来使章节明显突出，他说："小说中章、节、段的划分——作品的连接方式——是十分清楚的。每一章都在自身内完成。每一章都以自己的叙述方式塑造人物。""每一节都是一个小小的、自我包容的整体。因此，我坚持要我的出版商印上显著的编号，以使节与节彼此形成鲜明对照。"① 昆德拉的主要出版商法国伽利玛出版社则索性让每章都在新的一页上开始，这一办法大受昆德拉的赞赏。其次是不同作品章节数的统一：除了长篇《为了告别的聚会》（短篇《专题讨论会》与之结构相似）为显著的五幕闹剧，其他长篇小说多为七章架构设计；法语小说《缓慢》和《无知》则采用了一个新的数字架构——"51节"。最后，在情节设计上，昆德拉也不时显示出自己对数字的迷恋，如《生命中不能承受之轻》中托马斯与特丽莎相识于"六个机遇"，时间也总是在六点时显示其巧合性的意义；沉重的爱情与生命经历肇始于六个偶然性的机遇里，人生因此显得宿命轮回，不堪其轻。艺术需要破除常规，为寻常注入隐喻性的神秘；"巧合在现实生活中以其对称性令人惊讶，在小说创作中很显然是作为一种结构手段来利用的"②。我们总是喜欢从偶然的事象里发现世界的必然逻辑，但在小说家笔下，"必然性不是神奇的公式——它们都寓含在机遇之中"，而只有机遇才给人生提供有意义的启示："那些出自必然的事情，可以预期的事情，日日重复的事情，总是无言无语，只有机遇能对我们说话。我们读出其中的含义，就如吉普赛人从沉入杯底的

---

① ［法］米兰·昆德拉：《关于结构艺术的对话》，见《小说的艺术》，唐晓渡译，作家出版社1992年版，第88页。

② ［英］戴维·洛奇：《小说的艺术》，王峻岩等译，作家出版社1998年版，第165页。

咖啡渣里读出幻象"①。在昆德拉思索和解释的"永劫回归"观里，我们读到了生命的无常与诗意，沉重与轻松；这种艺术动机不仅流动于情节与论述的字里行间，而且潜藏在小说家命定的数字结构中。

数字是一个无生命的符号存在，本身并无特殊意义；但当它处在特定的文化流程（如宗教的产生）与艺术创造（如小说结构营建）中，它也就被写作者"赋予"了某种特定的意义。阅读者在寻找这一意义的过程中，逐步达到与写作者的艺术共谋，从而使得隐喻阐释的主体由施者向受众转移。因此，当结构成为一种定式（如数字原型）时，结构本身也就被赋予了神秘化的隐喻动机。在昆德拉小说结构中，数字原型"七"的隐喻意蕴与象征色彩尤为显著。《巴黎评论》记者索尔蒙在对昆德拉的采访中，谈及自己发现了昆德拉小说章节架构的一个"秘密"：诸多长篇都由七章构成。昆德拉绝然否认这种七章构架方式是在"借助巫术数字进行某种迷信煽动"，也不承认进行过"什么理性算计"，而一个劲儿地声称"是一种来自深处的、无意识的、莫名其妙的驱策"，是"无可逃避的"②。应该说，一个作家在创作风格定型之际，其创作风格的诸因子——语言、构思、形象塑造的方法、情节展开的方式等在很大程度上也随之定型，轻易不能改变。以此来看待昆德拉的七章构架，或许还真的会相信他的自述，认为这来自"无意识"的驱策。但我们不能满足于这种表面化并带有玄妙色彩的作家自述，而应追询这种"无意识"多重能指在这里的确切所指。我们认为，昆德拉的"无意识"恰恰是他"有意识"的曲折表达。他的"意识"——准确地说，他把小说安排成七章的构架思维，既因其长期深受西方基督教文化精神的浸染，又得益于他丰厚的音乐素养积淀，同时还缘于他的复调小说艺术观。"七"作为一个原型数字，在中西方文化中均有强烈的表现。在西方，"七"是同纪念礼拜日的《圣经》创世神话相联系的一个基本数字结构；而在中国，人日创世神话也把"七"日作为"人日"而供奉，借此数字结构确认人在宇宙中的核心地位。叶舒宪认为，中西方创世神话中的原型数字"七"，"不仅是无限

---

① ［法］米兰·昆德拉：《生命中不能承受之轻》，韩少功、韩刚译，作家出版社1995年版，第58-59页。

② ［法］米兰·昆德拉：《关于结构艺术的对话》，见《小说的艺术》，唐晓渡译，作家出版社1992年版，第86页。

时间的象征，同时也应是无限空间的象征"①。无论是西方的神本，还是东方的人本，都把"七"这个数字同人的精神结构紧密联系在一起，它对后世人类产生不可小视的心理影响。昆德拉选择"七"作为小说结构的数字原型：处女作《玩笑》为七章；《生活在别处》原有六章，感到不太满意，又补写了一章；《生命中不能承认之轻》与之相似；《可笑的爱情》本有十个短篇，最后编选时删去三个，变成七个……如果不是意识到这一特殊数字所蕴藏的诗性智慧与象征色彩，昆德拉没有必要受这种"无可摆脱的纠缠"。当然，为昆德拉所深爱的巴赫和贝多芬的复调音乐作品，使他从这种七章架构的形式自恋中找到了音乐学上的依据。总之，选择数字"七"作为小说总体结构的数字原型，是受着昆德拉长年的艺术修养与创作经验支配的，其中起关键作用的仍应归结于他对复调小说叙事节奏的理解。因此史忠义先生在《20世纪法国小说诗学》一著中指出，昆德拉所谓无意识的"神秘的力量"，其实是由于其艺术思维在多种因素影响下，"已经形成一种根深蒂固的习惯和定式，成为一种潜意识行为"。而这种数字式结构预示着小说结构由封闭型向开放型的过渡，"因为作家的计算往往是隐形的，其计算往往具有象征意义"②。正是惧惮于故事叙述节奏的无变化、"太平面化"，他才在写完《生活在别处》六章后又将一个主人公死后三年才会发生的事题作《中年男子》插入小说，作为倒数第二章。这一个"柔板"章节的插入，宣示了末一章"急板"的到来。速度的对照因此出现，这才产生出了变化的节奏，叙述的"张力""聚缩"作用也随之出现。

四、音乐的对位

如果说数字原型仅仅承继了文化的隐喻意义，或被写作者强制性地植进某一宿命性的思想，那么这种数字原型便多少显得有些生硬造作。昆德拉显然深谙此道，因此他在构定数字原型之际，更多地将之与音乐式的对位结构结合起来，使得数字结构具有了音乐的旋律美和对称性，同时小说

---

① 叶舒宪：《原型数字"七"之谜——兼谈原型研究对比较文学的启示》，载《外国文学评论》1990年第1期，第28－34页。

② 史忠义：《20世纪法国小说诗学》，社会科学文献出版社2000年版，第61－63页。

中的音乐对位又被加入了数字式的神秘光环。因此，如果说数字迷恋显示出昆德拉对小说结构隐喻的隐性尊崇，那么音乐对位无疑显性地表达了昆德拉关于小说结构的艺术逻辑。昆德拉不仅在文论中反复申述小说与音乐联姻的重要性，而且经常性地在小说作品里直接表达自己关于音乐的沉思。在《被背叛的遗嘱》中谈及布罗赫《梦游者》的复调结构时，他指出："不同的形式（诗句、叙事、格言、哲学沉思）令人惊讶地相互为伍所产生的魅力；浸透在不同章回中的不同类型的感动的对照；章回长度的变幻；最后还有五个相同的关于存在的问题的展开，它们像五面镜子照在五条线上。我们找不到更好的说法，姑且称这些标准为音乐式的，可以这样总结：19世纪建立了结构的艺术，但是，是我们的世纪为这一世纪带来了音乐性。"① 在《玩笑》《笑忘录》《生命中不能承受之轻》等小说里，音乐论述段落随处可见，如《笑忘录》中昆德拉认为："交响乐是音乐中的史诗，我们可以把它比作穿越永恒世界的没有止境的旅行，永远地向前走，越走越远。变奏曲也可以比作一种旅行，但穿过的不是永恒世界。变奏曲的旅行引向第二种无限，也就是事物内在变化的无限。""这部书（指《笑忘录》——引者）是一本以变奏曲形式写成的小说。书的各部分串连在一起，像步步深入的旅行，导向一个主题，一种思想，一个唯一的场景，其意义消失在远方。"② 对小说结构中音乐手法的直接表白，不断提醒着阅读者在小说旋律与音乐旋律的对位中把握小说的主题线。那么，昆德拉在小说写作中如何具体实践这种音乐对位呢？

《玩笑》，这部"关于灵与肉分裂的伤感的二重奏"，通篇由四个人物的独白展开叙述。按人物重要程度的不同，叙述的分量有着对称性的区别：其中卢德维克的独白占了全书篇幅的2/3，其他三人合起来占1/3（雅罗斯拉夫占1/6，科斯特卡占1/9，海伦娜占1/18）；最后一章是诸人物的合奏。"这种数学结构决定了我所称为的人物亮相。卢德维克处在最亮处，从内部（他的内心独白）和从外部（其他所有的独角戏都勾画了他的肖像）被照射。"③ 卢德维克处于他人的照亮中，他人既为自己而存

---

① ［法］米兰·昆德拉：《被背叛的遗嘱》，孟湄译，上海人民出版社1995年版，第19页。
② ［法］米兰·昆德拉：《笑忘录》，莫雅平译，中国社会科学出版社1992年版，第181－182页。
③ ［法］米兰·昆德拉：《关于结构艺术的对话》，见《小说的艺术》，唐晓渡译，作家出版社1992年版，第84页。

在，更为卢德维克而存在，归根结底为存在主题的揭示而存在；《玩笑》音乐对位式的散点透视，揭示了小说叙述"离题"与"合题"、"反题"与"正题"的辩证。《玩笑》的音乐对位着重表现在人物结构的对位上，而《笑忘录》与《生命中不能承受之轻》则侧重体现于章节结构的对位中。《笑忘录》中分别包含了两章"失去的信件"和两章"天使们"；《生命中不能承受之轻》则将七章中的四章均等分配给"轻与重""灵与肉"这两个内容。这种处理形成了章节结构上的两个四重奏，虽然叙述的内容并不一致（《笑忘录》更明显），但却受着主题一致性的牵引。对位性的章节使叙述在结构上前后照应，同时也使节奏有了张弛之感。而该书中的四个主人公更被评论界认为是构成了小提琴、中提琴、大提琴的弦乐四重奏。

五、人物的影射

叙事文学的形象体系包含着人物群像、历史影像、叙述者形象、写作者自我形象等诸多层次；其中，人物形象是最显在亦最具核心性的。昆德拉的小说人物，常常是不在具体历史情景中的人物，因此更多地带有神秘色彩与象征意蕴。在小说家的写作意图中，人物是存在的一个符号，群像则是一系列符号的编码。解读人物，就是在为写作意旨中的存在"解码"，敞亮其中的影射功能与神秘意义。就此而言，人物结构在昆德拉小说整体的隐喻结构中起着至关重要的作用，其他结构形式在此汇聚，形成结构的强光，照亮存在的主旨。上文我们从音乐对位角度谈及《玩笑》中人物的思想比重，从人物影射角度看，还可做出这样的解释，即卢德维克作为现实世界中的一个"精神沦落者"，他的失意与反抗，需要一群智慧的"超人"从人性角度对其进行超度和提升。科斯特卡、雅罗斯拉夫正具有这样的功能。在小说中，科斯特卡是一个牧师，他与卢德维克一样命运多舛，却选择了不一样的承担方式：卢德维克出于对现世的不饶恕而选择了报复和抗争（虽然被历史证明是无效而可笑的），科斯特卡则基于对现实的洞彻而选择了隐忍与宽恕；如果说前者的性格充满了与现存社会不合的骄傲，那么后者则扮演了一个谦卑者的形象——二者"外在是那样相似,内在却相去那么遥远"① ——昆德拉借科斯特卡之口道出的,其实并不是对卢德维克本人的嘲笑与批判(恰恰相反,作者对他寄寓更多的同情),而是对不合理的存在境况的批判。科斯特卡的隐忍形象,与其说是昆德拉为强权社会下的小人物寻找的出路,毋宁讲是映现出小说家对现实"哀莫大于心死"的无奈与绝望。再看雅罗斯拉夫,这个民间艺人曾是民间狂欢节上的"最后一个国王",昆德拉将之构造为卢德维克的又一个对照——雅罗斯拉夫的失意,不仅象征着捷克传统文化与民族精神的失落,还衬托出卢德维克命运的喜剧意味:在一个历史都发生错位的时代,个人的选择与抗争虽然并非意义全无,但却可以忽略不计。从这一人物对照中,我们仿佛能把握昆德拉的真意:现实是无可逃遁的,唯一真实的只有自我的内心。这种"遗忘现实"的"拯救模式"在《为了告别的聚会》中也得以体现:巴特里弗以身后神秘的灵光,让小说中迷惘的群像得到精神的解脱;但斯克雷托却靠现实中荒唐的繁殖行为解构了巴特里弗的神秘性。在他们的衬托下,雅库布的命运已然失去悲剧的价值,人人都活在世界的荒谬性之中,选择只会徒然增加苦痛。雅库布就在这种麻木中黯然告别故土,走向并不热爱的他方。

　　曾有学者注意到昆德拉小说中的女性描写,似乎总体上比男性显得鲜活、积极。母子主题、母性禁忌作为叙述的一个基调,反复出现于昆德拉的笔下。在《生活在别处》里,母亲玛曼和诗人雅罗米尔处于表面亲切暧昧、实质激烈对抗的氛围中,当成长中的诗人为无处不在的母爱所笼罩并窒息时,诗人奋起反抗母亲;他以诗人的激情向往着革命和青春,追求着爱情和绝对,浪漫、诗歌、正义、无限、梦幻、战争、英雄、歌唱,这些与青春相关的概念鼓舞着诗人努力"走向成熟",以逃脱母爱的天空。诗人雅罗米尔悲剧性的结局似乎在印证"俄狄浦斯情结"无可置疑的真理性,但对母亲(在昆德拉笔下,它已成了"专制"的代名词)的厌恶和反抗却具有了内在的悲壮色彩。《生命中不能承受之轻》描写了另一种母子(女)冲突,这是一种来自同性之间的爱和恨。在母亲眼中,她年轻时爱情的不幸使女儿特丽莎成了"无法赎补改变的罪过",因此她对女儿的怨恨超过了对丈夫的猜忌,"女儿的罪孽是无穷无尽的,甚至包括了

---

① [法]米兰·昆德拉:《玩笑》,景凯旋译,作家出版社 1993 年版,第 241 页。

她男人的不忠";正是母亲"傲慢、粗野、自毁自虐的举止"① 给特丽莎的心灵打上了不可磨灭的烙印,摧毁了她的自信,导致了她的软弱,但同时也刺激她义无反顾地逃离母亲的世界,努力在另外的现实中把握自我。昆德拉在《为了告别的聚会》中借雅库布之口说:"弗洛伊德发现了婴儿的性欲,告诉我们关于俄狄浦斯的事。只有伊俄卡斯卡(俄狄浦斯的母亲——引者注)还保持着神秘,没有人敢扯下她的面纱。母亲的身份是最后和最大的禁忌,也正是在这里,掩盖了最大的灾难。没有比母子之间的束缚更难以忍受的了,它常常使孩子丧失活动能力,而一个快成人的儿子会使母亲产生最强烈的性欲痛苦。"② 但是,昆德拉小说中的母子冲突却不同于《儿子与情人》等西方传统意义上的母子冲突;在弗洛伊德"俄狄浦斯情结"式的文化隐喻中,昆德拉指示了一个更为现实的题旨,那就是强权制度下的压迫与反抗,人类本性上的桎梏与不自由。托马斯因为一篇关于俄狄浦斯的文章所引发的悲剧命运,则从另一个角度证实了我们对作家这一隐喻初衷的理解。

　　需要提及的是,从整体上考察昆德拉诸小说中的人物影射,便会发现人物结构运用了双重的对位法:一种是小型对位,亦即同一小说内部的人物对位,这在各部作品中均有所表现,并与音乐对位结合成人物构思中的旋律关系。另一种是大型对位,即同一人物在不同小说中反复再现,如克利马先是出现在《啼笑皆非》中,后又出现在《为了告别的聚会》中;哈弗尔大夫也分别在《专题讨论会》和《十年之后的哈弗尔大夫》中出现,这是"同名法"。与之相对的还有人物结构上的"共性法",即不同小说中出现相同性格的人物,如思想型知识分子、反抗性格的女性等,虽然姓名不同,但却由于其性格特征的吻合,而在不同小说之间构成人物的联系与对话。这一方面显示出昆德拉小说主题的某种内在一致性,另一方面也可能是他在语言和叙述上一贯推崇回环、重复美学在结构方面的表现。

---

① [法]米兰·昆德拉:《生命中不能承受之轻》,韩少功、韩刚译,作家出版社1995年版,第54—56页。
② [法]米兰·昆德拉:《为了告别的聚会》,景凯旋、徐乃建译,作家出版社1993年版,第92页。

六、梦幻的叙述

梦与文学早就结下了不解之缘，这不仅由于二者作为人类意识的映现形式，共同指向人类的心理世界，和潜意识密切相关，而且还在于梦与文学的奇妙糅合成就了文学史上的一系列巨著。中国古代文学作品中就不乏写梦之作，其中的杰出者如唐人李公佐的《南柯太守传》、沈既济的《枕中记》，元代汤显祖的《牡丹亭》，清人蒲松龄《聊斋志异》中《凤阳士人》《狐梦》等篇。但这些作品基本上都是将梦境、梦幻当作作品的叙事题材来处理，"梦"还仅是作家们运用的一个材料机制，尚未上升到担当形式构成的审美创造高度。《红楼梦》则在这方面进行了开拓。脂砚斋曾在谈到《红楼梦》的结构时这样说："一部大书起是梦，宝玉情是梦，贾瑞淫是梦，秦（可卿）之家计长策又是梦，今（香菱）作诗也是梦，一并《风月鉴》亦从梦中所有，故《红楼梦》也。余今批评亦在梦中，特为梦中之人特作此一大梦也。"① 脂评既指出了梦境描写在《红楼梦》思想层面上的材料意义（即让读者和人物一起领略到"梦醒了无路可走"的人生悲痛感），更揭示出它在艺术建构上的宏观策略，即以梦来结构整个作品，以艺术之梦凸显"人生如梦"的幻灭感。

梦境描写与梦幻结构在西方古典与现代文学中同样有突出的表现。不同的是，现代哲学背景下的梦幻艺术结构已不再拘泥于传统的"神话梦幻"，而代之以一种指向精神的"哲理梦幻"。在昆德拉的笔下，一方面有关于人物梦境的描写和分析，如《生命中不能承受之轻》中特丽莎的一系列梦境。在昆德拉看来，"梦是意味深长的，同时又是美的。这一点看来被弗洛伊德的释梦理论给漏掉了。梦不仅仅是一种信息交流行为（如果你愿意，也可视之为密码交流）；也是一种审美活动，一种幻想游戏，一种本身有价值的游戏。我们的梦证明，想象——梦见那些不曾发生的事——是人类的最深层需要。这里存在着危险。如果这些梦境不美，它们就会很快被忘记。特丽莎老是返回她的梦境，脑海里老是旧梦重温，最后把它们变成了铭刻。而托马斯就在特丽莎的梦呓下生活，这梦呓是她梦

---

① 庚辰本第四十七回从行批注。此转引自韩进廉《〈红楼梦〉里的"梦"》，载《河北师范大学学报》1981 年第 1 期，第 65–74 页。

的残忍之美所放射出来的催眠迷咒"①。另一方面，他还不断通过各种手法，营造梦幻的叙事结构。《生活在别处》就是一部"诗与梦结合"的小说，雅罗米尔不断穿行于梦与现实的交错中，昆德拉为此还创造了"泽维尔"这个人物作为雅罗米尔的镜像而存在。《缓慢》中，昆德拉更不惜采用电影"蒙太奇"手法，在小说中设计了"戏中戏"，把小说人物的旅行同18世纪法国作家米蒙·德农在小说《没有来日》中讲述的贵夫人同骑士的旅行交织在一起，历史与现实混合，真实与虚幻交错，笔法上的这种时空倒错与作品的"缓慢"主题有了很好的对位。《不朽》中，昆德拉则通过三种"时态"的并置，表现不同"时间"中发生的事件：运用过去时笔调，昆德拉描写了伟大诗人歌德与贝蒂娜的感情纠葛，似有历史的真实性；用现在时笔触，昆德拉叙述了小说家昆德拉与阿汶奈利厄斯教授之间的几次会晤，真实与虚幻交织并行；而通过将来时态，昆德拉设想了自己灵感中的小说人物及其故事。过去、现在、将来，真实、虚幻、想象，在小说家的笔下糅而为一。不同时空中多种事件的并置，使读者在时空的交替出入中走进历史与人性的深层。在《身份》里，珊达尔夫妇常常因为心理的游移而坠入"白日梦"中，在现实与幻象中徘徊。可见，对昆德拉而言，梦不仅是一个重要的情节性因素，制造着作品的神秘氛围；还作为结构性因素，使小说在梦态抒情的氤氲中统一为一个艺术整体。昆德拉的梦幻叙述结构，得自于他小说的思想底蕴。思想的叙述与表达受到现实素材的桎梏，于是转向思想的神话世界；无疑，这一神话世界是作家在哲学的高度俯察现实后臆造的，哲思即神话，神话即哲思，因而其本质应当是一个哲学神话，是形而上的。

"文学是苦闷的象征。"昆德拉作品的隐喻结构，除了在整体上显现于上述几个方面，在局部上也无处不显示出来，以道具象征构成的意象结构便是其中重要一域。昆德拉在小说中总有意加进某些道具，它们不仅寓含着人物性格的特征，还因前后反复出现，而使小说形成"蒙太奇"的剪辑效果。《生命中不能承受之轻》中萨宾娜的帽子便是典型一例；此外，还有雅罗米尔的短裤（《生活在别处》）、雅库布的毒药、多次被追杀的小狗（《为了告别的聚会》），无不各具象征意蕴。无处不在的隐喻细

---

① ［法］米兰·昆德拉：《生命中不能承受之轻》，韩少功、韩刚译，作家出版社1995年版，第68-89页。

节，不断强化小说的神秘色彩，将读者引进一个充满抽象与玄秘的艺术深层。总之，在昆德拉看来，艺术的魔力之一就在于形式结构之美，"形式不是耍花招，而是透明、清晰、可解释，即使是极为复杂的形式……也莫不如是"①。

［发表于《福建论坛（人文社会科学版）》2005年第6期］

---

① ［法］米兰·昆德拉：《作者的话——1996年阿特兰蒂斯出版社〈不朽〉代序》，杨乐云译，载《外国文学动态》1997年第4期，第44-48页。

审美与存在的合奏
——米兰·昆德拉小说诗学的当代意义

一

现代艺术探索者常常集诸身份于一身，以不同方式展示和表达其观念。蜚声世界文坛的法籍捷裔作家米兰·昆德拉就是这样一位艺术探索者：他首先是一位小说家，同时是一位小说理论家，也是一位小说史家。昆德拉的作品自 20 世纪 80 年代中期传入中国以来，一次次引发读书界解读与评论的热潮。21 世纪初，昆德拉的作品再以一种全新的面目整体性地走进中国人的文学视野①，这无疑会成为当代文坛的又一盛事！既往的昆德拉研究，似乎更重视对其小说作品的分析，而忽视了对其小说理论与小说史评论的考察，进而淡化了"昆德拉小说诗学"整体上的建构色彩及其当代意义。

昆德拉以其小说与理论的双重创获而在当今世界文坛享有独特地位，昆德拉小说诗学由此而同时具有了理论、批评与实践三种倾向，理论从批评中诞生，理论批评又与文学创作实践相结合。昆德拉小说诗学（理论形态、实践形态和批评形态）所蕴含的思想色彩与历史旨趣，内在地决定着人们对其小说诗学的认知方式与诠释路向，即：诗与思、诗与史的冲突、融合与互阐互证，使单纯作审美分析、思想阐释或历史考察等任何一种片面的解读方式都显示出阐释的限度。而若以诗、思、史三维有机结构观照昆德拉小说创作及小说理论，我们会发现其中的惊人对位与巧妙契合。事实上，"诗""思""史"不仅是昆德拉小说理论与创作的言说内容，而且还是他得以言说的表达方式，同时还显示了昆德拉"书写"的相对论立场和多元价值倾向。从结构上看，昆德拉小说诗学就包含了革新文体的形式诗学（围绕复调与幽默两种形式原型展开）、探究存在的思辨诗学（表现为对小说存在题旨的隐喻象征和沉思辨识）、剥离情节的历史

---

① 《米兰·昆德拉与上海译文出版社联合声明》，载《读书》2002 年第 7 期。

诗学（通过对历史题材的特殊处理，使之成为可分析的存在情境，同时还表现为一种独特的小说史诗学）；它们分别对应于昆德拉在小说创作上的三个艺术雄心——"一种多声部小说的新艺术"（它能使哲学、叙述和梦想交响为一）、"一种特定的小说性论述的新艺术"（它不仅负载确定的信息，还负载假设的、游戏的或讽刺的信息）、"一种彻底剥离的新艺术"（它能包容在现代世界生存的复杂性而不丧失其结构的明晰性）①。在昆德拉小说诗学中，诗、思、史并非一般意义上的遇合，而是植根于一种新型的小说本体论思想，伴随着对小说使命的新的审视。

二

就总体特征而言，昆德拉的小说诗学是一种审美存在论诗学。在哲学上，它受到存在主义的深刻影响，沿着大陆理性主义的历史道路，将思辨的力量有机植入文学，使小说负载了丰富的思想信息，而不仅仅成为故事的载体；在审美上，昆德拉的小说诗学显然为形式主义—结构主义之余绪所波及，十分重视结构、文体等形式技巧的实验与分析，同时也讲究审美的发现与创造。但昆德拉小说诗学又不是二者的简单拼合，而是在融合二者基础上的一种超越和提升。它与当代叙事理论的区别在于：前者更注重小说与人、世界、历史、存在之间动态关系的考察，而不是过多地作叙事语式、语体或时间的话语分析，这就有效地补益了后者的形式主义弊病；实践层面，它又在小说艺术上做了多方面的探索，复调、幽默、隐喻等多种叙事方式从不同侧面推进主题的深化。昆德拉小说诗学理论与实践对位性互补的优势，在此一度得以显示。在其小说诗学中，昆德拉意欲通过小说文体形式、话语内容、审美风格的重重整合，重新复原并创造出一个新的艺术世界。其小说创作中的种种冲突与融合，正是这一创造动机的艺术显现。

存在思想与结构分析的密切融合，是昆德拉多方面艺术素养在小说诗学创造领域的具体体现；而在关于小说本质的认识上，这一融合进一步生发出诸多原创性的小说观。其一，昆德拉认为，小说是"以带有虚构人

---

① ［法］米兰·昆德拉：《关于结构艺术的对话》，见《小说的艺术》，唐晓渡译，作家出版社1992年版，第70页。

物的剧本为基础的长篇综合性散文"①，这一界定不仅从文体学角度接续了小说形式的优秀传统，而且在创作上扩大了当代小说写作中文体创造的空间与可能性。其二，小说是"关于存在的诗性沉思"②，这一界定不仅标示了小说的表达内容，而且还在复杂的当代人文语境中道出了小说伟大的思想使命。其三，小说是"一门力求发现和把握事物的模棱两可性及世界的模棱两可性的艺术"③，这一界定传达出了小说特有的区别于其他知识形态的智慧与立场，使怀疑、对话、相对成为浓重的人文底色，映照出小说在现代一元化社会中的价值立场。昆德拉的这三个小说观，与他关于小说创作的三个艺术雄心密切对应，共同成为其审美存在论和小说诗学的三个互相关联的建构成分。饶有趣味的是，昆德拉对小说的这三个界定，是他在与罗思、索尔蒙、埃尔格雷勃里三位采访者的对话中分别得出的。思想生成过程的对话性，在某种程度上也强化了他这一系列小说思想的对话本质。

三

小说存在的理由、存在的方式和未来的发展命运，是昆德拉小说诗学所指向的核心。昆德拉不仅是一位敢于在小说实践上试验并创新的小说家，还是一位有着理论雄心、善于总结并构建小说理论体系的小说理论家。在昆德拉小说诗学整体中，小说创作、小说理论、小说史是彼此交融地统一着的；换言之，对小说的创作实践、理论探讨、历史评价既独立又交叉，共同构成了昆德拉小说诗学的创作、理论与批评三种形态。昆德拉曾结合自己多年的创作实践，从思、史、诗三个角度对自己自觉追求的"小说诗学"作了如下归结——

---

① 转引自［美］菲利普·罗思《罗思和昆德拉关于〈笑忘录〉的对话》，高兴摘译，载《外国文学动态》1994 年第 6 期，第 42－44 页。
② ［法］米兰·昆德拉：《关于小说艺术的对话》，见《小说的艺术》，唐晓渡译，作家出版社 1992 年版，第 36 页。
③ ［法］乔丹·埃尔格雷勃里：《米兰·昆德拉谈话录》，杨乐云译，收入李凤亮、李艳主编《对话的灵光——米兰·昆德拉研究资料辑要（1986—1996）》，中国友谊出版公司 1999 年版，第 470－471 页。

让思索（沉思、推测）成为小说的自然构成部分，同时创造一种小说所特有的思维方式（也就是说它不是抽象的，而是与人物的情境紧密相联；不是绝对肯定的、理论的、严肃的，而是反讽式的、挑衅的、怀疑的甚或是滑稽的）；竭力扩大小说的时间，通过对照不同的历史时期抓住"欧洲时间"；给小说卸下沉重的可然性要求，赋予它以游戏性，使读者尽管在眼前看到"栩栩如生"的人物（我无法想象是小说而没有深印在读者意识里的人物，正因如此我一向反对所谓的"新小说"倾向），又同时不忘记它们的"如生"仅仅是幻象、魔力、艺术，是游戏的一部分，小说的游戏，使人从中得到欢愉的游戏。①

  昆德拉指出，他的这一诗学追求自其小说创作之初即已开始，经历了一个从不自觉到自觉的过程。从上述他对自己诗学的总结中，我们可以清晰地发现小说式思索、小说式历史、小说复调、小说幽默等问题在昆德拉构建其"小说诗学"理想时的重要价值。

  显然，昆德拉的小说创作模式与小说理论精神及在此基础上建立的独特小说诗学，只是当下小说艺术尝试之一种，并不能涵盖所有的小说艺术实践与理论探索；甚至由于昆德拉小说理论与小说创本身作的复杂性，这里对昆德拉小说诗学特征的分析与归结也只是揭开其"冰山一角"，难以真正做到穷尽。相对性与多元化的精神正是昆德拉所强调的，就小说诗学创建上的个人风格而言，昆德拉小说诗学是"一元中有多元"，具有复调、对话、开放、杂语化和未完成性等特征；而从当代小说诗学总体格局看，昆德拉小说诗学无疑又是"多元中的一元"，以独特的"这一个"参与当代小说诗学的众声喧哗。多元与一元的矛盾与统一，使昆德拉小说诗学在当代小说理论与创作中具有他者难以替代的独特性。同时，这种多元化与相对性的方法论，促使我们进一步反思既往叙事理论研究中思维立场的某些缺失及其结论的偏颇。按照厄尔·迈纳的观点，当今世界尚未有任何一种文化在叙事文学的基础上设想出一种原创诗学来；在"摹仿—情感的"诗学及"情感—表现的"诗学蔚为大观的比照下，叙事诗学的不

---

  ①　[法]米兰·昆德拉：《作者的话——1996年阿特兰蒂斯出版社〈不朽〉代序》，杨乐云译，载《外国文学动态》1997年第4期，第44－48页。

成型明显地相形见绌。厄尔·迈纳甚至为这一悲观态度寻找到了事实根据，即"我们没有戏剧所提供的那种向导，即剧场演出的陌生化和情景化；我们也没有经过基于抒情诗的诗学体系检验的语言和情感论基础"①。考辨厄氏的相关观念，我们极易发现其中不无方法与立场的缺失。小说出现早而成型晚这一事实，使之得以吸取多种文体优势而为己所用，不拘一格的创作形式却使之长期背负着"文体不纯"的恶名。这一看法存在着明显的"文体纯粹性"立场及"诗歌中心论"的传统文体学倾向。对小说文体及叙事诗学的诸多评定，多少都与这一文体偏见相关。以抒情诗学与戏剧诗学的创建方式衡量叙事诗学，其文体稳定性的先天不同没有被考虑为体系性诗学评价的不同基础及要素，反而使叙事诗学的开放性被当成强化诗学话语恒定性的一个反例，自然要得出叙事诗学不成熟甚或尚未建立的结论。由此可见，结论的不同往往是由考察立场的殊异导致的，并非一定缘于考察对象本身。如果换一种思维，将小说文体的开放性、未完成性视为与其发展过程相一致的必然性本体特征，那么以小说为基础的叙事诗学的创立不仅可能，甚至可以说已相当成型，并由于其开放性、未完成性特征而具有比抒情诗学、戏剧诗学更为远大的发展空间。巴赫金认为，史诗指向过去业已结束的世界，小说则总是面向未来。如果这一点得到确认，那么我们可以说，开放、对话、相对、多元、复调、杂语化及未完成性，不仅是叙事诗学的本质特征，而且也是小说文体谋求发展的一种基本生存策略。推而广之，当代艺术的内涵丰富与外延扩张，也应采取这种开放、对话的立场，实际上当代艺术实践已提供了诸多这方面的例证。本文对昆德拉小说诗学特征的分析与归结，其理论寓意正在于此。

（发表于《江汉论坛》2004 年第 8 期）

---

① ［美］厄尔·迈纳：《比较诗学》，王宇根、宋伟杰等译，中央编译出版社 1998 年版，第 199 页。

李凤亮自选集

第二辑

批评理论与海外华人诗学

批评的开放与开放的批评
——论当代批评建构的文化之路

"批评的语境化",其方法论含义至少包括以下两层:一方面,它要求从批评对象个体与语境的互动角度展开,通过考察个案与语境的互动,赋予考察对象一个较为广阔的文化视野,这无疑是为了更为准确地理解和定位考察的对象;另一方面,批评的语境化也在某种程度上指示了当代批评的文化研究倾向——在这里,文化不仅是作为一种语境化的方法,而且同时构成语境研究的重要内容和理论旨归。20世纪文学批评的文化取向,进入21世纪后仍方兴未艾;批评建构的文化之路,已经并仍将成为21世纪批评理论研究的重要话题。

一、"形式／文化学"的潮流

有学者在总观20世纪西方文学理论的总体发展趋势时,曾指出这一趋势深受当代西方哲学思潮的影响,大体上包含了两大主潮:科学主义与人本主义[①]。科学主义文论的主要形式是欧陆的俄国形式主义—布拉格学派—法国结构主义文论(及相关的符号学、叙事学文论)一脉,以及英美的语义学和新批评派文论;人文主义文论则经历了前半期的象征主义、意象派、表现主义到精神分析学文论、现象学、存在主义文论,和后半期的各种西方马克思主义文论、解释学和接受美学理论这两大阶段。二者既鲜明分立,也互相融通,而这一融通的过程贯穿了整个20世纪西方文论,其趋势在晚近更得到大大强化,形成了全球性的文化研究潮流。从这个意义上讲,西方20世纪文论与批评既存在着形式结构研究与人本文化研究并驾齐驱的共时性格局,也形成了一条从形式向文化过渡的历时性趋向,构成一种"从诗学文化到文化诗学"的宏观诗学背景。[②]

---

① 参见朱立元主编《当代西方文艺理论》,华东师范大学出版社1997年版。
② 张首映:《西方二十世纪文论史》,北京大学出版社1999年版,第13–20页。

文学批评是文学理论的孪生体，它既推动着理论的发展，同时也借助于理论之光的投射。在此过程中形成的批评理论，无疑也呈现出了上述的总体倾向。在当代西方的文学研究界，上述的科学主义与人本主义潮流构成了文学批评的两大"显派"：一则是以对文本的语言、叙事、符号、结构分析为内容的形式批评，另一则是以各种意义考察与话语分析为特征的文化批评。前者研究的是文学的内部语境，后者则注重考察文学的外部语境。20世纪80年代以来，上述的两种批评路向日益呈现出"合流"的趋势。批评（理论）家们更多地徘徊在形式与文化之间，借助于一种整体论批评观、综合性方法论的构造，谋求批评的科学化与人文性的双重发现。相比之下，后者的创造性、意义衍生性对于放大文学批评的社会功能，起到了不可小视的作用。批评的文本，也不再囿于文学文本，而包括了更多的社会文化尤其是大众文化文本。值得注意的一点是，批评的文化化，不但没有削弱批评的形式分析，在某种意义上还强化了文本的"可分析意味"；二者有意的契合，构成了一种意在通过形式分析达到文化探视的"形式/文化学批评"（a formal/culturological approach）。持这一立场的赵毅衡先生指出："不是说内容不能成为批评对象，而是说，在我看来，跳过题材内容不仅是可能的，而且有些时候可能是可取的，尤其在描述文学的文化史时，文本形式的历史是最重要的审视点。"[①] 显然，认同"形式/文化学批评"的学者，首先认识到的是形式本身的复杂性和形式所承载的丰富文化信息。

应该说，贯穿于20世纪并在20世纪末正式形成的这种"形式/文化学批评"，有效地超越了这一百年中形式研究与文化研究各重一隅的局限性，构成了一种"内外兼修"的整体批评效应。20世纪中外许多批评理论家，就不同程度地体现了这一倾向。比如，从对20世纪西方批评深有影响的韦勒克和巴赫金身上，我们既可以发现形式诗学与文化诗学两条轩轾分明的批评路数，也能够强烈体会到二者共有的"形式/文化学批评"倾向：巴赫金从语言意义分析入手，通过对陀思妥耶夫斯基和拉伯雷小说的形式研究，提出了"狂欢化""复调小说"等文化诗学批评概念，并最终形成了对话性的思想立场。在巴赫金看来，形式与内容、语言与文化不

[①] 赵毅衡：《礼教下延之后：中国文化批判诸问题》，上海文艺出版社2001年版，第222页。

是两分的，而是一体的。这一观念与韦勒克的"整体性"理论有着异曲同工之妙。而新批评大师与文化诗学理论家不约而同地关注这种"形式/文化学批评"，其中的深意自不待言。再如分立于20世纪中国文学批评头20年与末20年的王国维和王元化，他们对于审美形式的重视，最终的目的仍在于追寻这一形式建构背后的种种文化要义——对于王国维而言，"境界""古雅"等新学语所透露的"化合"情境，暗含了一个中西对话的意义问题；而在王元化那里，分析"五四"新文学的形式变化，直接指向了一种对"启蒙"思想话语的反思与重估，从而从一个特定的文学视角切入了古今问题及"传统与反传统"（它成为王元化一本评论集的书名）问题的思考。上述的"形式/文化学批评"理路，在当代海外华人学者的批评中显得更加清晰，如李欧梵和刘禾的批评实践。治思想史出身的李欧梵面对中国现代文学时，文学的精神意象、形式结构成为其思想史解读的有效入口；而旧上海城市文化的纷繁事象与器物（如百货大楼、咖啡馆、舞厅、跑马场、电影院、报章杂志乃至月份牌等），亦被其纳入考察中国（城市）文化现代性的重要资源。相比之下，刘禾的"形式/文化学批评"色彩更为显著：通过对跨语际交流过程中词语、意义、话语、表述模式合法性过程的分析，刘禾发现了制约上述过程的种种复杂历史文化语境，发现了语言形式所蕴含的丰富的现代性分析价值，"翻译中生成的现代性"这一概念本身，即表明了刘禾批评中坚定的"形式/文化学"立场。

二、文化批评的叙述逻辑

"形式/文化学"这一"二元指称"的语义重点是有区别的。在我看来，"形式"本身固然有"意义"，但形式批评更多地作为"手段"和"方法"而存在，文化批评中的理论发现与价值判断才是其目的与重点。这正是当代文化批评的基本叙述逻辑。

文化批评或文化研究的兴起，是20世纪末全球学术界一个令人瞩目的景观。值得说明的是，"文化批评"一词在当下学术语境中仍有一定的歧义性：就其狭义而言，它指的是20世纪中叶发端于西欧诸国、90年代初被陆续介绍到中国的某种批评潮流，其范围涉及大众文化、文化身份、传媒、文化机构、文化消费、权力话语、殖民主义与后殖民主义、政治阐释学等;从这个意义上讲,尽管文化批评作为含义广泛的批评潮流的共名,本身的领域和对象变动不居,暂时也还算不上严格意义上的学科和流派,但它在研究思维、操作方法、价值立场等方面仍具有自身的独特性;借用中国文化研究界一本专门性学术出版物的"前言"语,狭义的文化批评的特征大概就是它的"实践性品格、政治学旨趣、批判性取向以及开放性特点"[①]。文化批评的第二层意义,指的是借助于文学文本分析发现文化结论,近年来文学理论界讨论热烈的"文化诗学"(Cultural Poetics,或者 Poetics of Culture)大概指的就是这一种,其与狭义文化批评的区分在于其分析对象是文学文本还是社会文化文本。当然,文化批评还有第三层含义,就是对它的广义的理解,这种"文化批评"有点类同于"跨学科研究"或"泛文化研究"。就文学研究与批评而言,此类"泛文化研究"把人类历史累积的各种文化成果作为话语资源,展开对文学的多向度阅读与理解,寻绎文学活动中的文化要素,并从更为深广的视境中赋予文学以新的质素与空间。人们对文化批评或狭义或广义的不同理解与运用,虽然视野悬殊,着意与归宿存在着很大的差异,但依然可以发现二者的某些共通之处,比如对文学存在的独立性与依存性加以考察、将静止的"文本"同活动着的"世界"结合起来诠释、打破传统的学科阈限而尝试多种学科互阐互证……诸如此类,都在表明一个事实,即文学研究或文学批评的多元时代的来临。

毋庸置疑,文化批评的兴起有其深广的社会语境与学术渊源。20世纪全球性的学科细化,某种意义上加剧了知识的壁垒;而形式主义一脉批评论调的持久高张,虽然表面上维持了文本的"内在完整性",却严重忽视了这一完整性得以存在的外部语境。此外,20世纪中后期,文学研究或文学批评的功能似乎也发生了深刻的变化,批评家们不再满足于对文本自足性的简单读解,而愈发注重揭示隐藏于一个独立文本内部的文化秘密;文学研究或文学批评的这种"隐喻性",大大扩展了它对社会文化的解释力与干预力。批评的上述种种变化,共同唤起了文化批评的勃兴。批评的文化转向,也跟文学自身的嬗变密切相关。20世纪的中外文学,不约而同地经历了一场由杂到纯、再由纯变杂的演变:先是由杂到纯,不仅

[①] 陶东风、金元浦、高丙中主编:《文化研究》第1辑,天津社会科学院出版社2000年版,"前言"第3页。

把源远流长的广义的人文写作划分为文史哲等不同领域，而且文学文体的分化也日益细密；20世纪后期的文学则从这种文体的纯粹中突围出来，走向边界模糊的杂文学：作家们常常把小说写成随笔，把论文写成故事，将诗歌的精神融入小说，而散文更成为一种文体跨越的实验基地。文体边界的有意模糊，文本意义的多重隐含，使得对某部作品的单纯审美分析虽未必完全失效，但至少已不再成为决定性的价值宣判。大众文化语境中审美分析的有限性，必然要求批评寻找其他的突破路径，文化批评便适逢其时地应运而生，并日益繁茂起来。因此，当下的文学批评，更多是在寻找着种种边界或结合部，比如文本自身与外部语境的遇合，本质意义与阐释价值的对话，审美分析与历史视野的汇通，结构研究与文化研究的通融，等等。不仅文学走向了一种广义的"大文学"，文学批评也滑向了某种广义的"文化批评"。这正符合了这个时代对话的、实践的、杂语共生的特征。

简言之，文学的文化批评意义，就在于从文学的角度理解文化，从文化的视野阐释文学。而这两点，正映现了狭义的文化批评与广义的文化批评入思与取意的不同视角：前者注重的是文学的阐释功能，突出的是批评的弥散性；后者强调的则是深化对文学自身的理解；换言之，前者把文学理解当作手段，后者把文学理解当成目的。本文所着意考察的更多的是后者，即把批评理论个案置于特定的时代氛围与历史语境中，从较为广阔的文化视野中考察和透视这些批评现象，以期达到对其更加全面、更加深入的理解。

三、学科与文化的双重跨越

文化批评的兴起，为我们呈现了批评学科建设的另一种形态，即批评的开放与开放的批评。当代文学批评存在于一个变化与开放的世界中，为了适应和理解这种变化与开放，批评必然要从内部和外部寻求突破。在内部，批评的形式研究和内容研究、结构考察和文化分析形成了整合倾向，上述的"形式/文化学"批评倾向大体与此相关。在外部，批评在努力突破自身的学科疆界和知识域限中，通过学科与文化的双重跨越，谋求自身外延的扩张。

科际整合正是当代批评理论的重要特征之一。跨学科批评借助于科际互动而达到方法论的灵活多样，从而使批评对象呈现在不同的观照视野之中。跨学科批评的表现形式之一，是批评理论方法论内部的彼此融合。20世纪文学批评的多元化，在很大程度上得益于方法论的多元化。从19世纪重视作家到20世纪重视文本和读者，从社会历史方法到形式结构方法，再到接受美学方法和文化研究方法，每一种方法既是对前者的超越，也是对前者的补充。批评（理论）家"说话"方式的差异，不同的批评方式、方法论的创造与践行，使20世纪文学批评呈现出与既往迥然不同的模样与生态。"横看成岭侧成峰，远近高低各不同。"不同批评方法的运用，所得出来的批评结论常常千差万别，批评因此而几度成为活跃而充满生机的学术领域。不过，在20世纪上半叶，批评观与方法论的差异也往往成为争论和互相隔绝的诱因，其中典型一例便是形式主义和"新批评"对既往社会历史研究方法的责难。对于批评方法间的这种争议，批评理论的集大成者弗莱有一段十分经典的论断。他说：

> 本书（即《批评的剖析》——引者注）涉及了各种各样的批评技巧和方法，其中多数是在当代学术领域中已经使用过的。我们想要指出，在一种全面的批评视野中，原型批评或神话批评，美学形式批评，历史批评，中世纪四层面批评，文本和肌质批评，究竟处于何种地位。不论这种全面的观点正确与否，我希望同大家交流这样的看法：即企图将上述各种方法中之任何一种排挤出批评之外，那是不明智的。正如我们一开始便说过的，本书并不打算为批评家提供一种新纲领，只是提供一种关于现存各种批评纲领的新视角。现有的批评纲领已经足够有效的了。本书无意抨击任何一种批评方法，只要它的课题是明确的，本书所要推倒的是这些方法之间的围栅。这些门户之见的围栅，易于把批评家局限于某一种批评方法，这是大无必要的，并且它们倾向于同批评之外的各种学术去建立其基本的联系，而不是同其他流派去建立这种联系。因此有许多文论，搞神话批评的读起来像拙劣的比较宗教，搞修辞批评的读起来像是拙劣的语义学，而搞美学

批评的读起来像拙劣的形而上学,如此等等。①

弗莱在这里没有贬低任何一种文学批评方法,而是主张在一种"全面的批评视野"中对各种批评方法兼容并蓄,平等对待,将它们之间的界限打破,把不同视角整合起来,尽量全面地观照文学的每一个细节部位,破除批评内部的围栅,使批评家更加了解作为一个整体的批评与其他学科之间的外部关系,使批评更为全面、更为完善。基于这一整体性批评观念,弗莱提出了他的"原型批评"理论,并将其放在高于其他批评的突出位置上。表面上看,此中充满了矛盾;实际上,这恰好反映了弗莱的方法论逻辑:因为弗莱将原型批评视为一种具有包容力的批评方法,它能够克服以往批评流派的狭隘与封闭,呈现出一种前所未有的开放性。因此,从原型批评入手,可为文学研究开拓出一个十分诱人的前景,只要我们对这一研究范畴作一番比较明确的界定,提出一套切实可行的理论、原则和方法,我们就不仅可能使由神话入手的文学批评取得比较一致的共识,而且有可能将其他各家各派的文学批评兼容并包于一个理论体系之中,使得整个文学批评成为一个独立的、系统的科学。虽然这个文学理想迄今仍很难实现,但这些批评论述足以表明弗莱已经超越自律式文学批评模式,介入到结构主义之后文化批评的理论争鸣与对话之中。而弗莱所指明的这种批评方法的互补性、综合性,正是批评跨学科特征在其方法论内部的重要体现。

如果说批评理论方法论的整合还使跨学科批评停留在批评理论内部的话,那么不同学科之间的互通才称得上给文学批评带来了革命性的变化。通常所讲的批评科际互动,也更多地指向这一层。随着现代科学的分化,文学批评的科际互动也区分为不同层面。第一层,是人文学科内部不同学科的互动,即文史哲的互动。这一互动在东西方都有十分悠久的传统。弗莱指出,在人们的传统观念中,"文学是人文科学的中央分水岭,它的一侧是历史,另一侧是哲学。鉴于文学自身不是一个有组织的知识结构,批评家必须在史实上求助于历史学家的概念框架,而在观点上则求助于哲学

---

① [加]诺思罗普·弗莱:《批评的剖析》,陈慧、袁宪军、吴伟仁译,百花文艺出版社1998年版,第448-449页。

家的概念框架"①。弗莱是从文学批评的科学性和独立性角度说上述一番话的,显然,他并不赞同文学必须依附于历史和哲学的传统观点,这一观点在亚里士多德那里曾有一种曲折的说明。亚氏指出,"写诗这种活动比写历史更富于哲学意味,更被严肃地对待;因为诗所描述的事带有普遍性,历史则叙述个别的事"②。弗莱认为文学有自身的知识系统,文学批评正是建立在这一知识系统之上的。不过,弗莱出于维护文学批评独立性而强调的上述观点,与他倡导人文学科之间的知识互补和方法共通并不矛盾,这同他提倡批评理论内部方法论的互动是一致的,由此,更显示出弗莱作为现代批评理论奠基人的宽阔眼界。

文学批评科际互动的第二层,是指文学研究与其他科学研究,如宗教学、语言学、伦理学、心理学、人类学甚至数学等的互相借鉴。比如弗莱在《批评的剖析》"探索性的结论"中曾这样总结文学与数学的相似之处:"文学和数学两者都是从假设出发的,而非从事实出发的;两者都可以运用于外部现实,而同时也存在于一种'纯粹'或自我包容的形式之中。再者,两者都在存在和非存在的对立之间插进了一个楔子,这对于论辩的思维极为重要。象征并不是所显示的现实,但也不是非现实。"③ 文学与数学的比较,对于弗莱具有结构主义倾向的原型批评理论有重要的借鉴作用。当然,这一借鉴不是生搬硬套,弗莱比较了人文科学与自然科学之间的不同,认为人文学科比自然科学能更有力地抵制不同学科之间的分工,"在人文学科里,不同知识总是聚合在一起,相互渗透,汇集成更大的结构模式"④,因此,在人文学科研究中,生搬科学模式是行不通的,人文学者若不从尽量大的总体上研究自己的课题,那么即便是对其中具体的某个方面,也无法获得真正的理解。完全可以说,弗莱的批评理论不仅突破了传统文学研究的局限性,而且进入了跨学科文化比较的广阔领域。

---

① [加]诺思罗普·弗莱:《批评的剖析》,陈慧、袁宪军、吴伟仁译,百花文艺出版社1998年版,"论辩式的前言"第15页。

② [古希腊]亚里士多德:《诗学》,罗念生译,见《诗学·诗艺》,人民出版社1962年版,第29页。

③ [加]诺思罗普·弗莱:《批评的剖析》,陈慧、袁宪军、吴伟仁译,百花文艺出版社1998年版,第462页。

④ [加]诺思洛普·弗莱:《寻找称心的词句》,见吴持哲编《诺思洛普·弗莱文论选集》,中国社会科学出版社1997年版,第42页。

现代学科的发展日益呈现出两种倾向，一是学科的分化越来越细，二是科际的整合也在不断强化。处在这一情形中的批评理论建设，一方面通过内部方法论的更新不断丰富自身内涵，另一方面也在借助于同其他学科的联合，来扩大研究的外延，强化自身的阐释能力。

在跨越学科边界的同时，批评还面对着不同文化力量的纠缠，不断超越单一文化的局限。中西对话与古今通融，长期以来一直是中国文学批评所欲解决的中心问题。20世纪中国文学历史性地被放置到了与自身传统和西方彼岸相对立的双重"边缘"处境中，跨文化批评的必要性随之凸显。身处边缘中的知识分子迫切需要借助于文化的跨越，达到对于自身的确切理解。这种文化跨越需要在中西、古今间不断转换视角，从而形成一种游离于中心的"边缘批评"。萨义德就希望知识分子能像真正的流亡者那样具有边缘性。在这方面，当代海外华人学者的批评实践最具代表性：他们面对的是中国文学与思想问题，又身处异域语境中，所谓夹在中西学术双重边缘的夹缝中。在这种情形下，"边缘"与其说是他们的自觉追求，不如说是某种不得不面对的现实学术处境。不过，恰如《边缘批评文丛》的编者所指出的，上述"边缘"所标示的，不是与中心僵硬对立的空间位置，而是批评者在中心与中心的夹缝间的游走穿梭。这种游走姿态在某种意义上转换成一种学术立场优势，混杂的理论策略有可能带动边缘向中心移位。这也在一个特定的角度显示出跨文化批评的相对性色彩。

值得注意的是，在20世纪中国文学批评家当中，为数不少的人有着上述的跨文化批评倾向，尤其是那些影响较大的批评家，其批评人格及批评文本更带有浓重的跨文化色彩，如王国维化合中西的审美批评实验，郭沫若中西文化互释中的早期诗学建构，闻一多古典文学批评中的现代意识，朱光潜西方文论中国化的话语努力，宗白华跨越古今的美学散步，王元化对文化诗学方法论的思考与实践。在某种意义上，他们文学批评与理论建构的影响，与其跨文化批评倾向有着内在的联系。批评对不同文化的跨越，使上述批评家能够从文化的广远视野去观照古今中外的文本，将其准确定位，做出较为科学的阐释和评价；同时也能够从某一文本透视出其中蕴含的文化信息与文化质素。

跨学科、跨文化批评之路的选择，跟批评家对文学现代性及批评现代性的思考密切相关。他们希图借助于一种综合的眼光，从文学入手，切入历史文化与价值精神的多个层面，形成其超拔有力的思想发现。中国文学批评的现代性，尚是一项"未竟的工程"。进入21世纪的文学批评，已呈现出了更加开放与多元的面貌，换言之，批评的开放催生了一种开放的批评。我们有理由相信，随着中国文学自身的进步和批评理论研究的深化，文学批评现代性的建设与探讨也将面对一个更为广阔的话语空间。

（发表于《福建论坛》2004 年第 12 期）

海外华人学者批评理论研究的几个问题

一

本文所讨论的海外华人学者批评理论,并非指对海外华人文学的批评,而是指当代海外华人学者的批评理论。

当代海外华人学者中,有一批专事20世纪中国文学与文化研究的批评家和理论家,其代表人物如夏志清、李欧梵、张错、赵毅衡、刘绍铭、王德威、张英进、唐小兵、张旭东、刘禾、周蕾、王斑、徐贲、刘康、鲁晓鹏、刘剑梅、郑树森、孟悦、黄子平、许子东、陈建华等。他们大多在中国大陆和台湾地区完成大学本科学业,后出国(多在美国)继续攻读学位并在境外学术机构从事20世纪中国文学与文化研究,构成20世纪后半叶的学术"西游记""东渡记",其思想既立足中国本土文化,又深受当代西方批评理论影响,从而成为西方与中国批评理论之间的一个"交叉地带"。从某种角度看,海外华人学者批评理论的重要价值,恰与这一批评理论的"边缘性"和"徘徊性"有关。海外学人一方面对异域批评理论作近距离移植,另一方面又对中国文学问题采取远观姿态。这种"近取远观"态度同国内学人研究路向的差异,隐含着诸多值得探讨的学术话题:既有学术立场上的,也有方法论上的。海外学人在很大程度上改变了过去中国文学研究封闭、单一的视角,将跨文化、跨学科、跨语际的研究观念投射到国内,形成了20世纪中国文学研究的"多重边界""多重彼岸""多重比较";其直接参与及影响所及,在某种意义上已改变了文学理论与20世纪中国文学研究的总体格局,且目前已从某种边缘状态向大陆20世纪中国文学研究的中心地带滑动。

海外华人文学研究各领域的进展并不均衡。其中,海外华人作家研究起步较早,队伍壮观,近年来更从华文作家研究拓展到非母语的华裔作家研究,并引入身份理论、女性主义等新兴研究观念,视野与深度均有较大变化。此一领域的领军人物,已开始思考研究的升级与学科的建构问题,如饶芃子教授提出应在原有作家作品研究基础上,积极拓展华文文学的诗学研究①；刘登翰先生等则从研究对象的独立、理论与方法的更新、学术平台的构建三个方面，思考了华文文学研究"学术升级"的问题②。海外华人诗学家研究则把考察海外华人诗学家同研究海外新儒学相结合，也出版了不少有创见的成果（如对刘若愚、叶维廉、叶嘉莹等人的个案解读与综合分析），研究已成一定气候。但海外华人批评家研究一直未能活跃，其不足表现在：①成果只见个案研究及单篇文章发表，缺乏对海外华人学者批评理论整体风貌的准确揭示及内在特征的系统探讨；②视野多局限于对对象自身的分析和诠释，未能将其置于20世纪中国文学批评总体格局及中西跨文化语境中作比较、观照；③系统整理与发掘批评理论资料的工作尚未启动，这也成为阻滞研究进展的重要原因。随着近年来海内外华人学界的交流日盛，上述研究情势亦正在改观。海外华人学者批评成果在国内陆续出版，学术界对海外批评部落的关注也不断加强。2004年、2005年《当代作家评论》"批评家论坛"陆续刊出夏志清、李欧梵、王德威、许子东等海外批评家的研究专辑，显示出国内学界对这一研究领域的不断重视。

　　值得注意的是，在对海外华人学者批评理论普遍赞肯的同时，国内学界也有一些不同的声音。如刘禾的"国民性"话语批判及关于《白银资本》的研究，就曾在世纪之交引起过相当大的学术争鸣③。王彬彬新近也在《南方文坛》上撰文，对王德威的研究成果予以批判，认为海外华人学者与大陆学者生活于不同的政治、经济和文化环境里，能以不同的眼光看待现代文学的发展流变，但往往也难逃另一个方面的意识形态的左右；运用西方现代思想家的理论来阐释中国新文学，固然会使作品显现出新的意义，但有时也会圆凿方枘，不着边际。④ 无独有偶，在程光炜主持的一

---

① 参见饶芃子《拓展海外华文文学的诗学研究》，载《文学评论》2003年第1期。
② 参见刘登翰、刘小新《对象·理论·学术平台——关于华文文学研究"学术升级"的思考》，载《广东社会科学》2004年第1期。
③ 代表性批评及反批评文章有：杨曾宪《质疑"国民性理论"神话——兼评刘禾对鲁迅形象的扭曲》（《吉首大学学报（社会科学版）》2002年第1期）、徐友渔《质疑〈白银资本〉》（《南方周末》2000年6月16日）、刘禾《〈白银资本〉究竟犯了谁的忌》（《南方周末》2000年7月27日）、王家范《解读历史的沉重——评弗兰克〈白银资本〉》（《史林》2000年第4期）、刘北成《重构世界历史的挑战》（《史学理论研究》2000年第4期）等。
④ 参见王彬彬《胡搅蛮缠的比较——驳王德威〈从"头"谈起〉》，载《南方文坛》2005年第2期。

个对海外华人批评群落加以检视的小型讨论中，参加者一方面肯定了海外华人学者的理论贡献及学术启迪，另一方面又对他们的研究路数加以反思，认为海外学人总体上呈现出重理论、轻材料、缺少整体文学史观等倾向，形成了一种浮泛的学风。① 事实上，正反两种评判恰好说明了海外华人批评家在理论方法、学术策略、研究资源等方面与大陆学者的差异性。海外华人学者批评理论，作为一种崭新而富有争议的学术领域，其所引起的学术反应，不仅是其学术意义的一种显现，而且本身也构成一个颇可深究的批评话题。

二

海外华人批评家游走于中外之间，其学术根柢交杂着多元文化因素及复杂理论背景。对其加以考察，至少牵涉批评理论、20世纪中国文学、海外汉学、比较诗学与华人研究等多个学科领域。笔者认为，对以下几个方面问题的梳理，可为海外华人学者批评理论的系统研究奠定一定的基础。

（一）海外华人学者批评理论的整体风貌及差异描述

此一研究应通过大量收集和研读当代海外华人学者的批评理论著作，勾勒海外华人学者批评理论的"地图"（发展现状、地区分布、研究格局、理论意义等）。通过这一整体描述，使学界对海外华人学者批评理论的发展状况有系统了解，并发现其中因地区、年龄、经历、知识背景、研究兴趣、学科建制、学术传统等构成的学术差异。有学者从时空角度分别对海外华人学者队伍作了划分。从时间上看，海外华人批评家包括了三代人：以夏济安、夏志清兄弟为代表的第一代（20世纪50年代赴美），是海外20世纪中国文学研究的开创者，其影响（如夏志清《中国现代小说史》）所及，至于今日；以李欧梵、王德威为代表的第二代（20世纪六七十年代赴美），与第一代有学统继承关系，又有研究路数上的拓进，成为目前此一领域的领军人物；第三代（20世纪80年代出国留学）学者多

---

① 参见程光炜、孟远《海外学者冲击波——关于海外学者对中国现当代文学研究的讨论》，载《海南师范学院学报（社会科学版）》2004年第3期。

为大陆中青年学人,如刘禾、张旭东、张英进、唐小兵、孟悦、陈建华等,问题意识与学术方法更加新进敏锐。海外学人的代际差异,有着强烈的西方理论投射的印迹,这为我们考察西方理论之于中国文学批评的影响提供了很好的范例。从空间上讲,中国"台湾学术群体"和"大陆学术群体"因"出海"背景不同,学术传统相异,因此呈现出的群体面貌差异也颇值得分析。而海外大陆学者又呈现出80年代与90年代的不同。此外,海外学人群体还因出身自中文系和英文系、出国后留学于东亚系或比较文学系、写作语言用中文还是外文而表现出不同的学术兴趣和研究理路,这些都值得细加分析。

(二) 当代海外华人学者批评理论中显现的批评观与方法论

由于身在海外,学跨中西,海外华人学者的批评观与方法论呈现出斑驳的多元色彩,其中既有较为传统的思想史研究、社会文化阐释、形式分析方法,也有当代西方新兴的跨学科、跨文化比较方法。海外华人学者身上的"理论场",是由多重话语力量构成的,从中我们可以考察到西方批评理论在他们身上的映现、折射与变异。值得注意的是,海外华人学者置身海外,常受西方文化研究潮流的影响,因此他们的学术研究更多地呈现出从文学批评走向文化研究的整体趋势。此中,李欧梵的上海都市文化研究,刘禾从跨语际角度切入的现代性思索,赵毅衡的"形式/文化学"探求,张旭东的后现代文化考察,陈建华的"革命"话语解构,张英进的当代中国电影分析,唐小兵的图像阐释,等等,从观照对象、言说方法及结论,都有不少的新意,在很大程度上带动了国内文学界的文化研究热潮。

(三) 当代海外华人学者批评理论中蕴含的中西文化碰撞、话语冲突与交融

作为当代"流散"(diaspora)文化的重要构成及跨文化交流的桥梁中介,海外华人学者的批评理论中包含着丰富的文化及话语碰撞信息。用李欧梵先生的话讲,海外华人学者创造和面对着双重的文化"彼岸":一是作为中国文化彼岸的"西方",另一个则是站在西方文化立场上返观与重构的"中国"。文化的碰撞与交融,往往就存在于上述双重"彼岸"构成的重重张力之中。

（四）当代海外华人学者批评理论对中国文学批评现代性考察的推进意义

海外华人学者批评理论的现代性，至少体现在三个方面：一是对于因种种原因被大陆学人遮蔽或忽视的研究领域的重视，如对晚清文学的重视、对张爱玲的重新发掘等；二是学术思维和研究方法论的新进，海外华人学者在美国式学科建制下接受的学术训练，使其研究的问题意识及言说方法呈现出较强的新锐气息，如唐小兵在《再解读》导言中所说的："文学批评常常杂糅了政治理论、哲学思辨、历史研究、心理分析、社会学资料、人类学考察等话语传统和论述方式。"这种文化研究理路及跨学科方法的实践，在海外华人学者中很有代表性，其对中国文学批评现代性的推进意义自不待言；三是由此带动的对传统结论的颠覆与改变，在这方面，海外学者与大陆学者在研究起点及结论上的"裂变"，引起了大陆文学研究界的深刻反思。应该说，"20世纪中国文学"概念的提出，乃至"重写文学史""重估现代文学大师"等批评实践，都曾不同程度地受到了海外学术理念的影响。总之，上述变化的形成，在很大程度上得益于海外华人学者批评的现代性视角，其"移步换景"的思想方法对拓展中国文学批评研究的意义自不待言。

（五）对我国新世纪批评学科建设的实际影响及理论启示

将批评理论学科观念与方法引入海外华人文学研究，一方面可以弥补既往对海外华人批评家研究的不足，进而拓展海外华人文学研究的边界；另一方面也能够为批评理论研究提供新的材料，为批评学科的建设扩展视野与空间。同时，由于处理的对象和问题来自20世纪中国文学，这种跨学科研究对20世纪中国文学研究无疑具有极大推进意义。从这个角度讲，海外华人学者批评理论不仅属于海外华人文学学科和批评理论学科，更是20世纪中国文学学科的一个重要组成。海内外华人学者同样面对20世纪中国文学，其研究模式与结论却殊然相异，此一现象发人深思。上述几方面的研究，最终无疑将指向一个目标，即：将海外华人学者的批评理论当成重要的话语资源与参照系统，从中吸取对深化20世纪中国文学研究乃至于其他学术领域的学理启示，进而推动21世纪的中国文学批评学科朝着纵深方向拓展。

海外华人学者批评理论研究的内容当然不会止于上述几端。比如，海外华人批评家与海外华人作家、诗学家研究的关系，就是一个需从总体上考察的方面。在海外华人学术文化圈中，前者与后两者既有相关性，又呈现出不同的面貌。相比较而言，海外华人学者批评理论西化得较为厉害，它面对的是中国对象，运用的是西学方法，得出的是全球性结论。文化研究观念的实践在海外华人学者批评理论中显得尤为突出。

三

"当代海外华人学者批评理论"并非一个孤立的批评现象，它是当代跨国流散文化的一个重要镜像，是 20 世纪中国学术现代化的一个典型表征，是审美现代性追求的一个独特语域。这一命题的跨文化、跨学科、跨语际交流意味十分突出，而此意味正是研究对象——当代海外华人学者批评理论——自身所富含的。只有将海外华人学者批评理论置于当代跨国流散文化与全球化语境下中国学术现代化追求的背景中，才能深刻理解和把握其研究的理论意义、价值立场与思想倾向。从这一立场出发，海外华人学者批评理论研究中几个堪称关键的学术焦点便日益凸显出来。

（一）全球化时代的"学术流散"倾向

全球化语境下的"流散"现象日益明显。人类不断跨越空间、国别、种族、语言、文化、学科的界限，流向地理及文化意义上的彼岸。当代文学写作与学术研究亦随之呈现出一种开放与流动的跨文化面貌。此一面貌在海外华人学者身上尤为显著。事实上，流散现象本身即是近百年来全球化进程的必然产物，流散学者的学术研究更集中体现出一种"学术全球化"倾向。流散学者往往具有双重的民族和文化身份：游离于他国/故土之间，既可以和故土文化进行对话，同时也能促进故土文化更具有全球性特征。当代海外华人批评家作为 20 世纪中国文学批评向异域的"取经者"，其批评理论具有突出的跨文化倾向与全球性特征。其研究对象、学术方法、思维模式、言说理路，堪为中西批评交流的桥梁与中介，对此加以深入研究，对思考和实践中国学术的现代化具有重要的参考价值。

（二）中西文化交流中的"话语权力"关系

强调当代海外华人学者批评理论的全球化特征，并不等于说此一批评理论已跃升至全球学术的话语平台，已能够同西方强势学术话语平起平坐。恰恰相反，当代海外华人学者批评理论带有极强的"边缘性"特征。边缘不仅是地理性的，而且是学科性的。20世纪中国文学（在西方常被表述为"中国现代文学"）处于西方学科建制的边缘，经过近半个世纪的发展、几代人的努力，中国现代文学研究在西方学院中具有了初步的"合法性"面貌，但这一"合法性"仍时常处于动摇之中，换言之，"中国现代文学"在西方仍是一个"准学科"。此中原因复杂，除了研究历史的相对短暂、研究队伍的参差不齐等客观因素，更与西方（主要是美国）的学术建制有关，一定程度上反映出美国学界的学术歧视。分析甄别中国现代文学研究的这种"边缘性"特征，有助于我们发现中西文化交流中形形色色的"话语权力"关系。而"话语权力"问题本身亦是海外学人跨语际考察的重要对象，故这种"学术互文"中显现的"话语权力"关系更为绚丽微妙。可以这样说，身处西方主流学术界边缘的当代海外华人学者，其批评理论为我们分析当代跨国学术流向及话语权力转换提供了不可多得的标本。正是基于对这一话语权力关系的冷静审视与学理批判，我们才能更清楚地认识中国批评话语建构的方向与路途。

（三）中国文学批评"现代性"的复杂面貌

20世纪中国文学批评的现代性，是中国学术现代化追求的一个侧影。毋庸置疑，20世纪中国文学批评的现代性，是一种深受西方现代性观念、模式影响下的"西方现代性"，同时也是以自身现代性模式参与全球现代性进程的"中国现代性"。20世纪最初与最后的两个20年间，中国批评界对西方学术理论的大量译介，可以为上述观点提供佐证。从此一角度讲，中国当代文学批评的"世界性因素"是十分显见的。而当代海外华人学者批评理论的跨文化因素，更可成为中国文学批评"现代性"复杂面貌的典型表征。海外学人的现代性思想意识与理论话语，能够为中国当代文学批评提供双重启示：其对西方现代性话语的合理借取，能够转化为中国文学批评的有效资源；而其借取过程中的话语失误与精神困惑，恰可成为中国文学批评建设过程中引以为鉴的训诫。此外，中国大陆学界对海外华人学者批评理论的接受与反应,这一批评理论作为"中国当代批评理论"的一部分对整体的影响,以及由此凸显的西方理论经由海外华人学者中介而进入中国的"理论旅行"过程,将成为一个不可忽视的学术话题。这种彼岸的现代性的挖掘,有助于我们进一步理解并推进全球华人学术研究的互动及中国文学批评"现代性"的复杂面貌。

目前,海外华人学者批评理论已呈现出一些较为共性的研究领域和学术焦点,亦为我们的考察和研究提供了一系列可深入探讨的话题,比如"晚清文学观念的崛起与研究格局的扩张""'革命历史小说'的海外重估""文学·都市·现代性:海外华人批评家的'上海想象'""比较视野中的'海外张(爱玲)学'""想象的共同体:海外华人学者'华语电影'研究中的'中国'意象""文学批评中的视觉研究:从海外到国内""中国新文学整体观的海外借鉴与批评实践""后殖民意识及其中国问题丛""女性主义批评的跨国实践"等等。这些批评现象和话题的发生不是偶然的,牵涉海外学者个人的学术背景及不断变化着的学术语境。因此在笔者看来,在海外华人批评家访谈与个案分析的基础上,将海外华人学者批评理论研究的重点聚焦于上述领域,对其分别展开专题深入研究,能够基本呈现出海外华人学者批评理论的主要脉络与精神征候。

四

海外华人学者批评理论所处的特殊时空,需要我们在研究中打破传统文学研究的一些阈限,实践一种新的研究策略。在这方面,笔者以为具备比较视野、实践全球互动、加强学术整合三点是至关重要的。

首先要在研究中突出一种比较视野。如前所言,海外华人学者批评理论是中西文学批评话语交流的中介和桥梁,而其自身作为一种"影响个案",亦具有相当丰富的可分析意味。这就要求我们不是把海外华人学者批评理论看作一个孤立的、静止的对象,而要将其视为多重"话语场",即冲突、对话、融合、共生的场所,这无疑要通过加强各种各样的比较来实现。一是中国大陆学人与海外学人在20世纪中国文学研究方面的比较,突出其在学术视野、对象选取、方法抉择、理论取向、问题意识等方面的差异。二是海外华人学者批评理论与20世纪西方批评理论之间的比较,在这方面,不应将海外华人学者批评理论看作当代西方批评理论的一个

"传声筒"或"实践场",而是要从西方理论的积极实践者、变异者角度,考察海外华人学者对西方的接受与重构。三是海外华人学者的内部比较,即区分海外华人学者因来源地区、求学经历、学术背景、理论兴趣、方法策略、研究对象等不同所形成的代际差异、地区差异、风格差异等,寻绎其谋求中国现代文学在异域学科建制中的学科化及追求批评现代性的学术轨迹。四是海外华人批评家与海外华人作家、诗学家,以及海外华人学者批评理论研究与其他两个领域研究的比较。除此之外,还有海外华人学者自身前后期的学术差异、西方批评理论在海外华人学者身上的不同影响、海外华人批评家与其他人文学者的互动等比较。有比较才有鉴别,通过比较,才能"借异而识同,借无而得有",才能对海外华人学者批评理论的整体面貌与内在特征有更为宏观、准确的把握。

其次是在研究中实践一种全球互动。海外华人学者身居海外,其经历、视野、观念、方法有着强烈的"海外"特征。对其批评理论进行研究,单靠大陆学者的努力,不仅存在着资料搜取、信息传递方面的种种困难,而且在研究思维、观念上也容易流于僵化。如果引入海外华人学者群体的研究,形成大陆、港台与海外整个"华人学术圈"的互动,必将大大推进此一研究领域的拓展。海外华人学者批评理论的地域性与现时性,还启示研究者通过实地考察、感受访问等形式,体验海外华人学者批评理论得以生长的社会背景与学术语境,从海外华人社会这一角度对批评现象作更深入的理论思考。

最后是在研究中加强学术整合。这里的学术整合,是指对海外华人学者批评理论作一种整合性的系统研究,从而赋予对象不同角度的观照。在当前海外华人学者批评著作已有较多出版的基础上,进一步翻译其外文著作。海外华人学者批评理论史料整理是个长期工作,可根据情况适时增加人选,译介新著,通过系列著作的整理、翻译、出版,不仅为本领域研究提供重要的基本文献,而且也为海外汉学研究、批评理论研究及世界华人文学研究提供充实的资料基础,解决目前对此一领域研究资料系统了解不足的缺憾。与此同时,还应加强国外相关批评理论的译介工作。在研究方面,应把海外华人学者的外文学术写作与中文学术写作结合起来,把整体考察与个案解读结合起来,把学术研究与对象访谈结合起来,把海外华人学者批评理论学术内涵的总结与批评现象的学理批判结合起来;同时,在研究队伍上还应加强文学理论界、批评界与海外华人文学研究界的整合。

在此基础上,通过邀请讲学、召开研讨会、组织现象研讨等方式加强与海外华人学者的交流,加强研究界的内部交流。

(发表于《文学评论》2006年第3期;全文转载于中国人民大学报刊复印资料《文艺理论》2006年第8期)

徘徊在现代与后现代之间
——李欧梵文学批评的现代性视野

一、刺猬·狐狸：交杂性的批评话语

西方自柏拉图以来有两种思想模式，一是"刺猬型"的，一是"狐狸型"的，前者往往有一套大的理论架构，或从一个关键问题推究到极致，可以柏拉图和马克思为代表；后者往往观察入微，却从不建筑大的理论架构，思想微妙，却没有"从一而终"的思路，可以伏尔泰为代表。①

这个说法源自一个希腊典故，英国历史学家以赛亚·伯林（Isaiah Berlin）以之写了一本论述托尔斯泰的小书，书名就叫《刺猬和狐狸》（*The Hedgehog and the Fox*）②。不过，这个典故真正为中国知识界所熟知，更多地得益于当代美籍华裔学者李欧梵的介绍。自1979年首次撰文讨论后，李欧梵在其著作中不止一次地引用上述典故。这并非偶然，或许正反映出这一典故对他的影响之深。时隔20年后，在其学术自述中，李欧梵坦承属于"狐狸型"的人，认为"人的思想模式是因人而异的"，他一生追求的是"发挥狐狸型的才智"。

从这个被李欧梵反复引用的比喻，似乎可以看出他治学的基本思路。不过，值得注意的是他对伯林思想的再次引述：对托尔斯泰来说，他的文学成就却是由"狐狸"和"刺猬"的结合形成的——"托尔斯泰在基本上是一个'狐狸型'的艺术家，却在《战争与和平》中想求得一个'刺猬型'的历史观，结果兼取二者的优点，遂使这本小说成为举世不朽的

---

① 李欧梵：《"刺猬"与"狐狸"》，见《浪漫之余》，时报文化出版事业有限公司1980年版，第80页。

② Berlin, Isaiah. *The Hedgehog and the Fox: An Essay on Tolstoy's View of History*, Chicago: Ivan R. Dee Publisher, 1992.

作品"①。以狐狸的方式，想刺猬的问题，或许这也正是李欧梵的机警所在。伯林《刺猬和狐狸》的副题是"论托尔斯泰的历史观"，显然，这是历史学者援用文学实例作历史分析的一个典型成果。而在李欧梵那里，情形颠倒过来：一个早年台湾大学外文系的学生，后来攻读政治与历史专业，其教学研究生涯也游走于文史之间；而其为人所称道之处，仍是由具体历史出发的文学批评与文化研究。陈子善先生对之曾有较为全面、切中肯綮的评断：

> 上个世纪80年代以降，欧美汉学界对现代中国文学及文化史的研究，蔚为风潮。在中坚一辈的学者中，李欧梵先生堪称最受瞩目，成为继夏志清先生之后的又一位大家。他毕业于台湾大学外文系，赴美后先攻政治，后转历史，终以文学文化研究为其依归，在重估"五四"一代浪漫作家和鲁迅研究方面驰名海内外学界，近年更专注于30年代上海文化史的整合和"公共空间"的探讨。这一背景，促使他在方法学上游走于文史之间、理论和实证之间，追求"狐狸型"的学术境界，义无反顾地沉浸在一个多元性的世界里，而他个人的"浪漫"情怀、"现代性"诠释和"世纪末"焦虑也不时流露其中。②

上述论断，把李欧梵学术话语的"交杂性"特征揭示得相当充分。事实上，"交杂"不仅显示在李欧梵的思想成果上，而且还体现在他的著述形式上：作为一个"写作者"，李欧梵的现有作品包括了理论论文、文学评论、思想随笔、文化批评、成系统的专著、对话录、编著、译著、书信体小说、音乐评论等，几乎涉及了人文学者的所有著述形式。而其写作语言，又在中英文之间反复切换。对李欧梵"写作身份"的准确界定由此成为难事：现代文学史家、文学批评家、比较文学学者、文化研究者、翻译家、乐评人、影评人……每个"头衔"都用得上，却又不能尽睹其貌。

---

① 李欧梵：《"刺猬"与"狐狸"》，见《浪漫之余》，时报文化出版事业有限公司1980年版，第80页。

② 陈子善：《编后小记》，见李欧梵、陈建华《徘徊在现代和后现代之间》，上海三联书店2000年版，第236页。

从这个意义上讲，李欧梵的写作状态，构成了当代海外华人学者的一道"缩影"；其交杂边缘的学术心路，在当代海外汉学背景中尤有代表性，也因此格外具有分析价值。在笔者看来，隐含在其学术心路背后的，恰是由多重交杂与碰撞构成的一种"边缘人"意味（李氏对陀思妥耶夫斯基及中国现代作家郁达夫作品中的"零余人"格外注意），一种"徘徊性"情结。李欧梵自称是"徘徊在现代和后现代之间的这么一个东西"，"特别着重的一点是多重角色，所谓 multiple roles。在 20 世纪末，作为一个中国人，都是杂种，我们这些人都是杂种，都不是纯的，都在扮演很多角色，每个角色背后都有它的历史，以及文化的渊源，所以在这个时候做一个人，实在很复杂"①。显然，海外华人学者学术思想上的边缘性、徘徊性并非天外来物，而有着坚实的现实基础。独特的地缘因素、传奇性的治学历程、负笈西游而产生的异质文化情境中的陌生感，共同构筑了李欧梵边缘、徘徊的学术特征。用李欧梵自己的话说，"这个边缘我故意和 periphery，地域性的边缘混在一起。因为我自己的背景是在大陆出生，在台湾长大，在香港教过书，所以我对台湾、香港特别关心。你如果从大陆中心的立场来看的话，这当然就是边缘。可是为什么不可以倒过来看⋯⋯那么我就应该站在边缘的立场，就是中国地域的边缘。再倒过来讲，在美国的社会里，我当然是边缘，这就和美国的种族问题合在一起"②。而在面对中国和美国这两个中心时，他的边缘性又是双重的。

李欧梵及其同时代海外华人学者所处的社会、时代，本身带有强烈的交杂色彩。学人固有的思考立场，使他们在面对中西、古今、文史等冲突性因素时必须不断进行自省与抉择；而求学及工作所处的社会环境，又吁求他们在现代性与后现代性的多元价值中做出学理反应。在这个"杂语共生"的时代，"边缘"与"徘徊"，也就不应视为一种不得已的被动姿态，而是呈现出新一代学者相当机警、超越的学术方法论优势。在边缘处徘徊，此中蕴含的怀疑论观念、对话性态度及相对主义的立场，恰是我们这个时代批评理论生长不可或缺的基因。

---

① 李欧梵、陈建华：《徘徊在现代和后现代之间》，上海三联书店 2000 年版，第 161 页。
② 李欧梵、陈建华：《徘徊在现代和后现代之间》，上海三联书店 2000 年版，第 161 - 162 页。

二、中国·世界：全球化视境中的比较意识

《西潮的彼岸》是李欧梵最早的一本评论集。在该书的"自序"中，作者写下这样一段耐人寻味的话：

> 我承认自己相当"西化"。然而什么是西化？这是一个颇值得深思的问题。……在一个廿世纪的世界做一个中国人，基本上不可能有"中学"和"西化"的二分法，而且，我一向反对任何文化闭锁或狭义的沙文主义心态，中国文化有一个泱泱大国的传统，对于别国文化，常常是兼容并取的，但并不因此而失国体，所以"全盘西化"这个名词，不论在五四或是现在，都不能成立。①

中西与古今，成了大多数中国当代人文知识分子不可跨越的两个"终极"问题，当然，因为主体经验与立场的差异，面对和应答的方式可以是多样的。作为20世纪60年代负笈西游的留学生，李欧梵对上述问题的思考带有显著的"彼岸性"特征，即：从作为"中国本土"的"他者"的角度回看中国问题，使问题呈现在一种新的理论视界中。他在《西潮的彼岸》初版"前言"中，表明自己在"西游"十几年后，有了一种"回头是岸"的感觉；而这种"浪子回头"的心情，并不表示其自此"崇中抑西"，作者的希望，乃在于"以既已吸收的西学为基础，来重新体认中国文化"；其中"所用的尺度也许是西方的"，而所要"求得的结论，却与中国息息相关"②。从这个意义上讲，"彼岸"具有双重意境：它既可指从中国母体文化出发所言的"西方"，又可指作为"西潮"的彼岸的"中国"。这种文化取向上的相对性，为李欧梵的学术研究带来了一种宽阔视野，同时亦使其学术立场有了一种游移而灵动的气象。因此，一种"不中不西、又中又西"的双重角色，本来会因身份的模糊而难以寻求准确的定位，却为李欧梵构造了某种有效的立场优势。1985年，李欧梵在《中西文学的徊想》"自序"中的一段话很能表明这一点，他说：

---

① 李欧梵：《西潮的彼岸》"新版自序"，时报文化出版事业有限公司1975年版。
② 李欧梵：《西潮的彼岸》"前言"，时报文化出版事业有限公司1975年版，第3页。

"二十多年来身在海外，由于环境的影响，我始终徘徊在中西文化之间，甚至变成了一个不中不西、又中又西的人，关于这一点，我在经过一番'认同危机'之后，终于感到还是应该面对现实，直认不讳；就个人的心态和今后的取向来说，我觉得也不必在这个文化的夹缝里自哀自怜了，而应该更肯定自己的'边缘人'的地位，向中国文学的'内陆'作点积极的批判工作，也许由此可以有所建树，对于海峡两岸的中国人提供一些文学和思想上的灵感……"① 看来，在研究立场的选择上，李欧梵是相当清醒的。中国立场与西化思想成了互相诠释的对象，而二者又各自成为主体，充斥其间的，是李欧梵更加认同的世界视野与比较眼光。吊诡的是，这种世界视野与比较眼光，恰是作者长期居于中国文学及其研究的"边缘"而获得的。

深受李欧梵喜爱的法籍捷裔小说家米兰·昆德拉，对文学家的民族特性与世界视野的关系有一段著名的论述。在他看来，小民族在艺术的表达方面往往有着大视野，小国家常常是很"世界主义"的："它们注定得是世界主义的，因为要么做一个可怜的、眼界狭窄的人，除身边环境之外，除小小的波兰、丹麦或捷克文学之外，对其他所知甚少；要么就必须做一个世界性的人，了解所有的文学。"② 在昆德拉看来，小国家和小语种的优势在于它们自知其小，故而能熟悉全世界的文学，而大国家的人了解的，往往只是本国的文学。这种文学视野上的错位说来荒谬，映现的却是文化授受中的事实和真理。有着璀璨历史的中国文学，到了 20 世纪却多少遭遇到了与"众小民族"相类似的边缘命运，这其中联系着的是国运的变折。从这个角度讲，李欧梵的世界视野便有了某种矛盾交杂意味：它既不完全缺乏母体文化上的自信，却又不能不正视母体文化在当今世界格局中的边缘地位。因此，李欧梵的"世界主义"，多少带有强烈的"复兴"意味，而这种"复兴"企图却要从对"彼岸"的接受和认同开始。所以李欧梵说："我的性格一开始，就是要做一个国际人，因为我对民族

---

① 李欧梵：《中西文学的徊想》"自序"，见《狐狸洞呓语》，辽宁教育出版社 2000 年版，第 285 页。

② 转引自乔丹·埃尔格雷勃里著《米兰·昆德拉谈话录》，杨乐云译，李凤亮、李艳主编《对话的灵光——米兰·昆德拉研究资料辑要（1986—1996）》，中国友谊出版公司 1999 年版，第 472–473 页。

主义没有多大兴趣。"① 在谈到获诺贝尔文学奖的捷克民族诗人塞浮特（Jaroslav Seifert）时，李欧梵认为："我一向主张：只有在种种复杂矛盾的冲击之下，才会产生伟大的文学和艺术，一厢情愿式的'洋化'或狭义的盲目民族意识，都不能助长一个现代国家文学艺术的复兴"；塞浮特的"心路历程，不是从民族主义过渡到现代主义，而是从现代派的国际主义回归到乡土性的民族主义"②。从对塞浮特的这一评价，大体能看出李欧梵的世界主义视野。

"世界化"不同于"西化"，前者包含了一个更为宏观的、更"非政治性"的视野，在某种意义上更具学术立场。20世纪后期世界文化的多极化，使人们能够从既往对欧风美雨的盲目尊崇中跳脱出来，发现富有生命力的文学新天地。南美、东欧、非洲、亚洲，这些传统殖民地的中心、昔日世界文坛的边缘地带，将成为今天或明天人们瞩目的焦点。凭借自己对南美和东欧文学的巨大兴趣和系统阅读，李欧梵对这两个地区的文学特质及其在当今世界文坛的地位做了深入阐发，《世界文学的两个见证：南美和东欧文学对中国现代文学的启发》就是在此基础上形成的一篇极有见地的论文。该文从分析马尔克斯《一百年的孤寂》（又译《百年孤独》）和昆德拉《人生的难以承受的轻》（又译《生命中不能承受之轻》）的成功因素入手，指出今日"世界文学"的概念，早就突破了传统的西方或英美；马尔克斯作品中的"魔幻"精神、纪实与虚构杂糅的倾向，昆德拉小说对当下政治的关注与超越、对小说形式的实验与创新，反映出两位作家对现实世界既贴近又"剥离"的主观性，这些都是20世纪中国作家所缺少的。由于文化背景方面的相近，二者对于中国作家的借镜作用，比起英美作家要多一些。李欧梵的上述观点，已为后来的文学交流事实所验证：20世纪末的20年间，真正激发出中国作家学习兴趣的，还是来自经济并不发达地区的南美与东欧文学。马尔克斯和昆德拉以其杰出成

---

① 李欧梵、陈建华：《徘徊在现代和后现代之间》，上海三联书店2000年版，第24-25页。

② 李欧梵：《捷克现代民族诗人塞浮特》，见《李欧梵自选集》，上海教育出版社2002年版，第320、321页。

就和巨大影响①，给了中国作家以创作观念与技巧上的启发。李欧梵写于1985年的这篇论文发表后②，不仅拓展了中国作家的视野，而且给刚刚复兴的中国比较文学研究带来了一股新风：其熔平行研究与影响研究于一炉的风格，启发了中国大陆比较文学研究的新趋向。在一定意义上，该文为20世纪80年代中期的中国比较文学研究奠定了一个较高的学术起点，其视野、立论、方法至今仍为人称道。

将南美和东欧引入"世界主义"的视域，进而突破传统"西方中心论"的樊篱，这构成了李欧梵"世界主义"的第一重视线。除此之外，他还对长期浸淫其间的"西方"进行"解构"，从过去的"一个西方"中分析出"多个西方"，从而粉碎了"一个西方"的褊狭论调，成为李欧梵"世界主义"的第二重视线。这又不免让人想起他"狐狸式"的思考方式。这一方式，除了受伯林《刺猬和狐狸》一书的命意影响外，更受到李氏在哈佛的业师、犹太籍思想史家史华慈（Benjamin Schwartz）的直接熏育。对于史氏，李欧梵坦言"他是一个最伟大的狐狸型的老师，他从来不相信任何一个系统，或一种独一无二的思想标准"③。史华慈认为，西方本身有好几个传统。有Judeo-Christmas的传统，有罗马Medieval的传统，有近两个世纪的启蒙主义，另外还有整个20世纪的革命传统，因此根本没有笼统的"西方"可言。④ 对西方多元化传统的了解，是李欧梵求学哈佛期间最大的获益，而且影响了他后来的一系列学术理念。比如在谈及"西化"时，李欧梵就常常认为，20世纪末的西方文化"已不尽由英美所主宰，其他各国——特别是所谓第三世界的国家——在文化艺术上也有长足的进展"，所以他提出"全球文化"这一概念，一方面鼓励自己，

---

① 日内瓦国际书籍报刊沙龙发起单位之一的瑞士《周报》曾邀请来自世界各国的18位文学评论家评出"健在的十大作家"，加·马尔克斯和米兰·昆德拉分列"健在的最伟大作家"第一、二名（《文学报》1996年5月30日）。

② 参见李欧梵《世界文学的两个见证：南美和东欧文学对中国现代文学的启发》，原载《知识分子》1985年4月号，在中国大陆发表于《外国文学研究》1985年第4期；后收入《中西文学的徊想》。

③ 李欧梵、陈建华：《徘徊在现代和后现代之间》，上海三联书店2000年版，第58页。

④ 参见李欧梵、陈建华《徘徊在现代和后现代之间》，上海三联书店2000年版，第56－57页。

一方面也鼓励有心的中国读者,对当今世界作更深入的了解。① 李欧梵对西方文化的拆解,除了其狐狸式的思维,还受制于一个更大的时代思想语境。在当代有关"西方现代性"的讨论中,"反现代性的现代性"话语的提出,"两个西方"甚至"多个西方"意识的凸显,把一种相对论的、批判性的思想立场贯彻到学术领域的方方面面。李欧梵对"西化"的理解,不免要受到这种时代大语境的影响。

三、现代·传统:民族话语的二元解读

对于20世纪中国文学而言,"古今"是与"中西"密切缠绕的一个问题。海外学人因其特殊的学术背景,对此一问题有着十分独特的见解,从而构成我们今天考察古今问题的重要学术参照。

首先,海外学人选择中国文学研究,这一行为本身就充满了分析意味。海外学人不是从母体文化外的西方文化中寻找一个对象作"话语"操练,而是在经过西方话语"六经注我"式的漫游、历练各种"理论武功"之后,回到中国文学与中国问题自身,进行"我注六经"式的解读和发现。从异域问题回到本土问题,从文学入手切入思想文化的解构与重建,成为诸多海外华人学者共同的学术路向。对李欧梵而言,这一转向在其初始阶段看似充满了偶然性,不过深究之下,依然不难发现其中的逻辑性。李欧梵自小成长于一个西方文化氛围浓郁的家庭环境中,其父母均以西洋音乐见长,并自小培养了李欧梵的音乐兴味。由于他的出身、经历和兴趣,中国文学对其并不是一个理所当然的东西:"如果说我要谈中国文学的话,恐怕只能这么说,我不是一个典型的从中国传统的书香门第世家出来的人,所以我对中国文学的研究是把它当作一片新大陆的发现。我从小并没有受到一种典型的中国传统的熏陶。"② 缺乏古典功夫,成了李欧梵的一个治学块垒,甚至在其留学之际,缺少古典文化积淀还每每成为其"彻夜不眠"的心因。直至后来研究徐志摩、郁达夫、施蛰存等人,他还常常慨叹这些十分"西化"的现代作家的国学功底之深。不过,狐狸型

---

① 参见李欧梵《什么是"西化"》,见《浪漫之余》,时报文化出版事业有限公司1980年版,第77页。

② 李欧梵、陈建华:《徘徊在现代和后现代之间》,上海三联书店2000年版,第85页。

学者易于找到"徘徊性"的学术策略:古典学养的欠缺,无疑会构成一种学术视野上的遮蔽,却又因这一遮蔽而采取一种全新的学术立场。有了这样的学术轻松,李欧梵便可以把中国文学看作一件崭新事情:"就是说,我没有城府之见,也没有一些按部就班训练出来的习以为常的东西。因此我的求知的过程也是发现的过程,那么在这个发现的过程里,我的立场有一半是比较文学的立场,或者说超过一半。也就是说,我心目中总是把中国文学当作是世界文学的一部分。"①

摒弃"接着说"的治学传统,采取"从头说""重新说"乃至"对着说"的崭新思路,言说方式的变化,带来了观照结果的差异。《铁屋中的呐喊》即是这种差异性效果的典型一例。该著从纷繁复杂的鲁迅研究格局中跳出,通过描述鲁迅真实的心路历程,揭示其内心的自我矛盾与深刻悖论,指出鲁迅"并非一位有体系的,甚至也不是前后一贯的思想家;他的思想的'发展'也并非顺着一条从社会进化论到革命马克思主义决定论的路线";在李欧梵看来,鲁迅是"一位高度'思想化'(intellectualized)的作家,他把自己的思想和情绪(内心的鬼)转化为艺术的意义结构(structures of meaning),这种意义结构是决不能肤浅地仅仅理解为抽象的'革命意图'的"。② 而鲁迅心智成长的过程其实是一系列的以困惑、挫折、失败,以及一次又一次灵魂探索为标志的心理危机的过程。《铁屋中的呐喊》附录了一篇名为《鲁迅与现代艺术意识》的文章,这篇文章是李欧梵看了上海鲁迅旧居里挂置的几幅画后受到启发而作的。鲁迅旧居会客室里有三幅社会意义较强的画,而二楼卧室里是三幅以女人为主题的木刻,这种情调上的鲜明对比,触动了李欧梵的研究灵感,他从中察见了鲁迅"在公和私、社会和个人两方面存在了相当程度的差异",察见了鲁迅"在个人的内心深处,甚至个人的艺术爱好上,似乎并不见得那么积极,那么入世,甚至有时还带有颓废的色彩"。③ 这一论断在当时着实令人震惊,却一下子把神坛上的鲁迅重新拉回到人间。在李欧梵看来,"铁屋"既是对鲁迅一生指向的中国传统社会和文化的隐喻,同时也成为

---

① 李欧梵、陈建华:《徘徊在现代和后现代之间》,上海三联书店2000年版,第86页。
② 李欧梵:《铁屋中的呐喊》,尹慧珉译,河北教育出版社2000年版,第183页。
③ 李欧梵:《鲁迅与现代艺术意识》,见李欧梵《铁屋中的呐喊》"附录",尹慧珉译,河北教育出版社2000年版,第191页。

鲁迅自身精神状态的写照。与传统的鲁迅研究相比,李欧梵的上述结论不啻为对学术"铁屋中的一声呐喊",正如李欧梵本人所愿,这本纲要式的书,在那些"正统"的学术圈中引起了论争和震动,奠定了其后的鲁迅研究向着"更坚实、更深入"的目标发展下去。① 正像一些学者评论的那样,自李欧梵《铁屋中的呐喊》开始,鲁迅形象的重塑成为推动此一领域研究的重要内容,亦成为牵动20世纪中国文学研究变化的"导火索"。此书所重塑的鲁迅形象,"使我们看到了一个真实、复杂而深刻的鲁迅,怀疑、否定、探索、创造、自我牺牲、矛盾痛苦,这一切才共同构成了鲁迅基本的历史文化品格和实践性品格的精神现象"②。

　　李欧梵对鲁迅的重新评价,映现了这样一个事实:对于治中国文学的海外学者来说,不论他们的出发点存在何种差异,其对古今问题的见解,最终往往都落实在对于20世纪中国文学尤其是"五四"新文学的评价上。李欧梵的古今观,也大多反映在他对于"五四"新文学的见解当中,并同其学术上的人本观念、世界视野及现代意识相互交杂、相互生发。由此而带来了李欧梵在古今问题上的三个立场。一是提倡"古今不分"。他认为中国现代文学不必分期,即不必把20世纪中国文学划分为"现代文学"和"当代文学",进而希望把从"五四"出发的一套思想模式解构掉。他在海外的这一言论,与当代国内学者的"20世纪中国文学意识"相互呼应,在文学史研究界形成了强烈反响。二是从现实出发,而不是从传统出发:"既然我没有这种传统的家学渊源,或者是诗词歌赋、训诂考证之学的训练,所以我对于中国文学都是从一个现代的立场出发,也就是说,对我来说,一切都是解释,无所谓什么传统。"③ 三是强调历史文化语境中的文本分析:"当我对于中国文学作一些解释的时候,基本上注重的是文本本身。……但我并不把作品当作独立存在的东西,这和某一种西方理论不一样。我觉得作品是被制造出来的,它产生的历史文化的环境,和它产生的人,和作家、阅读者的关系都非常密切。"④ 这一点也深受其师史华慈的影响。史氏研究思想史,尤其注重"将问题置入语境"(cont-

---

　　① 李欧梵:《铁屋中的呐喊》"序",尹慧珉译,河北教育出版社2000年版,第2页。
　　② 季进:《李欧梵和其鲁迅研究》,载《中华读书报》2000年7月12日第13版。
　　③ 李欧梵、陈建华:《徘徊在现代和后现代之间》,上海三联书店2000年版,第87页。
　　④ 李欧梵、陈建华:《徘徊在现代和后现代之间》,上海三联书店2000年版,第88页。

exualize)。李先生深得这一方法论的精髓,"我在讲文学忘不了背后的思想,忘不了文化的因素。"比如在研究鲁迅时,他把鲁迅放在与传统文化的联系中进行考察,寻绎鲁迅身上的现代性特质,同时注意挖掘鲁迅和西方文化的关系。再如在写作《中国现代作家的浪漫一代》时,他接受费正清的建议和资助,去欧洲"流浪"了半年之久,实地寻访徐志摩等人的文学踪迹。对历史文化语境与现实生活语境的重视,使其研究具有了较为坚实的资料支撑和背景线索。在形式分析、审美分析与文化研究的紧密结合上,李欧梵称得上是海内外中国现代文学研究界的先行者。

"传统/现代"这一二元结构所显示出的,是对蕴含在中国现代文学中的民族话语的多方探察,并从中发现中国现代文学之"现代性"(modernity)。有学者指出,李欧梵在现代与传统之间的求索,不只反映了当代学人如何在中西文化碰撞中寻求文化融汇、重构的结合点的心灵历程,还意味着他们已摆脱传统的思维定式,去更新、构建开放的学术理念和思维方式。① 值得注意的是,李欧梵的现代性情结,历史性地处于一个全球化的后现代语境中。因此,他对"现代性"的寻绎,不可避免地染上了"后现代"的文化烙印。在现代性与后现代性之间徜徉徘徊,倾听文学史深处传递过来的思想声音,成为李欧梵从文学考察现代性思想和古今问题的一个有效策略。综合李欧梵的研究,我们听到了那些交杂了多重意蕴的多重"现代性"声音。这其中,批判新的时间观和历史意识的凸显,反思个人与群体的冲突及此导致的主体(自我)的确立与失落,探讨"民族国家"的想象及"公共空间"的开创,构成了李欧梵文学现代性思索的重要内容。而分析以上海为代表的中国现代都市在20世纪中国文化现代性进程中的独特展现,更成为李欧梵有关现代性文化研究的一个重要切入口。李氏的上述现代性表达,笔者已另文详作考量,此不赘述。

四、"互文性"的批评理念

"逼近世纪末"的1998年,李欧梵在台湾出版了《范柳原忏情录》。不论是在"回归热"作品系列里,还是在李欧梵的整个写作中,该书都

---

① 参见吴士余《现代意味的学术自述》,载《中华读书报》2000年2月2日"社会广角"版。

称得上是一个"奇特的文本":情节上接续张爱玲《倾城之恋》的故事,反映的是范柳原多年之后的"念头";形式上采用书信体,又带有心理小说的迹象;口吻上是一种亦真亦假的"戏拟、拼贴、怀旧"(詹明信语)①,仿佛范柳原乃作者的友人,范的信件真是作者由"特殊管道"获得,甚至作者还在《后叙和补遗》中自我设想地去主人公在伦敦的寓所凭吊一番(这又令人想起他的"考据癖",曾为了写作博士学位论文去伦敦寻访徐志摩的踪迹)。兴许受这篇书信体小说的影响,书后附录的几篇评论也堪称"奇文":李陀戏仿了一种与友人书信往还的评论,指出《范柳原忏情录》是一次"浪漫主义的写作游戏";毛尖更离奇地设计了一个关于《范柳原忏情录》的"座谈会",参加者竟为米兰·昆德拉、张爱玲、艾仑·雷乃、李欧梵和傅雷!这些精妙评论与原作一起在文体上构成了某种巨大的"互文性"。当然,附录中少不了与《范柳原忏情录》更有"互文性"的文本,即张爱玲的原作《倾城之恋》。

这一系列的"互文",很值得分析一番。表面上看,这是李欧梵在"回归热"中的怀旧,是向张爱玲的"致敬之作",但细品之下,小说却交杂了诸多难以调和的因素:现实与历史的互见,理智与情感的撞击,现代浪漫主义与后现代戏仿结构的综合。有理由认为,《范柳原忏情录》的写作体现了理性、情感与个人际遇的杂合,这并不是说该书就是作者本人的"自叙传",而是讲这部作品真切地体现了作者学术才情的本质面貌,虽然作者自谦这部小说写得并不得意,实属"二流之作"②。我们从书里看到的,是作者浓重的浪漫主义情结。这种情结从阅读与研究而来,又化为艺术创作的实践。研究与创作、学者与作家的互文,两种实践的对位,有效地显现了出来。这种状态在中国现代作家身上曾经充分地体现过,李欧梵也许有意要复苏这一传统。即使是文学批评,李欧梵也希望其充满对话色彩,希望可以创造出一种批评的文体,这个文体的本身变成了一个文本,供别人再作批评,或者找出这个文本及其背后其他作品的关系。③

这便涉及另一层"互文性"——文本与语境的互动。前文在探讨李

---

① Fredric Jameson. "Postmodernism and Consumer Society", in Hal Foster, ed. *The Anti-Aesthetic: Essays on Postmodern Culture*, Seattle: Bay Press, 1983, pp. 111–125.

② 据李欧梵在香港科技大学客座教授时主持的讲座:《白先勇、李欧梵、平路谈创作》(香港科技大学人文学部、文化研究中心合办,2003年11月14日)

③ 参见李欧梵、陈建华《徘徊在现代和后现代之间》,上海三联书店2000年版,第90页。

欧梵如何看待古今问题时,曾指出李氏的学术方法深受史华慈的影响,注重"将问题置入语境"。李欧梵说:

> 我现在对于中国文学的研究,基本上是从一个文化史的立场。我不太愿意谈某个作品艺术价值的好坏,可是由于这么多年来的经验和反省,我觉得中国现代文学最大的问题反而是文学艺术受到这种"宏伟历史"观的影响太大,所以往往太过于把文学艺术价值附庸于它的历史意义里,这中间有很大的 tension,所以我要做的往往是在这两者之间找出我自己的一个切入点,这不能算是平衡吧。所以有时候当我用文化史的立场来思考文学艺术的时候,我还是要不断地提醒我自己,对于作品的艺术性、文学性、语言性,我还是要谈。对于这方面的探讨,用西方学院的讲法,我应该讲结构主义,或者后结构主义,可是我又不满足。如果我注重历史的文化进程的话,我应该念新马克思主义,我应该念文学社会学,或者是其他一系列的理论,可是我又不满足。所以我老是在那里犹豫,而犹豫的时候,中间有一种张力的话,有时候我用一种矛盾的方式来处理,有时候会冒出一些火花,有时候就很难处理,就掐死在那里了。①

这里所讲的研究方式的"张力",简言之,就是文本分析与文化研究的结合。而文化研究,必须注重文本对象所处的具体历史语境,注意发现那些具体文化镜像背后的历史细节,发现具体文学存在所蕴含的文化质素。《上海摩登》的研究,很好地体现了这一点。在比较中权衡、识别、选择,这也正是狐狸型学者的机警所在。因为在李欧梵看来,几乎所有的作品都不是纯的作品,而是杂的作品,尤其是那些处于历史转折期(如晚清到"五四",或整个 20 世纪)的作品。这些作品的内部世界与外部现实世界充满了结构性的张力,充满了"新旧的混合、古今的混合、小说和各种文体的混合",所以必须甄别那些与文学相关的历史、政治等文化因素,确立一种杂的文学批评尺度,一种对于转折期文学的理解和发现才有可能。为此,李欧梵不太重视对单个作品或作家的探讨,而往往将一

---

① 李欧梵、陈建华:《徘徊在现代和后现代之间》,上海三联书店 2000 年版,第 90—91 页。

堆作家或作品放在一起观察，追索他们反映出来的共同问题。而在具体的研究中，更注重语境的分析，像对鲁迅、徐志摩、穆时英、张爱玲等人的研究，都努力做到文学文本研究与作家身世语境研究的结合，《中国现代作家的浪漫一代》更是文学史和思想史研究相结合的一个范本。

  研究方式上文本与语境"互文"特征的突出，源于李欧梵知识结构方面的特质，即历史知识与文学知识的互补。从大学时代的西洋文学，到美国念研究院时的国际关系和中国近代思想史，再转到中国现代文学研究，李欧梵的目光始终专注于亚洲和中国的地区研究，并将这一地域性研究置于国际学术视野中。历史专业出身培养了李欧梵的考据意识，因此他研究中国现代文学喜爱从两个东西着手：一是文本、原典，二是史料、语境，注意解决 text（文本）和 context（语境）的关系问题。他的做法常常是以小窥大，从一个作品看整个时代："我一定要从作品里跳出来，可是当我跳出来的时候，我处处不忘记它还从作品里面来的，所以这个中间作品内外有各种各样错综复杂的问题。"① 这种学术思路在海外华人学者中有共同倾向，在一定程度上可以说反映出当代海外学术界的学术方法论主潮，即科际整合的倾向。李欧梵称自己一向是个喜欢文化科际关系的人，特别对于历史和文学的关系。他既喜欢历史，又喜欢文学，刚开始教书时也是既教文学，又教历史。他在写作博士学位论文《中国现代作家的浪漫一代》时，本意是"想写一部有文学味道的历史，却没有料到自己已经不知不觉地从历史的材料中摸索到文学的领域中来了"。这其中并非没有挫折：历史系的人说他文学兴趣太大，历史方法用得不够好；东亚系的人则说他本来是教历史的，文学不过是副业。② 李欧梵却坚定地游走在历史与文学之间，用历史的方法考察文学，从文学的角度看待历史，使其文学研究呈现出浓烈的思想史气息，从而独步于海内外汉学界。

  当我们从中外学术交流的角度重新审视李欧梵的学术地位时，其"文化传播者"和"批评理论中介"的意味日渐突出。李欧梵作为一个批评理论个案，其自身就构成了中西、传统与现代等学术领域的互文特征：他的科际眼光，打破了传统文学研究的自我封闭倾向；其反省思想，强化

---

  ① 李欧梵、陈建华：《徘徊在现代和后现代之间》，上海三联书店 2000 年版，第 107 页。
  ② 参见李欧梵《多年追求的恋人——我的文学因缘》，见李欧梵《浪漫之余》，时报文化出版事业有限公司（台北）1980 年版，第 193 – 194 页。

了文学史研究的问题立场；而他的边缘观念和徘徊意识，更带动了一种悠游却不散漫、迂回却渐逼中心的文化批评风格。他多年来徘徊在中西之间、传统与现代之间、城市与乡村之间、文学与历史之间、文本结构与文化语境之间、理想主义与嬉皮之间、学者与作家之间、现代与后现代之间。一种现代性的思想主调，一直不断地升华在这种多元的徘徊中。在这个相对主义的时代，徘徊是否会日益演化为一种后现代性的学术策略？这个问题值得我们不断做出再思考。

［发表于《山东师范大学学报（人文社会科学版）》2005年第3期］

"互译性"研究与跨语际批评
——论刘禾文学研究的现代性视野

语言是思维的工具,这几乎成了今天耳熟能详的常识。法国语言学家爱米尔·本维尼斯特(Émile Benveniste)说:"人是在语言中并通过语言才将自身建构成一个主体,因为只有语言能够在现实当中,在语言的现实当中,建立'自我'的概念。"① 对于人类的话语建构活动来说,语言一方面作为基本元素存在,另一方面其语境化规约又使话语建构活动成为一个主体性极强的活动。谁,以什么方式,进行何种话语建构,达到怎样的目的,便成为人们考察语言活动时不可回避的追问。留美的当代华裔学者刘禾,正是注意到了语言活动的这种主体色彩与语境因素,从不同语言之间的"互译性"角度切入,对20世纪中国文学现象展开跨语际的文化研究,在文学批评界刮起了不小的"跨语际研究"的旋风。

刘禾,1957年生于重庆,1983年取得山东大学英美文学硕士学位后留校任教,次年获得美国哈佛大学的访问学者基金赴美研究一年。1990年获哈佛大学比较文学博士学位后,受聘至伯克利加州大学比较文学系和东亚系任跨系教授及讲座教授(Magistretti Distinguished Professor)至2001年,现任密执(歇)根大学比较文学系和亚洲语言文化系跨系教授及讲座教授(Helmut F. Stern Professor)。刘禾以其聪慧与勤奋,很快进入美国学术界的主流:1997年她获得美国学界、艺术界最高荣誉之一的古根海姆(Guggenheim)大奖,1998—2000年担任美国韦勒克文学理论书奖及列文文学史书奖评委,现任美国比较文学协会理事。在中国大陆学术界,流传较广的是其两部代表性论著:《语际书写——现代思想史写作批判纲要》和《跨语际实践——文学,民族文化与被译介的现代性(中国,1900—1937)》(*Translingual Practice*)。前者主要以汉语写成,后者是英文著作的汉语翻译。双语精英身份的凸显成为刘禾论著的一个重要看点,

---

① 转引自刘禾《跨语际实践——文学,民族文化与被译介的现代性(中国,1900—1937)》,宋伟杰等译,生活·读书·新知三联书店2002年版,第214页。

而其方法论意义的"跨语际实践"研究倾向,更大大冲击了既往大陆文学研究的固有结论和思想范式。在大陆学者看来,刘禾从翻译的文化研究切入,处理的材料和对象是思想史和文学史的内容,但其方法论上的意义则不仅对于中外思想、文化历史研究,而且对于中外文学关系和比较文学研究,也具有相应的启发意义。①

一、"巴别塔":自相矛盾的语言神话

解读刘禾的批评理论,可以从一个古老的语言神话说起。

"巴别塔"神话早期起源于苏美尔人的传说,经过改写和翻译,《圣经·创世纪》第 11 章描述如下:

> 那时,天下人的口音、言语,都是一样。他们往东边迁移的时候,在示拿地遇见一片平原,就住在那里。他们彼此商量说:"来吧!我们要做砖,把砖烧透了。"他们就拿砖当石头,又拿石漆当灰泥。他们说:"来吧,我们要建造一座城和一座塔,塔顶通天,为要传扬我们的名,免得我们分散在全地上。"耶和华降临,要看看世人所造的城和塔。
>
> 耶和华说:"看哪!他们成为一样的人民,都是一样的语言,如今既 zuo 起这事来,以后他们所要作的事,就没有不成就的了。我们下去,在那里变乱他们的口音,使他们的言语彼此不通。"于是,耶和华使他们从那里分散在全地上;他们就停工不造那城了。因为耶和华在那里变乱天下人的言语,使众人分散在全地上,所以那城名叫巴别(就是"变乱"的意思)。

起源神话中的"巴别塔",乃是语言"变乱"之意。从其语言交流障碍,今人引申出语言不对等与翻译歧异性的隐喻。"巴别塔不但象征着由于语言的多样性而无法克服的翻译的不可能性,而且开创了对于尽善尽

---

① 参见宋炳辉《文化的边界到底有多宽——刘禾的"跨语际实践"研究的启示》,载《中国比较文学》2003 年第 4 期。

美、对于'太初'的逻各斯的渴望。"① 然而，翻译活动本质上的不透明性，并未成为人们的共识，世人更愿意从语际交流的顺畅表象中得出"对话"的可能性。如董小英在其研究巴赫金"对话理论"的博士学位论著《再登巴比伦塔——巴赫金与对话理论》中这样写道："世界上有着不同的语种和方言似乎是上帝的阴谋，但是人类在改造世界的过程中，渐渐又重新把握了自己的命运：人们已经具有翻译理解的能力，不同语种的语言已经不能成为人们相互理解的障碍，世界也因此变得越来越小。这从反面证明，人类的思维方式是一致的，使用的是同一个元语言，即在不同的语种之中匿藏着的原生的共通性。这种共通性使作者与读者相互理解，使人与人之间的对话成为可能。（着重号为引者所加）"②

这里所表述的对于"太初之言"（original word）的逻各斯信仰极为典型："元语言"与不同语种间"原生的共通性"，表面上建立在翻译的事实基础上，实质反映出的却是人们的语言、思维同一性信仰。但事实果真如此吗？刘禾指出，那种认为各种语言彼此相通，而对等词自然而然存在于各种语言之间的思想，并不真实，而是哲学家、语言学家和翻译理论家徒劳无功地试图驱散的一个共同的幻觉。③ 换言之，语言的相通性并不天然具有，不同语言之间的所谓对等翻译乃是人为地建立起来的。刘禾显然受到了尼采和博尔赫斯的影响。尼采认为，使不相等的东西相等，这仅仅是语言（自诩能够把握真理）的一种隐喻功能；博尔赫斯则说，双语词典是基于这样一个假设——一个显然未经过验证的假设——即语言是由对等的同义词组成的。④

批判的武器亦须展开武器的批判，对于上述的《圣经》"巴别塔"神话，人们对其话语传播方式本身早就产生了疑问：难道我们就不能对巴别塔的故事本身提出质疑吗？这个故事难道没有被翻译成各种各样的语言

---

① 刘禾：《跨语际实践——文学，民族文化与被译介的现代性（中国，1900—1937）》，宋伟杰等译，生活·读书·新知三联书店2002年版，第15页。
② 董小英：《再登巴比伦塔——巴赫金与对话理论》"卷首作者自题"，生活·读书·新知三联书店1994年版。
③ 参见刘禾《跨语际实践——文学，民族文化与被译介的现代性（中国，1900—1937）》，宋伟杰等译，生活·读书·新知三联书店2002年版，第5页。
④ 转引自刘禾《跨语际实践——文学，民族文化与被译介的现代性（中国，1900—1937）》，宋伟杰等译，生活·读书·新知三联书店2002年版，第5页。

吗？人们难道不是通过各种各样的语言来阅读这个故事吗？巴别塔故事的翻译和传播不是和该起源神话彻头彻尾地互相矛盾吗？德里达在其论文《巴别塔》中深刻地指出了这一神话自身的矛盾性质。他提醒我们注意，关于"巴别塔"故事，最具有反讽意味的是，人们一方面重申翻译的不可能性，另一方面"对下述事实几乎视而不见：我们恰恰是在翻译中最经常地读到这个故事"①。"巴别塔"神话的内容事实与其传播形式之间的矛盾构成了对这一神话的消解，这一矛盾同时使我们认识到："巴别塔"神话，本质上亦是一个语言构筑的神话，一个被翻译的神话。

这是一个自相矛盾的语言神话。不同语言之间的可译性与不可译性问题在这里得以凸显，而这只是问题提出的形式之一。刘禾的考察更进一步，她意欲探讨的是：人们通常所设想的对等关系在具体的语言之间是如何建立并保持的？在历史上让不同的语言互相对等的行为究竟服务于什么需要？② 还有，关于不同语言之间的差异性，除了技术性的语言学理由之外，究竟是什么样的理论假设，促使理论家们一而再再而三地提出可译性与不可译性这一论题？③ 刘禾敏锐地捕捉到了翻译文化研究中的上述问题。在她看来，这些并不只是人们有望在逐个的个案研究中予以解决的技术性的或语言方面的问题，它们直接指向的，乃是跨文化和跨语际研究中值得关注的实践与权力的各种形式，指向的是翻译的政治及其中生成的现代性话题。

二、"互译性"：思想史研究的特异视角

不同的语言是否不可通约（incommensurable）？倘若如此，我们如何在不同的词语及其意义间建立并保持假设的等值关系（hypothetical equivalences）？在人们共同认可的等值关系的基础上，将一种文

---

① 刘禾：《跨语际实践——文学，民族文化与被译介的现代性（中国，1900—1937）》，宋伟杰等译，生活·读书·新知三联书店2002年版，第21页。
② 参见刘禾《跨语际实践——文学，民族文化与被译介的现代性（中国，1900—1937）》，宋伟杰等译，生活·读书·新知三联书店2002年版，第22页。
③ 参见刘禾《跨语际实践——文学，民族文化与被译介的现代性（中国，1900—1937）》，宋伟杰等译，生活·读书·新知三联书店2002年版，第15页。

化翻译成另一种文化的语言,这究竟意味着什么?譬如,倘若不使一种文化经验服从于(subjecting)另一种文化的表述(representation)、翻译或者诠释,我们还能不能讨论——或者干脆闭口不谈——跨越东西方界限的"现代性"问题?这二者之间的界限是由谁确定和操纵的?这些界限是否易于跨越?我们有没有可能在普遍的或者非历史的基础上提出一些可信的比较范畴?①

在《跨语际实践》一书卷首,刘禾首先以上述方式提出了翻译文化中的"互译性"问题。问题隐藏在深深的怀疑论前提中,这一前提即是对不同语言之间传统的等值关系的质疑。传统的翻译理论是建立在不同语言之间的词语等值关系假设基础之上的,双语词典可以看作是这一理论的典型产品。这一理论认为,不同语言是可以互译的,语言之间的意义是等值的,其关系是透明的,这种透明的意义关系植根于人们对人类思维同一性的确认不疑,以及基于这一思维同一性所建立起来的"常识世界"。然而,在现代翻译理论家的视野中,上述前提被打上了大大的问号,皮埃尔·布迪厄就率先质疑了常识世界的这种不证自明性,在他看来,"一切都是社会的",常识世界的社会性特征也是显在的。布迪厄的思想为翻译的重新定义划定了一个限定性的边界。刘禾通过对现代翻译的研究,验证了布迪厄对常识世界不证自明性的质疑。借助于对20世纪中国文学话语的考察,刘禾发现中国作家们正是以上述不证自明的常识逻辑,去命名自身与任何一种偶然的身份认同之间的差异的,这些身份认同被中国作家理解为在自身所处的时代之前就已存在,或是被外界强加于身;换言之,刘禾所关注的是"修辞策略、翻译、话语构成、命名实践、合法化过程、喻说(trope)以及叙事模式"②,在她看来,所有这些都对19世纪后半叶以来中国现代经验的历史条件产生过重要的影响。

由此可以看出,刘禾对于翻译的关注,既非翻译的历史过程,也不是通常意义的翻译技巧,在她看来,真正有趣的乃中国文学话语中"现代"

---

① 刘禾:《跨语际实践——文学,民族文化与被译介的现代性(中国,1900—1937)》"序",宋伟杰等译,生活·读书·新知三联书店2002年版,第1页。
② 刘禾:《跨语际实践——文学,民族文化与被译介的现代性(中国,1900—1937)》"序",宋伟杰等译,生活·读书·新知三联书店2002年版,第5页。

与"西方"的合法化过程,以及在这一合法化过程当中"中国能动作用的暧昧性"①。她看重的,不是语言传输的原初与结果,而是传输的具体过程、话语的实践方式,是一种跨语际的语言问题,换言之,是对不同语言之间"互译性"的学理反思。这种不同语言"互译性"的反思,着重考察新的词语、意义、话语以及表述的模式——由于或尽管主方语言与客方语言的接触/冲突而在主方语言中兴起、流通并获得合法性的过程。刘禾认为,语言交流过程中词语、意义、话语、表述模式的形成,本身受制于种种复杂的历史文化语境,其合法性过程较之跨语际实践的结果更有研究意义和考察价值。刘禾在此突出强调的,乃跨语际实践过程中双方语言的能动作用,她提醒人们尤其应该注意主方语言的创造功能。在她看来,一个概念从客方语言走向主方语言时,意义与其说是发生了"改变",不如说是翻译者在主方语言的本土环境中被"发明创造"出来的,比如汉语中的民主、科学、个性、文学等概念就都有这样的"旅行"经历。任何现在的意义关联都来自历史的巧合,这些巧合的意义取决于跨语际实践的政治;这种联系一旦建立起来,某一文本就在翻译这个词通常的意义上成为"可翻译的"②。语言之间的可译性,恰好就建立和隐匿于语言之间历史性的巧合和意义关联之中。这无疑动摇了传统翻译理论强调主客方语言对等性这一基础立场。从这一点出发,刘禾继续为其跨语际实践问题的研究寻求理论意义与学术目标:"我希望跨语际实践的观念使我们最终能够提出这样一个理论词汇表,帮助我们解释那些改写、翻译、引进的过程,还有驯化这些词语、范畴、话语的过程,以及从一种语言转换成另一种语言的表述的模式。这个理论词汇表还应当有助于解释在主方语言的权力结构中传播、操纵、部署以及统治的模式。我的目标是在一组新的关系中重新提出'语言'这一总论题的概念,而这一组关系并非取决于当代语言理论——它们总是倾向于把宗主国的欧洲语言视为出发点——那些耳熟能详的假设。"③

---

① 刘禾:《跨语际实践——文学,民族文化与被译介的现代性(中国,1900—1937)》"序",宋伟杰等译,生活·读书·新知三联书店2002年版,第5-6页。

② 刘禾:《跨语际实践——文学,民族文化与被译介的现代性(中国,1900—1937)》,宋伟杰等译,生活·读书·新知三联书店2002年版,第10页。

③ 刘禾:《跨语际实践——文学,民族文化与被译介的现代性(中国,1900—1937)》,宋伟杰等译,生活·读书·新知三联书店2002年版,第36-37页。

文学问题首先是语言问题，对于语言的理解往往直接关涉对于文学本质的认识，新的语言观往往带来新的理论视域，20世纪人文思想领域整体性的"语言论"转向为此作了极好的注脚。这一话题在刘禾的视界里，拓展为一种跨语际的"可译性"问题研究，落实为一种语际关系分析和阐释活动。我们可以透过这种研究，看到刘禾对当代语言理论和文学理论的反思与颠覆。刘禾一方面将自己置入这一"语言论"潮流中，从语言问题入手诠释文学活动，重绘思想地图；另一方面她又清醒保持了与传统语言理论及既有研究方式的距离，从反抗单一语言中心论（刘禾更多的指欧洲语言中心论）入手，消解传统的语言翻译交流理论，从一种跨文化的视野中强调文学书写的语际特征。在笔者看来，这与刘禾自身的跨语际身份极为吻合：她从汉语学术界跻身于英语学术界，其学术视野又始终关注汉语文学书写的身份识别与文化认同，在方法上吸收后殖民文化理论等丰富话语资源，既从西方学术界形成对汉语文学与思想的反观，又以此对西方学术界主流思想方式构成超越。换言之，在她的身上，研究主体、研究对象、研究方式与研究结论，既有着深深的同构对位形式，又形成了不小的错位效应。刘禾的这一学术理路，在当代海外华人学者中颇具代表性。

"互译性"理论强调反拨欧洲语言中心观和传统翻译观，对传统翻译理论中的一些术语概念的清理便成为其题中应有之义。比如翻译学上的本源语（source language）和译体语（target language）这一对范畴，在刘禾看来便带有极强的单一语言中心论色彩，同时它以本真性、本原、影响等为前提，蕴含了坚定的语言等值关系信仰；刘禾代之以另一对更具"动作性"的范畴：客方语言（guest language）和主方语言（host language），以此强调不同语言等义关系的喻说在主方语言中的建构方式，进而敞亮不同语言和文化之间的权力关系与历史相对关系。这样，翻译活动的静态特征与等值性关系被打破了，翻译不再是与政治和意识形态无关的中立事件，而是不同文化之间"斗争的场所"。以中西文化与语言的关系为例，在这种文化间的"斗争"中，往往存在两种形式的可能性：其一是非欧洲的主方语言（汉语）在翻译中为客方语言所改变，或与之达成共谋关系；其二则是主方语言侵犯、取代和篡夺客方语言的权威性。宋炳辉指出，刘禾利用当代翻译文化理论的研究成果，对"翻译"进行重新定义，在历史的意义上质疑了不同语言间对等关系的自明性质，明确提出语言之间既有的对等关系——其历史积淀物和象征物便是双语词典——是在实践中历史地形成的，其中包含着文化的权力和政治，包含着弱势文化主体的自身变化。① 刘禾的研究范式，大大地拓展了跨文化研究的空间，而这个空间，正是在文化的边界中竭力争得的。她把词语间、文化间的对等关系相对化，把看似共时性的关系历史化了。

　　刘禾重视对不同语言翻译过程中主方语言能动作用的理解，为现代汉语文学研究启动了新的视角，也开辟了现代思想史研究的新思路。柯文在《在中国发现历史——中国中心观在美国的兴起》一书中曾列举了三种研究中国历史的思想范式：一是冲击—反应理论，强调中国对于西方挑战的回应；二是传统—现代模式，植根于19世纪种族中心主义，以西方的尺度理解中国的历史变化性质；三是一种非历史的帝国主义研究观念，认为是帝国主义干扰了中国历史的正常发展。柯文认为上述思想范式都是"外在于"中国的，难以解释中国现代历史的本质问题，真正有益的研究在于一种"中国中心式"的研究，从中国语境中产生的中国问题入手，而不是从西方观念入手进行考察。刘禾认为，柯文的上述"中国中心论"的研究取向，不仅挑战了中国历史研究的既定路数，而且对文学研究也极具启发意义："我们可以不再去做传统比较文学意义上的所谓影响研究，转而强调主方语言（在此处是现代汉语）在翻译过程中产生意义的能动作用，这样，客方语言要在新的语境中获得的意义，就用不着总是强调原文本意的权威性了。"② 语言交流中主方与客方意义的"混杂"，历史演进中本土与他方的"共谋"，奠定了现代思想史研究的方法论基础。反对将历史影响作直线性、简单化、他者化的处理，转而强调历史演进过程中本土的实际创造，这无疑有助于打破既往的"简单影响论"或"西方中心论"的历史研究观念，还原文化交流进程中主方与客方作用的实际面貌。这一实际面貌无疑是复杂的，因为它包含了一个主客方彼此斗争、妥协最后达致结果的过程。正是从这一意义上讲，语言交流过程中的"互译性"，成为现代思想史考察不可多得的入口。对此，刘禾作了如下的

---

　　① 参见宋炳辉《文化的边界到底有多宽——刘禾的"跨语际实践"研究的启示》，载《中国比较文学》2003年第4期。
　　② 刘禾：《跨语际实践——文学，民族文化与被译介的现代性（中国，1900—1937）》，宋伟杰等译，生活·读书·新知三联书店2002年版，第40页。

设问：

> 现代思想史的写作能否落实在语言和语言之间所建构的"互译性"之初，落实在语言和语言之间相互碰撞、交融、冲突和翻译的历史过程中去研究？汉语和其他语言之间的所谓"互译性"是如何历史地建构起来的？这一系列意义之间的"互译性"何时进入汉语写作？怎样进入的？它们对中国文化和西方文化（还有日本文化）之间"互解"的可能性——也包括"误解"——产生过哪些重大的影响？它们对西方文化的诠释或翻译，以及反过来对中国文化的自我认识，造成怎样的"认识论"上的后果？它们对文化本体论提出怎样的历史挑战？这些问题的提出，使我们今天难以抛开"互译性"的问题，而奢谈"历史"（history）、"民族"（nation）、"现代性"（modernity），或者认识他人和认识自己。①

刘禾的上述设问是极有意义的。西方语言如何经过翻译而改变中国人的书写方式，这一改变在何种程度上得以实现，这一角度的确为既往思想史研究所忽略。刘禾在此显现出了中西思想交流话语的不对等、不透明性质，强调其中的复杂权力运作与具体历史语境，开启了一条反思和重构思想史地图的新途。既然翻译不再是一种中性的、远离政治及意识形态斗争和利益冲突的行为，而成为上述冲突的重要场所，那么对这一行为和场所本身的分析便无疑有其学术意义，其重要性恰在于可以变思想的"单向影响"为"双向交流"。话语的交流不再是"影响/接受"的简单方式，而变成一种"移植/变异/本土化"的复杂形式，此中"有对权威的引用和对权威的挑战，对暧昧性的消解或对暧昧的创造，直到新词或新意义在译体语言中出现"②。

值得注意的是，刘禾的"互译性"研究，生成于一个科际整合的学术语境中。我们从她的叙述里，可以感受到多种学术光线的投射：语源学、翻译理论、比较文学、后殖民理论、文化传播理论、知识考古学、民

---

① 刘禾：《语际书写——现代思想史写作批判纲要》，上海三联书店1999年版，第25页。
② 刘禾：《语际书写——现代思想史写作批判纲要》，上海三联书店1999年版，第35－36页。

族学、政治学、人类学……她将上述话语与方法资源一股脑糅合进对中国现代文学的关注中。问题意识的凸显，使上述话语与方法的综合并不突兀。在此特别引人注目的是刘禾对萨义德（Edward W. Said）后殖民主义理论思想的引用，后者与刘禾"互译性"思想的形成关系密切。刘禾在其著作中数次征引萨义德在《世界·文本·批评家》中提出的"旅行理论"（traveling theory）。萨义德对观念在不同时空中的游移过程作了如下描述：首先有个起点，或看上去像起点的东西，标志某个概念的产生，或标志某个概念开始进入话语的生产过程。其次，有一段距离，一段旅程，一段概念从此至彼地移动时的必经之路。这段旅程意味着穿越各种不同语境，经受那里的各种压力，最后面目全新地出现在一个新的时空里。再次，移植到另一时空里的理论和观念会遇到一些限定性的条件，可称之为接受条件，也可称为拒绝条件，因为拒绝是接受行为不可分割的组成部分。这些条件使人可以引进和容忍外来的理论和观念，不论那些理论看起来多么怪异。最后，这些充分（或部分）移植过来的（或拼凑起来的）概念在某种程度上被它的新用法，以及它在新的时间和空间中的新位置所改变。① 显然，刘禾和萨义德都强调话语（理论、概念甚至一个词语）在"旅行"途中的适应性变异，从中我们不难发现刘禾"互译性"思想与萨氏"旅行理论"之间的对应与默契。颇为反讽的是，萨义德这位"旅行理论"大师，其自身的"理论旅行"似乎并不如人意。刘禾在其论著中多次以萨义德理论在中国读书界的"旅行"情形，说明当代中国学术界对域外思想的简单化处理。在萨义德的英文著作《东方主义》（*Orientalism*，1978年初版）译介到中国学界之前，部分中国学者便对萨氏的理论存在种种认识上的混乱，恰如一个简单的公式：萨义德＝反西方主义＝提倡民族主义。刘禾以此作为文化曲解的典型一例，并将之作为"互译性"研究范式的反证："它将后殖民理论一股脑算在西方的账上，为想象中的'西方'脸上贴金，恰恰印证了说话者对'西方'权的臣服。"② 事实上，萨义德在当代中国读书界的命运只是翻译歧异与文化误解的一例，在20世纪中国文化思想史上，简单移用西方理论而导致"话语错置"的案例

---

① Edward W. Said. *The World, the Text, and the Critic*. Cambridge：Harvard University Press, 1983, pp. 226 – 227.

② 刘禾：《语际书写——现代思想史写作批判纲要》，上海三联书店1999年版，第6页。

枚不胜数，今天从意识形态或伦理角度对之进行价值审判已无根本意义，而恰恰是这种话语移植本身蕴含的互译性，这种存在于跨语际实践中的文化理解甚至误解的形成过程及其背后的意义，正是今人考察思想史的一个特异视角。历史常以一种新的面目去寻求对于自身起源的理解，这应该可以看作文化研究价值的一个有意味的向面。

三、跨语际批评：寻找话语等值的过程与意义

"互译性"研究显示出刘禾在文化研究方面的方法论视野，从这一理论立场出发，她对中国现代文学中的一系列话语现象展开了分析与批判，从而构成其跨语际批评的实践。如前所言，跨语际批评实践，追问的是翻译活动与话语传播行为背后的语境因素与文化动力，这种将话语传播行为重新语境化的努力，体现出了作者还原与重温历史的研究理路。寻找话语等值的历史过程，展现此一过程中的跨语际实践问题，正是作者切入中国现代文学与现代思想史考察的直接门径。刘禾认为，跨文化实践的关键问题不在于不同文化之间的翻译是否可能，也不在于"他者"是否是可以了解的，甚至不在于某一晦涩的"文本"是否是可以翻译的，问题的关键在于究竟出于何种实践的目的或者需要，文化人类学家才孜孜不倦地从事文化的翻译。换言之，用谁的术语，为了哪一种语言的使用者，而且是以什么样的知识权威或者思想权威的名义，一个民族志学者才在形形色色的文化之间从事翻译活动？[①] 刘禾是站在中国现代文学研究的立场上讲这番话的，而其学术语言本身带有强烈的跨语际特征。对此，刘禾有相当清醒的自省立场。她在著作中首先分析了写作主体自身的"跨语际实践"矛盾："由于我同时以英语和汉语这两种语言进行写作，所以我发现自身占据着一个移动的立场：在这两种语言之间左右摇摆，并且学着协调那些不可化约的差异。因此，跨语际实践的概念，恰恰就像适用于我所探索的中国早期与西方的历史遭遇一样，也适用于作为一个分析者的我本人的境遇。诚然，本书（指《跨语际实践——文学，民族文化与被译介的现代性（中国，1900—1937）》——引者注）如果是用中文写就，将会有另一

[①] 刘禾：《跨语际实践——文学，民族文化与被译介的现代性（中国，1900—1937）》，宋伟杰等译，生活·读书·新知三联书店2002年版，第3页。

副样子。可是为汉语读者而写作，正如我时时刻刻亲历的，并不会自动解决思想权威以及特定境况下个人的立场这一问题，它只是在不同的语境中提出了不同的问题，而且必须在那一语境中予以处理。"① 使研究主体语境化，是跨语际批评的一个重要前提，在这里，它与问题的语境化一样具有重要性。因为只有表明了自身的立场，才可能使问题的讨论呈现在一个较为清晰的语境中。

翻译导致的语言变化有多种形式：新词的创生，旧词意义的衍变与扩展，一种新的思想话语的建构，一种突破传统的新的表述形式的出现，这些无不体现着语言演变与话语权力的内在联系，表征出"翻译中生成的现代性"（translated modernity）。按照刘禾的本意，其对跨语际实践的强调，并非要把历史事件化约为语言实践；相反，她把语言、话语、文本（包括历史写作本身）视为真正的历史事件，集中考察话语行为在构造历史真实的过程中所具有的制造合法化术语的力量。她关注的是：包容与排斥的政治究竟怎样落实到每一个具体的过程，以及在压制另类叙事和对抗性话语时，究竟怎样体现在若干重要的后果上。② 比如，我们今天熟知的一些词语范畴——"民族国家""文化""传统""历史"与"现代"等，便既打上了其宗主国的文化烙印，又凝聚了在 20 世纪中国无比丰富的实践经验。《跨语际实践——文学，民族文化与被译介的现代性（中国，1900—1937）》一书的"附录"是一系列现代汉语的词汇表，包括传教士汉语文本的新词、多种外来词、源自古汉语而又重新回归的日本"汉字"词语、源自英法德俄语的汉语音译词等。刘禾在附录中追溯并描述了这些词语所显示的汉语与其他语言的往来"途径"，借此帮助读者重温"对于语言之间建构起来的（通常是偶然的）等值关系的基本的历史性的感受"③。

这种历史性的感受，是以词语意义的挪用、变异、分裂、扩张、收缩、增值等形式显现出来的，包含了语言文化传输的巨大复杂性。刘禾指

---

① 刘禾：《跨语际实践——文学，民族文化与被译介的现代性（中国，1900—1937）》，宋伟杰等译，生活·读书·新知三联书店 2002 年版，第 58 页。
② 参见刘禾《跨语际实践——文学，民族文化与被译介的现代性（中国，1900—1937）》，宋伟杰等译，生活·读书·新知三联书店 2002 年版，第 265 页。
③ 刘禾：《跨语际实践——文学，民族文化与被译介的现代性（中国，1900—1937）》，宋伟杰等译，生活·读书·新知三联书店 2002 年版，第 369 页。

出，相对于音译词而言，新词语的建构更能成为跨语际实践语境中有关变化的喻说。她以现代汉语中的日本"汉字"词汇来说明这一变化。日文用"汉字"翻译欧洲词汇，这些新词汇随即又重新被运用到中文之中。这些借用词主要表现为三个类目：①只见于古代日语，而没有出现在古汉语中的由汉字组成的复合词，如人力车、场合、宗教；②古汉语原有词汇被日语借用来"意译"西方词语，这些日语词后来又返回到汉语当中，可是意义完全改变了，如革命、文化、经济、科学；③与古汉语没有对等词的日语复合词，如种族、美术、美学、国际。刘禾借此指出，翻译能够有选择地介绍某些含义和等义词，而这些含义和等义词，以前在两种语言之间，甚至在两种语言之内，是并不存在的。① 刘禾格外注意其中的第二类，即源自古汉语的日本"汉字"词语，刘禾称之为"回归的书写形式外来词"。这些词语新意与古汉语原意之间的差别巨大，如"科学"，古汉语意为"科学之学"，后被日语借用来翻译欧洲的现代词语"science"；当其再次被引入现代汉语时，其词义已发生了根本变化。类似的词语很多，如分析、艺术、文明、阶级、主义、批评、经济等。在这方面，"革命"一词的语义演变及其话语复杂性尤其意味深长。该词最早见于《易·革》："天地革而四时成，汤武革命，顺乎天而应乎人。"根据孔颖达的疏释，该词原意是"革其王命，改其恶俗"，谓天子受命于天，王者易姓，与现代意义上的"revolution"显然有别。陈建华在《"革命"的现代性》② 一著中，系统考察了现代中国的"革命"话语之源，从"革命"一词的翻译过程，论及此中民族主体、历史记忆及文学场域建构的密切联系，充分揭示了"革命"话语的现代性意味。有研究者指出，中国近代以来的翻译实践（主要是指外译中）表明，那种把中国经典中的思想与从西方移植的概念等同起来的行为是意味深长的，它在汉语空间中创造了许多新词语，并引入了一个介于二者之间，既非此又非彼的现实变化的层面，这一层面只有在等同行为实际做出后才会出现。③ 诚如刘禾所言，翻译活动不是在对等词之间进行，恰恰相反，我们通过翻译，在主客方语言

---

① 刘禾：《跨语际实践——文学，民族文化与被译介的现代性（中国，1900—1937）》，宋伟杰等译，生活·读书·新知三联书店2002年版，第365页，注1。
② 陈建华：《"革命"的现代性——中国革命话语考论》，上海古籍出版社2000年版。
③ 参见宋炳辉《文化的边界到底有多宽——刘禾的"跨语际实践"研究的启示》，载《中国比较文学》2003年第4期。

之间的中间地带创造着对等关系的喻说。换言之，刘禾的跨语际批评在努力实践着双重超越：一方面要超越传统翻译理论对词语对等关系的确信，另一方面又要超越完全否认对等词存在的解构主义阶段，其着重考察的，是对等词从无到有的生产过程，进而发现这一过程本身包含的现代意义。新词语创造与现代话语建构关系的另一有力例证，是"五四"时期为了对应西方语言中的女性第三人称而生造的"她"字。这一新词的创造显示了当时中国知识界的一种心理，即在"五四"一代知识分子看来，没有这个对等词是汉语本身的一个严重缺陷，这一心理在刘禾看来无疑反映出时人对欧洲语言的膜拜。而"她"字的创造，具有特别的现代性意义：因为有了"她"，"他"的含义也失去和变更了原来广泛的内涵。"在代词的象征性层面上的这样一种裂解所导致的这一指示关系——表现为男人对女人说或者谈论女人，或是女人向男人说或者谈论男人——使得性别可以在新的语言中塑造社会性的权力关系。"① 现代知识分子以创造新词的方式加剧历史变化的进程，在这一创造的过程中，对西方对等词的翻译和理解起到了非决定性但却极为微妙的作用。这种跨语际的词语实践，极好地说明了现代汉语通过挪用、改变西方语言而达致其表征"现代性"目的的历史变化。

跨语际批评除了考察新词语的生产和词语意义的重新建构，还研究了现代思想史上的一些重要话语，尤其集中于对"个人主义话语"和"国民性理论"的清理与批判，这两种理论映现出探讨中国现代文学话语中由"民族"与"个人"这两个主导性关怀所描绘的话语疆界。"个人主义"（individualism）来自日语对欧洲概念和理论的翻译，作为"五四"时代的主流话语之一，它包含了那一时代作家的现代性主张。在考察这一概念时，作者提出下列问题："个人主义"在20世纪初进入汉语时，怎样作为一种话语策略参与了中国近代民族国家理论的创造？它如何在被翻译、引述、重复、争论，也就是在一次又一次地被合法化和非法化的过程中，取得其特定的历史意义？在作者看来，"个人主义"的话语自传入中国以来，从来就没有过一个稳定的意义。它在现代民族国家理论内部所扮

---

① 刘禾：《跨语际实践——文学，民族文化与被译介的现代性（中国，1900—1937）》，宋伟杰等译，生活·读书·新知三联书店2002年版，第52页。

演的角色极其关键，但同时又十分暧昧。① 现代思想史关于个人主义的论争，集中于《东方杂志》《新青年》《新潮》等杂志，其代表性声音包括杜亚泉、李大钊、胡适、周作人、傅斯年、王星拱、陈独秀等人，此外还有一些其他的讨论者。"意义的历史偶然性要求我们把个人这个范畴作为历史的范畴来研究，而不是把它当作某种超越的优越的价值水准。"② 刘禾对这些论争进行了考察和比较，其对于"个人主义""话语史"的清理，令我们想起李欧梵对中国现代文学中"浪漫个人主义"及"情感历程"的考察。③ 将思想话语置于富有内在联系的历时性场景中，无疑有助于深化对于论题的理解，海外华人学者在这方面做出了有益的探索。在刘禾看来，"五四"时期的理论家们将个人主义与某种传统中国文化挂钩，儒家也好（如王星拱），道家也好（如陈独秀），实际上是一种命名。问题的关键已经不仅是个人主义话语受到了压抑，而在于个人主义话语得到了创造或重造，以便在新的历史语境里服务于新的政治目标。④ 刘禾敏锐地发现了不同立场之间的内在联系及"个人主义"话语的历史吊诡意味。她发现"个人主义"话语与民国早期出现的民族国家大叙事之间有某种若即若离的关系。像当时流行的其他话语一样，"个人主义"话语以自身的方式参与了现代意识形态和权利重组的重要进程；正如启蒙运动并非民族救亡的反面一样，"个人主义"也并不总是构成民族主义的对立话语。两种话语中间的张力产生于各自历史性内涵的不稳定性，同时也源于它们之间的互相渗透，互相盘结。刘禾道出了历史话语建构的复杂性。现代思想者对于"个人主义"的不同理解、创造和运用，无疑是出于各自特定的价值立场与意识形态目的。当历史语境发生变化，"个人主义"作为资产阶级意识形态遂成为过时之物，左翼意识形态以"集体主义"的名义对其大加批判便不再令人惊讶，因为建构也好，批判也好，均服务于一种

---

① 参见刘禾《语际书写——现代思想史写作批判纲要》，上海三联书店1999年版，第29页。

② 刘禾著：《跨语际实践：文学、民族文化与被译介的现代性（中国1900—1937）》，生活·读书·新知三联书店2014年版，第122页。

③ 参见李欧梵《现代中国文学中的浪漫个人主义》《情感的历程》，见《现代性的追求——李欧梵文化评论精选集》，生活·读书·新知三联书店2000年版。

④ 参见刘禾《语际书写——现代思想史写作批判纲要》，上海三联书店1999年版，第57页。

宏大的历史神话的创造。"个人主义"话语的变迁史，表面上反映的是个人与国家之间的辩证关系，实际上乃现代民族国家建构过程中理论话语工具性的一个强烈表征，而这种话语工具性本身已成为中国现代性思想意识的重要组成部分。刘禾对个人主义话语的论析，其旨归概在于此。

　　跨语际批评的另一实践，是考察现代文学中表述模式的变化，发现此中的现代性问题。这种表述模式的变化，其形式极为复杂多样，包括叙事模式、小说现实主义、文体革新、第一人称的指示功能、现代性的性别化喻说、内心世界的表述以及精神分析式象征主义的错位（transpositions）等。刘禾想要通过对文学表述具体形塑（figures）的分析，考察中国现代经验的产生与文学表述变化之间的曲折联系。刘禾批判了过去人们在解释中外文学表述模式的亲和性时，要么用外国影响要么用本土演进来解释变化的简单做法，认为它既无法归结为外国的影响，也不能简化为本土传统不证自明的逻辑。刘禾旨在证明：转换的复杂性最终解决了中国文学"现代"的合法性问题。从这一点出发，刘禾对跨语际表述模式的三个方面集中进行分析。一是以老舍《骆驼祥子》中的内心叙事分析为例，揭示中国现代文学家的跨语际叙事如何假定并实验了中文小说与西文（这里指英文）小说之间的等值关系。二是通过对郭沫若《残春》、施蛰存《魔道》和郁达夫《还乡记》中欲望叙事的分析，揭示出现代心理叙事中真实与虚幻成分的多重意义，并从他们各自的欲望叙事中，指出他们在挪用域外现代的和中国传统的叙事技巧方面所作的平衡性努力。刘禾发现，用汉语写作的施蛰存以与法国超现实主义不同的方式创造性地运用了精神分析方法，其重要的革新之处在于他引进了超现实主义的怪诞与中国古代志怪小说之间的象征性关系；弗洛伊德主义为施蛰存提供了一套语汇，使得他把古代志怪小说转化为一种中国形态的超现实主义小说。① 三是借助于对沈从文（《三个男人和一个女人》）、鲁迅（《伤逝》）、丁玲（《莎菲女士的日记》）笔下第一人称叙事的分析，探讨这些文本是如何运用人称及其他指示性范畴来表现不同类型的历史经验的。通过这些叙事分析，刘禾考察了翻译给汉语小说文体和叙事模式带来的重要变化，并由此深入钻研异域话语在建构"五四"文学"现代"合法性地位时所产生的作用。

---

①　参见刘禾《跨语际实践——文学，民族文化与被译介的现代性（中国，1900—1937）》，宋伟杰等译，生活·读书·新知三联书店 2002 年版，第 192 页。

在考察上述表述模式的变化时，她把叙事结构分析和心理研究结合在一起，从文学叙事的缝隙与张力里寻找并阐释"现代"话语的产生机制。在这方面，刘禾的分析极为细致缜密，显示了她作为一个批评家的独到的甄别功力。

刘禾跨语际批评的多种形式，对于我们今天的文学研究尤有启发。她从书写的细读着手，考察历史的局部变化所包藏的整体改观，这种透视立场值得我们借鉴。更为重要的是，她对语际书写实践的批评，撼动了传统翻译文学研究和比较文学研究的基本套路。以比较文学研究而论，跨语际批评，既超越了影响研究强调国别文学间单向影响关系、拿一国文学比附于另一国文学的简单决定论倾向，又超越了平行研究忽视考察影响关系而容易蹈于空谈的弊端，进而吸取阐释学的有效成分，研究跨语际交流过程中主方语言能动性对于最终意义的作用过程。恰恰是在这一点上，中国现代文学呈现出了深受异域影响而不同于异域、意欲打破传统却仍不免要与历史发生联系的复杂面貌。值得注意的是，这一跨语际批评倾向在中国现代文学和比较文学研究界已有了初步实践的痕迹：对 20 世纪中国文学中世界性因素的强调，在一定程度上改观了传统中国现代文学研究的封闭观念；而对"可译性"问题的重视与跨语际复杂影响关系的考察，也为翻译和文学研究提供了一个新的入思视角。

四、语言的政治：翻译中生成的现代性

米兰·昆德拉在一篇小说艺术随笔中引用了捷克诗人扬·斯卡采尔的诗句："诗人不创造诗/诗在某地背后/它千秋万岁等在那里/诗人不过发现了它而已。"①

"某地背后"的意象，其实不仅适用于诗人，也适用于批评（理论）家。阐释学的一个基本命题即对"意义"的发掘与敞亮，对于文学批评家来说，这一意义可能深藏在对象的内部，需要的只是一双独特的慧眼去发现。刘禾就有一双这样独特的眼睛。她从翻译的文化研究入手，由现代文学切入思想史研究，最终将目标锁定于现代性的探索与检讨。"翻译中

---

① ［法］米兰·昆德拉：《某地背后》，见《小说的艺术》，唐晓渡译，作家出版社 1992 年版，第 99 页。

生成的现代性"(translated modernity),正是其"互译性"研究与跨语际批评的理论目的所在。在上文对其"互译性"理论和跨语际批评的阐述中,我们已经接触到了刘禾的"现代性"视野。这里我们再以她对一系列"语言神话"的解构,更深入地了解其批评现代性思想。

"国民性"是20世纪中国文学与中国思想史的一个主流话语,由于鲁迅对于"国民性"的批判,这一话语逐渐被构造成一个跨越时空的语言神话。对此,刘禾作了如下的语源学分析——

> "国民性"一词(或译为"民族性"或"国民的品格"等),最早来自日本明治维新时期的现代民族国家理论,是英语 national character 或 national characteristic 的日译……19世纪的欧洲种族主义国家理论中,国民性的概念一度极为盛行。这个理论的特点是,它把种族和民族国家的范畴作为理解人类差异的首要准则(其影响一直持续到冷战后的今天),以帮助欧洲建立其种族和文化优势,为西方征服东方提供了进化论的理论依据,这种做法在一定条件下剥夺了那些被征服者的发言权,使其他的与之不同的世界观丧失了存在的合法性,或根本得不到阐说的机会。①

接着,刘禾详细分析了北美传教士斯密思(Arthur Smith,中文名也称明恩溥)所著《中国人气质》(Chinese Characteristics)一书在中日两国流传并对中国知识分子(尤其以鲁迅为代表)产生影响的过程。在刘禾看来,斯密思的这一著作非同小可,他所道出的中国"国民性"话语,绝不只是反映现实,而且塑造、创造了现实:"它改变了西方的自我概念,也改变了中国人对自己的看法","西方有关中国国民性的知识受当时的理论决定,而与现实少有关系"。包括鲁迅在内的众多思想先驱,未能看到这一点,反而相信并认同了这一"国民性"理论的神话,才使我们确信斯密思所做的国民素质描述是真实的存在。刘禾一再提醒人们注意"国民性"话语的非本质性,尤其要注意这一话语在现代知识分子建构民族国家理论方面发挥的巨大作用。

有意味的是,20世纪中国两次较大的对"国民性"集中反思批判的

---

① 刘禾:《语际书写——现代思想史写作批判纲要》,上海三联书店1999年版,第68页。

潮流，都生成于一个与西方文化对话碰撞的语境中：一次发生在20世纪初，以鲁迅为代表；另一次发生在20世纪末的80年代，与文化寻根运动互为推动，《河殇》等可以视为这一时期国民性批判的代表。无疑，强势的西方文化激发了中国知识分子思索国民性的热忱，而"国民性"话语本身的异质性造就了这一反思运动内在的矛盾。比如，梁启超和孙中山两人都曾是抨击西方帝国主义的先驱，然而，他们的话语却不得不屈从于欧洲人本来用来维系自己种族优势的话语——"国民性"的理论。这是他们当时的困境，也是后来许多思考民族国家问题的中国知识分子所共有的困境。在刘禾看来，"国民性"已成为一个挥之不去的话题，从晚清到今天，中国人的集体想象被这个话题断断续续地纠缠了近一个世纪。"无论理论家之间的分歧有多么尖锐，争论多么激烈，其中的大多数人都有一个共识：相信'国民性'是某种'本质'的客观存在，更相信语言和文字在其中仅仅是用来再现'本质'的透明材料。这种认识上的'本质论'事实上模糊了'国民性'神话的知识构成……绝大多数学者不是把目光集中在如何给中国的'国民性'定调子、下结论上，就是在它和阶级性这两个概念之间争论不休，可是，比它们更有意义（且属于前提性）的问题，却被彻底地排除在视野之外：'国民性'究竟是一个什么样的知识范畴？它的神话在中国的'现代性'理论中负载了怎样的历史意义？"①

借助知识考古学方法，刘禾在此提出了历史叙述的透明性问题。在她看来，历史话语的本质性本身需要解构，知识的权威姿态本身令人生疑。知识话语的工具性，会逐渐遮蔽话语的原有面目，进而成为话语的合法性存在形态。"国民性"话语神话在中国的建立，可以视为这种话语合法性过程的典型一例。刘禾基于此对鲁迅等现代知识分子建构国民性话语神话的行动展开激烈批判。她的这一批判，曾引起当代知识界的较大争议。比如杨曾宪《质疑"国民性神话"理论——兼评刘禾对鲁迅形象的扭曲》②一文就从"国民性"话语的两个概念入手，对刘禾的这种非本质主义倾向大加驳诘。杨曾宪认为，刘禾拿从属于种族主义国家理论的"国民性"

---

① 刘禾：《语际书写——现代思想史写作批判纲要》，上海三联书店1999年版，第67－68页。

② 杨曾宪：《质疑"国民性理论"神话——兼评刘禾对鲁迅形象的扭曲》，载《吉首大学学报（社会科学版）》2002年第1期。

话语指代鲁迅批判的一般的"国民性"话语或"国民性"概念，有概念错置之嫌；而其对"国民性话语"神话的批判，本身就是后殖民主义理论神话的产物。他由此出发，正面阐述了斯密思著述的历史合理性，进而肯定鲁迅"国民性"批判的当代意义。依笔者之见，刘、杨二人在国民性的"概念性""话语性"方面并无较大分歧，其争论的焦点，乃在于"国民性"究竟只是一个"理论神话"，还是同时也是一种"现实指涉"。在这一点上，二人的认识恰好形成了错位：杨曾宪偏重于国民性"事实"本身，偏重于事实与理论的一致性，而刘禾则注重国民性的"话语"意义，注重话语与事实的差异性；前者重视由思想批判而产生的现代性，而后者更看重对"翻译中生成的现代性"的考察。这一点正显示出刘禾的理论意识与方法论观念。刘禾认为，"五四"以来，西方传统"思想史"的写作模式对历史研究影响甚大，人们经常热衷于大思潮、大体系和大结论（无论是肯定的还是否定的），而忽略对具体的话语实践进行深入细致的分析。正是这一点，促使她对国民性神话的研究一方面着眼于这个话语本身的历史面貌（以及批评它的可能性），另一方面也想尝试一种与传统"思想史"完全不同的历史写作，去探讨"五四"前后的中国"现代性"理论的意义。[①] 事实上，鲁迅的"国民性"批判，一方面是基于中国人的精神现实及这一精神批判的需要，另一方面在理论上受到斯密思的影响。现实与理论的"合力"，产生了鲁迅的"国民性批判"。从这一点看，刘、杨二人的争论更多地呈现为理论方法的差异，换言之，是杨曾宪误解了刘禾跨语际话语批判的思想方法，才形成了对刘禾观点的质疑。

由此可见，思想的现代性不仅以一种客观现实批判的面目存在，在更多的情形下，它还借助于某种话语建构活动而显现出来，这就是语言的政治。"国民性"话语批判的双重性——即鲁迅的"国民性"批判和刘禾的"国民性话语"批判——有效地体现了这种现代性的双重性。问题的重要意义恰恰在于刘禾所指出的，知识作为一个神话，其被建构的过程最终将隐而不显，而人们常常把接触到的"话语"形态当作知识的本质形态。正是从颠覆知识不可置疑的权威性出发，刘禾对"国民性话语"的生成机制展开了批判。而在批判的终尾，她意味深长地道出了知识批判本身的

---

① 参见刘禾《语际书写——现代思想史写作批判纲要》，上海三联书店1999年版，第68页。

吊诡色彩——

  国民性是"现代性"理论中的一个神话。说它是神话，我不过在这里用了一个隐喻，指的是知识的健忘机制。理由是，国民性的话语一方面生产关于自己的知识，一方面又悄悄抹去全部生产过程的历史痕迹，使知识失去自己的临时性和目的性，变成某种具有稳固性、超然性或真理性的东西。在我看来，问题的复杂性倒不在于文化与文化之间、国与国之间到底有没有差异，或存在什么样的差异。我们的困难来自语言本身的尴尬，它使我们无法离开有关国民性的话语去探讨国民性（的本质），或离开文化理论去谈文化（的本质），或离开历史叙事去谈历史（的真实）。……因此，话语实践、知识的来龙去脉以及各种概念和范畴的运作，就不能不上升到理论研究的第一位。不然的话，知识就永远跟我们捉迷藏。①

  反思知识的健忘机制，提醒人们质疑既有知识的稳固性、超然性或真理性，在此基础上对知识的生产机制进行分析，这些构成了刘禾"翻译现代性"考察的基本内容。刘禾的目的，显然是要颠覆传统思想史写作的一些似乎不证自明的前提条件，动摇"经典"话语本身的"经典性"基础。她由此进一步反思文学史上的"经典"神话，通过研究理论批评与经典合法化的互动关系，提出经典本身需要被质疑。她以中国现代文学第一个大系选本《中国新文学大系》的制作为例，说明上述观点。刘禾通过一系列史料考证来表明，《中国新文学大系》的编纂者并不太关心是否用不偏不倚的观点看待中国现代作家的成就，而更关心的是在传统与现代对抗的话语领域对合法性的特定诉求②。这种合法性诉求，就是对中国新文学之"现代"特质的肯定性认同。为此，《中国新文学大系》编纂者赋予理论、批评和论争以重要地位，并将它们置于文集的显要位置。在刘禾看来，正是由于他们齐心协力地倡导理论，"五四"作家才能够压倒

---

  ① 参见刘禾《语际书写——现代思想史写作批判纲要》，上海三联书店1999年版，第97—98页。

  ② 刘禾：《跨语际实践——文学，民族文化与被译介的现代性（中国，1900—1937）》，宋伟杰等译，生活·读书·新知三联书店2002年版，第325页。

"鸳鸯蝴蝶派"这样的竞争对手。"在这里，理论在一个话语领域里扮演了合法性角色，在这个话语领域长期的象征资本是一种比金钱更好的投资。鸳鸯蝴蝶派小说的兴旺完全依赖娱乐市场，其报酬或多或少是由大众消费决定的。而'五四'作家则凭借其理论话语、经典制造、评论和文学史写作这样一些体制化的做法，来着力于生产自己的合法性术语。理论起着合法化作用，同时它自己也具有了合法化地位，它以其命名能力、引证能力、召唤和从事修辞活动的能力使象征财富和权力得以复制、增值和扩散。'五四'作家和批评家凭借这种象征权威而自命为现代文学的先行者，同时把其对手打入传统阵营，从而取得为游戏双方命名和发言的有利地位。相比之下，鸳鸯蝴蝶派作家缺乏对理论话语的兴趣则对他们十分不利。"① 刘禾在这里突出分析了理论话语在确立历史合法地位中的关键作用，谁有效地掌控了理论话语的发布权，谁率先建立历史命名的有利地位，谁就可能构筑经典的神话，从而借此谋求特定历史时空中的"话语"利益。在这里，本土的理论话语同译介来的理论话语一样具有"建构性"。刘禾对经典"虚构性"的放大，无疑对传统文学史观念及文学史写作构成巨大冲击。因为文学史写作与经典文学选本的编纂一样，是建立在一个合法性理论话语基础之上的，同时它又能反过来起到加剧这一话语合法性的作用。20世纪80年代以来"重写文学史"的种种讨论与实验，都可以与刘禾对"经典"的质疑互为印证。刘禾曾编选过一本《持灯的使者》，收录了在新时期中国诗坛颇有影响的《今天》杂志的作者的文章。刘禾认为这些作者的回忆性文字在某种程度上颠覆了既有文学史经典的概念，所以她觉得《持灯》和正统文学史写作的关系应该倒过来看："不是《持灯》为文学史提供原始文献，以补充和完善现有的文学史的内容，而是恰好相反，《持灯》的写作迫使我们重新思考现代文学史一贯的前提和假设，因为它所代表的倾向是另一类的历史叙事，一种边缘化的文学史写作。"② 这一评价极有意味，它提醒我们密切关注"文学史的权力"问题。戴燕在其《文学史的权力》一著中说："文学史在确立经典的过程中，同时也制造了一套特殊的对经典的诠释话语。而对经典的阐释，其重要性决

---

① 刘禾：《跨语际实践——文学，民族文化与被译介的现代性（中国，1900—1937）》，宋伟杰等译，生活·读书·新知三联书店2002年版，第329-330页。
② 刘禾：《持灯的使者·序》，见《持灯的使者》，牛津大学出版社（香港）2001版。

不在经典的确立之下。"① 她的这段话无疑可用来作为刘禾分析理论话语在经典制造中的作用的印证。事实上,加拿大批评理论家弗莱早就提倡一种"文学经验的民主化",他据此批判晚期人文主义的迂腐风气:"晚期人文主义的迂腐风气,其表现形式是苛求、傲慢。动不动便拉起个山头,根据'伟大'诗人的造就(分若干等级)制定出文学的标准及模式,然后用它们去衡量'二三流'作家。……这种文学批评必须淘汰,而以文学经验的民主化取代之。目的不仅要公正对待'等而下之'的诗人,而且对于这种惟有按其他多么'伟大'诗人的尺度才能衡量一个诗人的文学态度,要来个通盘的修正。……任何诗人都必须按其自身的条件来考察,从而搞清楚他为我们提供了那些非旁人所能提供的文学经验。"② 这种观点对重新审视处于中心与边缘的作家作品,对推翻所谓的标准、经典,以及对文学史的重新建构都具有深远的意义。

同文学理论、文学史一样,文学批评在经典阐释与建构上也有巨大的主动性作用,不仅于此,批评实践与民族国家文学之间还存在着某种微妙的关系,这一关系蕴含了现代性思想意识另一层的生产机制。刘禾自言不喜欢用伪哲学的抽象语言(这是现代批评的症结之一)去议论文学,所以决定大题小做,举例说明。她所举的生动文本,即是萧红的小说《生死场》。她以该小说的评论为例,说明了文学批评参与现代民族国家文学生产的隐秘过程,呈现批评中蕴含的现代性问题。《生死场》中的女性立场,一直为文学批评家们所忽视,即使是鲁迅、胡风,也是戴着"民族兴亡"的眼镜,在救亡的旗帜下对之做出民族主义的解读。刘禾关注的,则是作为意义争夺之重要场所的农妇的身体。农村妇女对于生育、疾病、性、衰老与死亡的体验,构成了小说的主要内容,而这些直接指向对作为弱势群体的底层妇女生存状态的反思。然而,在传统的对《生死场》的评价中,上述内容基本上受到忽视,这一忽视与鲁迅、胡风等权威解读者对该作中民族主义立场的有意强调密切相关。在民族主义强大光束的照射下,女性及她们的身体体验、生命意识已不再重要,即使有其重要性,也

---

① 戴燕:《"写实主义"下的文学阅读》,见《文学史的权力》,北京大学出版社2002年版,第146页。

② [加]诺思洛普·弗莱:《文学经验的民主化》,见吴持哲编《诺思洛普·弗莱文论选集》,中国社会科学出版社1997年版,第24页。

必须被置入民族主义话语的统摄之下。批评的强制性,通过强化一方面同时"盲视"另一方面而得到双重体现。刘禾在此植入了一种不同于一般的女性主义的立场,她强调的不是对所谓女性自我或女性写作的发现和肯定,也不是对男人压迫女人的声讨(在刘禾看来,这常常是很多女性主义批评家反复纠缠的话题,它严重妨碍了女性主义文学批评的深入,对此应当进行反省),而是为了揭示和暴露现代文学批评参与民族国家文学生产的历史过程。① 因为在刘禾看来,萧红虽然并不身处文学史上亟待重写的边缘化作家之列,但对她的误读来得如此之深,就不能不让人寻找这一误读背后的思想动机与价值立场。"诚然,在中国现代批评史上,女作家这个附属范畴本身就是以'民族'文学的名义发明出来并得以合法化的,但是,这一'民族'文学却不能将其自身的性别化条件命名为男性的。这一附属范畴使得男性批评家可以把女性的写作纳入更大的民族范畴,就像国家将'妇女'的范畴运用到政治动员上。"② 女性书写的意义,其阐释权被赋予了男性,从而形成一种性别化的文学批评。这种性别化的文学批评实践,一直是民族主义话语得以生产的主要场所。在这样的知识框架里,在一个民族国家取向及男性宰制的批评传统中,解读文学文本(无论是传统的,还是现代的)这一长期的实践,是可以轻而易举地得到证明,而且完全无法遭受质疑。基于此,刘禾明确指出,民族文学、民族国家取向的文学批评、学科和机构建制必须被打开、质问并进行完全的反思。事实上,这种质问和反思,还应该指向一个更为广阔的文学领域,因为除了创作和批评之外,民族国家文学的实践范围还包括出版机构、文学社团、文学史的写作、经典的确立、统一评奖活动、大学研究部门有关学科和课程以及教材的规定等。③ 所有这些都参与了民族国家的文学实践,并在这一实践中不同程度地担当起强化民族文学话语的功能。在这种情形下,现代文学史写作以什么依据筛选作家和作品,便不再是一个"常识"现象,反而成为一个有待追问的问题,且这一问题的意义,不在"重写

---

① 参见刘禾《语际书写——现代思想史写作批判纲要》,上海三联书店1999年版,第211页。
② 刘禾:《跨语际实践——文学,民族文化与被译介的现代性(中国,1900—1937)》,宋伟杰等译,生活·读书·新知三联书店2002年版,第302–303页。
③ 参见刘禾《语际书写——现代思想史写作批判纲要》,上海三联书店1999年版,第211页。

文学史"的口号之下。

应该看到,刘禾的批评思想,生长在一个解构主义的文化语境中。"解神"运动与"祛魅"意识,促成了学术反思精神的深化。刘禾有幸领受一种全新学术视域和思维方法的熏育,这令其能有意识地反思并洞见窄小视野与僵硬方法所导致的学术盲视与褊狭。比如,在当前条件下,缺失一种全球视野,便很难发现某一话语的流变与游走,而将其视为一种当然的稳固的存在。在谈及"民族主义"(nationalism)被译介的历史时,刘禾就曾指出,过去二三百年中的任何语词、思潮、理论的发生、发展和游走的过程,都必须放在一个更大的全球格局下,在彼此文化的互动关系之中(而不是以西方或者东方作为唯一的参照系)才能呈现其复杂的历史面貌。① 这种跨语际的知识考古学和语言社会学,构成了刘禾文学研究和思想现代性思考的方法论基调。游走与漂泊,不仅是诗人、作家的一种生命形态和写作状态,是作品被阐释命运的一种特有表征,而且也是各种话语得以创造的前提和过程。无疑,刘禾在其研究中通过跨语际交流的分析,突出强调了话语构造现实的权力,强调重视"翻译中生成的现代性"问题。这种带有"非本质""解构元叙事"倾向的思想方法,其消解性背后隐藏着跨语际研究的建设性,那就是对话语"遗忘"的抵抗。在这个急速发展的社会中,人们常常会满足于话语的既定状态,却不知道这种状态离事实的本真愈来愈远。话语遗忘的情形,在学术界也并不令人乐观。这正是刘禾的恐惧:"然而,另一种暴力虽然不那么容易觉察,却更具有破坏性,那就是记忆缺失症,即对过去的话语史的遗忘。……更重要的是因为我有一种抵抗遗忘的乌托邦渴望。"②

(发表于《文学评论》2004 年"青年学者专号")

---

① 参见刘禾《语际书写——现代思想史写作批判纲要》,上海三联书店 1999 年版,第 5 页。
② 刘禾:《跨语际实践——文学,民族文化与被译介的现代性(中国,1900—1937)》,宋伟杰等译,生活·读书·新知三联书店 2002 年版,第 57 页。

走向跨地域的"中国现代诗学"
——海外华人批评家的启示

21世纪以来，有关海外华人学者批评理论的考察日渐成为跨学科研究的一个重要命题。这一涉及20世纪中国文学、文学理论、比较文学、海外汉学、华侨华人研究诸领域的崭新论题，随着海内外学术交流的频密，其学理意义与实践价值得到不同科际学者的关注和思考。在"批评理论"研究不断受到重视的语境下，海外华人批评家的跨国批评实践，提供了一个考察当代西方批评理论、20世纪中国文学研究崭新而特别的视角，其对中国当代批评建设的借鉴意义格外突出。海外华人学者批评理论研究所引发的诸多问题，如全球化时代的"学术流散"倾向、中西文化交流中的"话语权力"关系、20世纪中国文学批评"现代性"的复杂面貌等等，正日益重要地凸显在文学理论及比较诗学研究的视域中。一种跨地域的"中国现代诗学"，正向我们走来。

一、中国现代文学研究中的"他者"

海外华人批评家进入中国大陆学者视野，最早是在20世纪80年代国门再开后的中外学术交流中。1983年，应钱锺书先生的联络，美国的中国现代文学研究奠基者夏志清教授回中国访问，掀开了海内外中国现代文学研究交流崭新的一页。接着，海外中国现代文学研究界领军人物的论文陆续见著国内学术刊物[①]。其中较早进入大陆中国现代文学研究界视野的是李欧梵。1985年，《中国现代文学研究丛刊》第3期发表了李欧梵、邓卓的《论中国现代小说（摘要）》，李的另一篇论文《世界文学的两个见

---

① 1983年及其后几年大陆译刊的夏志清论文，主要是在中国古典小说领域，如夏志清《论〈水浒〉》，载《阜阳师范学院学报（社科版）》1985年第4期；《论〈儒林外史〉》，载《阜阳师范学院学报（社科版）》1986年第3期。二文由郭兆康、单坤琴译自夏志清《中国古典小说导论》英文版第三、五章；后收录于刘世德编《中国古代小说研究——台湾香港论文选辑》第一章，上海古籍出版社1983年版。

证：南美和东欧文学对中国现代文学的启发》①，发表后在大陆中国文学和外国文学研究界产生了不小的反响，并被广为征引。颇有意味的是，1986年，李欧梵两次在大陆发表介绍美国中国现代文学研究情况的文字②：一次是与李陀、高行健、阿城三人在天津《文学自由谈》编辑部的座谈，另一次则是回到家乡河南大学的讲演。这两篇文章无疑透露出这样一种信息：随着国门的打开，海内外中国现代文学研究界的交流、互动及影响正在不可避免地加强。

  事实也正如此。20世纪80年代末以来，海内外中国现代文学研究界的交流呈现出一种"加速"趋势，海内外学术研究的"整合"也出现了一些成果。如果说1987年开始推出的"海外学人丛书"尚是海外人文社科学术成果的全面展示的话，那么20世纪90年代中期以来对海外华人批评家群体的关注则显得更为集中：1997年王晓明主编的《二十世纪中国文学史论》《批评空间的开创》就收录了多篇海外华人学者的批评文章，显示出将海外批评家群体融入"20世纪中国文学"研究界的努力；1999年上海三联书店推出"海外学术系列"，收录了刘禾、郑树森、张错、杨小滨等人的论著；2001年许子东、许纪霖主编的"边缘批评文丛"由上海文艺出版社出版，收录了赵毅衡、黄子平、唐小兵等人的著作；2002—2003年复旦大学出版社出版的"十讲"书系，收录了李欧梵的《中国现代文学与现代性十讲》和王德威的《现代中国小说十讲》；2006年上海书店出版社推出的"海上风系列"收录了刘绍铭、李欧梵、王德威、张旭东等人的学术随笔集，南京大学出版社出版的"海外华人学者论丛"收录了张英进、刘康、王斑等人的近著；季进、王尧主编的"海外中国现代文学译丛"2008年起由上海三联书店陆续出版。近年来，海外华人学者批评理论的出版渐成中国内地学术出版的一个热门选题。

  伴随着海外学术成果的译介，对海外华人批评家的研究也渐成热潮。2004年的《当代作家评论》"批评家论坛"连续刊出李欧梵、王德威、许子东等海外批评家的研究专辑，有关海外华人学者批评理论研究的专题

---

  ① 李欧梵：《世界文学的两个见证：南美和东欧文学对中国现代文学的启发》，载《外国文学研究》1985年第4期。

  ② 参见李欧梵《文学：海外与中国》，载《文学自由谈》1986年第6期；《美国研究中国现代文学的现状与方法》，载《河南大学学报（社会科学版）》1986年第5期。

论、个案论陆续成为国内硕士甚至博士学位论文的选题，显示出国内学界对此一研究领域的不断重视。译介与研究也伴随着争议。海外华人学者中的一些代表人物，像夏志清、李欧梵、王德威、刘禾等，其著作和观点都曾受到大陆学界不同程度的讨论乃至批评，而由此形成的"批评—反批评"现象也成为近年来现代文学研究界的热点之一。

毋庸置疑，海外华人批评家最早是以一种带有异质性的"他者"身份进入中国大陆学界的。无论是夏志清《中国现代小说史》对沈从文、张爱玲、张天翼等人的褒掖，李欧梵《铁屋中的呐喊》对鲁迅思想的重新思考，《上海摩登》对上海"孤岛"时期文化性质的判定，还是王德威那一声"没有晚清，何来五四"的断语，周蕾《妇女与中国现代性》颠覆成规与权威的论述策略，抑或史书美"华语语系文学"（Sinophone）论述对"现代中文文学"的挑战，都在刺激着当时中国大陆学术界早已麻木的思维和神经。这种挑战性的声音，并不限于上述从台港地区走进西方的华人学者。即便是 20 世纪 80 年代国门再开后负笈欧美的中国大陆年轻学人，也不时传回迥异于国内主流的思想和观点，像刘禾对"国民性神话"的批判、唐小兵对"十七年文学"的再解读、王斑对"创伤记忆"的思考、张旭东对"后社会主义"走向的判断、刘剑梅对"革命"与"情爱"关系的叙述、许子东对"'文革'小说"叙事模式的整理、陈建华对"革命"概念的溯源及"通俗文学"的追问，以及张英进、鲁晓鹏、张真等人对"华语电影"概念不同角度的切入，等等，都曾在大陆学界激起一阵阵波澜。

从港台地区或大陆"流散"至"他方"的华人学者，因其对产生于文化母体的中国现代文学的关注，先后扮演起"学术反哺者"的角色。不仅由于学术规训的差异，更因为言说位置的区别，海外华人学者的言论从总体上开启了中国现代文学研究的"另一种声音"。这样说，并非暗指海外华人学界铁板一面、意识统一；恰恰相反，海外华人学术圈的内部争议十分明显，甚至时而激烈，而这些争议往往关联着发言者的身份、学科、年龄乃至场合。但不可讳言的是，作为"整体"的"海外华人批评家"，在中国当代文学批评的发展进程中切实起到了"他者"的作用。这些批评理论刺激了大陆学界陈陈相因的学术话语，呈现了别样的观念与方法，彼此构成了较为热烈的互动（不管是以赞同还是争论的方式）。打破统一性之后的中国大陆现代文学研究界，再也无法忽视大洋彼岸这真实的"另一元"了。

二、多元比较的"中国现代诗学"

作为"彼岸性"存在的海外华人批评家,不只相对于大陆现代文学研究界、批评界充满了"比较"意识,而且就其自身的形成和现状来讲,也呈现出斑驳鲜明的"比较性"特质。这种特质,使得海外华人批评家内部呈现出缤纷多元的研究走向,同时也给大陆的现代文学研究不断带来新的气息。海外华人批评家的这一比较气质似乎是与生俱来的——不仅是因为地理空间上与中国大陆的"延异",更指向一种学术话语空间上的差别。

首先,海外中国现代文学研究界的比较意识植根于它的学科属性和批评家的身份背景。海外华人批评家,不论是来自中国大陆还是台湾地区,均以外语出身的居多,出国后多攻读比较文学学位,或从事东亚区域的历史和文化研究。他们取得学位后,又多以从事中国现代文学研究为职业,其切入比较文学研究的入口,大体也是中国现代文学与文化。这一点,在作为海外中国现代文学研究重镇的北美表现得特别明显。事实上,经过数十年的发展,比较文学在美国已发展成为一个偏重理论的"精英学科",比较文学研究成了西方各种文学理论的操练场。在这一学术语境中从事比较文学与中国现代文学研究的海外华人学者,无疑也濡染了这样的批评气质。中国比较文学学会旅美分会的成员,大多是从事现代文学研究的比较文学学者,似乎也从一个角度印证了海外中国现代文学研究比较意识的由来。

其次,海外华人学者的比较意识,还植根于一种问题意识。"什么是理论?就是'问题意识'。"哥伦比亚大学刘禾教授的这句话,把海外比较文学研究者偏爱理论的本质说得再明白不过。在她看来,所谓"理论",就是"提出别人没有提过的问题,它不是炫耀名词概念,更不是攀附知识权贵"。[①] 经受比较文学理论训练的海外华人学者,也将这一"问题意识"贯穿于中国现代文学的研究中,刘禾本人即是这方面的一个典型学术个案——她对"国民性神话"的质疑,研讨路径是对语词译介及

---

① 刘禾、李凤亮:《穿越:语言·时空·学科——刘禾教授访谈录》,载《天涯》2009年第3期。

流变过程中增值或耗损意义的分析，归根结底，还是源于刘禾写作中无处不在的现代思想史旨趣。王斑的《历史的崇高形象——二十世纪中国的美学与政治》一著的方法和立论似乎也可佐证海外学人的"问题意识"。这一探讨反映出作者强烈的主体意识，即给历史另外一种系统阐释的可能性。用王斑自己的话说，就是"观念姿态比较强"，而观念"主要是从当代历史中产生的，像世界主义、民族主义等问题，并不是因为观念本身重要，而是因为它们在当下这种环境下很重要。所以我往往有一种先入为主的观念，对观念非常感兴趣，然后回到历史中去"。① 带着"问题"先入为主，虽有"主题先行"的嫌疑，却为海外中国现代文学研究开拓了一方风景独好的天地。

最后，海外华人批评家的比较意识，还受到其所在学术语境的影响。以较典型的美国学界为例，其中国现代文学研究经历了一个从无到有的奠定过程，作为美国庞大学科体系中的"小众"，中国现代文学的学科化目前还不能说彻底完成——既没有一部真正成体系的《二十世纪中国文学史》，也没有一套完整的英文版《鲁迅全集》，有的只是零星的研究、选择性的译介。海外中国现代文学研究的这种"边缘性"，必然要求从事这一研究的华人学者进行研究策略上的选择和调整——他们要么继续以英文写作，用欧美的文学尺度丈量中国现代文学的高度，或以欧美作家作品为比较对象，以获得主流学术界的阅读兴趣和学术认可（如夏志清的《中国现代小说史》，就多以欧美作家作品为比较对象）；要么换以中文写作，在汉语世界求取更广泛的知音之声（赞许或是质疑）。海外关于"华语语系文学"的探讨，正是这一规则践行的一个例证。

在分析了海外华人批评家比较意识的成因之后，我们不妨更进一步探讨一下其比较实践的具体形态和特质。应该说，海外华人学者从事文学比较的学术空间十分开阔，其中，既有中国现代文学的西学阐释（周蕾）、中国经验世界意义的揭示（张旭东），又有跨国（境）文学批评的实践（张错）、跨语际交流的考察（刘禾）、跨国文学概念的尝试（如"跨国华语电影""华语语系文学"），还包含了对中外文化交流使者的个案分析（赵毅衡）等。跨科际、跨媒介、跨语言的比较与整合，日益成为海外华人学者批评理论的重要特征。

---

① 转引自李凤亮《美学·记忆·现代性：质疑与思考——王斑教授访谈录》（未刊稿）。

伴随着科际整合和媒介跨越，海外中国现代文学研究的边界大大扩容。如果说早期的中国现代文学研究还较多地坚守着文学这一阵地，那么20世纪90年代以来，在文化研究等潮流的裹挟下，海外华人批评家不断将研究的触角旁及文学之外的其他领域，开展跨学科研究。视觉文化首先进入海外学人的研究视野，华语电影研究的盛行，适应了海外华人学者从事中国文学教学及顺应文化研究潮流的双重需要。除此之外，21世纪初期美术、海报、月历、刊物，以及中国当代艺术、电视等一批视觉文本成为海外学者观照的对象，媒介研究成为跨文本分析不可缺少的一部分，海外有关Sinophone的研究，就是这种科际和多媒介整合的产物。在此情形下，坚守文学文本分析的学者，往往会秉持某种特别的认识或定性，如王德威就认为，海外华人批评家的跨界研究，跟中国现代文学研究在美国历史较短、尚未定型有关，虽然视觉文化研究是大势所趋，但每一行仍应有其特别的风格。① 除了视觉研究，历史、思想、城市、社会、人类学等多个学科和领域进入海外华人批评家的比较视野，使中国现代文学研究呈现出更加斑驳的面貌，大有从比较文学转到比较文化研究之势。海外中国现代文学研究的这一转向，仍应溯源至相关的学科设置。在美国大学中，中国现代文学研究隶属于开展区域研究的东亚系的"中国研究"项目。一般来说，"中国研究"涵盖人文社会科学的多个领域，如哲学、宗教、历史、政治、文化、文学、艺术等，中国现代文学研究仅是其中极小的一个分支，教师往往不仅要讲授中国现代文学课程，更需讲授先秦以来的整个中国文学史，有时还需兼任中国历史、文化方面的其他课程。作为"小众"的中国现代文学研究，必须考虑为自身的存在寻求更广阔的学术空间，于是，向视觉文化、思想史、城市研究、性别研究等方向兼顾或转移，便成为不可避免的一种学术抉择。美国唯一的《中国现代文学》杂志更名为《中国现代文学与文化》，或可看作这一研究领域在美国学科设置中所处情境的一个缩影。

---

① 参见李凤亮《海外中国现代文学研究：历史与现状——王德威教授访谈录》，载《南方文坛》2008年第5期。

三、海内外中国现代文学研究的"整体观"

至此,我们似乎能够讨论海内外中国现代文学研究的一种"整体观"了。

这里所讲的"整体观",主要还不是针对作为对象的"20世纪中国文学"的打通,而是指向作为主体的海内外"中国现代文学研究者",强调的是通过海内外学人的互动,更新传统的中国文学"研究观",尝试以跨国意识、比较视野构建中国现代文学研究的新气象。

事实上,自20世纪80年代中期北京、上海学者分别提出"20世纪中国文学"(黄子平、陈平原、钱理群)、"中国新文学整体观"(陈思和)以来,打通20世纪中国文学研究已渐成学术界的一种共识,由此还形成了几次"重写文学史"的浪潮。不用讳言的是,大陆学界"重写文学史"的呼吁,本身也是海内外学界互动的结果。正是有了近30年的"请进来""走出去",中国大陆现代文学研究中的一元化意识才得以逐步消解,一系列基于"现代"意识的广义"中国现代文学"概念才得以真正诞生。

在海外华人学者那里,这种"20世纪中国文学整体观"似乎走得更远。在学科意识明确的王德威笔下,这种整体观体现得尤为显著。王德威的"中文小说"研究大体上呈现出三个特征:一是空间上跨越现有的政治地理疆界,涉及大陆、台湾和香港地区,以及海外;二是时间上打破大陆学界关于现当代的分立,甚至将"晚清"这一重要领域纳入视野;三是在写作思维上超越文学、历史、政治、思想、想象的交叉领域,体现出明显的跨科际特点。当被笔者问及是否有意识地追求这种中文小说研究的"整体观"时,王德威这样回答:

> 对于打破时间和地理疆界这么一个做法,我的确是有意而为的,而且一开始就觉得我应该利用在海外的优势。这种优势在台湾也做不到……我不敢说我做了多少,但是我确实是有意识地在做,我也期望我在海外的其他同事,能够利用我们的优势……来做一些真正交流和

沟通的工作。①

经"整体观照"后的海外中国现代文学研究，确实呈现出一种阔大的学术气象。仍以前阶段海外讨论热烈的"华语语系文学"（Sinophone Literature）为例，虽然海外学人对这一概念的理解依然存在较大差异（如史书美倾向于以此指称"中国大陆以外的华语文学"），但较主流的看法，仍是包含全球的华文写作。这种"打破中文小说研究的划地自限"（王德威语）的做法，展示出研究思维上的拓进与务实。值得注意的是，这种广义的"华语语系文学"，其研究旨归、价值立场和理论方法，同中国大陆的"世界华文文学"研究仍有较大的分野，但二者的对话空间显然已被强烈放大。

海外华人学者的"20 世纪中国文学整体观"，对于启发我们打通海内外研究界的努力不无裨益。虽然因种种原因，无论在海外中国现代文学研究界内部还是海内外的学术交流中，仍然存在着"理论方法的碰撞"……但彼此的交流仍有极大意义：唯有交流，才能祛除误解，减少偏见；唯有交流，才能在"双重彼岸与多元思考"中构建起一种大的中国现代文学研究意识，实现海内外的互动与双赢。

交流并非要谋求所谓的"一体化"，也并不排除差异的继续存在。实际上，正是有了观念、立场、视角和方法上的差异，才可能造就对话和互动的学术空间。一切有价值的交流，都应是在尊重差异的前提下发生的。同时，交流也应该是双向的，不应再像过去 30 年间那样，以大陆学界对境外的"单向接受"为主。事实上，随着海外研究资源的不断开放，海内外的学术落差正日益缩小，海外华人批评家们业已感到：海外中国现代文学研究界过去拥有的学术资料和理论方法的两重优势，已不复存在，甚至发生了逆转；海外的宽松学术环境，也因华人学者需通过不断重回"中国现代文学"的发生地获得"现场感"而弱化。一个显见的事实是，海外学人正日渐感受到因传统学术优势丧失而带来的心理落差，频频回国兼职或从事短期工作，这成了满足其多方面学术和心理需求的一个重要途径。近年来，除少数中国台湾地区背景的学者外，海外中国现代文学研究

---

① 李凤亮：《20 世纪中国文学研究的整体观及其批评实践——王德威教授访谈录》，载《文艺研究》2009 年第 2 期。

界的多数学者均以不同的方式回到大陆开展学术交流,很好地说明了这一点。

海内外中国现代文学研究的"整体观",为我们带来了一系列新的学术话题。比如,可否尝试邀集不同国别的华人学者,运用新的体例或思路,以不同语言编印全新的"中国现代文学史"或"二十世纪中国文学史"?再如,在学术日益全球化的今天,能否对海内外中国现代文学研究的"影响"模式进行归结,从中寻求合作交流的新路径?又如,在尊重差异的前提下,能否借助于会议、项目、出版、互访等方面的学术合作,逐步推进跨地域的"中国现代诗学"的形成?

上述构想似乎并非不可能。一个显见的事实是,海外学人将跨文化、跨学科、跨媒介、跨语际的研究观念投射到国内,很大程度上打破了过去中国文学研究的封闭单一视角,在某种意义上已经改变了20世纪中国文学研究的总体格局。今天海内外中国现代文学研究界的各自成就,严格意义上讲都曾得益于"彼岸"的存在。虽然学术背景、出场语境、问题意识、研究方法等仍存在着差异,但在以对话与交流为主调的当代,打破观念性、时间性、空间性的自我设限,寻求跨地域、跨科际的学术整合,早已成为一种必须而且可行的研究路向。我们并不奢望中国现代文学研究"大同世界"的到来,却有理由相信,跨地域的"中国现代诗学"正以一种顽强的生命力弥散于不同语言和国家的华人学者群体之中。

(发表于《南方文坛》2010年第5期;全文转载于《新华文摘》2010年第24期、中国人民大学书报资料中心《中国现代、当代文学研究》2010年第12期、《中国社会科学文摘》2011年第2期)

李凤亮自选集

第三辑

文化产业与城市文明

文化产业提升文化软实力的战略路经

21世纪,文化软实力越来越成为衡量国家或地区发展的重要指标。提升文化软实力,已经上升到了国家战略的层面,受到高度重视。党的十七届六中全会高屋建瓴地指出:"文化在综合国力竞争中的地位和作用更加凸显,维护国家文化安全任务更加艰巨,增强国家文化软实力、中华文化国际影响力要求更加紧迫。"实现提升文化软实力的宏大愿景,本质上来说,就是要实现中华文化向世界范围传播。然而,文化传播的特点是间接的、隐性的、潜在的,恰似"随风潜入夜,润物细无声"。在消费社会中,文化产业的发展无疑是文化传播的重要途径,是社会主义文化大发展大繁荣的重要载体。从文化与产业化搭配的不同方式来看,文化产业可以分为两大类。第一类是纯艺术的产业,即艺术品产业。艺术品从实用性中脱离出来,主要以艺术之美获得其价值,而艺术品产业的发展对中国文化走向全球做出了重要的贡献,比如张大千、齐白石、吴冠中、张晓刚、曾梵志等画家,带有中国艺术特色的作品屡屡被苏富比等国际拍卖行高价拍卖,引起世界范围内的关注。苏富比亚洲和澳洲区执行董事司徒河伟曾坦言:"中国当代艺术在欧美非常受欢迎,同时美国人也非常关注中国的发展动向,中国的政治、经济、文化等已成为西方媒体报道的重点关注对象,作为全球艺术品的专业老牌拍卖公司,苏富比也不愿放弃这个巨大的商机。"① 第二类是附加艺术的产业,包括广告、建筑等,其典型的代表是设计产业。设计产品最初的属性体现在物品的实用性上,其后进行美的设计"加工",增强产品的时尚、品牌等属性,从而把产品的实用性转移到体验性上。由于产品蕴含的设计理念带有鲜明的价值观和浓郁的民族特色,其产品在全球的销售起到了文化传播的重要作用,也是提升文化软实力的重要途径。

---

① 李艳锋:《苏富比豪赌中国当代艺术全记录 苏富比希望通过正常途径进入中国拍卖行业——专访苏富比亚洲和澳洲区执行董事司徒河伟(Henry Howard-Sneyd)》,载《东方艺术》2006年第9期。

然而，不论是纯艺术的文化产业，还是附加艺术的文化产业，目前在我国的现状是文化输入远远大于文化输出，虽然近年来文化产品贸易逆差的现状有所改变，但是形势依然严峻。从文化安全的角度来讲，这种现状值得政府、业界、学者警惕。制约我国文化产业为提升文化软实力作贡献的因素不一而足，在笔者看来，产品内容方面中国元素挖掘不足、传播方式方面与科技融合度偏低、产业环境方面配套政策体系尚不完善，是目前亟待解决的几个问题。努力克服以上不足，中国文化产业才能走得坚实，为文化软实力的提升、社会主义文化大发展大繁荣作出更大的贡献。

一、丰富文化产业内容，呈现中国风格中国气派

改革开放以来，尤其是加入 WTO 之后，中国国门打开，东洋、西洋的文化产品像潮水一样涌入中国境内，这为丰富我国人民的文化生活作出了较大贡献，同时也对中国文化事业的发展形成了严峻的挑战。"80 后"、"90 后"中的不少人在日本动漫的影响下成长起来，使得日本风格的动漫在中国拥有大量的忠实拥趸。2006 年的一项调查显示，在青少年最喜爱的动漫作品中，日本、韩国动漫占 60%，欧美动漫占 29%，中国内地和港台地区原创动漫的比例仅有 11%。[①] 由于日本动漫的消费群体庞大，中国动漫产业似乎已经主动放弃了中国风格原创化的道路，走上了一条亦步亦趋模仿日本动漫的路径，最近一部中国国产动画《高铁侠》就被指在人物、剧情等方面涉嫌抄袭日本动漫《铁胆火车侠》[②]，有网友甚至戏谑称这种国产动画为"日本山寨动画片"。如果回顾一下历史，或许会让国内从业者汗颜，其实日本的漫画风格与江户时代的浮世绘渊源极深，而浮世绘又受到从中国明朝传入的绣像小说的巨大影响。

深圳关山月美术馆副馆长颜为昕在讨论艺术设计的崇洋化时写道："我们在一味崇拜、模仿甚至山寨国外设计与创意的同时，却没有好好思考、发掘自我、文化、传统的精彩，一味强调与国际接轨、膨胀、规模与

---

① 参见张晓明、胡惠林、章建刚主编《2009 年中国文化产业发展报告》，社会科学文献出版社 2009 年版。

② 《〈高铁侠〉被指抄袭 中国动画失去想象力了？》，见中国质量网（https://www.cqn.com.cn/wh/content/2211-07/27/content1291894.htm？t=pc），引用日期：2024 年 7 月 22 日。

速度而忽略我们自身,使得许多非常好的本土设计常常变成'灯下黑'。"① 对发展自身文化的不自信,对文化产业创意内容本土化的不重视,已经成为制约我国文化软实力提升的瓶颈。

中华文化博大精深,文化宝库资源丰富,具有十分巨大的开采潜力,比如《山海经》《穆天子传》《吴越春秋》《搜神记》《西游记》《封神演义》《镜花缘》《聊斋志异》等著作及其他一些绚烂多彩的民间故事。其中,先秦神话文学的鼻祖《山海经》给道家文化提供了非常丰富的想象空间,如王母娘娘的道教仙人形象就是从《山海经》的西王母演化过来的②,此外,《西游记》中有众多独特、奇异、亦真亦幻的人兽混同的形象以及动植物幻化的形象,也来源于《山海经》等古代原始神话。③《西游记》展现出了中华文化丰富的想象力,明清的时候就传到了日本,至今很多日本人都喜欢阅读《西游记》。要提升文化软实力,中国古典文学向世界的传播是很有借鉴意义的。那么,应该采取什么样的策略和方式,实现中国传统文化向当代文化产业的转化,借此提升中国文化软实力呢?

首先,在对传统文化想象力作到融会贯通的同时,文化产业界应着力寻找新的创意点。就文化产业而言,最宝贵、最有价值、最具备多重传播可能性的是创意点,同一个创意点可以在不同的领域形成多种衍生品,比如《喜羊羊与灰太狼》的卡通形象既可以以动画片、漫画书的方式创造价值,也可以以文具、书包等儿童生活用品,乃至儿童游乐场等多种不同的方式呈现出来。近年来,我国电影电视业形成了一股翻拍古典名著的热潮,表面上看,这是对中国传统文化的尊重和主动挖掘,然而从根本上来讲,很多挖掘是缺少当代创造性的,因为其中的创意点仍然来自古人的智慧,我们只不过施行了"再利用"的低端处理策略。

提升我国文化软实力,不宜对传统文化资源进行莽撞粗糙的掠夺式开发,不宜单纯按照市场卖点的需求进行各种文化元素简单的叠加组合,不宜以国外文化产业的成功为标杆进行发展模式上的模仿,不宜在对市场粗浅理解的基础上,以完全迎合市场需求为出发点进行产品设计。

---

① 颜为昕:《外来和尚好念经?》,载《晶报》2011年6月20日第B2版。
② 参见魏晓虹《试论西王母形象的演变》,载《太原大学学报》2006年第4期。
③ 参见康琼《〈西游记〉对原始神话生态意象的承续与发展》,载《湖南城市学院学报》2011年第1期。

文化产品并非消费者的生活必需品，消费者实际需要的是期待视野之外层出不穷的创意"惊喜"。所以，提升中国文化软实力，凝聚中国文化向心力，应该树立创新意识和本土意识，以传统文化为灵感源泉，以寻找创意点为产业发展的核心思路，通过产业化、市场化的运作，实现中华文化内容走向世界的宏大愿景。奥运会、世博会、大运会等一系列盛会的文艺活动充分展现出了中国人的创意能力，特别是把中国传统文化与现代科学技术完美融合的奥运会开幕式，更是对"中国式创意"起到了很好的示范作用。

其次，增强文化自信心，架设传统与现代对接的桥梁纽带。费孝通认为："我们中国人有责任用现代科学的方法来完成我们'文化自觉'的使命，继往开来地努力创造现代的中华文化，为全人类的明天做出贡献。"① 中共中央政治局常委李长春在吉林调研时强调，"要以高度的文化自觉和文化自信推进文化改革发展"②。提升文化软实力，需要对自身文化充满信心，开发出饱含中国人文精神的文化产品。在欧美、日韩等国外强势文化向中国"倾销"的时代背景下，要肯定自身所取得的一系列优异成绩，正视自身不足之处，以自身文化的独特以及创意的新颖吸引消费者注目。以水墨动画为例，与日本动漫大行其道形成鲜明对比的是，中国水墨动画几乎销声匿迹。1960年，上海美术电影制片厂推出了全世界第一部水墨动画片《小蝌蚪找妈妈》，一经问世便轰动了动画界③，并获得一系列国际大奖，自此到80年代，中国传统风格的动画片一直占据着中国动画的"荧屏"。同时，中国传统的剪纸、折纸等技艺也都运用到了中国动画片当中④，上海美术电影制片厂在80年代中叶推出的《葫芦兄弟》《黑猫警长》等动画片就风靡一时，现在已经成为"70后"、"80后"的集体记忆。这不禁让人反思，传统动画缘何在动漫市场竞争的风口浪尖倒了下去？其中，首要原因恐怕是对自身的文化缺乏自信，在国际文化市场竞争的大浪淘沙中迷失了方向；其次是缺乏既能符合水墨动画技术要求，又符合现代精神的故事题材；最后就是缺少将传统水墨动画与前沿动画发展相

---

① 费孝通：《论文化与文化自觉》，群言出版社2007年版，第208页。
② 中国政府网：《李长春：以高度文化自觉和文化自信推进文化改革》（https://www.gov.cn/ldhd/2011-08/29/content_1935861.htm），引用日期：2025年1月9日。
③ 参见刘艳平《谈〈小蝌蚪找妈妈〉的艺术价值》，载《安徽文学》2008年第1期。
④ 参见岳慧敏《浅谈剪纸影片和它的人物绘制工艺》，载《影视技术》1995年第7期。

结合的意识和技术能力。这是中国动画产业为提升文化软实力作贡献遇到的最大瓶颈,类似的问题在其他文化产业门类也依然存在。

二、加强文化与科技融合,提升文化软实力水平

文化软实力的提升离不开新的载体和渠道,文化科技融合将是其中关键的一环。早在2007年10月的中国共产党第十七次全国代表大会上,胡锦涛总书记在报告中特别指出要"运用高新技术创新文化生产方式,培育新的文化业态,加快构建传输快捷、覆盖广泛的文化传播体系"。党的十七届六中全会强调:"加快发展文化产业,必须构建结构合理、门类齐全、科技含量高、富有创意、竞争力强的现代文化产业体系。"①"科技创新是文化发展的重要引擎。要发挥文化和科技相互促进的作用,深入实施科技带动战略,增强自主创新能力。"这些论断从国家政策的高度指明了文化科技融合与实现国家文化战略、提升国家文化软实力之间的密切关系。

文化与科技的关系始终是辩证统一的,一方面,文化能够潜移默化地为科技发展起到积极的推动作用,比如文化的想象力对科技发展的启蒙;另一方面,科学技术能够塑造出全新的文化形态,而且科技文化本身也是文化软实力的重要组成部分。印刷术、照相、电影、电视等技术的发明曾经极大地改变了人们的审美方式。同时,科学技术还改变了文化产品的传播方式,现代印刷技术的发展催生了报纸新闻媒体的诞生,计算机技术与信息技术的发展一直对动漫产业的发展水平起到相当的支配作用,特别是互联网数字时代的来临,对于整个文化产业链条的塑造和构成具有不可替代的促进作用。科技与文化的融合必将为文化产业的大发展、大繁荣注入新的力量。

我国文化产业发展与高新科技关系的呈现,基本做到了与发达国家的文化产业发展特征合拍。文化与科技融合近年来取得了快速发展,但仍存在不足,从文化发展尤其是文化产业发展的主要环节看,目前文化科技融合的问题主要有:①文化生产以跟随复制国外技术为主,内容创意技术更

---

① 胡锦涛:《高举中国特色社会主义伟大旗帜 为夺取全面建设小康社会新胜利而奋斗》,人民出版社2007年10月,第36页。

新不足、结合不紧,处于全球文化产业的末端。部分企业科技意识不强,面临淘汰。大多追随国外技术,引进、应用、模仿比较快,内容原创与技术更新不足,贴牌生产(OEM)较多,自主品牌(OBM)不强,多处于文化科技融合链条的末端。体制(地区行业壁垒)、机制(关键技术联合攻关)、资金(风投)、人才(激励、团队)甚至教育(创新能力)的欠缺,导致国内外企业文化科技融合起步相近,但差距较大。②文化产品抓不住新一代青少年,失去"70后"的大多数受众,将消费习惯和市场全交给了好莱坞为代表的西方文化。新一代青少年在新的科技条件下形成了独特的文化体验和消费习惯。对这一文化消费群体了解不深,片面迎合其浅层次文化消费体验,虽然技术成熟,但文化原创不足,导致文化产品呈现躯壳强大、灵魂薄弱的不平衡状态;要么是文化内涵丰富,但技术形式与传播手段落后,导致产品形态原始,传播性与影响力弱;还有就是文化与科技融合的"两张皮"现象,难以借助有效传播形成深层次的文化认同。③文化管理中的条块分割导致部门和行业协同不足,粗放经济发展模式致使政府打造公共文化科技平台缺位,尚未找到文化科技融合的准确路径。政府对文化产业的引导、扶持、调控、保护、服务等功能尚未完全发挥,呈现出"公共文化科技平台"打造不力、文化科技融合资金不足、人才欠缺、"共性技术"研究不够、"文化技术标准"需要制定、相关市场规则有待确立、文化科技知识产权保护尚无专门法规等问题。

  与社会主义文化大发展大繁荣的要求相比,与人民群众日益增长的文化消费需求相比,与中华文化走出去的历史使命相比,我国文化与科技融合近年虽有长足进步,但其意识、深度、广度及方式都还存在很大的发展空间。如何实现"让文化插上科技的翅膀"、"让科技具有文化的含量",使"创意"与"创新"完美融合,是未来发展的方向和难点。

  第一,加强新技术新媒体在传统文化产业中的应用。随着网络媒体的兴起,近年来,我国报纸业发行量、广告收益持续下滑①,正在面临着衰退的危机。然而新媒体却异军突起,处于突飞猛进的发展初期。根据上海交通大学舆情研究实验室发布的《2010中国微博年度报告》,截至2010

---

① 文心:《我国报纸总印量2009年继续下滑》,载《造纸化学品》2010年第3期。

年10月，中国微博服务的访问用户规模已达到12521.7万人①，微博时代的到来使得"人人都变成了媒体人"，它改变了过去报纸、电视由点到面的传播方式，直接实现了从面到面的信息"扁平化"传播。同时，在优酷、土豆等网络视频媒体的冲击下，许多传统电视媒体都开始经营互动电视（IPTV）的新模式。这些新媒体被誉为除报刊、户外、广播、电视四大传统意义上的媒体之外的"第五媒体"，是数字化科技时代传媒变革的集中反映，表明了科学技术成果的运用越来越趋向于大众化，越来越起到推动大众文化消费升级的作用。

目前，传统文化产业所支撑的文化内容仍然是我国文化软实力的重要组成部分，传统文化产业要实现顺利转型，就要与新技术新媒体联姻，探索新的传播渠道，拓宽传统文化产业经营的链条。我国非物质文化遗产是我们现成的文化资源，其中所蕴含的创意思想具有巨大的开发利用潜力。一直以来，我国政府非常重视非物质文化遗产的保护，党的十六大报告明确提出要扶持对重要文化遗产和优秀民间艺术的保护工作。政府还制定了一系列民间传统文化保护的法律法规，形成了行政保护与民事保护相辅相成的机制。然而，对于非物质文化遗产的保护不能仅仅停留在为保护而保护的发展水平，最好的保护方式应该是对其进行合理的开发利用。我们首先要解放思想、实事求是，始终保有敬畏之心，对非物质文化遗产进行沉着、审慎的开发利用，要以"文化+旅游"的方式奠定目前发展的基础，以"文化+科技"的思路寻找未来发展的突破口，特别是要利用新媒体技术，让非物质文化遗产焕发出新的光彩，从而把我国非物质文化遗产价值内核中所暗含的优秀传统文化思想，推向世界，大放异彩。比如，非物质文化遗产相关人及单位应该加强资源整合的力度，与新媒体单位、机构形成战略合作关系，通过互联网、移动电视、手机等传播媒介策划推动民间的戏曲、技艺、绝活等表演艺术产业的发展。

第二，借助科技力量，推动现代文化产业传播经营渠道的转型升级，为我国文化软实力注入新鲜血液。现代文化产业的内容都是由现代科学技术的发展催生出来的，文化的产业化趋势是与现代化一脉相承的，其从生产到传播再到消费的市场化、产业化运作的渠道都在随着科学技术的进步

---

① 参见姜泓《2010年中国微博年度报告发布 逾1.2亿人用上了微博》，载《党政干部参考》，2011年第2期。

不断做出调整，以求实现利益的最大化。

目前，在中国大陆，文化产业的内容日趋欧美化、日韩化，但是作为为文化软实力发力的文化产业的实现渠道却还没有完全形成现代化、科技化的发展态势，与欧美国家相差甚远。就拿电视剧产业来说，美国电视剧的产业化发展早已摸索出了一条投资回报率高、商业运作成熟的工业化、流程化的生产模式。特别值得一提的是，电视剧播出的每一集都会有专门的调查机构（如尼尔森公司）负责调查收视率，并对调查结果进行细致入微的科学化分析，电视台根据分析得到的播出效果确定是否拍摄下一季。① 例如，备受青睐的《绝望主妇》就可以拍到第七季，而一些收视率低的电视剧就会迅速"腰斩"。美剧就是通过如此精确的统计学方法，使创意资源得到最大化利用，使电视剧的投资实现最大化回报。也正是这种科学的方法，他们从美国大众群体中挖掘出渗透美国精神的电视剧，缔造出了扣人心弦、跌宕起伏的故事。于是，像《越狱》这样的故事使得许多中国人通过互联网一集一集地追看，而在这一过程中，美国电视剧产业成功地输出了美国价值观，成为美国文化软实力向中国"倾销"的平台。

近年来，网络视频业兴起，由于突破了播出时间上的限制，优酷网、土豆网等网站已经开始抢占电视产业的资源，有的地方台主动办起了网上视频，有的电视节目也在与大型视频网站开展合作，把电视节目搬到了网上，甚至有的节目的网络点击率之高已经开始威胁到其收视率。而且，现在已经出现了一些随数字化应运而生的网络视频节目，其优点是比电视节目灵活性更强，但是专业化程度还有所欠缺，目前的发展也还比较稚嫩。

深圳的A8音乐集团是一个适应数字化传播特点的文化产业成功案例，其旗下的A8音乐网与中国移动合作，通过付费手机彩铃和铃声下载获得巨大的收益。② 之后A8音乐网迅速成为原创音乐的互动平台，走上了"文化+科技"的音乐传播之路。另外A8音乐网还致力于正版数字音乐的出版，并在探索的道路上获得了巨大的成功，形成了新的音乐生产消费的产业格局。

---

① 何煜：《美国电视剧的产业化运作和营销策略》，载《电视研究》2010年第5期。
② 白明婷：《A8音乐：原创音乐的数字通道》，载《创业家》2009年第11期。

三、优化文化产业法律政策体系,保障软实力的实现

创意经济日益成为我国社会主义市场经济体系的重要组成部分,其发展亟待政府加强公共服务,完善与之适应的法律政策体系。单就从政策的角度来看,根据大卫·赫斯蒙德夫在《文化产业》中的论述,我们知道欧美的电信等文化产业内容起初也经历了较为严格的管控时期,如广播电视业一开始都是作为提供公共服务的文化事业而存在的,到了 20 世纪 80 年代之后,西方的新自由主义兴起,同时为了摆脱经济衰退的困境,文化事业才开始变得更加市场化。①

自进入 21 世纪以来,我国也加大了文化事业改革的力度,开始明确文化事业与文化产业的界限。2003 年,全国 35 个文化单位成为文化体制改革试点单位。2005 年底,中共中央、国务院下发《关于深化文化体制改革的若干意见》,进一步加大了文化体制改革的力度。2006 年,国务院办公厅又印发《国家"十一五"时期文化发展规划纲要》,对文化发展工作作了科学的部署。而党的十七大更提出要兴起社会主义文化建设新高潮、推动社会主义文化大发展大繁荣的战略任务。2009 年出台的《文化产业振兴规划》把文化产业提升到了国家战略产业的高度。政府的高度重视和一系列激励政策的出台,为我国文化产业大发展、大繁荣提供了有力的保证。地方政府也在此基础上制定了一系列扶持和推动文化产业发展的政策。现在应进一步落实国家文化发展战略,营造良好的规范和推动中国文化产业发展的软环境。

一方面,应加大文化创意知识产权保护的立法、执法力度。知识产权的保护是创意产业发展的前提,是提升文化软实力的重要保障。创意版权是文化产业的核心,是文化价值的外在形式,也是文化价值向交换价值转换的前提。中国文化创意产业想要打入世界舞台,特别是欧美的文化市场,必然要与国外文化企业进行文化知识产权交易。中国早在 1991 年就颁布了版权法,随着社会文化的发展,其后又做过调整和修改,现已初步形成了由著作权法、专利法、商标法、版权法等组成的知识产权法律体

---

① 参见 [英] 大卫·赫斯蒙德夫《文化产业》,张菲娜译,中国人民大学出版社 2007 年版,第 123 – 135 页。

系。然而，当下文化消费中盗版猖獗仍是不争的事实。以原创性强的动画为例，长期以来，如果某一角色形象通过动画片获得青少年儿童的喜爱，马上就会有大量的儿童生活方面的侵权"衍生品"出现，如印有卡通形象的书包、文具、童装等等。如果这些创意的衍生领域得到规范和知识产权的保障，就能给创意人才提供更多的就业机会，创造更大的价值。所以，政府要健全文化创意知识产权法律体系，加大知识产权执法力度，从而营造出鼓励文化企业主动创新的良好的环境氛围。同时，政府还要强化政策落实，遏止文化产业同质化的潮流跟风现象，规范文化产业领域"捞一把就撤"的破坏创意产业生态的行为。另外，创意人及创意型企业要提高申请知识产权保护的意识，杜绝"山寨""盗版"猖獗成风的现象，更需要版权所有者主动去争取。

另一方面，应完善文化市场补助激励机制。人类的心态、生存状态是随着交往方式的转变发生变化的，今天的互联网不仅仅是一项科技成果，也不仅仅是一种产业，它已俨然成为人类的一种生活方式，特别是到了web 2.0的时代，互联网终端化、云计算化、去中心化的特点越来越明显，人通过计算机、手机等终端设备参与到各种传媒当中来，好像既是在场的，又是不在场的。而互联网时代的创意人更接近自由职业者，有的甚至时常处在失业与半失业的状态之间，他们中的许多人已经从机械对人的异化中走了出来，已经不是工业社会中的一颗螺丝钉。他们需要灵活自由的生存方式，当然更加需要政府以人为本的激励机制。

提升中国文化软实力，打造中国文化产业的国际品牌是必由之路。然而这个过程不可能靠建设产业园区等硬件设施一蹴而就，更不能完全把希望寄托在少数文化企业身上。国家和地方应该注重软环境的营造，注重对个体创意人和中小企业的培育。文化产业发展成熟的国家和地区都有一套对创意人、中小企业柔性、灵活的多层次、多角度的激励机制。比如，香港特区的艺术发展局就设立了各种不同名目的资助计划，通过支持本地艺术工作者及艺术团体的艺术活动，推动本地艺术发展。首先，要对文化类中小企业进行扶持，最重要的是对其施行科学、可行的减税政策，使其有能力投入资本，进行原创性文化产品的开发。其次，设立原创性的奖项。改变过去只重数量不重质量的激励机制，形成以创意为核心的奖励机制。最后，设立多种多样的文艺资助基金。鉴于一些文艺团体和企业在发展初期带有明显的公益性质，应该设立文艺基金鼓励文艺团体和企业开展公益文化服务，特别是要鼓励有志于文化产业的创意人进行矢志不渝的创意工作。Riptide 是一个深圳的非营利性文化机构，2011 年 10 月 15 和 16 日，在深圳市罗湖区文产办的资助下，他们成功举办了"寻找深圳"系列之梧桐山文化节，活动期间，市民与艺术家积极互动，取得了良好的社会效益。

经过 30 多年的改革开放，中国经济迅速腾飞，已经跻身世界大国的行列，经济、军事方面的硬实力已经取得了卓著的成绩，但是文化软实力、影响力的不足已经成为影响我国国家地位和形象的短板。文化软实力的提升不是一朝一夕的事情，需要通过体制机制的改革和文化产业的振兴来实现。只有加快我国的文化产业发展步伐，注重创新，才能维护我国的文化安全，才能使我国通过软、硬两种实力的并举，真正成为 21 世纪的世界强国。

（发表于《南京社会科学》2011 年第 12 期）

数字创意时代大城市群的文化消费升级

2018年是中国改革开放四十周年,习近平总书记在2018年10月下旬专门到了深圳,作出"改革不停顿、开放不止步"重要指示。他指出:"党的十八大后我考察调研的第一站就是深圳,改革开放40周年之际再来这里,就是要向世界宣示中国改革不停顿、开放不止步,中国一定会有让世界刮目相看的新的更大奇迹。"①

紧接着,习近平总书记2018年11月5日在首届中国国际进口博览会(以下简称"进博会")开幕式发表了主旨演讲,对如何进一步扩大改革开放、更好发挥上海等地区在对外开放中的重要作用作出了重要指示。习近平总书记指出:"中国主动扩大进口,不是权宜之计,而是面向世界、面向未来、促进共同发展的长远考量。中国将顺应国内消费升级趋势,采取更加积极有效的政策措施,促进居民收入增加、消费能力增强,培育中高端消费新增长点,持续释放国内市场潜力,扩大进口空间。"②

习近平总书记的讲话为我们进一步推动文化产业的高质量发展指明了方向。今天我们面临着复杂多变的国际环境和经济形势,也面临着推动中国文化产业进一步提升的历史机遇。我们需要深入研究"数字创意时代大城市群的文化消费升级"这个重要命题。

习近平总书记指出,过去40年中国经济发展是在开放条件下取得的,未来中国经济实现高质量发展也必须在更加开放的条件下进行。中国开放的大门不会关闭,只会越开越大。中国推动更高水平开放的脚步不会停滞!中国推动建设开放型世界经济的脚步不会停滞!中国推动构建人类命运共同体的脚步不会停滞!同时特别讲到消费的问题,说中国将适应国内消费升级的趋势,采取更加积极有效的政策措施,促进居民收入增长,消

---

① 本报评论员:《创造让世界刮目相看的新的更大奇迹——论学习贯彻习近平总书记广东考察重要讲话精神》,载《人民日报》2018年11月3日第2版。

② 习近平:《共建创新包容的开放型世界经济——在首届中国国际进口博览会开幕式上的主旨演讲》,载《中华人民共和国国务院公报》2018年第33号。

费能力增强,培育中高端的消费新增长点,持续释放国内市场潜力,扩大进口空间。①

从宏观角度看,消费升级和扩大进口密切相关,文化消费在这里面起了非常重要的作用。文化消费本身就是消费升级的体现。从首届进博会的内容看,文化和旅游已经成为中国扩大进口、推动消费升级的重要内容。不少文化产品、文化服务和文化贸易项目,在首届进博会上亮相,引起了国内外的广泛瞩目。我们也注意到这样一个现象:中国今天的文化进口、文化产品消费,正在呈现出高端化和广泛化的趋向。文化消费本身就是消费升级的非常重要的一个体现。

从图1我们可以看到中国家庭消费结构这些年的深刻变化。

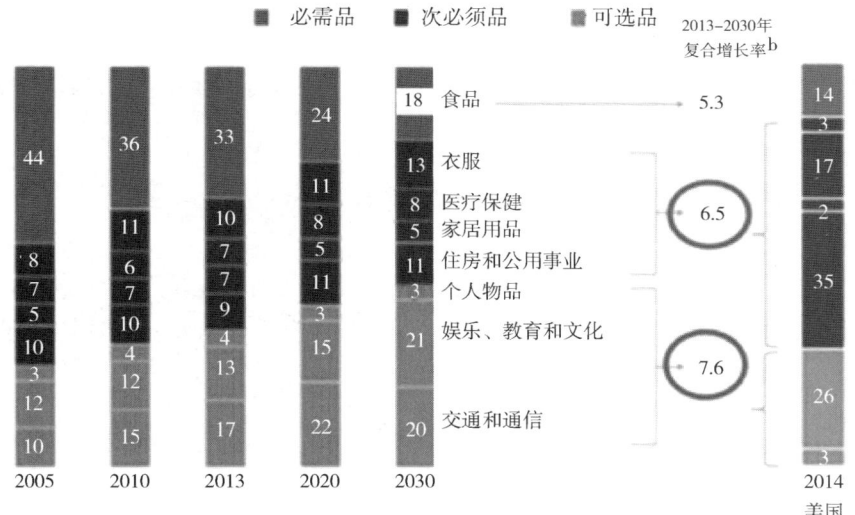

图1 中国家庭消费结构变化情况②

注:a 表由于四舍五入,数字之和可能不等于100%;b 表复合年增长率。
资料来源:Mickinsey、Aliresearch(阿里研究院)整理。

---

① 参见习近平《共建创新包容的开放型世界经济——在首届中国国际进口博览会开幕式上的主旨演讲》,载《中华人民共和国国务院公报》2018年第33号。
② 阿里研究院:《品质生活指南——互联网高端消费橙皮书》(https://www.199it.com/archives/473797.html),引用日期:2019年8月8日。

从 2005 年到 2013 年，再到 2020 年直至 2030 年，中国家庭消费结构的重要发展趋势是：恩格尔系数中，食品消费占整个消费的比重，也就是基本生存所需要的消费比重越来越小。反过来说，个人物品、娱乐教育文化、交通和通信等，包括文化精神产品的消费，所占的比例越来越高。这说明，中国人过去以物质型消费、生存型消费为主的消费结构，正在向发展型消费、享受型消费为主的消费结构转变，我们文化产业的发展应该把握到这样一个巨大的变化趋势。从图 1 中也可以看出：美国的个人物品、娱乐教育文化、交通和通信等，包括文化精神产品的消费，所占的比例占 30% 以上，中国的消费结构正在逐步逼近这一比例，中国人的消费结构正在呈现与美国趋同态势，而且，中国人的个人物品、娱乐教育文化、交通和通信等，在 2013—2020 年的年均增长率达到 7.6%，增长速度为第一位，明显超过食品消费的增长率 5.3%，也超过了衣服、医疗保健、家居用品及住房和公共设施消费的增长率 6.5%，正在逐步逼近美国的消费增长比例结构和年均增长率。中国人消费结构的变化，将会对整个社会的产业结构等产生深远的影响。

一、大城市群文化消费升级的重要性

为什么要从大城市群的角度来强调推动文化消费？长江三角洲、大湾区等大城市群在推动文化消费方面要发挥什么样的重要作用？我们需要采用一个独特和深入的视角来进行分析。

（一）国家层面对文化消费日益重视

芒福德说："城市是文化的容器。"文化以城市作为主要载体。从中国和世界范围看，当然有乡村文化等形态，还有一些比较原始的文化形态。但是今天文化产业的发展、文化的集聚、文化贸易的开展、软实力的提升，更多地体现在城市。而大城市群在其中发挥了更加重要的集聚和引擎的作用。近年来，在国家层面，中央政府部门对文化消费日益重视，2016 年 4 月，文化部联合财政部专门发布了一个《关于开展引导城乡居民扩大文化消费试点工作的通知》，2016 年 6 月和 2017 年 2 月分别发布了首批第一次、第二次共 45 个国家文化消费试点城市。2018 年 6 月，第一批国家文化消费试点城市奖励计划发布，全国有 20 个城市上榜。分为两档：北京、长春、南京、宁波、长沙、重庆等10个城市为第一档，奖励金额为每个城市20万元；天津、苏州、郑州、惠州、成都等10个城市为第二档，奖励金额为每个城市12万元。奖励金额虽然不多，但实际上是一个很好的导向，也是一个很有力的促进。

2018年9月，中共中央、国务院出台了《中共中央 国务院关于完善促进消费体制机制 进一步激发居民消费潜力的若干意见》[①]，提出以消费提质升级助推高质量发展。从长远看，促进消费提质升级，是适应中国经济转向高质量发展、促进居民消费从"有没有"向"好不好"跨越的必然要求。在国务院办公厅发布的《关于进一步扩大旅游文化教育健康养老教育培训等领域消费的意见》中，提出要进一步放宽包括文化、旅游、体育在内的七大服务消费领域的市场准入，并且要求中央宣传部、文化和旅游部、国家文物局、国家发改委、财政部等按照职责分工负责文化领域消费升级的工作开展[②]。2018年颁布的《外商投资准入特别管理措施（负面清单）》（2018年版），逐步缩小了其中的负面清单内容，从63条减少到48条，包括在文化产业领域进行了扩大外商准入的探索。《自由贸易试验区外商投资准入特别管理措施（负面清单）》（2018年版）从95条减少到45条，在文化产业领域进一步推动对外开放的先行先试。凡是涉及文化、旅游、体育在内的，能够放开的，我国都将逐步予以放开。这次上海举办的首届进博会就是一个非常重要的信号，在国内外引起了广泛的好评。

（二）依靠文化消费拉动内需日益重要和紧迫

我们都知道推动经济增长的"三架马车"：投资、出口、消费。中国经济近年来进入了新时代，形成了从高速增长到高质量增长的新常态。现在中国经济的"三架马车"面临不同的处境：首先是投资，当然会继续扩大，但是投资总是有一个限度的，而不可能无限制地修铁路，无限制地建高楼，无限制地推动新型城镇化包括房地产的开发，投资和建设都有一

[①]《中共中央 国务院关于完善促进消费体制机制 进一步激发居民消费潜力的若干意见》（https://www.gov.cn/gongbao/content/2018/content_5327455.htm），引用日期：2019年8月8日。

[②]《国务院办公厅关于进一步扩大旅游文化体育健康养老教育培训等领域消费的意见》（https://www.gov.cn/gongbao/content/2016/content_5148756.htm），引用日期：2019年8月8日。

个规律和限度。其次是出口，中国经济对外贸的依存度很高，但是近年来由于中美贸易摩擦的关系，整个中国的对外出口实际上面临着巨大的挑战，有些出口市场规模有所下滑，需要拓展新的市场来消化我们巨大的产能。中国推动高新科技的发展，包括《中国制造2025》，实际上也面临着一些国家的压制和对抗，这是一个不言而喻的现实。在这样的情况之下，"第三架马车"——消费就成了拉动整个经济发展的重要引擎。而推动消费升级从解决中国新时代主要矛盾的意义上来说，也是非常重要的。习近平总书记指出："我国稳定解决了十几亿人的温饱问题，总体上实现小康，不久将全面建成小康社会，人民美好生活需要日益广泛，不仅对物质文化生活提出了更高要求，而且在民主、法治、公平、正义、安全、环境等方面的要求日益增长。同时，我国社会生产力水平总体上显著提高，社会生产能力在很多方面进入世界前列，更加突出的问题是发展不平衡不充分，这已经成为满足人民日益增长的美好生活需要的主要制约因素。"[①]主要矛盾决定大时代的阶段性质，也关系到党和国家事业发展的全局。人民生活需要从不停止在同一个水准上，而是"水涨船高"；人民期待不断提升生活的"美好度"，不断增强生活中的获得感、幸福感、安全感。今天中国老百姓对于美好生活的需要，比过去要求更高了，所以依靠文化消费拉动内需就显得更加重要和紧迫。2017年，消费对中国经济增长的贡献率创造了16年来的新高。2018年上半年，服务业对经济增长的贡献率达到60.5%，比上年同期增长了1.4%；最终消费支出对经济增长的贡献率达到78.5%，比上年同期提高了14.2%。[②] 这些都说明，依靠消费来拉动内需，发挥消费对高质量发展的促进作用，正在变得越来越重要，而且效果越来越显著了。

（三）大城市群是文化消费增长的核心区域

在各个层面不同形态的城市和乡镇中，大城市群是推动文化消费增长、促进文化产业高质量发展的核心区域。根据《中国文化消费指数

---

① 习近平：《决胜全面建成小康社会 夺取新时代中国特色社会主义伟大胜利》，载《人民日报》2017年10月28日第1版。
② 《发展改革委就宏观经济运行情况举行发布会》（https://www.gov.cn/xinwen/2018-07/17/content_5307416.htm#1.），引用日期：2019年8月8日。

（2017）》，2017年中国男性的文化消费综合指数首次超过女性，18～25岁居民的文化消费意愿和水平指数是最高的。① 相比较而言，"90后""00后"出生的青少年一代对文化消费的需求最旺盛，他们对新型的消费形式最容易接受，他们实际上产生的文化消费支出也最多。他们已经成为中国文化消费的主力军。

2018年11月29日—12月2日在上海举办的首届长三角国际文化产业博览会和论坛，具有标志性的意义。从区域的角度来说，北京、上海、浙江、广东、天津、江苏、山东的文化消费综合指数连续五年位居国内前十，而且这7个省市全部在中国的东部地区，其文化消费的综合指数，在全国具有举足轻重的引领作用。而东部的长三角地区就包括了上海、浙江、江苏等重要的省市。所以，以上海为中心的长三角城市群的文化消费潜力是非常巨大的。以电影为例，去年全国电影票房最高的十大城市，长三角就占了4个，包括上海、杭州、苏州和南京，整个长三角地区文化产业消费的需求非常迫切。2017年全国城市电影票房排行榜上共有9个城市的电影票房收入超过10亿元，其中排在最前面的5个城市分别是上海、北京、深圳、广州、成都。上海和北京的电影票房收入分别为32.8亿元和32.2亿元，分别占全国电影票房的6.29%和6.15%。2017年，上海、北京、广州、深圳这四大一线城市的电影票房收入共计106亿元，占全国电影票房总收入的18.96%。由此可见，大城市群对拉动中国文化消费包括电影票房具有巨大的作用。从中国社会阶层的变化来讲，大城市群的未来文化消费也有进一步提升的空间。根据全球领先的市场调查机构欧睿信息咨询公司所做的研究和根据国家人口发展战略研究：到2020年中国人口将达到14.5亿。这样，再过10年我国的中产阶级人数将达到总人口的48%以上，而这些中产阶级主要分布在大城市当中。如前面图1所示，中国人群的消费结构正在与美国的消费结构趋同。其中，富人阶层不需要消费升级，他们的消费层次本身就很高了；工薪阶层没有更多的钱进行消费升级，他们依然更加重视性价比和消费品的功能；只有大城市群中崛起的中产阶级，才是推动文化消费增长的核心人群。

---

① 参见人大文化产业研究院《2017年度中国文化消费指数发布!》，（https://mp.weixin.qq.com/s/vo7DwtpF9rRoaV4JaKwo1g.），引用日期：2019年8月8日。

二、把握数字创意时代文化消费新特征

（一）内容：创意和审美消费含量提高

要推动数字创意时代大城市群的文化消费升级，必须不断提升创意和审美的消费含量。整体上讲，现如今人们的消费观念和活动日益呈现出从文化消费向创意消费、审美消费发展的态势。过去人们认为：文化消费就是有电影看，有书看，有电视看，有一个旅游假期可以让人出去旅游就可以了。但是今天，我们发现老百姓的文化消费需求更高了，他要看更精彩的电影，阅读更高质量的书，欣赏更精彩的演出，体验更有震撼力的视听，要到更美妙的文化旅游景点去消费。老百姓希望通过审美消费，也就是富有美感、创新意味的商品和服务，使自己身心倍加愉悦。所谓审美消费，就是消费者为了满足自身的审美欲望而购买、使用产品的一种经济活动。它以具体的形象和商品为依托，通过消费富有美感的商品而使得人们获得心理上的愉悦。相比较而言，审美消费是人类社会发展到较高阶段的一个主要经济活动，也是推动数字创意时代大城市群文化消费升级的重点。

（二）方式：数字化文化消费是主流

我们正处在一个数字技术突飞猛进的时代，特别是物流网、人工智能、虚拟现实等数字技术是未来文化消费改革的根本与关键。与传统的物质化消费相比较，数字时代背景下的文化消费已经呈现出碎片化、沉浸式、延伸式、社交化和虚拟化的鲜明特点。人们通常将数字技术描述为把信息、声音、文本、数据、图片、影像，编码成一系列通常被表现为0和1的断续的脉动。文化科技从"选择性介入"走向"整体融合"，为文化创新驱动力奠定了坚实基础。在技术更迭迅速的时代，数字化技术以高频率的速度促使传统产品转换成为深受消费者喜爱的新产品。当数字技术快速扩散后，产生了大量新兴业态，推动文化产品实现了由初级到高级的转变。数字化技术改变了文化产品的生产、存储、传播方式，也改变了人们的基本文化消费形态。文化产品和服务消费的数字化成为不可阻挡的发展潮流。电子图书已经悄然改变了图书产业的结构，从写作到出售再到阅

读，全部可以通过数字化技术在互联网或移动终端上进行。又比如，数字图书的阅读消费方式与现代人快节奏、信息化、网络化的生活方式不谋而合，移动阅读端是数字阅读的重要通道和载体。阅文集团旗下的QQ阅读，通过App的限时免费阅读，从文化消费方式来讲是一个巨大的革新。数字化的文化消费正在成为当今中国社会的主流。

今天18～25岁的社会群体，即"00后""90后"的年轻一代，其文化消费习惯基本上是基于数字化建立的，可以说是数字化生存的一代。他们从小形成的习惯就是这样的。我在深圳大学任副校长的时候曾经说到，我们大学里一些学生画出来的动漫作品，非常像日本和韩国的动漫形象，这与他们小时候日常接触和消费日韩动漫作品有很大的关系。所以，今天这种数字化技术，包括互联网、人工智能和虚拟现实技术的发展，和未来的文化消费变革密切相关；同时，今天的消费已经日渐呈现出与数字化相关的碎片式、沉浸式、延伸式、社交式和虚拟式的趋势。也有人说，数字消费的文化产业是我们的新兴产业，其以数字技术和互联网为基础，已经占到新的文化产业增长量的80%，这是一个非常值得注意的现象。数字创意产业是新兴数字技术与文化创意产业融合而产生的一种新兴业态。近年来，随着供给侧改革的持续深入，经济结构的不断调整与优化，中国数字创意产业也进入了快速发展期。随着科技的不断发展、人民对美好生活需要的日益增长，数字创意在文化消费中的参与越来越频繁，数字文化消费投入也越来越多。数字技术为文化消费带来多重机遇，也使文化消费呈现碎片、虚拟、社交、延伸、沉浸等特征。数字创意在提高人民生活品质的同时，也为提升文化消费价值提供了重要路径，具体呈现为"数字＋创意""集聚化＋分众化""UGC（用户原创内容）＋PGC（专业生产内容）"和"传统＋现代"等几重叠加的发展路径。

（三）群体：文化消费分众化特征突出

随着文化市场的激烈竞争，各种新型的文化娱乐形态在年轻一代的消费群体中，受到越来越多的青睐。我们讲要重视18～25岁的消费群体，其实在这其中也有文化消费的分众趋势。一个文化产业公司研发的产品，必须考虑面向的消费者群体及其消费需求和特点。比如说现在二次元的消费，多聚焦于十几岁的孩子、二十多岁的年轻人。又如，现在风起云涌的电竞消费，呈现出巨大的市场潜力，成为未来文化消费的一个重要趋势。

再比如，文化科技融合带来的沉浸体验创造新的消费需求，拓展了现有的文化消费市场，打破了原有的文化产品壁垒，促使原有文化产品更新换代。数字化文化产品具有非毁坏性、传播速度快、可复制性、可变性等诸多特性。电影、舞台剧通过数字化技术升级观众的感官体验，促使消费者的需求不再停留在浅层视听层面，更追求更深入的沉浸体验与文化内涵，这对文化产品的制作、文化消费的审美思维、文化市场的传播方式有着巨大的影响。分众化的趋势，包括二次元消费、电竞消费、直播消费、知识消费、偶像消费、粉丝消费、网综消费、网文消费等，每一种文化消费形式都有自己的消费群体，形成一个个圈层结构。

在这次上海举办的盛大的长三角国际文化产业博览会上，从深圳来了一个年轻的团队，由广东省委宣传部委托深圳大学举办"文化产业与新媒体后备人才培训班"的30位非常优秀的学员组成。他们专程到上海参加长三角国际文化产业博览会，同时借以考察上海的文化产业，重点参观了张江文化产业园、阅文集团、喜马拉雅FM、哔哩哔哩等优秀园区和文化企业，获得了非常丰富的体会。今天成千上万的年轻人，可以通过阅文集团、喜马拉雅FM、哔哩哔哩、沪江等获得空前巨大的知识型消费、发展型消费产品。许多人包括白领在"沪江"上订阅和学习外语课程，为自己的未来而投资，这就是发展型消费。这在过去是不可想象的。中国的年轻人不但接受了这种新型消费产品，而且通过与无数人分享自己的思想赢得更多的粉丝，从而占据更多的市场份额，这充分说明中国的文化消费已经到了一个更高的精神层次。现在，人们不一定要到现场的景点旅游，也不一定要到电影院去看一场电影，足不出户从网络上就可以获得海量的思想和精神享受，越来越多的人愿意为此付费。互联网把丰富的知识消费产品集聚到一个平台，给人们提供更多的知识大餐，这些创举已经成为推动文化消费升级的重要内容。有鉴于此，学界和业界需要进一步研究和探索怎样通过大数据、互联网、人工智能等技术对各类数据加以分析处理，以推动分众文化消费的个性化、国际化和时尚化，找准消费群体的兴趣点、提高黏着度。这是文化企业发展中的新机遇，也是数字创意时代大城市群文化消费升级所面对的新课题。

（四）空间：文化消费呈现国际化特征

中国的文化消费呈现出越来越强烈的跨区域和国际化的特征。这次在上海举办的长三角国际文化产业博览会，是长三角地区上海、江苏、浙江、安徽四地文化产业之间的跨区域联合，具有鲜明的国际化特征。实践证明，要推动数字创意时代大城市群文化消费升级，必然要进一步加强国际化的趋势。

《中国服务进口报告2018》显示：2001—2017年，中国个人文化和娱乐服务进口从0.5亿美元增加到27.5亿美元，增长了55倍。2001—2017年，中国旅行服务进口增长了18.3倍，年均增长20%，占服务进口总额的比重从35.4%增加到54.5%。2012—2017年，中国对世界旅行服务进口增长的贡献率为56.3%，居世界第一位。这说明数字创意时代大城市群文化消费升级仅仅依靠本地的文化出品和服务供给是远远不够的，需要开发和进口全世界的优质文化产品和文化服务。每逢中国学生的暑假和寒假，全世界的各大旅游景点，到处都可以看到成群结队的中国人，这就是中国扩大旅游进口规模的直观表现。再从文化产业的出口角度看，中国已经成为一个文化出口的大国，但是中国文化产品出口的结构需要调整，目前，文化出口的主要产品仍然是劳动力密集型的中低端产品，仍然是以物质性的文化装备用品和文化工艺品为主。未来更需要把富有中国特色的高端创意文化内容输出到世界的舞台上，推动更多的中国文化精品走向世界。

三、推动高质量文化发展和文化消费的思考

推动数字创意时代大城市群的文化消费升级，正面临着难得的历史性机遇。关于如何进一步提升文化消费，笔者提出以下四点建议。

（一）进一步推动文化产业供给侧改革

2018年8月21至22日，习近平总书记在全国宣传思想工作会议上提出："要推动文化产业高质量发展，健全现代文化产业体系和市场体系，推动各类文化市场主体发展壮大，培育新型文化业态和文化消费模式，以高质量文化供给增强人们的文化获得感、幸福感。"[1]

---

[1] 张洋、鞠鹏：《习近平在全国宣传思想工作会议上强调：举旗帜聚民心育新人兴文化展形象 更好完成新形势下宣传思想工作使命任务》，载《人民日报》2018年8月23日第1版。

从宏观角度看，中国文化产业结构上存在不少弱点，包括：低层次的文化产品和服务供给过剩，具有核心竞争力的文化产品供给不足，忽视文化消费需求和国际文化消费市场，文化企业总体实力普遍偏弱，文化产业的区域发展很不平衡，等等。

近年来，从政府到企业界，越来越关注文化产业的供给侧改革。为什么呢？因为文化消费和其他的日常物质产品消费有一个巨大的差异和根本的区别，即文化消费是以高端的创意生产来激发消费的，这是文化消费的一个特点。一件室内建筑材料作为商品，如果有瑕疵或者色彩陈旧了，可以折价处理，用在低端的室内装潢方面。但是文化产品和服务如果出现这种情况，则很难实现其社会和经济效益。所以，提升文化产业的供给侧改革非常重要。

文化消费的另一个特点是"生产创造消费"。比如，微信没有产生的时候，谁也没有想到它在今天会有这么大的用户数，创造出如此巨大的市场，汇聚了如此众多的产品，变成这样一个海量规模平台。又比如，在电影《战狼2》没有拍出来的时候，谁也不会想到它竟然会创造56亿多元人民币的电影票房。这说明文化产品的消费，并非一个刚性需求的消费，其发展具有巨大的弹性空间和潜力。随着今天中国社会的物质消费水平的提高，人们对文化消费提出了越来越多的需求，但是这种消费市场的特殊性在于，只有创造出高端的文化产品和服务，才会激发高端和大规模的文化消费，才能产生像《战狼2》这样56亿多元的票房。从长三角到粤港澳大湾区，大城市群文化消费升级面对的问题是：低层次的文化产品供给太多，形成了大量的低端供给、过剩供给、无效供给、"僵尸"供给，而具有核心竞争力的优质文化产品供应严重不足。

今天中国电影在放映时都会配有英文字幕，但是回想十年前，笔者在美国通过观察发现，其电影院放映的中国电影，即使是中国著名导演的作品，也没有配上英文字幕。现在这个问题已经解决了，但是中国电影的国际竞争力还没有获得整体提升。中国文化企业航母还不是很大，全国文化企业30强与发达国家的文化产业跨国公司相比，在规模体量和核心竞争力、产品业态等方面，还有巨大的提升空间。从全国看，区域之间文化产业的发展也不平衡。上海和长三角地区、深圳和珠三角地区等的文化产业发展总体很好，但是许多中西部省份和城市的文化产业远远不尽如人意。这就需要激活高质量的文化供给体制和机制，包括进一步释放中小微企业文化供给的实力。腾讯刚开始在深圳创办的时候，也只是一个三五人的小公司，现在已是市值约4万亿港币的世界级超级企业。而中国的电视动画片，年产量曾经达到28万分钟的规模，之后逐步回落，现在年产量11万分钟，仍需催生精品。所以，必须把提质增效作为文化产业发展的主线，进一步发挥市场机制的作用，鼓励多出精品，增强优质文化产品的供给。

（二）运用"文化消费+"模式推动跨界消费

文化产业领域正在形成一个模式共识，那就是"跨界"。文化是一个非常具有黏性的概念，它可以和很多的产业形成跨界融合。2014年10号文《关于推进文化创意和设计服务与相关产业融合发展的若干意见》，很早就提出鼓励文化产业和制造业、信息产业、建筑业、旅游业、农业、体育休闲产业等开展跨界融合，以及加强文化产业门类内部的融合。我们要充分发掘优势资源，打破传统文化消费的闭环，推动"文化+旅游""文化+体育""文化+养老""文化+互联网""文化+农业""文化+商业""文化+电子设备"等跨界的文化消费。以餐饮为例，今天很多高品位的餐厅，为顾客提供的已经不仅仅是饮食，重点转向了对"精神食粮"的提供。有些高价位的餐饮费用当中，至少50%是付给文化消费的。但是顾客乐于接受，因为他在就餐过程中获得了更好的消费体验。我曾经指出，数字创意时代大城市群文化消费升级有五重跨界：内部有跨门类、跨要素的跨界，外部有跨地域、跨行业、跨文化的融合。表面上看是做"加法"，实际上是做"减法"，就是减去各个行业的边界、壁垒，推动跨界融合、产业协作，并且通过边界融合而产生很多新的公司。今天，腾讯变成市值近4万亿港币的世界级超级企业，其每年孵化营业额超过亿元的公司有十几个。腾讯已经不单是一家互联网公司，还有腾讯游戏、腾讯文学、腾讯影业、腾讯体育、腾讯旅游、腾讯电竞等，产生了大量的跨界经济形态。

（三）不断激发文化消费的新热点

推动数字创意时代大城市群文化消费升级，必须突出区域性的重点，激发文化消费的新热点。腾讯在2019年4月22日提出了"新文创"战略，这是在文化维度上的一次全新战略布局。根据标准排名研究院颁布的"中国城市新文创活力排名"，成都、北京、杭州、上海、深圳、广州、西安、天津、苏州、重庆等位列前十，说明中国城市的文化消费新热点在不断产生，越来越多的二线城市成为新的文化消费热点区域。我们今年夏天到成都和长沙调研，发现这两个城市的文化消费非常旺盛。从深层次上说，互联网思维和互联网经济逐步减弱了区域之间文化消费的落差，即使一个小规模的镇街，也可以通过互联网开创多元化的文化产业。今天我们不仅要创造更多的文化消费热点城市，而且还要创造更多的文化消费热点领域，让不同区域的消费者既能通过信息技术等产生共性文化消费，也能培育各自的个性文化消费。

（四）顺势而为，坚持正确的文化供给导向

推动数字创意时代大城市群文化消费升级，始终坚持一条红线：不忘初心，坚持以满足人民群众日益增长、不断升级和个性化的精神文化需求为出发点，以弘扬和践行社会主义核心价值观为导向，坚持社会效益优先的价值准则，实现社会效益和经济效益相统一。要坚持文化产品的社会效益和社会价值，引导社会大众能够向着更高的精神形态追求，这是发展文化产业的一个基本尺度。在当前的文化消费当中，在多元化的形态中也出现了一些良莠不齐的现象，甚至出现了一些负能量的文化消费。政府已经从政策层面注意到并从法规层面加以规范和引导，包括对直播产业、明星经纪、高片酬与低质量的影视生产等进行治理整顿。这种依法依规的有效管理，应该和激发市场活力有效结合起来，从而推动中国文化产业和文化产品向更高质量发展。

[发表于《上海文化产业发展报告（2020）》，上海人民出版社、上海书店出版社2020年版]

数字文化产业视野下的传统文化创新

党的十八大以来，习近平总书记高度重视文化建设并作出系列重要讲话，为社会主义文化强国建设擘画方向、把舵领航。文化创新作为其中关键议题，不仅是推动文化高质量发展的关键动能，也是增强文化自觉、坚定文化自信、最终建设社会主义文化强国的主要途径。习近平总书记曾在多个场合明确指出，要深入挖掘、继承中华五千年文明中的精髓，坚持将马克思主义立场与弘扬优秀传统文化相结合，大力推动中华优秀传统文化的创造性转化和创新性发展。这些重要论述，为我们在新时代开展传统文化创新工作指明了方向。

近年来，我国数字文化产业迅猛发展，文化产业各细分领域与数字化实现深度融合，这既对中华优秀传统文化创新提出了新要求，也为之营造了更好的发展环境。本文将就此展开分析，阐述中华优秀传统文化创新的时代意义，探索传统文化创新路径，并对进一步推动传统文化创新所需处理的三个关系作出初步思考。

一、传统文化创新是坚定文化自信的重要途径

习近平总书记在党的十九大报告中指出，要"坚定文化自信"，"坚持中国特色社会主义文化发展道路，激发全民族文化创新创造活力，建设社会主义文化强国"①。文化自信是一个民族、一个国家以及一个政党对自身所蕴含的文化价值的理性审视和积极践行，并对其文化的生命力葆有坚定信心和发展期望。坚定文化自信，是事关国运兴衰、维护文化安全、提升民族精神独立性的重要议题，是文化自我觉醒、文化责任担当的充分体现，由此凸显出中国特色、中国风格、中国气派的文化根基与精神涵养。

构建文化自信需根植于中国传统文化深厚的土壤，弘扬传统文化对提

---

① 《习近平谈治国理政》（第三卷），外文出版社2020年版，第32页。

高国家文化软实力、文化影响力具有重要意义。传统文化承载着一个民族、一个国家的精神与灵魂，架起连接历史与未来的精神桥梁。只有当构建起属于中华民族的文化思想价值体系，并以此带领中国在国际舞台上占有一席之地时，才能培养出坚实的民族力量和强大的文化自信，实现中华民族伟大复兴的中国梦。习近平总书记强调："只有坚持从历史走向未来，从延续民族文化血脉中开拓前进，我们才能做好今天的事业。"① 因此，我们要努力传承中华传统优秀文化，紧跟数字时代步伐推动文化创新，彰显中华文化独特魅力，提高中国文化国际影响力。

博大精深的中华优秀传统文化在经历了数千年洗礼后仍散发出蓬勃的生命力，其中蕴含的思想精髓、道德理念和人文价值为发展当代中国特色社会主义文化提供了内在滋养。正如习近平所说，中国传统思想文化"体现着中华民族世世代代在生产生活中形成和传承的世界观、人生观、价值观、审美观等，其中最核心的内容已经成为中华民族最基本的文化基因。这些最基本的文化基因，是中华民族和中国人民在修齐治平、尊时守位、知常达变、开物成务、建功立业过程中逐渐形成的有别于其他民族的独特标识"②。而在传承传统文化的过程中应顺应时代趋势，推动创新发展。我们要"坚持古为今用、以古鉴今，坚持有鉴别的对待、有扬弃的继承"③，要以理性的态度"去粗取精，去伪存真"④，将阻碍社会进步的消极因素剔除，对仍有时代价值的内涵思想加以改造，积极与数字化相融合并赋予传统文化新的表达方式。推动中华优秀传统文化创造性转化与创新性发展，是增强民族自豪感、提升文化自信的重要途径。

二、传统文化的数字化创新路径

对中华优秀传统文化进行创造性转化与创新性发展，应拥抱数字技术

---

① 习近平：《在纪念孔子诞辰2565周年国际学术研讨会暨国际儒学联合会第五届会员大会开幕会上的讲话》，载《人民日报》2014年9月25日第1版。
② 习近平：《在纪念孔子诞辰2565周年国际学术研讨会暨国际儒学联合会第五届会员大会开幕会上的讲话》，载《人民日报》2014年9月25日第1版。
③ 《习近平谈治国理政》（第二卷），外文出版社2017年版，第313页。
④ 习近平：《在纪念孔子诞辰2565周年国际学术研讨会暨国际儒学联合会第五届会员大会开幕会上的讲话》，载《人民日报》2014年9月25日第1版。

创新,以 IP 化和科技融合创造高质量的文化内容;融合多元数字媒介,采取精准分发策略到达目标受众,提高传播效率;借助网络圈层与数字场景丰富视听体验,增强用户黏性,以此释放巨大消费潜力;通过区块链技术打造虚拟商业空间及数字藏品新形态,赋予传统文化新的时代表达,加强版权保护。同时,坚持马克思主义基本原理同中国具体实际相结合、同中华优秀传统文化相结合,结合数字技术,激发传统文化呈现出古为今用、创意夺目、开放包容的局面,建立具有中国特色的话语体系、文化体系,为深入推进人类文明新形态提供新思考。

(一) 数字化生产:IP 全链路与新技术融合

传统文化在数字化生产中主要以两种形式表现。第一,利用数字化载体表达传统文化内容与思想,比如中国传统戏曲、相声表演、非物质文化遗产等文化作品,由之前的现场观演转为新兴的电影、音频、短视频、长视频等数字内容,并通过线上形式传递给观众;或融合虚拟现实(VR)、增强现实(AR)、人工智能(AI)、全息投影等高新技术,注重传统文化的数字创意表达,增强沉浸感和体验感。第二,传统文化元素为数字化产品赋能。受工业化时代的大批量、标准化生产所带来的影响,当前众多数字化产品依旧同质化严重。很多生产者尝试在数字产品中加入传统文化元素,生产出具有"中国风"特色的创意产品,使其与其他同类竞品形成差异化;同时结合线下生产,拓宽产业链,并以"跨界融合"打造宣传热点。

以往传统文化的传承主要依靠"记录—保存—展示"的方式,以保护和复原为主,内容形式单一。静态化的发展无法吸引当代消费者的兴趣,与现代文化市场需求严重脱节。而数字化生产通过 IP 化和技术融合使传统文化实现"活态"发展,各类创新业态层出不穷。

IP 化能推动传统文化内容和思想形成独特且具有影响力的原创概念或文化符号,继而在网络视听、电子游戏、网络文学等相关数字内容领域延伸扩展,使传统文化打破以往传承形式单一的藩篱,呈现出多种艺术表达方式。同时,在 IP 跨界联动的过程中更易碰撞出艺术创作灵感,赢得年轻受众的喜爱。例如,腾讯集团打造敦煌文化 IP,不仅与敦煌研究院合作制作了《王者荣耀》中的"遇见飞天"皮肤,还延伸至音乐、影视等领域,邀请韩红合作敦煌风主打歌《遇见飞天》、联合出品《敦煌:生而传奇》纪录片等,让敦煌文化以观众喜闻乐见的方式多维度展现。再如,网络影视作品《庆余年》故事情节引人入胜,并在人物对话中融入大量中国古典诗词,让传统文化知识变得生动有趣,从而迅速成为现象级IP。影视剧的火热播出使得原著小说再次受到追捧,在线阅读小说人数增长了约50倍①,其同名手游、电子有声书及网络影视剧《庆余年2》也随即开发上线。当下数字化文化产业对传统文化进行IP化开发的成功案例不断涌现,他们通常提取传统文化符号价值并采取IP全链路运作,促使传承方式创新化、多样化发展,延长了传统文化精品IP的热度。

随着5G、VR、AR、AI等数字技术的不断革新,传统文化内容不再局限于以网络文学、网络影视、数字音乐等数字形式为载体,而是借助新互联网技术背景下涌现的数字虚拟人、沉浸式文化等新兴业态,探索更加沉浸、交互的数字内容体验。次世文化于2020年推出的超写实虚拟KOL(Key Opinion Leader)"翎"便融合了中国风的特色——在最初设计虚拟形象时参考了京剧梅派青衣形象②,具有极强的传统文化属性。作为跨次元国风虚拟偶像,"翎"多次参与和中国传统文化相关的活动,于2021年初登陆央视舞台参加国风选秀综艺《上线吧!华彩少年》③,虚拟技术加持下的国风偶像让传统京剧国粹焕发新生。此外,2022年在广西南宁举办的《清明上河图》科技艺术沉浸特展中,采用全息AI投影、动作捕捉等技术让画中1300多个静态人物按预设轨迹动了起来,并通过VR技术、智能可穿戴设备等让观众体验明朝苏州城迎亲嫁娶、金莲走索、校场射箭等活动④。该展览运用新数字技术营造出全浸入式的古代文化艺术氛围,带领观众穿越到明朝领略苏州城的盛世景象。传统文化在技术赋能下开辟出更加多维的创意空间,使社会大众的文化艺术体验不断升级。

---

① 参见中国社会科学院文学所"网络文学发展研究报告"课题组《2021中国网络文学发展研究报告》(https://baijiahao.baidu.com/s?id=1729528791367147506&wfr=spider&for=pc),引用日期:2024年7月23日。

② 参见毕媛媛《揭秘虚拟人出炉记:拥有经纪人、规划世界观,就像是打造真人偶像一样》,载《每日经济新闻》2022年5月17日第5版。

③ 参见杨松《次世文化破圈》,载《21世纪商业评论》2021年第12期。

④ 参见李志雄《清明画卷动了 文旅业态活了》,载《广西日报》2022年4月15日第8版。

(二) 数字化传播：多元视听媒介与精准分发

传统的传播方式多局限于线下，因此传播范围有限、成本高，且多为从生产者到消费者的单向传播路径。互联网的飞速发展使得传播方式发生翻天覆地的改变，数字化传播具备范围广、效率高、双向交流等特征，因此解决了过去观众"看不懂""找不到"传统文化内容和资源的困境。数字化传播通过大数据、人工智能等新技术，分析用户历史数据并按标签对用户和内容进行分类，促使传统文化艺术和目标受众群体实现快速精准的匹配；同时，趋向多媒体化发展的媒介具备直观具体的表达方式，传统文化因此得以简单有趣的形式呈现，有助于在普通大众中推广传承优秀传统文化艺术。

以往的传统文化艺术只能依靠书本杂志、电视广播等传统媒介或以演艺剧院、博物馆、传承基地等线下面对面的形式进行传播，因形式较为严肃正式，且传承内容注重专业性、完整性和原真性，故普通受众接受程度有限，传统文化知识无法得到大面积推广普及。而数字化时代，多元的视听媒介表达方式简单直接，降低了受众门槛，由此拉近了传统文化与普通大众之间的距离。一方面，数字内容由最初的文字、图片转为以视听媒介为主要发展阵地。传统文化内容也由之前的图文描述转向更为直观的多媒体呈现，丰富的视听效果充分调动观众的感官系统，吸引用户注意力。另一方面，晦涩难懂的传统文化知识通过视频展示或语音解说的形式变得通俗易懂，以故事情节、场景化展示增强代入感，结合音乐、滤镜、特效等剪辑功能增添趣味性。许多非遗文化的推广和普及就借助数字化视听媒介从"鲜为人知"到"家喻户晓"。越来越多的非遗艺人加入抖音、快手等短视频平台，以简单快捷、生动有趣的互动方式分享相声、昆曲、皮影戏、油纸伞等传统文化艺术，将古老的文化艺术打造成人人都懂的新时尚。例如，盘纸手艺传承人严美娟通过短短 15 秒的抖音短视频就能展示一件盘纸小饰物的做法，其中包括剪、卷、捻、拼等多道复杂工序。再如，"90后""孟津剪纸"代表性传承人畅杨杨与网友在评论区、直播中互动时满足其个性化需求，按网友提议剪出冰墩墩、皮卡丘、甄嬛小像等年轻人喜爱的形象并推出相关剪纸教程短视频，对网友创作的剪纸作品进行"作业批改"，让观众在简单易懂的互动交流中学会剪纸。多媒体化的数字媒介通过生活化、娱乐化的表达方式让观众不再抵触古老久远的文化艺术，使其积极参与互动、创作、传播等活动，为传统文化的创新与传承迈进关键一步。

以往传统文化以传承保护为主，传播渠道资源有限、分发效率低。喜爱传统文化的受众囿于时效性低、空间距离遥远及信息不对称等因素而无法获取该内容，因此信息和目标受众之间缺乏连接的桥梁。而在移动互联网时代，数字化传播强调信息与用户的精准匹配。用户可在数字平台中直接搜索感兴趣的内容，平台也会根据用户历史数据和互动反馈分析得到用户画像，基于此判断用户偏好从而进行个性化推荐。同时，这种推荐算法不仅基于内容向用户推送其感兴趣的信息，还基于平台中用户建立的社交关系向用户好友推送相同内容。于是，当传统文化爱好者频繁接收到传统戏曲、诗词书法、汉服等传统文化内容并点赞评论时，其平台圈层好友也会因获取相同的信息而对传统文化加深印象、产生兴趣，从而扩大了传统文化内容潜在受众群体范围。截至2022年6月，1557个国家级非遗项目在抖音视频的覆盖率高达99.74%，数字化传播平台帮助非遗文化爱好者更易获取自己心仪的信息。在过去一年中，抖音上的国家级非遗项目相关视频播放总数达3726亿，获赞总数为94亿次[①]，这惊人的数字从侧面证明了非遗文化内容在抖音平台上与其目标受众实现了精准匹配。之前渐行渐远的传统文化逐渐回到百姓的寻常生活中，传统文化不仅摆脱了传承发展后继无人的困境，传播效率也正不断提高。

（三）数字化消费：圈层化与场景化

互联网科技的不断革新和民族文化自信的大幅提升促使数字化消费绽放新活力，传统文化市场逐渐形成圈层化、多场景的新消费特征。圈层化通过个性标签和情感连接增强了顾客黏性，多元场景运用的丰富感官刺激和交互体验激发了用户的参与热情，从而促进了传统文化消费不断增长。

互联网将传统线下分散的传统文化爱好者聚集起来，形成"古风音乐""汉服""非遗""古典舞"等多个网络圈层，这种小众标签也成为彰显其独特个性身份的重要标志。圈层内网络好友因兴趣爱好相同、价值取向一致而产生共同话题，经常围绕着传统文化相关内容展开热切的讨论

---

① 《抖音 2022 非遗数据报告》（https：//mp.weixin.99.com/s/TQobBBvXgivR5p-rS2gX2w），引用日期：2024 年 7 月 23 日。

交流，让彼此感受到尊重和热情，由此逐渐形成强烈的信任感和群体认同感。为了维护群体利益，圈内成员自主参与到创作、传播及消费相关传统文化产品的过程中。同时，传统文化圈层内的艺术家和传承人也利用互联网的优势形成私域流量，建立专属自己的粉丝群，深挖个性化消费需求，圈层粉丝黏性强。比如，魏氏道情皮影戏传承人魏宗富在快手平台直播，上线一年内，不仅收获了众多粉丝，还赚得15万元收益，其中包括经线上粉丝引荐到上海、四川、新疆等地进行现场表演的线下收入[1]，借助线上圈层打造了新的消费模式。除此之外，抖音平台上也有很多非遗艺术家通过线上形成的圈层激发了消费活力。据抖音《2022年非遗数据报告》显示，过去一年，各抖音非遗创作者平均每天直播1617场，获得直播打赏金额的非遗主播人数同比增长427%；平台上获得收入的非遗传承人数量同比增长34%[2]，由此可见，圈层化使传统文化释放出巨大的消费潜力。

随着数字化程度不断加深，以往脱离大众视野的传统文化产品也开始积极与全息投影、智能穿戴设备、语音交互、VR、AI等新科技融合，运用多种场景化创新丰富用户体验，激起消费者的购买欲望。数字文化消费中的场景主要可分为现实场景和虚拟场景。在博物馆、展览馆等现实场景中，裸眼3D、全息投影等数字展示技术可呈现立体的虚拟人物、物品和历史故事情节，还原历史场景、遗失文物及未来虚拟场景，以生动具象的方式向观众普及历史文化及传统艺术作品[3]。而在艺术剧场、大型晚会现场和文旅景区活动中也使用全息投影等数字展示技术，结合声、光、电等技术，共同展示动态的3D舞美效果，营造出虚实融合的舞美效果，为观众带来视觉盛宴。2021年12月，腾讯与中国艺术研究院共同举办"中国艺术研究院建院七十周年·古琴艺术数字文创专场活动"，在古琴音乐会现场采用了全息投影的方式配合古琴音乐，打造出高山流水的沉浸式意境。现场还展示了"古琴会作画"的数字互动装置，古琴声音可被实时的数据可视化转译，当观众拨动琴弦时，屏幕中就能显示出各不相同的山

---

[1] 参见刘妮丽《老手艺人的直播瓶颈》，载《中国文化报》2021年9月11日第2版。
[2] 《抖音2022非遗数据报告》（https://mp.weixin.99.com/s/TQobBBvXgivR5p-rS2gX2w.artdesign.org.cn/article/view/id/69273），引用日期：2024年7月23日。
[3] 参见张晔《数字展示技术让文物展品再次鲜活，蹦出"新生命"》，载《商展经济》2022年第4期。

水形状①。古琴与水墨画的交互场景吸引年轻观众积极参与互动，沉浸式有趣的体验价值增强了普通大众的消费意愿。

虚拟场景则一方面通过 VR 头显/一体机、手柄、触觉手套、移动智能终端等硬件设备提高人机交互效率，打造 4K/8K 超高清视觉体验；另一方面，通过制作 VR 游戏、VR 沉浸式高清影片、VR 全景景区、虚拟分身等数字虚拟内容，为传统文化艺术创造了高沉浸感的数字场景，丰富了变现渠道。例如，敦煌研究院开发"云游敦煌"小程序，不仅为观众打造了随时浏览敦煌壁画的 VR 虚拟场景，还可以在虚拟场景中设计个性化的"云彩丝巾"，通过 AI 技术打造"云试戴"场景，以互动个性的体验增强其购买意愿。再如，2021 年 12 月爱奇艺"奇遇 VR"上线《墨之韵》中国书法绘画模拟游戏，以中国传统书房风格装饰虚拟空间，玩家可通过手柄感应运笔力度，进行临摹书写，吸引国内外喜爱中国风的 VR 受众付费体验。②多元的场景创新重构了感知氛围，追求交互体验、感官刺激的智能场景触发了消费者的体验欲望和购买动机，从而产生购买行为。

（四）数字虚拟平台：基于区块链的产销革新与"零售"IP

随着元宇宙概念热度持续攀升，如何通过数字虚拟平台让传统文化在虚拟世界中重获新生、绽放熠熠光彩，值得探究。在区块链、大数据、人工智能、云计算等新技术的助推下，文化产业已逐渐形成云演艺、云游戏、数字虚拟偶像、数字藏品等多种新型数字文化业态。优秀传统文化也借助新业态发挥出无限潜力。其中，基于区块链等技术的数字藏品、版权平台及 IP 商业平台使得优秀传统文化的文化价值与商业价值愈发凸显，依托数字虚拟平台构建传统文化 IP 新生态和数字资产新形态，对传统文化生产、消费及保护传承的创新发展具有重要意义。

区块链集成了分布式计算与存储、密码算法、共识机制、智能合约等

---

① 《以数字科技创新演绎古典艺术，中国艺术研究院携手腾讯举办古琴数字文创专场活动》（(http：//www. phoenixdt. cn/index/journa_lis_mdetails/index? id = 12.），引用日期：2024 年 7 月 23 日。

② 《当古风刮进 VR 圈，〈墨之韵〉在爱奇艺奇遇 VR 粉墨登场》（https：//baijiahao. baidu. com/s? id =1718749823261877254&wfr = spider&for = pc.），引用日期：2024 年 7 月 23 日。

技术，具有数据透明、不可篡改、可追溯等特征①。传统的数字化平台在传统文化的保护和传承过程中多存在数据易丢失、侵权举证难、变现困难等问题，而区块链技术通过分布式账本、加密技术等为数据的确权和追溯提供了保障，增强了传统文化艺术作品的数据存储安全性及版权保护效能；运用智能合约实现合约条款自动验证及执行，极大地提高了传统文化产品的交易信任度及产业协作效率。同时，基于区块链打造传统文化IP数据库，其链上IP授权新模式为传统文化内容的商业化运作提供了新思路。例如，首先，蚂蚁链推出基于区块链技术的版权保护平台，使原创传统文化艺术作品一经上传便能确权，并能与全网95%以上的内容进行搜索对比，查看作品是否被侵权。其次，蚂蚁链打造的"IP商业平台"不仅提供了庞大的IP数据库，还打破了过去预付高额授权费"批发"或"买断"IP的交易方式，允许消费者按需求量付费，比如消费者希望使用某传统纹样制作1万个福袋，则只需支付1万个福袋的IP授权费用。这种方式让IP授权实现了"零售"模式，在交易过程中相关收益按约定比例分成给IP版权方，减少交易的不确定性，激发了消费者的参与动力与艺术者的创作热情。2021年，阿里巴巴借助蚂蚁链技术打造版权保护平台"天猫IPmart"，设计师与商家通过平台中引入的IP纹样进行服饰、日用消费品的二次设计并投入生产销售，"按件付费"的零售模式让中小商家有机会参与到年轻人喜爱的IP跨界联名产品创作中。② 利用蚂蚁链版权保护平台为传统文化原创作品的生产及版权保驾护航，同时借助IP商业平台降低了IP授权合作的门槛，催化传统文化IP的变现模式创新。

除了以版权平台、IP商业平台构建传统文化IP新生态以外，数字藏品也是催化数字虚拟空间中传统文化数字资产形式及消费模式革新的又一成功范例。数字藏品是指使用区块链技术对应特定的作品、艺术品生成的唯一数字凭证，包含了非遗文化、影视、航天航空、体育、艺术品等多领

---

① 参见《工业和信息化部　中央网信办印发〈关于加快推动区块链技术应用和产业发展的指导意见〉》（http://www.cac.gov.cn/2021-06/07/c_1624629407537785.htm），引用日期：2024年7月23日。

② 参见孙冰《从纹样IP到"纹创"造物　非遗正新生》，载《中国经济周刊》2021年第11期。

域，以音频、视频、图片、3D 模型、数字纪念品等数字内容形式呈现①。国内数字藏品平台主要突出其版权确权和收藏功能，弱化交易属性，因此使得艺术收藏变得更加亲民化。博物馆文物及国家非遗等历史文化作品借助数字藏品逐渐走进大众视野，其年轻时尚化样态吸引了众多消费者交易收藏，部分文创数字藏品成为现象级爆款。例如，河北博物馆镇馆之宝之一的长信宫灯 3D 数字藏品在蚂蚁链鲸探平台限量发售 1 万件，上线即告售罄。用户可随时打开手机页面，观看悬浮在手机屏幕上的长信宫灯，可放大、多角度细品文物魅力②。2022 年，敦煌研究院、吴文化博物馆、河南博物院、国家图书馆等众多机构在蚂蚁链鲸探平台、元物之门、人民网灵境·人民艺术馆等多个基于区块链的数字化平台发行相关传统文化数字藏品，以盲盒的形式增添消费趣味性和神秘感，更易激发消费者的购买欲望，满足藏家的收藏偏好。数字藏品作为新型数字资产，自 2021 年起以迅猛之势构建出推动中华优秀传统文化创造性转化、创新性发展的有效路径。

三、以传统文化创新开创人类文明新形态

习近平总书记在主持十九届中央政治局第三十九次集体学习时强调，"中华文明源远流长、博大精深，是中华民族独特的精神标识，是当代中国文化的根基，是维系全世界华人的精神纽带，也是中国文化创新的宝藏"，"要建立中国特色、中国风格、中国气派的文明研究学科体系、学术体系、话语体系，为人类文明新形态实践提供有力理论支撑"③。人类文明新形态只有不断汲取中华优秀传统文化所蕴含的哲学思想和人文精神，坚持将传统文化精华与马克思主义立场观点相结合，才能实现中华优秀传统文化的创造性转化和创新性发展，让中华文明以开放包容的时代精神推动人类文明新形态的发展。

---

① 参见袁璐《文博文创倾注年轻化体验受青睐》，载《北京日报》2021 年 12 月 24 日第 15 版。
② 参见袁璐《文博文创倾注年轻化体验受青睐》，载《北京日报》2021 年 12 月 24 日第 15 版。
③ 习近平：《把中国文明历史研究引向深入　推动增强历史自觉坚定文化自信》，载《人民日报》2022 年 5 月 29 日第 1 版。

因此,如何在数字化时代赋予中华五千年文明鲜活的生命力并以此向世界展现中华文明的新样态具有重要研究意义。我们要顺应时代发展,坚持文化自信,以数字化科技激发传统文化的新内涵、新活力,为开创人类文明新形态提供源源不断的精神滋养。为此,数字文化产业视野下的传统文化创新需处理好以下三个关系。

（一）守正与创新

守正是创新发展的首要前提,我们首先应积极学习和继承符合现代社会价值观的优秀传统文化精华,坚守优秀传统文化中所蕴含的道德规范和价值理念,以此提高文化认同感、弘扬民族精神。同时,更要借助数字化手段推陈出新、去芜存菁,结合时代精神与当代审美要求创新传统文化内容与演绎形式,让数千年的古老文化在现代社会中焕发新的生命活力。只有坚守中华文化、坚持古为今用,才能稳固人类文明新形态的生长根基。

（二）创意与创新

创意激发传统文化的活态传承,让传统文化产品具备新颖性和创造性。在数字化时代,"Z 世代"已逐渐成为主流消费群体,他们独立的人格和注重精神价值的消费需求促使文化产业从业者摒弃以往"从众消费"的标准化思维,进而大力推动个性化创新发展。只有不断汲取具有时代特色的新鲜思想与创意,以消费者感兴趣的方式对传统文化的生产创作、推广宣传及消费等多个环节进行创新,才能让更多年轻人愿意走近传统文化、感知传统文化的魅力,积极参与、共创人类文明新形态。

（三）包容与创新

开放包容的心态成就了文化自信,让中华优秀传统文化在交流互鉴与多元融合中走向世界。中华文明自古就秉承着"美人之美,美美与共"的开放精神,因此才有了历史上的"丝绸之路""茶马古道"。未来在文化领域也应进一步加大开发力度,积极拥抱数字化科技,对世界上的不同文化观点、创造方式采取更自信、更包容、更开放的态度,积极吸收学习、转化人类文明优秀成果,将其恰当地运用到中华传统文化创新中。同时我们还应加强交流合作,借助数字化平台将中国传统文化推向世界舞台,让更多的人在对中华优秀传统文化的欣赏接受中深入理解人类文明新形态。

当前传统文化的数字化发展还不够成熟，尽管国内已纷纷构建相关数字化平台并展开传统文化的传承与发展，但囿于传统文化内容庞杂、部分传统手艺传承人缺乏数字化创新意识、部分商家只为追求短期经济利益等因素，目前被合理开发创新的优秀传统文化只是冰山一角。然而，随着国家战略层面日益重视传统文化创造性转化、创新性发展，我国经济实力及文化消费需求不断提升，数字新技术迅猛发展，数字化创新将被广泛应用于传统文化生产、传播、消费、保护等多个环节，建立传统文化内容全覆盖的生态体系，深度挖掘其人文精神内涵，逐步实现传统文化活态传承。我们有理由相信，数字文化产业视野下的传统文化创新迎来了新时代，也必然将为创造人类文明新形态增添更加澎湃的动能与活力。

（发表于《文艺理论研究》2022年第6期）

新发展格局中的文化消费走向

2021 年对于中华民族而言是一个十分特殊的年份。这一年，中国共产党庆祝百年华诞。在两个一百年交汇的特殊时刻，《国民经济和社会发展第十四个五年规划和二〇三五年远景目标纲要》（以下简称《纲要》）明确提出，要坚定不移贯彻新发展理念，加快构建以国内大循环为主体、国内国际双循环相互促进的新发展格局。《纲要》同时提出，要发展社会主义先进文化，繁荣发展文化事业和文化产业，提高国家文化软实力。深刻认识新发展格局的时代特征，准确把握这一格局下中国文化创新发展的走向，对于促进文化消费、推动双循环格局构建具有重要意义。

一、百年变局与时代更新

习近平总书记多次强调，必须统筹中华民族伟大复兴战略全局和世界百年未有之大变局，深刻认识我国社会主要矛盾变化带来的新特征新要求，深刻认识错综复杂的国际环境带来的新矛盾新挑战。对于"世界百年未有之大变局"对文化发展的影响，我们可以从以下四个方面来分析，即新时代、逆全球化与全球化并行的时代、文明冲突与文化通约时代、供给侧和需求侧变革的时代。

（一）新时代：百年未有之大变局

晚清时期，面对西方列强的入侵，李鸿章曾提出中国已经处在了"三千年未有之大变局"的时刻。这个变局不仅是农耕文明与工业文明的交战，更是封建主义与资本主义的对决，影响了中西方权力中心的转移。彼时，李鸿章敏锐地察觉到当时的外患与古时的外患已不可同日而语，面对西方列强的入侵，中国的各种主权不断丧失，国家危机日益深重。列宁曾说："资本主义如果不经常扩大其统治范围，如果不把新的国家殖化，并把非资本主义的古老国家卷入经济漩涡之中，它就不能存在和发展。"① 李鸿章所谓"三千年未有之大变局"实际上恰是资本主义席卷全球的潮流，世界权力中心逐渐转向西方。而如今，面对全新的时代背景，习近平总书记指出，当前中国处于近代以来最好的发展时期，世界处于百年未有之大变局。在此"百年未有之大变局"中，资本主义发展的矛盾持续激化，社会主义制度优势愈加凸显，世界秩序面临重构。"东升西降"的发展趋势加剧了西方资本主义国家的危机意识，经济力量对比的变化深深影响着世界经济政治格局。在百年未有之大变局中，我国文化产业的发展面临全新的机遇与挑战。在严峻的国际形势的影响下，"十四五"时期将是文化产业加速变革，实现高质量发展的重要时期。文化新基建、数字文化产业发展、文旅融合和科技创新、"上云用数赋智"等风起云涌，"如何用科技激发传统文旅活力？"这是我们今天面临的问题，创新发展、融合发展、跨界发展、协调发展将成为今后一个时期文化产业发展的关键词。

（二）逆全球化与全球化时代

今天，全球发展已经进入一个逆全球化与全球化博弈加剧的时代。一方面，自2008年全球金融危机之后，受美国大选、英国脱欧、难民危机、地区冲突等多方面的影响，逆全球化趋势开始凸显并深化，全球政治、经济不确定性持续上升。另一方面，随着逆全球化带来的产业链分化弊端愈发凸显，各国出于维护自身经济发展的需要，必然使得未来世界产业的分工和布局面临新的调整。如何应对逆全球化趋势带来的角色转变是我国未来经济发展和文化创新需要解决的重大难题。

（三）文明冲突与文化通约时代

百年未有之大变局不仅体现在经济、政治层面，更体现在文化层面。经济的全球化必然会带来文化的全球化，由此世界迎来文明冲突与文化通约并存的时代。亨廷顿认为，冲突是人类的天性，历史一直贯穿着冲突的线索，世界在告别"意识形态的冲突"时代后，必将进入下一个"文明

---

① 中共中央马克思、恩格斯、列宁、斯大林著作编译局编译：《列宁全集》（第3卷），人民出版社1984年版，第547页。

的冲突"时代。由于历史背景、地理位置、生产条件和生活习惯等差异，不同的文明通过时间的积累和历史的洗练，会生成不同的文化价值理念，造就自身独一无二的文化系统。比如西方文明注重人与自然的关系，强调个人主义和理性精神；印度文明强调超自然的存在，注重人与神的关系，信仰轮回业报思想；中华文明几千年来受到儒家思想和道家思想的浸润，注重人与人之间的关系，强调集体主义，主张中庸哲学，倡导"仁义礼智信"。每一种文明都有其存在的历史合理性，不能以其中某种为尊在不同文明中划分优劣与高低。当不同文化进行交流碰撞的时，难免会因为价值观的差异带来冲突。中国"家国天下"的差序格局与西方民族国家的神权君权的群己权界，都是沉淀于东西方社会文化心理最深处的对社会构建机理的基本理解①。但应注意的是，文化的差异并不等同于文明的冲突，文化的全球化也并不意味着同一化，而是在文明的交流互鉴中坚守底色、保持本色、凸显特色。严格意义上来讲，"文明冲突论"本身就是站不住脚的。习近平新时代中国特色社会主义思想强调文明是多彩的、平等的、包容的，而"只要秉持包容精神，就不存在什么文明冲突"，以文明交流超越文明隔阂、以文明互鉴超越文明冲突、以文明共存超越文明优越，就可以实现文明和谐。② 要以海纳百川、兼收并蓄的态度对待不同文明。"文化全球化"可以是文化资源的全球化，而不可能是文化价值的全球化；是文化形式的全球化，而不是文化内涵的全球化，我们所赞成的命题，则是全球化时代文明与文化的多样性。③

（四）供给侧与需求侧变革的时代

供给侧与需求侧加速变革是我国迈入高质量发展阶段的主要特征。2020年中央经济工作会议提到"要紧紧扭住供给侧结构性改革这条主线，注重需求侧管理"，重点强调了需求侧问题。供给侧结构性改革强调以改革的方法推进经济结构优化，要素实现最优配置，以增强对需求侧变化的适应性和灵活性；需求侧改革注重以扩大内需为战略基点，发挥我国超级

---

① 参见毛中根《中国文化消费提升研究》，科学出版社2018年版，第5页。
② 习近平：《在联合国教科文组织总部的演讲》，载《人民日报》2014年3月28日第3版。
③ 参见俞思念、贺金浦《全球化时代的文明冲突与文化多样性》，载《当代世界社会主义问题》2006年第1期。

规模经济体的优势,培育完善的内需体系,以需求侧优化促进国内大循环,从而形成"需求牵引供给、供给创造需求"的更高水平动态平衡。供给侧改革与需求侧管理的有机结合是构建新发展格局的重要一环。当前,全球经济恢复缓慢,国内消费需求尚未得到有效满足,因而加强需求侧管理,坚持扩大内需是我们面对全球经济挑战时作出的必然选择,也是新发展阶段构建新发展格局的内在要求。

综上所述,在百年变局与时代更新的背景之下,立足于我国新发展阶段的重要特征和构建新发展格局的核心要求,提高消费问题和质量已然成为应对国际挑战、稳定国民经济、满足人民美好生活期待的关键问题,经济效益和社会效益并存的文化消费作用将更加凸显。把握文化产业发展走向,洞察文化消费需求变化,持续促进文化消费应成为构建新发展格局需要关注的核心命题,也是满足人民对于美好生活文化追求的必要举措。

二、新发展格局中的文化产业走向

(一)文化自信与文化自觉更加彰显

文化自信与文化自觉是文化产业发展的内在支撑,这种文化力量对于构建新发展格局的作用正持续显现。新发展格局是一个"以内为主、以内促外、内外联动"的国内国际双循环格局,"以内为主"即把国内需求作为重要出发点,这一点充分体现出国内市场的重要作用,其不仅展现出我国对自身强大经济基础的信心,更在文化上彰显为一种文化自信与文化自觉。党的十九届五中全会明确提出到 2035 年建成社会主义文化强国,这一目标定位为我国今后文化建设锚定了方向。现阶段我国社会的主要矛盾是人民日益增长的美好生活需要和不平衡不充分的发展之间的矛盾。克服社会发展的主要矛盾,不仅需要满足人民的物质需求,更需要满足人民日益多元化的精神文化需求。习近平总书记强调,文化产业既有意识形态属性,又有市场属性,但意识形态是本质属性[1]。文化消费作为满足人们精神文化需求的主要方式,对于培育文化自信,增强国家文化软实力,建

---

[1] 戴菁:《促进满足人民文化需求和增强人民精神力量相统一》,载《学习时报》2020 年 11 月 16 日第 1 版。

设社会主义文化强国具有重要作用。一方面,文化消费是一种能动性消费,不仅能够提高国民素质,还能激发人的创造力,从而促进文化生产①;另一方面,文化消费的主体性有助于强化国民的自我身份认知,把握我国文化的深刻内涵,与此同时,文化产品作为文化认同的载体,有助于增强文化自觉,培育深厚的文化自信。在文化全球化的浪潮中,文化自觉与文化自信是我国在进行文化交流与文明互鉴过程中必须坚守的思想底线,也是面对西方文化强势来袭时保持自身文化特色免受侵袭的防护屏障,更是新时代文化产业发展的价值基础。近年来,中华老字号品牌的市场占有率不断提升,"国潮"崛起的趋势就是文化自信日益增强的重要信号,全球疫情影响下的消费回流现象将进一步拓展国内文化需求市场,加速文化自信的培育。

(二) 文化创新与创造转化日益增强

文化创新与创造转化是实现文化资源向文化资本、文化资产转化的重要途径,也是构建新发展格局、扩大国内文化消费市场的主要引擎。其一,中华优秀传统文化的传承弘扬需要实现创造性转化与创新性发展。我国优秀的传统文化蕴含着丰富的价值理念和民族精神,从"天下兴亡,匹夫有责"的爱国主义到"制国有常,利民为本"的民本思想,从"天行健,君子以自强不息"的奋斗精神到"功崇惟志,业广惟勤"的坚韧意志,从"己所不欲,勿施于人"的仁爱精神到"克己复礼"的律己观念……尽管时代语境已经发生了重大转变,但是这些精神与品质时至今日仍然发挥着积极作用,筑成了社会发展的重要精神动力。在现代社会语境下实现优秀传统文化的再传播与文化价值的再实现,就需要通过现代化的手段对文化资源进行创造性转化和创新性发展,实现传统文化的活化传承,赋予其新的时代内涵。其二,文化产业的供给侧结构性改革需要文化创新。文化产业的供给侧结构性改革需要解决有效文化供给不足的重要难题,其中就包括供给质量欠佳、供给内容单一等问题。文化产业又称之为内容产业,如果缺乏有价值、有新意的文化内容,就会丧失其核心竞争力。Mommaas认为,"消费"是"文化"的载体,只有恰到好处地将文化

---

① 参见韩震《文化生产文化消费共同实现着文化大繁荣》,载《前线》2011年第12期。

元素表现在产品上,才能获得消费者的认同。① 我国传统文化资源丰富,为文化产业的发展提供了取之不尽的资源富矿,以文化创新挖掘优质内容是提升文化供给质量的有效途径。其三,文化产业需求侧管理需要传统文化的创造性转化。加强需求侧管理,扩大内需市场是我国应对国际挑战必须坚持的战略基点,需要充分释放国内消费市场的潜力。优秀传统文化的创造转化有助于提升国民文化素养、扩大精神文化需求、培育文化消费习惯,从消费主体层面实现重要突破。文化创新与创造转化有助于实现传统文化与现代文化的遇合,世界文化与民族文化的融合,文化产品内在价值性与外在娱乐性的结合,从而最终实现文化产业经济效益与社会效益的双重目标。

(三) 优质供给与消费主导趋势明显

我国文化产业的发展由文化消费主导的趋势日益凸显,优质文化供给持续扩大,文化产业高质量发展稳步推进。鲍曼认为现代社会与工作相对应,后现代社会与消费相对应②;鲍德里亚在《消费社会》一书中指出生产的社会已经被消费社会取代;丹尼尔、克拉克在《场景:空间品质如何塑造社会生活》一书中提到,伴随着城市功能的转变和社会结构的调整,当代社会越来越由消费主导。"十三五"规划以来我国消费对经济增长的贡献率平均在60%以上,已然成为经济增长"三驾马车"中的第一驱动力。互联网的迅猛发展更是将消费主义推到了一个前所未有的高度,消费文化大行其道,主导着人们的消费行为。伴随着消费主导趋势的深化,供需匹配问题成为满足人民美好生活期待的关键所在。不论是文化产业的供给侧结构性改革还是文化产业高质量发展,都要求解决优质文化供给不足的重要问题。习近平总书记指出,我国文化供给已经不是缺不缺、够不够的问题,而是好不好、精不精的问题。③ 当前我国文化供给总量大,但低端无效供给过剩,优质有效供给不足,存在结构化失衡问题,不仅造成了文化资源的浪费,更难以满足人们日益丰富的精神文化需求,文

---

① Hans Mommaas. "Cultural clusters and the postindustrial city: Towards the remapping of urban cultural policy", *Urban Studies*, 2004, Vol. 41, No. 3, pp. 507 – 532.

② 参见 [美] 乔治·瑞泽尔《后现代社会理论》,谢立中等译,华夏出版社2003年版,第225页。

③ 《论党的宣传思想工作》,中央文献出版社2020年版,第377页。

化供给体系的质量亟待提升。

（四）创新驱动与新兴业态动力强劲

"创新驱动"一词最早由"竞争战略之父"迈克尔·波特提出，他将经济发展划分为要素驱动、投资驱动、创新驱动和财富驱动四个阶段[①]。我国经济增长的主要动力正在从投资拉动转向消费拉动和创新驱动，创新驱动作为文化产业发展的核心动力，以理念创新、科技创新和制度创新持续推动文化产业高质量发展，助力新兴业态不断涌现，创造文化消费新增长极。创新既是文化形态所需，又是文化本质所赋，构建创新驱动型经济是我国实现可持续发展、促进经济结构优化、增强国际竞争力的必然要求。其一，文化产业内容出新需要理念创新。文化产业本质上仍是内容产业，文化创造力与创新力是产业得以发展的关键要素。理念创新引领文化产业突破传统思维禁锢，以全新的发展理念实现资源的创造性转化。其二，文化产业转型升级实现业态裂变需要科技创新。纵观文化产业的发展，每一次产业的变革都离不开科技的创新。活字印刷术的发明推动了古代出版业的发展，多媒体技术的应用造就了影视行业的繁荣，互联网技术的革新加速了数字化生产和消费的趋势，全息影像、超高清视频、5G 技术、VR/AR/XR 以及人工智能技术的应用，打破了现实与虚拟的界限，创造了多感官协动的沉浸式体验等新型文化消费形式。2021 年被称为元宇宙（Metaverse）元年，元宇宙是整合 5G、云计算、人工智能、拓展现实、数字孪生、区块链等多种新技术而产生的新型虚实相融的互联网应用和社会形态。[②] 随着元宇宙的发展与成熟，其不仅颠覆人们传统的消费模式，更将从深层次重塑人的生产生活方式，孕育着无限的开发潜力。其三，制度创新为理念创新和科技创新提供制度保障。文化产业的制度变迁需要以文化产业发展的内生需求为导向进行及时调整，以适应文化生产力的要求。制度创新事关文化产业资源配置的合理性、文化政策的适配性以及文化管理机制的先进性，与文化产业的发展息息相关。创新驱动作为文

---

① Michael E. Porter. "The Competitive Advantage of Nations", *Harvard Business Review*, 1990 Vol. 68, No. 2, pp. 73 – 93.

② 参见清华大学新闻与传播学院新媒体研究中心《2020—2021 年元宇宙发展研究报告》（https://sjc.bnu.edu.cn/xwdt/xzky/xzdt/121318.html），引用日期：2024 年 7 月 23 日。

化产业发展的根本动力,其重要性不言而喻;与此同时,技术应用的全方位拓展和消费需求的多元分化也会促使文化产业不断裂变,新兴业态不断涌现。

三、新发展格局下促进文化消费的几点思考

文化消费作为满足人们精神文化需求的主要载体,承担着促进经济发展、培育文化自信、引领文化建设、实现社会主义文化强国的多重使命。构建新发展格局需要扩大文化消费空间,以新时代文化消费的需求为导向,以5G、物联网、云平台等新载体和新技术为依托,打通消费堵点,释放消费潜力,引领新型消费,推动跨界消费。

(一)打通消费堵点,畅通国内大循环

打通消费堵点是畅通国内大循环的应有之义,也是破除文化消费困境的必然选择。当前我国文化消费的堵点主要集中在消费供给层次低、消费观念落后、消费环境不完善、消费渠道不畅通四大方面。从文化消费供给来看,我国实现高质量文化供给还有一定距离,低端供给过多,高端供给质量欠佳、供应不足,难以满足人们日益提升的对美好生活的新期待。尽管我国文化供给总量大,但是原创性、高附加值、内容优质的文化产品仍十分欠缺,具备一定文化影响力的文化品牌数量较低,个性化、特色化等体现新消费特征的文化服务十分匮乏,总体来看,文化供给的层次较低,有效供给不足。高质量文化供给的不足制约了文化消费的扩大与升级,并且在一定程度上造成了文化消费外流。从文化消费观念来看,目前存在文化消费意识薄弱、文化消费习惯尚未成熟、文化消费意愿行为转变困难等诸多问题。居民的文化消费习惯系统尚未建立,文化消费行为单一,主要消费行为集中在文艺演出方面,同时由于自身文化知识水平和审美水平的差异,大部分群体对于文化消费的认知不足,尽管有一定的消费意愿,但难以通过合适的渠道转变为文化消费行为。从文化消费环境来看,主要存在文化市场体制机制不完善等问题,体制建设能力相对滞后,对于文化消费的激励和促进作用有限,整体环境亟待提升。从文化消费渠道来看,一方面,文化消费的载体有待完善与普及;另一方面,伴随着消费环境和消费结构的改变,新的消费生态体系有待建立。

打通文化消费堵点，促进文化消费循环需要从消费主体、消费客体、消费环境三个方面着手，进行专项疏通。第一，从消费主体出发，其消费观念和消费习惯需要引导培育。文化艺术消费是一种有前提、有先修、有场域和需条件的独特的精神性消费，不同于一般吃饭、穿衣和住宿等刚需消费，需要教育投入、社会氛围、审美培育和艺术习惯的养成。① 因此，加强文化教育和美育的培训学习，营造良好的社会文化氛围，对居民的文化消费行为进行一定的引导，显得十分必要。第二，从消费客体来看，应提升供给侧的质量，增加有效供给，坚持以品质为导向，以优质的内容生产和文化服务为核心，创造一批高质量的文化产品，实现社会效益和经济效益的双效统一。同时应加强公共文化基础设施建设，提供多样化的文化消费场所，以完备的文化消费基础设施网络实现全面覆盖，畅通文化消费渠道。第三，从消费环境着手，应加快完善文化市场制度，发挥相关政策的引领和保障作用，构建一个有利于文化产业长效发展的制度环境，以优质的市场环境和消费制度，促进文化消费质量的提升。

（二）激发潜在消费，释放文化消费潜力

激发潜在消费是开拓文化消费新空间的重要举措，也是扩大内需促进国内大循环的有力抓手，更是激发文化消费活力、释放消费潜力的必然要求。近年来我国居民人均文化娱乐消费支出占总消费支出的比重持续下降，由 2015 年的 4.8% 下滑至 2019 年的 3.9%，距发达国家文化消费通常占到居民整体消费的 30% 相差较大②，文化消费的潜力远未释放。激发潜在消费，一方面，需要打通消费堵点、克服消费难点、击破消费痛点，将被抑制的消费潜力释放出来；另一方面，需要寻找文化消费新的增长点，挖掘出被隐藏的消费需求，以新供给创造新需求、开发新市场。当前我国文化消费主要呈现出以下几个特征。

1. 物质生活水平的提升推动全民文化消费升级

在改革开放深化和市场经济成熟的双重助推下，40 多年来中国民众的消费经历了三步递进过程，即"一元"量的模式（物质）、"二元"质

---

① 参见金元浦《我国文化消费的现状与发展趋势》，载《中国国情国力》2016 年第 12 期。
② 参见《2020 中国省市文化产业发展指数结果深度解读》（https://mp.weixin.qq.com/s/WdJaF-MoaaPZj8BjYvlzAw），引用日期：2024 年 7 月 23 日。

的模式（物质—精神）、"三元"感性模式（物质—精神—趣味）①。根据世界银行划分标准，人均GDP在1000～4000美元之间，文化消费开始活跃；4000～12500美元之间，文化消费逐渐攀升；超过12500美元时，文化消费进入繁荣状态②。国际经验表明，人均GDP 8000～10000美元是消费升级的起点，而我国早在2016年人均GDP就已突破8000美元，2019年更是首次突破1万美元，2020年我国人均GDP提升到了1.06万美元左右，2021年达到12551美元，超过世界人均GDP水平，按照世界银行划分标准，也越过了文化消费进入繁荣状态的基线，消费升级的趋势已经逐步加深，未来文化消费将更加活跃。消费升级背景下，人们的消费目的发生了重要变化，从物质需求到精神满足，从使用价值到符号价值，从注重功能满足到强化身份认同，从基本的文化消费到更加多元、高级的创意消费、审美消费、品质消费，文化消费呈现出新的价值取向。当代消费的特征更多地体现为一种身份区分、情感体验、自我价值构建的文化活动。鲍德里亚指出："在消费体制的引导下，人们对物品符号性追求远超过了对物品本身功能需求。消费系统并非建立在对需求和享受的迫切要求之上，而是建立在某种符号（物品/符号）和区分的编码之上。"③ 这一转变使得传统的文化消费脱离了基本需求的层次转而迈向更高层次。

2. 消费群体更迭重塑文化消费需求

第一，消费市场的主力军迎来代际转换，新生代消费群体成为文化消费的中坚力量。根据联合国人口调查统计，"Z世代"（出生于1995年至2010年间的群体）人口在2019年占据全球总人口的32%，在中国这一数字约为22%。在互联网环境中浸润成长的新生代消费群体，其独特的成长环境和知识信息的丰富性造就了群体新的消费观，呈现出新的需求特征。当前，年轻人的文化消费越来越呈现出"人以群分"的市场细分特点，越来越形成社群化圈层，不断强化着具有价值观意味的自我认同，并在圈层内的交流互动中达成价值认同的同一化，同时对外张扬社群个性化

---

① 参见范和生、刘凯强《消费结构转换与全球化风险——基于"常人世界"的生活实践范式》，载《学术研究》2020年第2期。

② 参见李惠芬《文化消费的困惑："国际经验"与实践的背离》，载《南京社会科学》2019年第8期。

③ [法] 让·鲍德里亚：《消费社会》，刘成富、全志钢译，南京大学出版社2000年版，第76页。

的差异性存在。① 第二，规模日益扩大的新中产阶层兼具消费能力和消费潜力，构成文化消费的主要群体。我国中等收入群体已超过 4 亿人并且持续扩大，其消费规模占全部消费比重超过 40%，以中等收入人群为主要群体的新中产阶层成为稳定消费市场的有力支撑。这一消费群体的文化消费更加理性，也更加注重文化内涵和价值观的体现，强调消费品质和自我提升，处于消费升级过程中的较高阶段。第三，我国人口结构方面老龄化趋势加剧，老年群体的精神文化需求不容忽视，"银发经济"或成为文化消费新的增长点。第七次全国人口普查结果显示，我国 60 岁及以上人口占总人口的 18.7%，65 岁及以上人口占总人口的 13.5%，这一数据已经远超国际通用的 10%、7% 的老龄化标准。伴随着消费结构升级，老年群体的消费也呈现出数字化、社交化、体验化、品质化的趋势，开始迈向享受型消费。老年群体文化需求多元，文化消费热情高涨，但文化供给仍存在巨大空缺，成为文化市场新"蓝海"。第四，下沉市场力量崛起，展现出巨大的文化消费潜力。下沉市场的激活基于整体消费升级的社会背景，既得益于互联网的持续渗透，加强了下沉市场消费者与市场的信息连接，又得益于电商平台和互联网企业的快速发展，不断满足下沉市场的消费需求。综观近两年国内文化市场的成功案例，下沉市场的力量不容忽视，以抖音、快手应用为例，从城市线极分布来看，快手分布在三线及以下城市的用户占比为 63.9%，抖音则为 57.6%②，下沉市场所涌现出的文化消费潜力值得重点关注。

3. 信息技术变革消费习惯和消费方式

信息技术影响消费的一个重要方面就是由以往的大众消费开始走向圈层消费，从个人化消费趋向社交型消费，从单一感官类的简单消费迈向多种感官调动的体验型消费。文化消费具有偏好差异，这种差异受制于多种条件的制约，既与受教育水平、兴趣爱好等主体因素相关，也与市场环境、消费环境等客体要素相关。圈层是指拥有共同兴趣、爱好、价值观的群体，因价值观念相似或相同，其消费行为具有一定的相似性，从而形成圈层经济。圈层经济的崛起得益于互联网的快速发展促使社群交流聚集的

---

① 参见范玉刚《新时代文化产业发展的使命担当》，载《东岳论丛》2021 年第 5 期。
② 参见 Mob 研究院《2020 中国短视频行业洞察报告》（http://www.mob.com/mobdata/report/114.），引用日期：2024 年 7 月 23 日。

渠道和平台的形成。科技重塑消费的另一方面就是实现了消费载体和渠道的创新，文化消费因科学技术的发展呈现出多元化的消费形态，通过不同的渠道到达消费终端，促进消费行为的发生。与此同时，科技赋能数字文化消费，激发数字文化产业新动能。艾媒咨询数据显示，截至2020年第一季度，中国在线文娱市场规模达到1480.4亿元，较2019年一季度增长92%，线上文化消费市场初具规模。2021年上半年全国文化消费数据报告显示，线上与线下文化消费场景已深度嵌入居民日常生活，广大人民群众积极参与线上展演（55.8%）、文化场馆云体验（57.7%）、知识充电（41.3%）、在线影视和视频直播（40%）、在线网课（12.3%）等活动。①

激发潜在消费需要深刻把握消费趋势的主要变化，既要满足大众群体的主要需求，也要关注分化群体的圈层需求，既要满足人们已有的文化需求，更要主动挖掘人们潜在的消费需求，以供给创造需求，充分释放国内文化消费的巨大潜力。第一，应充分关注消费群体的共同需求和不同消费群体的特色需求。齐美尔指出，本性驱使人们既追求个性，又追求共性，因此促进潜在文化消费既要从整体趋势入手，满足主要群体的需求，也要关注日益分化的个性化、特色化的圈层需求，拓展文化消费的新空间。第二，文化消费是一种供给可以创造需求的消费。物质消费一般具有较强的目的性，更加注重使用价值的实现，而文化消费除了功能价值的实现，更加注重文化产品和文化服务的符号价值及意义的实现，这种需求的目的性往往较为模糊且不易察觉，处于一种隐而未发的状态，需要一定的外界刺激才能引发文化消费行为，激发潜在的文化消费需求。因此，从文化消费的供给侧出发，一方面应加强优质供给满足人们已有的文化消费需求，另一方面应创造新的供给激发人们潜在的文化消费需求，从而构建起全方位、多样化、高质量的文化供给体系，形成供给创造需求的良性循环。第三，数字信息技术作为产业变革的主要动力，对于提炼消费特征、把握消费趋势、发掘消费空间、创新消费生态具有重要作用，应加强信息技术在发掘文化需求中的重要应用，以大数据、云计算、人工智能、5G通信技术精准描绘用户画像，实现对文化消费市场的整体把握和引领。

---

① 参见中国旅游研究院《2021年上半年全国文化消费数据报告》（http://www.ctaweb.org.cn/cta/ztyj/2002107/4bcca8a490084015a0dc6d37c439f300.shtml），引用日期：2024年7月23日。

（三）引领新型消费，实现文化消费新突破

新型消费是消费结构升级、产业革命深化的必然结果，也是倒逼产业结构优化、提升消费供给质量的重要动力。以新的消费内容、消费方式和消费场景为重要内涵的新消费能够充分释放消费市场的内需潜力，是引领国内大循环的动力之源，也是文化产业实现创新发展的突破方向。发挥新消费的引领作用是促进传统文化产业提质升级、文化消费提质扩容的重要举措。2015年国务院发布的《关于积极发挥新消费引领作用加快培育形成新供给新动力的指导意见》中提出了"新消费"这一重要概念，指出以传统消费提质升级、新型消费蓬勃兴起为主要内容的新消费能够催生相关产业发展、科技创新、基础设施建设和公共服务等领域的新投资新供给，蕴含巨大的发展潜力，并重点强调了文化领域。① 2020年9月，国务院办公厅印发的《关于新业态新模式引领新型消费加快发展的意见》指出，要以新业态新模式为引领，加快推动新型消费扩容提质。2020年10月《中共中央关于制定国民经济和社会发展第十四个五年规划和二〇三五年愿景目标的建议》明确提出实施文化产业数字化战略，加快发展新型文化企业、文化业态、文化消费模式。除此之外，各地方政府纷纷出台相关政策促进新消费，新消费对于促进经济发展、构建新发展格局的重要性不言而喻。

新消费是开启品质消费背景下，人们对质量、安全、绿色、共享、公平、理性等方面生活形态和服务模式的全新追求，其内涵是超越基本生存消费的一种进阶。② 文化消费本身作为一种满足更高层次需求的消费，构成了新时代背景下新消费的重要内容，涌现出巨大的发展潜力。2021年第48次《中国互联网络发展状况统计报告》显示，截至2021年6月，我国网民规模达10.11亿，互联网普及率达71.6%，其中网络视频（含短视频）用户规模达9.44亿，网民群体的扩大为数字文化产业的发展奠定了用户基础。我国已经迈入数字化发展阶段，新消费的发展也主要以互联

---

① 参见《国务院关于积极发挥新消费引领作用加快培育形成新供给新动力的指导意见》（http://www.gov.cn/zhengce/content/2015-11/23/content_10340.html），引用日期：2024年7月23日。

② 参见范和生、刘凯强《消费结构转换与全球化风险——基于"常人世界"的生活实践范式》，载《学术研究》2020年第2期。

网为依托，以技术为载体实现业态裂变和形式创新。随着数字文化产业的蓬勃发展，数字文化消费作为一种新的消费模式正在重塑消费内容、消费方式、消费理念和消费渠道。疫情防控常态化背景之下，数字文化消费作用愈加凸显，成为拉动消费新的增长点，数字化内容消费已经成为文化消费新常态。在消费升级的整体背景下，文化消费模式的转变需要实现从传统的以物（文化产品）为主到以人（消费主体）为本的跃升，从关注产品的基本特征向注重消费主体对物品的需求问题转变，从单向体验到多维互动的提升。扩大新型文化消费，发挥新消费的引领作用，核心在于内容创新、形式创新和场景创新。

1. 重塑文化消费内容，升级新消费供应

一方面，加速线下文化内容的线上转移，扩充线上数字化的文化供给种类，推动传统文化消费转型升级。线上经济的发展实现了地域、要素、消费方式、应用场景等的多重突破，成为文化消费新的爆发点。传统文化消费形态应把握趋势，开辟线上市场，推动"云演出""云看展""云旅游"等线上文化消费形态不断涌现和发展。同时应注意的是线上消费并非简单地将传统的线下消费进行转移，而是对传统消费生态的重新建构，是从内容、形式、渠道到载体的全面革新。另一方面，加速线上供给内容的拓展与创新。科技创新赋能文化消费新生态，创造了全新的供给内容，比如以虚拟偶像和虚拟主播等构成的虚拟文娱就是得益于新技术的应用所创造出的全新供给。升级新消费供应，应加速新型技术的应用拓展，从满足用户体验的角度出发，发挥 AIGC（人工智能技术自动生产内容模式）、PGC（专业生产内容模式）和 UGC（用户生产内容模式）在文化内容生产方面的重要作用，为用户打造更加多元丰富的消费内容。

2. 创新文化消费形式，丰富新消费形态

技术赋能文化体验，文化消费涌现出新的消费形态和产业业态，网络消费、定制消费、体验消费、智能消费、互动消费等新型消费持续涌现。以沉浸式体验为例，花建、陈清荷认为沉浸式体验是文化与科技融合形成的一种新业态，是一种以空间造境为核心业态，依托数字化准客体而建立起来的体验活动，让观众从真实的体验进入虚构的世界，传达了创作者对

于自我、万物、世界、宇宙等的新解读和新表达。① 5G 技术和超高清视频等技术革新也变革了影视文化消费的传统方式，为文化内容的展现提供了多样化的表达方式。以 2021 年河南卫视春晚舞蹈节目《唐宫夜宴》为例，该节目既在内容上融入了贾湖骨笛、簪花仕女图等传统文化元素，又在形式上通过"5G + VR"技术融合虚拟场景，展现了一幅唐朝女乐官前往赴宴时的生动画卷，为观众创造了一种新奇的观赏体验，真正实现了"让国宝活了起来"，节目播出后广受好评。可见，只有把握消费群体的需求变化趋势，才能促进文化内容与科学技术的深度融合。同时要应用好新的媒介形态和消费渠道，提高文化消费便捷程度，实现文化消费的全面拓展。麦克卢汉的"媒介即讯息"理论认为，真正的讯息是不断发展和变革的媒介，媒介技术升级带来的新范式正在改变社会传播和接受讯息的方式，重塑人、物和社会之间的关系。② 媒介形态的创新也重新塑造了文化消费的形式，基于物联网技术的智能家居和可穿戴设备也使得文化消费突破传统的存在方式，实现边界的突破。

3. 重构文化消费场景，构建新消费生态

文化消费理念的变更与文化消费载体的创新促进了文化消费场景的革新，文化消费场景呈现出综合化、虚拟化、体验化、审美化等多种特征，拥有不同气质的消费场景以"蜂鸣效应"集聚社群，新的场景消费生态亟待建立。首先，要促进多要素复合的消费场景的构建。恩格斯把人的需求分为三个层次：生存、享乐和发展③，我国的消费已经由生存型消费向享乐型消费和发展型消费迈进，以单一需求为主的消费场景已经难以满足人们的消费需求，因此多要素聚集、多需求满足的综合型消费场景成为必要。以书店、文化咖啡馆为例，其功能已经不仅仅局限于阅读和餐饮功能的实现，更多的是作为一种信息交流的场所和凸显美学品质的空间而存在，创新了传统单一的消费场景。其次，要加速虚拟消费场景的建构。数字文化消费的崛起和科学技术的应用使文化消费行为的发生突破传统的线

---

① 参见花建、陈清荷《沉浸式体验：文化与科技融合的新业态》，载《上海财经大学学报》2019 年第 5 期。
② 参见 [加] 马歇尔·麦克卢汉《理解媒介：论人的延伸》，何道宽译，译林出版社 2011 年版，第 26 页。
③ 参见中共中央马克思、恩格斯、列宁、斯大林著作编译局编译《马克思恩格斯选集》（第一卷），人民出版社 2012 年版，第 849 页。

下场景而向线上转移，由现实场景向虚拟场景转移，在真实的社会空间之外重新建构了一个虚拟的交往互动空间。丰富便捷的网络平台和社交应用构建起了文化消费的虚拟场域，可穿戴设备和新基建等智能终端和基础设施打破虚拟与现实的边界，实现了个体与社群、虚拟与现实的双向互动。未来元宇宙的发展将能够提供超越虚拟场景的新体验，通过具身交互使消费者不再仅是内容的浏览者，而是深度地融合到内容之中。这种虚拟型、体验型、社交型的虚拟文化消费是一种全新的消费形态，因此应加速探索并建立起配套的虚拟消费场景。最后，要加强创新型文化消费场景的发展。以夜间经济为例，夜间经济创新了传统文化消费的场景，以一种全新的消费形态拓展了文化消费空间。西安大唐不夜城、南京夫子庙、北京三里屯、故宫夜间灯光秀等创新型夜间消费场景就是以实时交互、AR/VR、全息投影、5G等前沿科技为依托，创建了"城市智慧夜游"创新数字流媒体平台，推动了产业链和消费链的全面升级。

（四）推动跨界消费，拓宽文化消费新领域

跨界消费是文化产业与其他产业融合发展的结果，也是科技赋能实现消费业态升级创新的重要成果，不仅拓展了文化消费的领域，也创新了文化消费的形态，培育了文化消费新的增长极。跨界融合作为当前文化产业领域最主要的特征和发展趋势之一，表现为门类、要素、行业、地域和文化等层面的多重跨越。[①] 文化产业本身所具有的低能耗、高附加值的特性使其具有产业融合发展的先天特质，同时企业发展、市场扩张、消费需求等多重影响也促使文化产业与相关产业的融合发展。跨界消费有利于文化产业的规模扩张与结构优化，引发新一轮的产业变革与消费升级。推动跨界消费，可通过"文化+""技术+""信息+"三条路径重新整合文化生产、文化传播、文化消费的模式，促进文化产业与其他产业融合发展。跨界消费的本质就是打破传统文化消费的边界，使文化和创意元素向其他关联性较高的产业融合渗透，将传统消费升级为文化消费，其背后的支撑就是产业的融合发展。跨界融合最终要实现的是要素的渗透与产业链、价值链的叠加，从而实现产业的无边界化。

---

① 参见李凤亮、宗祖盼《跨界融合：文化产业创新发展之路》，载《天津社会科学》2015年第3期。

1. 以"文化+"为核心，推动产业要素融合，拓展文化消费边界

文化要素的集聚与渗透推动传统消费向文化消费、创意消费、审美消费迈进，从而提升传统消费的能级，扩大受众范围，增加传统消费产品和服务的价值。文化与相关产业的融合发展注重内生动力的培育和文化价值的提升。基于单一产业链的延伸与改造对于消费增长贡献有限，而产业与产业之间跨界融合所形成的横向扩散则能带来指数式上升，甚至可以推动新产业的出现。应持续推进"文化+农业""文化+金融""文化+康养""文化+体育""文化+旅游""文化+制造业"等多方面产业间的融合发展，将文化、创意、审美的元素，结合新时代人们的文化消费需求，融合到相关产业的发展当中。文化产业与其他产业能否融合发展、怎样融合发展，最终还是要从产业链和价值链方面着手，寻找产业间可联动发展的重要环节。

2. 以"技术+"为支撑，创新文化消费业态，重构文化生产方式

科技的发展为产业跨界融合的业态裂变提供了技术可能，也使得文化内容生产的科技导向趋势愈加明显。技术要素的应用促进消费业态创新，以新的载体、平台、方式重构文化生产方式，实现了生产方式、传播方式、消费体验的全面变革。数字创意产业就是"文化+科技"衍生出的新型产业消费形态，如今随着信息技术的不断发展和媒介的升级创新，已经成为文化消费的主要业态。其一，应加速数字技术在文化领域的应用与创新。以扩展现实（Extended-reality，XR）技术为例，其对视觉、听觉、触觉、嗅觉、味觉多感官体验的模拟能够打破现实与虚拟的界限，这一技术在文化领域的成熟应用极可能实现传统文化体验的颠覆式变革，开辟全新的消费空间，应用意义十分重大。然而，尽管当前科学技术发展的速度突飞猛进，人工智能、区块链、物联网、VR/AR/XR技术等日益成熟，但是其在文化领域方面的应用有很多还未能实现技术突破，未能投入到大规模的市场拓展当中，对文化产业及相关产业的变革作用有限。其二，应加快终端装备技术的研发和新型基础设施的建设。技术的应用改变了人们感知事物的感官比例，由单一的视觉、听觉转为多种感官并用，从而创造出沉浸式的体验，智能装备终端和可穿戴设备作为实现体验变革的体感延伸装备，为文化生产和文化消费的延伸提供了技术支持，也对人、物和环境之间的关系进行了重塑。其三，加快与数字化载体相配套的内容开发。尽管不少技术投入使用已有一段时间，应用范围也在不断拓展，但是与该

技术和装备所配套的数字文化消费内容却极为匮乏，内容产品质量不高。以 VR 技术为例，VR 技术在影视和游戏领域内的应用虽已较为普遍，但是兼具优质内容和娱乐体验的产品仍十分稀缺。

3. 以"信息+"为链接，推动文化跨界消费，重建消费市场生态

信息要素的叠加促使各类信息突破传统消费的产业边界，实现泛化融合，通过媒介传播渠道的拓展重塑文化消费市场生态体系。如今消费市场中的一个重要特征就是泛化融合，媒介讯息的发达与线上消费渠道的成熟促使产业跨界融合、建立信息闭环成为可能。以短视频应用和电商经济为例，其建立的完整的"视频引流—直播带货—平台销售"的服务链条实现了用户流量从信息流、商品流到服务流的转移，重构线上消费新生态，也促使直播、短视频等消费业态实现了与泛产业之间的跨界融合，成功扭转了以往购物平台被动搜索商品到文娱平台主动挖掘消费的模式转变。这种泛化融合模式重构了网络购物、本地生活等线上线下交易生态，重新定义了内容平台边界，促进整体消费潜力释放。①"数据的价值从它最基本的用途转变为未来的潜在用途，这一转变意义重大"②，通过数据价值的再生和信息的融合，文化消费也实现了载体的泛化融合与边界拓展。

（发表于《山东社会科学》2022 年第 6 期；转摘于《高等学校文科学术文摘》2022 年第 4 期）

---

① 参见孙怡、沈嘉《文化消费走向如何？一文读懂四大关键趋势》（https://mp.weixin.qq.com/s/Ua-Hs5fq7UwjSdcNh7BaeQ），引用日期：2024 年 7 月 23 日。

② ［英］维克托·迈尔·舍恩伯格、肯尼斯·库克耶：《大数据时代：生活、工作与思维的大变革》，盛杨燕、周涛译，浙江人民出版社 2013 年版，第 130 页。

从文化自觉、文化自信到文明创新
——中国共产党百年征程的文化贡献探赜

百年征程波澜壮阔,百年党史博大精深。中国共产党不仅在政治、军事、经济、社会等方面走出了一条新路,取得举世瞩目的成就,在文化建设上,也蹚出了一条新路,为人类发展进步作出了重大而独特的文化贡献。一百年来,中国共产党团结带领中国人民,开辟的伟大道路、创造的伟大事业、取得的伟大成就,不仅载入了中华民族和人类文明的发展史册,更着力构建了中国特色现代新文明,从而引领和创造了一种新的文明模式。习近平总书记在庆祝中国共产党成立100周年大会上明确指出:"我们坚持和发展中国特色社会主义,推动物质文明、政治文明、精神文明、社会文明、生态文明协调发展,创造了中国式现代化新道路,创造了人类文明新形态。"①

一、穿越百年的文化自觉

著名社会学家费孝通认为,文化自觉是文化的自我觉醒、自我反省、自我创建。这种文化自觉,建立在对"根"的找寻与继承上,对"真"的批判与发展上,对发展趋向的规律把握与持续指引上,是对文化地位作用的深刻认识、对文化发展规律的正确把握、对发展文化历史责任的主要担当。②

近代中国的文化自觉,是在中国固有文化与西方输入文化相互接触、相互碰撞的过程中觉醒的。从传统走向现代的进程中,围绕"如何救中国""中国何处去"等一系列问题,中国社会文化思潮激荡、各种主张此起彼伏。从鸦片战争后魏源"师夷长技"的大胆主张,到戊戌变法中维

---

① 习近平:《在庆祝中国共产党成立100周年大会上的讲话》,载《人民日报》2021年7月2日第2版。

② 参见费宗惠、张荣华编《费孝通论文化自觉》,内蒙古人民出版社2009年版,第83页。

新派以"变"突围的政治抉择,再到辛亥革命中"兼收众长,益以新创"的精神重塑,中国文化一直在努力寻觅摆脱困境、适应时代潮流的道路。

革命、建设和发展征程本身就是文化探索过程,是一种认知与行动、个体与集体、经验与思想相融合的过程。回顾百年党史,中国共产党始终以清醒的文化自觉指导着中国革命与建设的发展。

新文化运动之后,民族觉醒推动了文化自觉愈趋理性发展。1921年成立的中国共产党,选择马克思主义作为救国济民的理论武器,以倡导者、宣传者和组织者推动新文化运动后期转向。自此,在马克思主义的指导下,中国文化走上了与中国现代化历史实践过程相伴相生的中国特色现代化转型与重构之路。

1936年,埃德加·斯诺深入延安采访。他在1937年出版的《红星照耀中国》① 中写到:"那种精神,那种力量,那种欲望,那种热情……是人类历史本身的丰富而灿烂的精华。"②

1943年5月26日,共产国际执委主席团《关于提议解散共产国际的决定》中提道,"中国共产党人是我们民族一切文化、思想、道德的最优秀传统的继承者,把这一切优秀传统看成和自己血肉相连的东西,而且将继续发扬光大"。③

这些真实的史料,反映出中国共产党作为一个马克思主义政党,作为中华优秀传统文化的忠实继承者、弘扬者,从建党初期就对文化高度重视,并形成了独特的文化理念、文化气质和文化品质。

新中国成立初期,毛泽东同志指出:"随着经济建设的高潮的到来,不可避免地将要出现一个文化建设的高潮。中国人被人认为不文明的时代已经过去了,我们将以一个具有高度文化的民族出现于世界。"④

改革开放时期,中国文化建设以解放思想为先导,以改革开放为动

---

① 《红星照耀中国》(*Red Star Over China*),曾译名为《西行漫记》,是美国记者埃德加·斯诺所著的纪实文学作品,于1937年10月在伦敦首次出版,于1938年2月首次出版中文版。

② [美]埃德加·斯诺:《红星照耀中国》,作家出版社2012年版,第6页。

③ 1943年5月15日,共产国际执行委员会主席团为适应反法西斯战争的发展,并考虑各国斗争情况的复杂,需要各国共产党独立地处理面临的问题,作出《关于提议解散共产国际的决定》。5月22日,向全世界公布了这个决定。26日,中共中央作出完全同意解散共产国际的决定。

④ 中共中央文献研究室编:《毛泽东年谱(1893—1949)(修订本)》下卷,中央文献出版社2013年版,第577页。

力，革故鼎新，与时俱进，以宽阔的视野、博大的胸襟和包容的气魄，走出了一条中国特色社会主义的文化发展道路。

党的十八大以来，以习近平同志为核心的党中央把文化自觉提升到新高度。明确将文化自信和道路自信、理论自信、制度自信并列为中国特色社会主义"四个自信"，凸显了中国特色社会主义的文化根基、文化本质和文化理想，标志着我们党对中国特色社会主义有了更加明确而开阔的文化建构。

回溯百年党史，中国共产党至少在以下几个方面形成了清晰的文化自觉意识。一是坚持以马克思主义真理作为根本遵循，以开放的姿态拥抱真理，学习外来先进思想文化。二是始终以中华优秀传统文化为深厚根基，在继承与发扬中汲取养分和力量，并实现对外来先进文化思想的中国化改造。三是保持了与时俱进的前行意识，以始终代表中国先进文化前进方向的标准自我要求内向加压。四是始终坚持守正创新、推陈出新，在继承与发展中不断开辟文化发展新境界。

二、日益明晰的文化自信

文化自信是一个民族、一个国家以及一个政党对自身文化价值的充分肯定和积极践行，并对其文化的生命力持有的坚定信心。

党的十八大以来，习近平总书记多次提到文化自信，传递出他的文化理念和文化观。在2014年2月24日的中央政治局第十三次集体学习中，他提出要"增强文化自信和价值观自信"。之后的两年间，又对此有过多次论述："增强文化自觉和文化自信，是坚定道路自信、理论自信、制度自信的题中应有之义。"① "中国有坚定的道路自信、理论自信、制度自信，其本质是建立在5000多年文明传承基础上的文化自信。"② 2016年，习近平总书记连续多次对"文化自信"加以阐释，指出"坚定中国特色社会主义道路自信、理论自信、制度自信，说到底是要坚持文化自信"③；

---

① 习近平：《在文艺工作座谈会上的讲话》，载《人民日报》2015年10月15日第2版。
② 杜尚泽：《阔步走在中华民族伟大复兴的历史征程上》，载《人民日报》2016年1月5日第1版。
③ 习近平：《在哲学社会科学座谈会上的讲话》，载《人民日报》2016年5月19日第2版。

特别是在庆祝中国共产党成立95周年大会的讲话上提出"文化自信,是更基础、更广泛、更深厚的自信"①,语境更为庄严,观点更为鲜明,态度更为坚决,传递出这既是文化理念又是指导思想。随后几年,习近平总书记更是强调,"坚定文化自信,是事关国运兴衰、事关文化安全、事关民族精神独立性的大问题"②,"没有高度的文化自信,没有文化的繁荣兴盛,就没有中华民族伟大复兴"③。2020年,党的十九届五中全会明确提出,坚定文化自信,坚持以社会主义核心价值观引领文化建设,推进社会主义文化强国建设,并绘制了到2035年建成社会主义文化强国的时间表、路线图,体现了我们党铸就中华文化新辉煌的高度自信和历史担当。党的十九届六中全会通过的《中共中央关于党的百年奋斗重大成就和历史经验的决议》进一步指出,党的十八大以来,我国意识形态领域形势发生全局性、根本性转变,全党全国各族人民文化自信明显增强,全社会凝聚力和向心力极大提升,为新时代开创党和国家事业新局面提供了坚强思想保证和强大精神力量。

当前,文化自信在不同文化领域,都呈现出新时代的新气象。

(一) 在文化遗产保护与文化传承方面

文运同国运相牵,文脉同国脉相连。文化遗产是历史最好的见证,承载着一个民族的精神与灵魂,能够穿越历史长河的风烟,成为连接过去、现在和未来的精神纽带。近年来,《我在故宫修文物》《上新了·故宫》等"故宫现象"频频走红,《中国诗词大会》《国家宝藏》等传统文化节目风靡于世,《青花瓷》等古风歌曲以及国风舞蹈《唐宫夜宴》《洛神水赋》不断出圈,舞蹈《只此青绿》将《富春山居图》的神韵风采演绎得出神入化……这些新颖的文化创意,让"沉睡"的文物"活"了起来,让观众在一眼千年中感悟传统文化的深沉和厚重。文化遗产背后蕴藏的人文情怀、价值理念和时代精神,直抵人心,引发了社会的广泛关注,唤起了无数人对传统文化的崇敬和自信,成为彰显我国文化自信的一个鲜明标识。

---

① 《论中国共产党历史》,中央文献出版社2021年版,第126页。
② 《习近平谈治国理政》(第二卷),外文出版社2017年版,第349页。
③ 《习近平谈治国理政》(第三卷),外文出版社2020年版,第32页。

（二）在推动中华优秀传统文化创造性转化、创新性发展方面

习近平总书记强调，"中华优秀传统文化是中华民族的精神命脉，是涵养社会主义核心价值观的重要源泉，也是我们在世界文化激荡中站稳脚跟的坚实根基"[1]，指出"要讲清楚中华优秀传统文化的历史渊源、发展脉络、基本走向，讲清楚中华文化的独特创造、价值理念、鲜明特色，增强文化自信和价值自信"[2]。近年来，文化界理论界把握时代需求，回应时代课题，扎实开展对中华优秀传统文化的学理研究，充分挖掘其中所蕴含的思想观念、人文精神、道德规范，以及对社会主义核心价值观的涵养功能，积极发掘其融入新时代、服务当前国家社会发展的现代价值，为推动中华优秀传统文化实现创造性转化、创新性发展夯实了基础。习近平总书记本人就是中华优秀传统文化的爱好者和传播者，他的很多讲话旁征博引、融通古今，给人以思想启迪、精神激荡，也展示着充分的文化自信。习近平外交思想更充分汲取中华优秀传统文化的丰富营养，赋予其新的时代印记和人文内涵，实现了创造性转化和创新性发展。如人类命运共同体理念中蕴含着"天下为公""世界大同"的美好愿景，构建全球伙伴关系的过程中秉持了"和而不同""立己达人"的和谐理念，共建"一带一路"重大倡议则创造性地传承了古代丝绸之路精神，将这一人类文明成果转化为开展国际合作、促进共同发展的新型公共产品。

（三）在文化产业新兴业态发展方面

当前，文化与科技融合创新成为推动我国文化产业发展的强劲动力，不断改变文化产品的生产、传播和消费方式，成为催生文化产业新兴业态的主要因素。以深圳为例，近年来文化科技融合的进程日益加速，文化产业对经济增长的外溢、辐射和带动作用愈发凸显，成为城市新兴产业增长的重要支柱和新引擎。"十四五"时期，深圳将实施文化产业数字化战略，这意味着城市文化产业将以打造全球数字先锋城市为契机，迎来新的

---

[1] 习近平：《在文艺工作座谈会上的讲话》，载《人民日报》2014年10月15日第2版。
[2] 习近平：《培育和弘扬社会主义核心价值观》，见《习近平谈治国理政》（第一卷），外文出版社2014年版，第164页。

发展的"春天"。2021年"七一"前夕，深圳献礼建党百年华诞的光影秀惊艳全国：5200架无人机点亮夜空展示百年辉煌党史的重大历史事件，科技手段将党徽投射在天穹之上，这场将科技的硬核与文化的浪漫深度融合的视觉盛宴，展现出文化产业新兴业态的发展速度和实力。

（四）在开展文化交流与文化传播方面

"国之交在于民相亲，民相亲在于心相通。"当前，中国与世界的交流越来越紧密。中外文化年、旅游年、艺术节、影视节、研讨会等人文合作项目的质量与效益不断提升。在国际文化传播领域，具有鲜明中国特色的战略传播体系，以文载道、以文传声、以文化人，向世界阐释推介具有中国特色、体现中国精神、蕴藏中国智慧的优秀文化。比如，汉学热在世界各地不断蔓延，"李子柒"在国外收获众多粉丝，这些现象都折射出中华文化的影响力正在不断扩大。我们欣喜地看到，中华文化感召力、中国形象亲和力、中国话语说服力正不断提升，一个可信可爱可敬的中国形象，正在真实、立体、全面地向世界人民呈现。

自信不是自大，自信基于自觉。当下的自信，是以自觉发展为特征的自信。这种自信，既带有传统价值观造就的文化底色，也带有现代社会发展造就的时代表色，既是信仰力量的确证，又是知行合一的选择。

1. 百年党史，为坚持文化自信赋予了价值底色

以"为中国人民谋幸福、为中华民族谋复兴"的初心使命，凝结着中国共产党人的理想信念、行为方式和价值取向。党在团结带领中国人民进行的一切奋斗、一切牺牲、一切创造中，始终指向一个主题，即实现中华民族伟大复兴，始终保持一种本色，即坚如磐石的理想信念、永葆初心的人民情怀、民族复兴的责任担当。

2. 百年党史，为坚持文化自信提供了精神支撑

中国共产党百年来铸造了一系列具有丰富时代内涵和体现民族特征的革命精神。这些精神在革命中淬炼、在建设中磨砺、在改革中检验、在新时代中传承，形成了"坚持真理、坚守理想，践行初心、担当使命，不怕牺牲、英勇斗争，对党忠诚、不负人民"为内涵的伟大建党精神，构建了百年大党的精神谱系。这种由中国共产党所创造的独特精神财富，是中国人民共同的历史记忆，是百年党史厚重之所在，具有超越时代的永恒意义和奔向未来的精神力量。

3. 百年党史，为坚持文化自信注入了实践力量

中国共产党带领中国人民创造了新民主主义革命、社会主义革命和建设、改革开放和社会主义现代化建设、中国特色社会主义新时代四个时期的伟大成就，成功地开创了一条有中国特色的社会主义道路，实现了中华民族从站起来、富起来到强起来的伟大飞跃，中华民族伟大复兴进入了不可逆转的历史进程。文化自信从百年实践的积淀中获取了源源不断的动力，在内涵、层次、水平等方面都达到了新的高度，凝聚了中华民族千秋大业的复兴伟力。

正如习近平总书记指出："当今世界，要说哪个政党、哪个国家、哪个民族能够自信的话，那中国共产党、中华人民共和国、中华民族是最有理由自信的。"[①]

三、引领未来的文明创新

站在新的历史方位，中国共产党正在开拓和引领一种面向未来的、具有强大生命力、凝聚力和吸引力的新的文明模式。

我们必须要强调的是，文明模式并不限于一种。全球200多个国家和地区、2500多个民族、6000多种语言交织而成当今世界人类文明画卷。文明多样性是世界文明生态系统的基本特征，促进文明多样性是保障基本的人文价值观的前提和基础。

现代化起源于西方。西方国家通过工业革命率先实现了现代化，为人类文明进步作出了积极贡献。但某些因此掌握了现代化话语权的西方国家，把这种基于特定文化传统、历史条件且并不完美的现代化模式，吹嘘为人类文明实现现代化的唯一模式。这不仅强化了西方文明的优势地位，而且使很多非西方国家的现代化进程遭遇严重挫折，甚至导致国家分裂、战乱频仍、贫穷加剧，世界发展更加不平衡。

中国共产党经过艰辛探索，成功找到了符合中国国情的中国特色社会

---

① 习近平：《在庆祝中国共产党成立95周年大会上的讲话》，载《人民日报》2016年7月2日第2版。

主义道路。正如新华社评论员文章指出:"中国人民坚持和发展中国特色社会主义,创造了人类文明新形态。这种文明新形态,坚持以人民为中心,坚持走共同富裕道路,推动物质文明和精神文明相协调,坚持人与自然和谐共生,促进人的全面发展和社会全面进步,开创了发展新模式;坚持走和平发展道路,始终把和平共处、互利共赢作为处理国际关系的基本准则,倡导共商、共建、共享,坚持多边主义,反对零和博弈、霸权主义、单边主义,积极推动构建人类命运共同体。实践证明,中国特色社会主义最有效率、又最讲公平,促进物的不断丰富,又增强人民的精神力量,造福中国,又惠及世界,开辟出一条文明发展新道路,为人类文明进步带来了新希望。"①

中国特色社会主义道路的开拓,是马克思主义理论与中国文化传统的内在延展,也是中华文明贡献给世界的"崭新方案"。这一探索不但加速了中华民族伟大复兴的进程,而且为广大发展中国家实现现代化开创了新道路、新模式,拓宽了走向现代化的理论路径,丰富了人类对于社会发展规律与发展道路的认识。从这个角度来看,中国对世界的贡献,不只是中国自身问题的解决,还将为解决当下世界的普遍性问题找寻出路,贡献中国智慧和中国方案。

需要明确的是,在不同时期出现的所谓"文明的冲突",其实不是文明本身之间的冲突,而是文明标签下利益和欲望的冲突,包括战争和形形色色的暴力。文明只有一个核心维度,从人出发,由人创造,这是由人享有,为人类一切创造物最后、最根本的价值尺度。凡是有利于人类生存发展、有利于人类美好生活的思想、文化、发明、创造,都是文明进步的,凡是阻碍人类生存发展、损害人类美好生活的思想、文化、发明、创造,都是愚昧野蛮的。

文明的发展,离不开各种文明之间的相互碰撞、相互交流、相互融合。习近平总书记指出:"文明因交流而多彩,文明因互鉴而丰富。文明交流互鉴,是推动人类文明进步和世界和平发展的重要动力。"②

---

① 新华社评论员:《中国特色社会主义创造了人类文明新形态》,载《新华每日电讯》2021年7月6日第2版。

② 习近平:《文明交流互鉴是推动人类文明进步和世界和平发展的重要动力》,载《求是》2019年第9期。

在 2021 年 7 月的中国共产党与世界政党领导人峰会上，习近平总书记发表了《加强政党合作　共谋人民幸福》的主旨讲话，该讲话正立足于人这个维度，凝聚共识，共促发展。他强调，要本着对人类前途命运高度负责的态度，以宽广胸怀理解不同文明对价值内涵的认识，尊重不同国家人民对价值实现路径的探索，把全人类共同价值具体地、现实地体现到实现本国人民利益的实践中去。

在"文明冲突"还是"文明交融"成为人类文明发展重大关切的当下，中国共产党倡导并引领了新普惠文明的发展，展现了促进世界文明发展的中国担当。

在理论层面，习近平总书记提出的"人类命运共同体"① 是超越民族和意识形态的发展的共同体、合作的共同体、可持续的共同体。其思想是一个超越国家、民族、宗教和国际政治的时代命题，是对人类文明走向的理性判断，也意味着将实现世界文明史上最大范围和规模的文明协同机制，而这来自中华文明的底蕴。

在实践层面，"一带一路"② 倡议最具说明和示范意义。自"一带一路"倡议提出以来，中国与沿线国家的各类文化交流进一步密切，各类高级别文化对话与磋商陆续建立，各类主题艺术节、博览会、交易会、论坛、公共信息服务等逐步规范和常态化。"一带一路"倡议为世界经济增长开辟了新空间，为完善全球经济治理拓展了新实践，为增进各国民生福祉作出了新贡献，成为沿线各国共同的机遇之路、繁荣之路。

走过一百年的征程，我们仍然强调建立开放型的文化强国，既要传承和弘扬中华优秀传统文化，增强其生命力和影响力；又要吸纳外域文化文明精华，在更开放的环境和更自由的思想空间，推动中华文化不断丰富和创新，并在世界舞台上充分展示民族文化的魅力。

首先，从顶层设计来看。党的十八大以来，"建设文化强国"成为我国国家文化战略的集中表达，形成了对以往文化改革发展经验和未来发展目标的集成性概括。党的十九大报告提出不忘本来、吸收外来、面向未

---

① 习近平：《共同构建人类命运共同体》，载《人民日报》2017 年 1 月 20 日第 2 版。
② 2013 年 9 月和 10 月，国家主席习近平在出访中亚和东南亚国家期间，先后提出共建"丝绸之路经济带"和"21 世纪海上丝绸之路"（以下简称"一带一路"）的重大倡议，得到国际社会高度关注。

来,更好构筑中国精神、中国价值、中国力量,进一步丰富了国家文化软实力的核心内涵。党的十九届五中全会将建设社会主义文化强国列入国家宏观层面与科技强国、教育强国等相协同的总体战略架构,规定了未来一段时期我国内部文化发展和对外文化开放两大领域的发展目标和任务。这些重要论述和决策部署,从战略全局上指明了新形势下建立文化强国的目标方向,深刻揭示了在文化开放中坚定文化自信的重要意义。

其次,从历史经验来看。中华文明崇尚"各美其美,美美与共"①,主张和合共生、互利共赢。中国共产党历来重视吸收人类文明的优秀成果,马克思主义中国化的历程就是其中最集中的表现。党的十九届六中全会进一步强调要坚持理论创新,坚持解放思想、实事求是、与时俱进、求真务实,坚持把马克思主义基本原理同中国具体实际相结合、同中华优秀传统文化相结合,不断推进马克思主义中国化时代化。从建党、立党,到革命、建设和发展整个历程,我们党都能得出"关起门来搞建设是不行的,中国的发展离不开世界"的结论。党对文化格局的构建,也始终以开放为主旋律,在继承中转化,在学习中超越,文化相融、共生、互动、发展的趋势日益生成。

最后,从当前环境来看。文化是一个国家核心竞争力的重要组成部分,在综合国力竞争中的地位和作用越来越突出。开放是国家繁荣发展的必由之路,也是激发文化生命力、提升文化创造力的内在要求。置身百年未有之大变局,面对国际风云变幻,实现中华民族的伟大复兴,不仅要在经济社会发展赛道上实现赶超,更应以中国特色的文明体系,体现一个大国在现代化进程中海纳百川、兼收并蓄的自信表达。向世界全面介绍中国的文化传统、价值理念、发展道路、民族精神,扩大中华文化在国际上的影响力,是提升我国文化软实力和综合国力的必然要求,也是占据国际文化竞争制高点、赢得先机和主动的必然要求。

尤其在中国共产党走过百年征程的历史性时刻,中国的各项发展取得巨大成就,中国文化受到全世界的关注和瞩目,世界迫切希望认知东方文明、学习中国文化,了解中国的成功模式。我们应抓住机遇,秉持开放包

---

① 费孝通:《人文价值再思考》,见费孝通《从实求知录》,北京大学出版社1998年版,第435–436页。

容、互学互鉴的理念，以更自信的心态、更宽广的胸怀，深入开展同各国文化交流合作，广泛参与世界文明对话，努力建设社会主义文化强国，不断增强创造人类文明新形态的思想自觉、政治自觉和行动自觉。

（发表于《中国高校社会科学》2022年第4期；全文转载于《新华文摘》2022年第23期、《文化深圳》2022年第10期）

新时代守正创新的价值意蕴与文化实践

2018年8月21日,习近平总书记在全国宣传思想工作会议上指出,当前宣传思想战线工作进入了"守正创新"的重要阶段,要求宣传思想工作不断强起来;2019年4月6日,习近平总书记在《一个国家、一个民族不能没有灵魂》一文中指出,文艺创作要"正本清源,守正创新";2020年9月17日,习近平总书记在湖南考察文化产业时强调,文化产业既有意识形态属性,又有市场属性,但意识形态属性是本质属性,一定要牢牢把握正确导向,坚持守正创新,确保文化产业持续健康发展;2021年5月9日,习近平总书记在给《文史哲》编辑部全体编辑人员的回信中提道"在党的领导下,几代编辑人员守正创新、薪火相传,在弘扬中华文明、繁荣学术研究等方面做了大量工作,在国内外赢得一定声誉"[①],肯定了编辑部创刊以来在哲学社会科学工作方面的努力。无论是宏观视野上的意识形态建设、宣传思想工作,还是具体实践领域内的文艺创作、学术研究以及文化产业发展,习近平总书记始终强调要坚持守正创新。当前,我国文化建设已经从"正本清源"的时期迈向"守正创新"的新阶段,从对"破"的注重转为对"立"的强调。深刻理解守正创新的丰富内涵,准确把握其内在的辩证关系,对于我国新时期的文化建设具有重要的理论与实践价值。

一、守正创新的辩证统一关系

作为习近平总书记关于文化建设重要论述的核心理念之一,"守正创新"发挥着重要的发展路径导向作用。守正是基础,是前提,文化建设要求守正,即要求客观认识和把握文化发展的本质规律,坚持文化发展的正确导向,掌控好文化建设工作的"方向盘";创新是发展,是动力,文

---

① 《习近平给〈文史哲〉编辑部全体编辑人员回信》,载《人民日报》2021年5月11日第1版。

化建设要求创新，即要求坚持进取精神，不断推进理论创新与实践创新，强化文化资源的创造性转化和创新性发展，健全现代文化产业体系，提升我国文化软实力。

守正是基础，以合规律性的价值观念和制度设计为文化建设指明了发展方向。"正"者，大道也，既包含道德操守，又包含客观规律，还包含正确理论。[①] 守正是中国传统文化的核心价值之一，具有深厚的文化底蕴。史有典故"守正奉公""守正不挠"，分别出自《后汉书·侯霸传》中的"在位明察守正，奉公不回"与《汉书·刘向传》中的"君子独处守正，不挠众枉"，这两个典故都强调了要坚守正道，不徇私情，处理事情要公平公正。从这个层面看，新时代文化建设的"守正"就是要坚持马克思主义理论不动摇，坚持社会主义核心价值观不走偏。事物的发展总是遵循一定的客观规律，只有在合规律性的基础上进行合目的地改造，才能创造出符合社会发展规律的新事物，实现创新发展。因此文化建设的"守正"需要以把握事物本质、遵循客观规律为准则，深刻认识文化发展的本质与规律，并与时俱进。一个科学理论的发生、发展、壮大、完善，从其发轫之初，就必须探索、遵循事物的客观规律。[②] 马克思主义在我国地位的确立和发展经过了实践的检验和与时俱进的创新，形成了毛泽东思想、邓小平理论、"三个代表"重要思想、科学发展观和习近平新时代中国特色社会主义思想一系列最新成果。习近平总书记曾指出："马克思主义是我们立党立国的根本指导思想，背离或放弃马克思主义，我们党就会失去灵魂，迷失方向。"[③] 因此，文化建设的"守正"必须要牢牢坚持马克思主义的指导地位，保证社会主义文化的前进方向。发展中国特色社会主义文化必须要重视社会主义核心价值体系的建设，巩固我国的主流意识形态，提高文化自觉、坚定文化自信、实现文化自强。文化建设要求守正，就是要牢牢把握好文化建设的价值基线，为文化的繁荣发展筑牢坚实基础。

创新是路径，以理论与实践的双重创新为文化建设提供取之不竭的动

---

① 参见李树杰《"守正"与"出新"》，载《人民日报》2016年7月28日第4版。
② 参见朱宪臣、陈宏《习近平党建思想的理论渊源、生成逻辑与实践价值》，载《中国井冈山干部学院学报》2019年第4期。
③ 习近平：《在庆祝中国共产党成立95周年大会上的讲话》，载《人民日报》2016年7月2日第3版。

力。创新是中华文明的重要文化基因，也是中华文化源远流长从未中断的重要原因。我国自古以来就有创新的传统，2000多年前，《诗经·大雅·文王》中就提出"周虽旧邦，其命维新"，强调了创新对国家建设的重要价值；《礼记·大学》中记载"苟日新，日日新，又日新"，从勤于省身的角度强调思想革新的重要性；《周易》中亦有"革故鼎新"的典故，意指除旧布新。正是中华文化这种不断自我变革、自我超越的精神，才使其经受住了数千年的考验，在历史发展中历久弥新，不断焕发新的光彩，从而为中华文化的发展塑造了创新的优良传统。今日"创新"一词主要是指人们为了发展需要，运用已知的信息和条件，突破常规，发现或产生某种新颖的、独特的、有价值的新事物、新思想的活动。创新在国外的研究中也占有一席之地，经济学家约瑟夫·熊彼特曾提出了创新理论，强调了生产技术的革新和生产的变革在经济发展过程中的重要作用。创新在中国共产党的发展历史中也始终占据着重要地位，党的十八大提出要实施创新驱动发展战略，党的十九大明确创新是引领发展的第一动力，党的十九届五中全会提出要坚持创新在我国现代化建设全局中的核心地位，党的十九届六中全会指出"理论创新""开拓创新"是一百年来我党领导人民伟大奋斗的宝贵历史经验，是党和人民共同创造的精神财富，必须长期坚持。文化建设要求创新，不仅要求文化理论的发展与创新，总结新中国成立以来社会主义文化理论的发展与经验；更要求文化建设的实践创新，即不断探索文化建设的新模式、新载体、新业态，以先进的科学技术为依托，以创意创新为核心，促进文化资源的创造性转化和创新性发展，推动文化供给与消费不断推陈出新，助力我国文化强国建设目标的实现。

　　守正创新蕴含着辩证统一的内在关系。守正创新的辩证统一关系体现了马克思唯物论和辩证法的根本要求，揭示出马克思主义认识世界和改造世界的原则方法。① 守正是基础，是认识论，只有在合规律性的前提下进行有目的的改造，才能得到符合新事物发展规律的创新成果；创新是路径，是方法论，只有打破常规，通过创造性的实践实现对旧事物的突破，由量变引发质变，才能实现新的发展。《荀子》有载"夫道者，体常而尽变，一隅不足以举之"，就揭示了守正与创新的关系。没有守正，创新就

---

① 参见黄庭满《深入理解守正创新的丰富内涵》，载《中国社会科学报》2021年4月1日第A1版。

失去了根基和方向，难以在文化的沃土上进行有价值的文化创造；没有创新，守正就失去了不断进行自我变革与发展的动力，变得陈旧腐朽缺乏活力，并终将被时代无情抛弃。文化创新需要以已有的人类文明成果为基础，坚持马克思主义的指导原则，遵循文化发展的客观规律，保证先进文化对文化创新方向的正确指引。一方面，我国的文化建设需要立足于优秀的传统文化，深度挖掘文化基因，以丰厚的文化底蕴赋予作品感召力，巩固社会主义核心价值观，培育高度的文化认同与文化自信；另一方面，文化建设需要坚持创新驱动，通过理论创新、内容创新、技术创新，创造属于新的时代语境下的人类文明新形态，在世界舞台上讲好中国故事、传播好中国声音，让中华文化具有历久弥新、生生不息的强大生命力。正所谓知常明变者赢、守正创新者进。在我国文化建设的工作中，要坚持守正与创新的统一，把握好变与不变的关系，需要正确处理好历史与未来、本来与外来、传承与发展、文化与市场等多重关系。守正创新，即在批判继承古今中外优秀文化成果的基础上，结合时代任务提出许多富有创见的新思想新要求，为文化发展与繁荣指引新的方向。①

二、作为价值导向的守正

"守正"，回答了新时代文化建设为谁而建的问题，明确了新时代文化建设的价值导向。新时代的文化建设，需要创造体现时代精神的新文化，不断巩固社会主义核心价值观。习近平总书记在党的十九大报告中指出："必须推进马克思主义中国化时代化大众化，建设具有强大凝聚力和引领力的社会主义意识形态，使全体人民在理想信念、价值理念、道德观念上紧紧团结在一起。"② 守正，既要守住理想信念，又要坚守价值理念，更要符合道德观念。

从理想信念层面看，要守马克思主义意识形态之正，把握文化建设的政治导向。意识形态决定文化前进的方向和发展道路，是为国家立心、为

---

① 参见李凤亮《文化自信与守正创新》，见向勇主编《新征程：文化自信与融合创新》，金城出版社2020年版，第23页。
② 习近平：《决胜全面建成小康社会　夺取新时代中国特色社会主义伟大胜利》，载《人民日报》2017年10月28日第1版。

民族立魂的工作，关乎旗帜、道路和国家政治安全。马克思主义是我们立党立国的根本指导思想，是指导党和人民事业的理论基础，是指引文化建设正确方向的根本指针，马克思主义中国化最新理论成果是指导文化建设的重要遵循。① 党的十八大以来，习近平总书记多次强调要坚持马克思主义在意识形态领域的指导地位，提出"在坚持以马克思主义为指导这一根本问题上，我们必须坚定不移，任何时候任何情况下都不能动摇"②。坚持马克思主义的指导地位，是我国建设具有强大凝聚力和引领力的社会主义意识形态的本质要求，也是建设社会主义文化强国必须遵循的发展原则。马克思主义不是一成不变的教条主义，而是与时俱进的理论体系。2019 年 3 月，习近平总书记在学校思想政治理论课教师座谈会上的重要讲话中指出，"我们通过守正创新形成了中国特色社会主义理论体系"；③ 2021 年 2 月，习近平总书记进一步强调"一百年来，我们党坚持解放思想和实事求是相统一、培元固本和守正创新相统一，不断开辟马克思主义新境界，产生了毛泽东思想、邓小平理论、'三个代表'重要思想、科学发展观，产生了新时代中国特色社会主义思想，为党和人民事业发展提供了科学理论指导"④；党的十九届六中全会将"理论创新"作为党长期实践的宝贵经验之一。马克思主义在我国的确立不只是理论上的，更是经过了实践的反复验证，具有与时俱进的发展特质，因此我们必须要坚持马克思主义的指导地位，将马克思主义作为认识世界和改造世界的思想武器与行动指南。

从价值理念层面看，要守人民之正，坚守文化建设的价值准则。人民至上是中国共产党百年奋斗的宝贵历史经验之一，党的根基在人民、血脉在人民、力量在人民。⑤ 以人民为中心是历史唯物主义的基本观点，是中国特色社会主义坚守的根本立场，也是中国特色社会主义文化建设需要秉

---

① 参见王文俊、钟洁《习近平新时代文化自信思想：生成逻辑、核心要义、坐标导向》，载《广西社会科学》2017 年第 11 期。
② 贾立政：《新时代意识形态建设的历史性成就》，载《光明日报》2022 年 1 月 4 日第 6 版。
③ 习近平：《在党史学习教育动员大会上的讲话》，载《求是》2021 年第 7 期。
④ 习近平：《在党史学习教育动员大会上的讲话》，载《求是》2021 年第 7 期。
⑤ 《中共中央关于党的百年奋斗重大成就和历史经验的决议》，载《人民日报》2021 年 11 月 17 日第 1 版。

承的价值取向。新时代的文化建设要始终坚持以人民为中心的根本导向，明确文化建设的出发点与落脚点是人民，文化建设的成果由人民共享也由人民鉴赏。人民是物质财富的创造者，也是精神财富的创造者，是历史文化的创造者，也是文艺作品的鉴赏者。因此，新时代的文化建设首先需要坚持人民本位，为人民服务。习近平总书记提出，"人民是文艺创作的源头活水，一旦离开人民，文艺就会变成无根的浮萍、无病的呻吟、无魂的躯壳"①，"人民对美好生活的向往，就是我们的奋斗目标"②。满足人民对美好生活的向往和对精神文化的需求，就需要在文化建设中坚持"从人民中来，到人民中去"，以高质量的文艺作品浸润人心，以高层次的文化追求提升审美，以健全的公共文化服务体系服务人民。其次，文化产业的发展要坚持社会效益优先。文化产业的本质是精神内容生产，拥有解构和再建人的精神世界的重要力量，坚持社会效益优先就是始终把人民需要放在首位，以满足人民的精神文化需求为根本目的，体现了文化建设的根本要求。以人为本的根本价值取向构成了"守正"中的重要价值理念。

  从道德观念层面看，要守中华文化立场之正，守社会主义核心价值观之正，坚持社会主义先进文化的发展方向。中华文化是我国人民思想观念、价值理念、道德观念等思想之源，社会主义核心价值观则是对社会评判价值标准的高度凝结。为了发挥文艺作品对人民培根铸魂的重要功能，文化形态的生成和载体的挖掘必须要坚持以社会主义核心价值观为核心，传播和培育正确的价值观念，营造良好的社会风气。习近平总书记指出，"核心价值观是文化软实力的灵魂、文化软实力建设的重点。这是决定文化性质和方向的最深层次要素。一个国家的文化软实力，从根本上来说，取决于其核心价值观的生命力、凝聚力、感召力"③；"核心价值观，承载着一个民族、一个国家的精神追求，体现着一个社会评判是非曲直的价值标准"④。党的十九届五中全会提出，要"坚持以社会主义核心价值观引

---

① 习近平：《在文艺工作座谈会上的讲话》，载《人民日报》2015年10月15日第2版。
② 习近平：《人民对美好生活的向往，就是我们的奋斗目标》，见《习近平谈治国理政》（第一卷），外文出版社2014年版，第4页。
③ 习近平：《培育和弘扬社会主义核心价值观》，见《习近平谈治国理政》（第一卷），外文出版社2014年版，第163页。
④ 习近平：《培育和弘扬社会主义核心价值观》，见《习近平谈治国理政》（第一卷），外文出版社2014年版，第168页。

领文化建设"①；党的十九届六中全会通过的《中共中央关于党的百年奋斗重大成就和历史经验的决议》在总结文化建设工作时也指出，"党坚持以社会主义核心价值观引领文化建设，注重用社会主义先进文化、革命文化、中华优秀传统文化培根铸魂"②。中华优秀传统文化、革命文化、社会主义先进文化是中华民族在生存发展进程中的伟大创造，它们一脉相承、延续发展、不断升华，共同构成了中华文化的主体与主流③，体现了中华文化的根本立场。中华优秀传统文化凝结着中国人民千百年来沉淀下来的文化智慧，积淀着中华民族最深层的精神追求，孕育着中华民族蓬勃发展的精神动力。习近平总书记曾指出："中国传统文化博大精深，对树立正确的世界观、人生观、价值观很有益处。"④ "仁爱孝悌""谦和好礼""诚信知报""精忠爱国"等传统美德，"仁义礼智"的民族精神，"己所不欲，勿施于人"的兼爱精神，"自强不息"的奋斗精神等优秀精神品质，以及"以民为本""求同存异，和而不同"等思想理念，这些价值观念共同构成了当代社会道德评判标准的重要思想来源。革命文化中的"红船精神""井冈山精神""长征精神"等体现了党和人民的价值追求和民族气概。社会主义先进文化则是与时俱进，在新的时代语境下发展出来的最新成果，代表了文化发展的前进方向。孕育于中华优秀文化的公民道德规范，是在社会发展过程中逐步形成的理性约定，具有调节人际关系、约束公民行为、维护社会秩序的深厚力量，同时构成了法律力量之外的柔性约束系统。因此坚守中华文化立场，从国家发展战略的角度来看，需要大力弘扬中华优秀传统文化，深度挖掘蕴含其中的精神品质，使社会主义核心价值观深入人心，只有这样才能建立起深厚的文化自觉与文化自信，在激烈的世界文化竞争中保持我国鲜明的文化底色，巩固国家文化安全；从个人发展的角度来看，需要加强人民对于我国文化的认识和理解，提升个人文化素养，继承和发扬中华优秀文化的品质与精神。

---

① 《中共十九届五中全会在京举行》，载《人民日报》2020年10月30日第1版。
② 《中共中央关于党的百年奋斗重大成就和历史经验的决议》，载《人民日报》2021年11月17日第1版。
③ 参见汤玲《中华优秀传统文化、革命文化和社会主义先进文化的关系》，载《红旗文稿》2019年第19期。
④ 习近平：《在中央党校建校八十周年庆祝大会暨二〇一三年春季学期开学典礼上的讲话》，载《人民日报》2013年3月3日第2版。

三、作为发展路径的创新

创新是一个国家、一个民族发展进步的不竭动力，坚持开拓创新和理论创新是中国共产党百年奋斗的重要历史经验，是党和人民共同创造的精神财富。① 创新回答了新时代文化建设如何实践的问题，指明了文化建设的实施路径。新时代的文化建设，要求在继承传统的基础上与时俱进，构建新发展阶段的新文化、新理论、新体系，完成文化发展的时代性变革。发展的本质在于创新，习近平总书记强调："必须根据时代变化和实践发展，不断深化认识，不断总结经验，不断实现理论创新与实践创新良性互动。"② 新时代文化建设的创新，需要以理论创新保持开阔视野，以内容创新引领文化需求，以技术创新赋能产业发展。

（一）坚持理论创新，以发展中的理论指导实践

创新首先要解放思想，开阔视野，从观念上破局。中华文化博大精深源远流长，历经千年依然拥有旺盛的生命力，其原因就来自自身创新的文化传统。中国共产党的开拓实践也伴随着不断的理论创新，从毛泽东思想、邓小平理论、"三个代表"重要思想、科学发展观，再到习近平新时代中国特色社会主义思想，无不体现着中国共产党人进行理论创新的高度自觉。党的十九大报告指出："世界每时每刻都在发生变化，中国也每时每刻都在发生变化，我们必须在理论上跟上时代，不断认识规律，不断推进理论创新、实践创新、制度创新、文化创新以及其他各方面创新。"③ 当前，我国社会发展日新月异，实践探索往往先于理论进步。落后的思想无法指导先进的实践，因此必须要进行理论创新，用发展中的理论指导发展中的实践。21世纪以来，观念创新成为制度创新的前提，新思想引领了人们的观念变革，加速推动了从观念创新到制度创新再到技术创新乃至

---

① 参见《中共中央关于党的百年奋斗重大成就和历史经验的决议》，载《人民日报》2021年11月17日第1版。

② 习近平：《在哲学社会科学工作座谈会上的讲话》，载《人民日报》2016年5月19日第2版。

③ 习近平：《决胜全面建成小康社会 夺取新时代中国特色社会主义伟大胜利》，载《人民日报》2017年10月28日第1版。

生活方式创新的步伐，构成了一个清晰的演进路线。① 理论创新需要顺应时代的发展趋势，对接新时代的发展需求，聚焦新阶段的发展任务。马克思在论述理论与实践的关系时指出，"理论一经掌握群众，也会变成物质力量。理论只要说服人，就能掌握群众；而理论只要彻底，就能说服人"②，这一论述强调了精神武器的重要作用。在文化建设的具体工作中，理论总是以各种看得见和看不见的方式指导着实践，以理论创新拓展视野、更新观念，能够为文化建设的实践探索奠定坚定的思想基础和理论前提。

（二）坚持内容创新，培育和引领文化需求与审美品味

文化生产的本质是精神内容生产，内容创新是文化产业高质量发展的重要内容，也是破解当前社会主要矛盾的关键举措。随着中国特色社会主义进入新时代，我国社会的主要矛盾已经转变为人民日益增长的美好生活需要和不平衡不充分发展之间的矛盾。这种"美好生活需要"在文化方面体现为更高的文化需求和审美品味，需要更高质量和更加多元的文化产品和文化服务。这就要求文化产业要从供给侧入手，提升文化供给的质量，对供给内容进行创新。同时，文化供给水平的提升有助于提升文化消费的层级，促使人民的文化消费更加多元化、品质化，这种更高质量的文化消费能够培养人民的文化和审美品味，反过来促进高质量的文化生产，从而构建起良性的"生产—消费""供给—需求"互动系统。再者，高质量的文化内容有利于优秀传统文化的传承，培育社会主义核心价值观，提升我国的文化软实力。党中央强调，中华优秀传统文化是中华民族的突出优势，是我们在世界文化激荡中站稳脚跟的根基，必须结合新的时代条件传承和弘扬好。③ 内容创新应注重资源创新，加强对文化资源的挖掘、提炼与转化；加强手段创新，以不断发展的数字技术为辅助，探索表现力和体验感更强的艺术表现形式；强化工匠精神，优秀的文艺作品需要精心打磨，从策划、执行、传播等多方面综合发力，在文艺创作和品牌建设中多

---

① 花建：《文化创新的国际潮流和中国路径》，载《福建论坛（人文社会科学版）》2020年第05期。

② 马克思：《黑格尔法哲学批判》"导言"，外文出版社1978年版。

③ 参见《中共中央关于党的百年奋斗重大成就和历史经验的决议》，载《人民日报》2021年11月17日第1版。

下功夫。2021 年河南卫视凭借《唐宫夜宴》《洛神水赋》《中秋奇妙游》等几部高质量的文艺作品而备受瞩目，以精巧的节目构思、深厚的文化底蕴、创意的舞台表现、考究的服化设计赢得了广大人民群众的一致好评；《觉醒年代》《长津湖》等一系列高质量主旋律作品也实现了社会效益与经济效益双丰收；2022 年央视春晚《只此青绿》节目掀起了一波走进艺术剧场的热潮。群众和市场的反应表明，人们对文艺作品的质量要求和鉴赏水平越来越高，也越来越愿意为高质量的文艺作品付费买单。"内容为王"是不同时代文化产业发展的基本逻辑，"内容创新"是实现文化产业跨越式发展的必然选择。

（三）坚持技术创新，以技术手段赋能产业发展与变革

科技创新与文化创新相辅相成，共同构成了创新的关键力量，依托科学技术的文化产业数字化发展已经成为文化建设的主体力量。技术进步一直以来就是全球文化产业发展强盛的内生增长引擎。[1] 纵观文化生产的历史，其每一次变革无不需要借助技术手段的创新。印刷技术的应用带来图文生产的蓬勃发展，电信技术的成熟造就了影视传媒行业的快速崛起，再到今天，数字信息技术的发展全面变革了文化生产、传播与消费的传统模式，数字文化产业已然成为文化产业发展的重要领域。技术手段的创新引发文化生产力的巨大变革，带来思想观念和社会结构的深刻变化。在数字技术无处不在的现代社会，技术正以一种前所未有的渗透力量和驱动力量影响着经济与文明的变革，数字技术已经全链全面地融入文化之中。[2] 其一，技术创新赋能文化生产，变革传统文化生产方式。从生产主体来看，技术的发展将文化生产带入了一个"全民生产"的新时代；从生产方式来看，以 5G 通信技术、大数据、区块链、物联网、VR/AR/XR、云计算等多种技术手段创新文化与艺术的表现形式，为人们提供更加沉浸式、个性化的文化体验；从生产内容来看，技术赋能数字文化内容的挖掘与呈现，使数字内容成为文化生产的主体部门。其二，技术创新拓展文化消费，创造新的文化消费手段和消费场景。技术的进步极大地降低了文化消

---

[1] 参见魏鹏举《数字经济与中国文化产业高质量发展的辨析》，载《福建论坛（人文社会科学版）》2021 年第 11 期。

[2] 参见江小涓《数字时代的技术与文化》，载《中国社会科学》2021 年第 8 期。

费的门槛,将文化消费的行为发生从物理空间拓展到智能终端,从某时某刻跨越至无时无刻,突破了场地和时间的限制。云演唱会、云观影等新应用场景的出现更是变革了传统文化消费的体验,让文化消费从实体走向虚拟,从有形化为无形,文化消费的机会和效率大幅提升。其三,技术创新变革文化传播,通过数据压缩实现文化内容的大规模传播,依托数据分析和智能算法实现文化内容的精准推送,对文化传播受众进行用户画像,从而为文化生产与消费提供有效反馈,进一步提升文化传播的体量与效率。其四,技术创新营造文化产业新生态。依靠平台支撑和产业链的不断延伸,数字文化企业围绕用户需求,连接起文化价值链的关键点,不断构建和完善文化产业的创新创业生态系统,推动文化产业服务能力和整体竞争力的有效提升。① 习近平总书记指出:"科学技术从来没有像今天这样深刻影响着国家前途命运,从来没有像今天这样深刻影响着人民生活福祉。"② 21 世纪以来,新一轮的科技革命与产业变革正在重塑全球创新版图与全球经济结构,"技术创新"这一核心要素是新时代文化建设实现突破的关键力量。

四、新时代守正创新的文化实践

守正创新作为我国文化建设的价值导向和发展路径,是一个不断进行理念创新、精神再造、文化重塑的过程。从文化发展的角度看,守正创新要求处理好传承与创新、本来与外来、现在与未来、文化与市场之间的关系,在世界文化激荡的竞争中坚守中华文化的根本立场,展现中华文化的鲜明特色。从制度建设来看,守正创新要求坚持马克思主义的指导地位和党的领导的根本原则,坚定不移地推进党的建设,延续中国特色社会主义的制度优势。如今,大国之间的竞争愈来愈体现为制度的竞争、价值观的竞争,文化软实力的重要性愈加凸显。新时代守正创新的文化实践,需要以社会主义文化强国建设目标的实现为引导,从提升文化凝聚力、强化文化创造力、扩大文化辐射力三个方面着手提升我国文化软实力,在世界的

---

① 参见徐梦周、胡青《数字赋能文化产业高质量发展》,载《光明日报》2021 年 4 月 23 日第 8 版。

② 习近平:《努力成为世界主要科学中心和创新高地》,载《求是》2021 年第 6 期。

舞台上更好地构筑中国精神、中国价值、中国力量。

（一）提升文化凝聚力，维护国家文化安全

文化凝聚力的提升需要做好两个方面的工作：一方面需要注重自身文化的发展与传播，以深厚的文化底蕴和思想内容巩固核心价值观的培育，发挥文化培根铸魂的重要作用；另一方面要筑牢国家文化安全防线，防止西方文化霸权主义的文化侵蚀与价值渗透，把控好文化宣传的关键阵地。

第一，加强文化内部安全，以正确的价值观和高质量的文化供给滋养人民。习近平总书记曾指出："中华民族具有5000多年连绵不断的文明历史，创造了博大精深的中华文化，为人类文明进步作出了不可磨灭的贡献。"[1] 优秀传统文化是一个民族的精神财富，是社会秩序稳定的压舱石，更是沉淀了历史文化自信之源。[2] 中华文化蕴含着深厚的文化底蕴和人生哲理，对于我国人民思想方式和行为模式的形成具有潜移默化的影响。提升文化凝聚力需要在国民中建立高度的文化自觉，将文化自觉内化为人民的精神力量。文化自觉的前提是对自身文化的客观认知，深度认可自身文化的优势，也能观照文化发展的不足之处。一个民族只有对自己民族文化的历史渊源、发展演变、基本特征、优长不足、当下状况与未来前景等具有理性自觉、全面深刻的正确认知与准确判断，才能形成坚定而执着的文化自信，而丧失了文化自觉，就可能走上文化自大或文化自卑。[3] 文化自觉的培育需要发挥文化载体的价值传播功能，在文化生产与创作的过程中，加强中华优秀传统文化的创造性转化和创新性发展，运用现代化的表现手段，让优秀文化的光辉在新的时代环境中焕发光彩，让人们在优质文化供给的浸润中加强对中华文化主流价值的思想链接和情感链接。值得注意的是，在传统文化的现代化表达中往往需要借助于技术手段，然而技术在文艺创作领域的应用探索远远落后于技术本身发展与成熟的速度，因此在探索传统文化的创造性转化中，需要平衡好科技的工具理性与文化的价

---

[1] 习近平：《在庆祝中国共产党成立100周年大会上的讲话》，载《求是》2021年第14期。

[2] 参见王华、洪亚军《新时代文化强国建设的内在机理》，载《中国社会科学报》2021年12月9日第A11版。

[3] 参见李永胜、张紫君《文化自觉、文化自信、文化创新与文化自强》，载《北京工业大学学报（社会科学版）》2019年第6期。

值理性之间的关系，在文化内涵的挖掘和技术与文化的创意结合方面多下功夫。同时要善用文化资源，将文化资源转化为文化优势，实现我国从文化资源大国到文化产业强国的转变。

第二，巩固文化外部安全，筑牢国家文化安全防线。当前，我国面临着非常复杂的国际环境，各种敌对势力交织，企图颠覆我国安身立命的思想体系和意识形态，否定中华文化以及中华民族对世界的贡献。在世界文化竞争的战场上，西方国家长期占领国际上的文化话语权，以文化霸权主义对其他国家进行价值渗透，对其他国家自身的文化发展造成了严重威胁。因此我国必须要加强主流意识形态建设，健全我国对外文化传播体系，加强网络信息监管，营造风清气正的网络空间。在正确传递中国声音的基础上，将一切不怀好意的文化渗透排除在外。在信息技术高度发达的文化全球化时代，一个国家和民族的文化安全问题不容忽视。网络是一个全民共享的虚拟空间，其中充斥着形形色色的网络信息和意识形态，如果不对信息进行严格的监管，西方反华势力对我国价值观的曲解与诋毁、对我国优秀传统文化的解构将会对国民的文化认知产生严重的不良影响，从根本上瓦解我国的精神文化力量。网络空间是思想宣传的重要阵地，同时也是较为薄弱的、容易被不法分子利用的关键环节，必须要重点关注，加强网络文化建设，提高信息监管能力，维护我国的意识形态安全和政治安全。

（二）强化文化创造力，激发文化创造的主动性与积极性

创新是文化发展的本质，也是从"认识世界"迈向"改造世界"的重要桥梁。"融合"与"突破"是提升文化创新能力，释放文化创新活力的两个关键。

第一，以"融合"为主线推动文化产业高质量发展，提高文化创新能力。文化唯有以"文化+"和"+文化"的方式加强与经济社会各领域、各层面的相互融合，才能在助推其他领域、行业、门类发展的同时，进一步拓展和释放自身创新发展的空间，提升创造创新的能力，获取自身

繁荣发展的不竭动力与活力。① 其一，加强文化产业与科学技术的高水平融合，推动文化产业的数字化发展，实现传统文化产业的提质升级。技术要素的融合是文化产业实现结构化变革的关键，技术催生出的文化产业的新业态、新模式正成为传统文化产业转型升级的新方向，数字文化产业正迅速成为文化产业发展的主体力量。其二，推动文化产业与其他产业的融合发展。文化产业具有轻资产、产业链条长、易融合等特性，这些基本特征奠定了文化产业与其他产业融合发展的基础。文化产业化与产业文化化已经成为产业发展的一大趋势，应持续增强文化产业与旅游、农业、金融、体育等多种产业的融合发展，开拓产业增长的新空间，实现文化产业发展的边界拓展。

第二，以"突破"为目标深化文化体制改革，释放文化创新活力。文化制度的创新有利于进一步解放生产力，为产业发展营造良好的发展环境，为文化创新创造良好的制度环境。首先，实现固有观念的突破。文化体制的变革从根本上来说是思想观念的变革，有了创新意识和创新思维才能驱动创新行为的发生。应注重创新意识的培养，以相应的文化政策与文化法律为依托，加强人们对于推进文化体制改革的认知。其次，实现体制障碍的突破。文化体制改革的根本是要建立起与现有文化建设相适应的体制机制，破除影响文化发展的各种障碍。我国文化建设已经由快速发展迈向高质量发展的新阶段，这一阶段对于文化产业的治理水平提出了更高的要求。应继续健全文化治理体系，尊重文化产业发展的跨界融合规律与数字化发展趋势，加强文化管理部门的合作交流，统筹文化管理职能，同时创新探索管理方式与领导体制的新方法、新模式，使文化治理的方式适应文化产业的最新发展。最后，实现法律保障的突破。法律是推进文化体制机制变革的基本力量。法律的刚性约束与文化的柔性治理相结合，才能推动文化产业实现更好的发展。当前我国的文化立法工作尚处在初级阶段，应继续加强文化立法工作，以法律的权威性、稳定性、可预期性提升文化

---

① 参见蔡武进《文化创新主旨下我国文化立法的价值维度及现实向度》，载《山东大学学报（哲学社会科学版）》2021年第2期。

体制改革的力度和效度。① 同时加强文化主体的文化权利保障,调动文化主体参加文化建设的积极性与主动性。美好生活的文化追求,不能把它简化为被动的给予和简单的享受,而是赋予人民参与文化创造、自主表达、个性追求的权利,使其具有文化的理想追求和坚定的文化自信。② 实现人民文化创新权利的保障是激发全民族文化创新创造活力的重要前提。

(三) 以构筑高势能文化为着力点扩大文化辐射力

文化辐射力主要是指一个国家、民族文化与价值观在全球范围内的影响力,以文化交流、文化传播和文化贸易为主要渠道进行文化辐射。习近平总书记指出:"古往今来,中华民族之所以在世界有地位、有影响,不是靠穷兵黩武,不是靠对外扩张,而是靠中华文化的强大感召力和吸引力。"③ 在多边外交与地缘政治的发展环境下,中国成长为世界大国必须要率先实现文化崛起——中华文化以其价值感召力和辐射力成为世界主导文化形态之一,以发达的文化产业为世界人民供给主流文化消费品,以文化价值的共享消除隔阂与政治冷漠,以文化价值的消费实现世界同中国人民的共情共鸣。④ 构筑高势能文化是我国建设社会主义文化强国、构建人类命运共同体所必须努力的方向。

第一,提高中华文化在全球文化市场上的博弈能力。首先要在全球文化消费的市场上提供具有竞争力的文化产品,提高我国的文化叙事能力。这种跨文化传播的文化产品,内容上要有思想创造,蕴含我国的主流文化价值观,能够传达中华文化的精神,体现中国人民的性格品性。其次是表达上要充分考虑不同文化背景受众的接受习惯,进行表达策略的针对性改造,让中国故事以当地受众"喜闻乐见"的方式实现文化传播。仅仅有好的故事和产品是不够的,还要有将故事传播到世界的能力,这就要求我国在对外文化传播方面下功夫,建立起多元立体的对外传播体系,拓宽国

---

① 参见蔡武进《文化创新主旨下我国文化立法的价值维度及现实向度》,载《山东大学学报(哲学社会科学版)》2021年第2期。
② 参见范玉刚《新时代文化产业发展的使命担当》,载《东岳论丛》2021年第5期。
③ 习近平:《坚定文化自信建设社会主义文化强国》,载《求是》2019年第12期。
④ 参见范玉刚《新时代文化产业发展的使命担当》,载《东岳论丛》2021年第5期。

际宣传渠道,加强与国外媒体的合作。以正确的文化价值传播维护我国国际文化形象,破除国外舆论捏造的不实形象,展现中国的真实面貌。最后要加强不同文明的交流互鉴。文化在交流中得以提升,文明在互鉴中共同进步。习近平总书记指出,我们要善于融通古今中外各种资源,特别是把握好三方面资源:马克思主义资源、中华优秀传统文化资源、国外哲学社会科学资源。[①] 文化创新要加强与世界上其他文明的交流,取长补短,实现融合创新。费孝通曾经讲道,"各美其美,美人之美,美美与共,天下大同",其倡导的就是在文明的互鉴中保持各自的文化传统,不断完善自身,从而不断进步,形成世界文明史中各具特色的风景。

第二,发挥中华文明解决世界难题的价值能力。当前世界动荡不安,国际环境波诡云谲,人类面临着经济危机、文化危机、生态危机、恐怖主义、国际秩序问题等多重难题,中华文明作为人类最悠久最丰厚的文明形态之一,以其璀璨的文化内涵与文化基因,成为解决世界难题重要的思想来源。"人类命运共同体"就是中国智慧对全球治理的重大贡献,这一理念写入联合国决议,表明其符合历史发展的规律,体现出历史前进的方向。"人类命运共同体"理念具有文化超越性,这一理念的提出植根于中华优秀传统文化,是以习近平同志为核心的党中央在深刻洞察当前国际形势的基础上,对新型国际关系构建所提出的全新倡议。在解决其他全球性难题方面,中华文明也储存着丰富的文化思想资源。中华文化的"和而不同"倡导不同文明之间的交流互鉴,有助于维护全球文化多样性,避免文化霸权;"天人合一""道法自然""取用有节"的生态自然观体现出我国传统文化对于人与自然关系的深刻思考,只有人与自然和谐相处,遵循自然的发展规律,才能实现可持续发展。在社会发展日新月异、媒介传播无处不在、多种意识形态交织、现代社会高度利益化的背景下,在传统价值认知与个体社会现实割裂的纠葛中,现代社会群体在价值模糊中正经历着现代性精神危机。中华文化所蕴含的文化精神有助于解决精神危机,使人类向更加美好的生活迈进。

---

① 参见习近平《加快构建中国特色哲学社会科学》,见《习近平谈治国理政》(第二卷),外文出版社2017年版,第338-339页。

守正创新作为习近平总书记关于文化建设重要论述的核心观念之一，是对新时代文化建设发展方向和发展道路的高度总结，包含了文化发展的认识观和方法论，体现了马克思主义的哲学光辉，是中国特色社会主义思想的重要理念。建设社会主义文化强国是我国实现中华民族伟大复兴的阶段性目标，实现人自由而全面的发展是马克思主义的终极追求，新时代的文化建设需要始终贯彻守正创新的价值理念，才能在具体实践中不断培育文化自觉、坚定文化自信、实现文化自强，实现中华文明的繁荣发展。

（发表于《福建论坛》2022年第10期）

习近平总书记关于国家文化
安全论述的哲学底蕴探析

长期以来,以美国为首的西方国家借"新闻自由"和"网络自由"之名,大肆输出意识形态,传播西方价值观念,诋毁中国制度、中国形象。在 2014 年中央国家安全委员会第一次会议上,习近平总书记指出:"要构建集政治安全、国土安全、军事安全、经济安全、文化安全、社会安全、科技安全、信息安全、生态安全、资源安全、核安全等于一体的国家安全体系。"① 虽然在中央层面"文化安全"被多次提及,但这是首次把文化安全纳入总体国家安全观,认为文化安全是"走出一条中国特色国家安全道路"的保障。

党的十八大以来,习近平总书记高度重视国家文化安全,根据国内外的形势变化,深刻总结基本经验,敏锐洞察国家文化安全的新特点、新趋势,提出了一系列关于为什么以及怎么样维护国家文化安全的新理念、新思想、新战略,即习近平国家文化安全观,擘画了新时代我国维护国家文化安全的战略蓝图与整体布局,深化和拓展了党关于国家文化安全问题的理论视野和实践领域,是新形势下维护国家文化安全的强大思想武器。在习近平国家文化安全观中,坚持和巩固马克思主义指导地位是新时代国家文化安全工作的关键所在,关系到中国特色社会主义的"四个自信"。在 2013 年全国宣传思想工作会议上,习近平总书记指出:"宣传思想工作就是要巩固马克思主义在意识形态领域的指导地位,巩固全党全国人民团结奋斗的共同思想基础。"② 在 2018 年纪念马克思诞辰 200 周年大会上习近平总书记再次强调,"我们要赢得优势、赢得主动、赢得未来,必须不断提高运用马克思主义分析和解决实际问题的能力","不断坚定马克思主

---

① 《习近平谈治国理政》(第一卷),外文出版社 2014 年版,第 201 页。
② 中共中央文献研究室编:《习近平关于社会主义文化建设论述摘编》,中央文献出版社 2017 年版,第 22 页。

义信仰和共产主义理想"。① 这标志着习近平国家文化安全观与马克思主义哲学的理论自信和实践自觉达到了新的历史高度,是马克思主义文化安全理论中国化的最新理论成果。因此,用马克思主义哲学思维方式来客观剖析习近平国家文化安全观蕴含的深刻含义,对推进我国文化建设、构建国家文化安全堤坝具有重要的意义。

一、从意识形态安全出发,社会主义核心价值观是国家文化安全的精髓

马克思曾指出:"我们自己创造着我们的历史,但是第一,我们是在十分确定的前提和条件下创造的。其中经济的前提和条件归根到底是决定性的。但是政治等等的前提和条件,甚至那些萦回于人们头脑中的传统,也起着一定的作用,虽然不是决定性作用。"② 恩格斯也指出:"如果从观念上来考察,那么一定的意识形式的解体足以使整个时代覆灭。"③ 马克思、恩格斯的这些论断阐述了意识形态与经济、政治之间的关系,深刻认识到意识形态工作的极端重要性,表明了代表统治阶级自身利益的意识形态具有使其成为主流意识形态的塑造能力。一方面,它主要通过在意识形态领域中排除思想干扰、传播主流价值、批判敌对思想等形式在国内上层阶级中掌握话语权,进而实现维护国家意识形态的目标;另一方面,将特定的意识形态渗透注入"文化软实力"中,实现意识形态的无形传播,以"文化软实力"增加国家在国际上的话语权。④ 主流意识形态作为维护国家文化安全的核心要素,具有强大的凝聚力和引领力,维护国家文化安全首先要巩固社会主流意识形态的主导地位,不断夯实社会民众核心价值认同的思想文化基础,确保国家文化安全。

---

① 习近平:《在纪念马克思诞辰 200 周年大会上的讲话》,载《人民日报》2018 年 5 月 5 日第 2 版。
② 中共中央马克思、恩格斯、列宁、斯大林著作编译局编译:《马克思恩格斯文集》(第十卷),人民出版社 2009 年版,第 592 页。
③ 中共中央马克思、恩格斯、列宁、斯大林著作编译局编译:《马克思恩格斯文集》(第八卷),人民出版社 2009 年版,第 170 页。
④ 参见杨雨林《马克思恩格斯意识形态"话语权思想"的内涵与引申》,载《湖北社会科学》2018 年第 9 期。

2013 年，习近平总书记在"8·19"重要讲话中强调"经济建设是党的中心工作，意识形态工作是党的一项极端重要的工作"①，深刻分析了党的中心工作和意识形态工作之间的关系，突出了意识形态工作对于新时期中国特色社会主义建设的重要性。之后他发表了一系列重要讲话，明确指出必须将意识形态工作话语权牢牢掌握在手中，在任何情况下都不能动摇。为了建设具有强大凝聚力和引领力的社会主义意识形态，习近平总书记高度重视培育和践行社会主义核心价值观，并将其作为维护国家文化安全的精髓，体现着党对于意识形态建设工作和本质认知上升到了新的高度。社会主义核心价值观是社会主义先进文化的集中表现，决定了社会意识的性质和方向，具有思想导向和引领作用，能够为维护国家文化安全凝心聚力。习近平总书记多次谈道要大力培育和践行社会主义核心价值观，指出"社会主义核心价值观决定着各民族共有精神家园的发展方向，必须在各民族中大力培育和践行"②，"我们要以更大的力度、更实的措施加快建设社会主义文化强国，培育和践行社会主义核心价值观"③。在当前国际大环境下，我国面临的文化安全其深层体现就是维护意识形态安全，而社会主义核心价值观集中体现了我国的意识形态。

另外，在论述社会主义核心价值观和文化软实力的内在统一关系时，习近平总书记指出："核心价值观是文化软实力的灵魂、文化软实力建设的重点。这是决定文化性质和方向的最深层次要素。一个国家的文化软实力，从根本上说，取决于核心价值观的生命力、凝聚力、感召力。"④ 这一论述表明为了不断增强我国文化软实力、提高我国在国际上的影响力及塑造大国强国形象，我国应充分发挥社会主义核心价值观的优势和功能，坚持以社会主义核心价值观引领新时代文化建设。在推进文化建设、提高国家文化软实力的进程中，习近平总书记主要从以文化自信建设社会主义文化强国战略、以推动新时代社会主义文化繁荣为目标的具体行动和提高国际影响力的重要途径三个维度来阐述。为了进一步推动文化事业和文化

---

① 中共中央文献研究室编：《习近平关于社会主义文化建设论述摘编》，中央文献出版社 2017 年版，第 33-34 页。
② 《习近平著作选读》（第二卷），人民出版社 2023 年版，第 286 页。
③ 习近平：《在第十三届全国人民代表大会第一次会议上的讲话》，载《人民日报》2018 年 3 月 21 日第 2 版。
④ 《习近平谈治国理政》（第一卷），外文出版社 2014 年版，第 163 页。

产业的发展，习近平总书记坚持"两手抓"，一方面，从文化事业体制改革入手，强调要积极深化文化体制改革，完善文化管理体制，提出构建把社会效益放在首位、社会效益和经济效益相统一的体制机制；另一方面，为了营造良好的市场环境，促进文化产业的发展，强调要健全现代文化产业市场体系，完善文化经济政策，培育文化新业态。

社会主义核心价值观作为习近平国家文化安全观的精髓，深刻体现了马克思意识形态安全思想。它不仅对精神文化产品创作、精神文明创建、意识形态安全维护具有引领作用，而且对深入推进文化建设、着力提升国家文化软实力、建设社会主义文化强国具有重要意义。

二、以唯物辩证法的根本方法保证国家文化安全

唯物辩证法作为马克思主义的根本理论基础和活的灵魂，认为世界是普遍联系和永恒发展的，事物发展的根本动力是矛盾，必须坚持用全面、联系和发展的眼光看问题。习近平国家文化安全观牢牢把握唯物辩证法这一方法论，将其贯穿于整个国家文化安全体系的理论叙事之中。恩格斯在谈到事物普遍联系时说道："当我们通过思维来考察自然界或人类历史或我们自己的精神活动的时候，首先呈现在我们眼前的，是一幅由种种联系和相互作用无穷无尽地交织起来的画面。"① 这一论述强调了事物之间以及事物内部各要素之间具有普遍联系。总体国家安全观作为习近平新时代中国特色社会主义思想的重要内容，不仅包括传统安全，还包括非传统安全，作为非传统安全的文化安全与总体国家安全，之间有着这样或那样的联系。另外，人作为保卫国家安全的决定性因素，往往会受到文化的影响，这种影响是深层次的、潜移默化的，也是最深刻的。故而，我们不能静止、孤立、片面地来看待国家文化安全问题。习近平总书记将文化安全纳入总体国家安全观，并视为"走出一条中国特色国家安全道路"的保障，给予了文化安全在国家安全中明确的定位，表明了文化安全是国家安全总体布局的重要组成部分，与其他所有安全息息相关，彼此之间有着密不可分的联系，形成统一的、有规律的世界运动过程。维护国家文化安全

---

① 中共中央马克思、恩格斯、列宁、斯大林著作编译局编译：《马克思恩格斯文集》（第九卷），人民出版社2009年版，第23页。

能够使我国在复杂的国际形势下增强文化自信，提升国际影响力；同样，只有在保证总体国家安全的基础上才能保障国家文化安全，二者相互作用、相互影响。

马克思认为任何事物都是对立面的统一，无论自然界、人类社会还是思维世界。习近平总书记坚持和运用马克思哲学矛盾运动的观点方法，以鲜明的问题意识指出了维护文化安全过程中的突出问题。在战略布局上，习近平总书记把意识形态安全置于国家安全的重要位置，指出维护国家文化安全的首要任务，就是坚持和巩固马克思主义在思想文化领域的一元化指导地位，如在2018年8月21日至22日的全国宣传思想工作会议中指出，"要高举马克思主义旗帜""推动当代中国马克思主义、21世纪马克思主义深入人心、落地生根"。① 在具体措施上，近些年来我国国家文化安全一直面临着国内文化自信力和文化自觉性的衰减与退化，以及国外文化渗透两个方面的挑战，严重威胁着我国的国家文化安全。而文化产业自身所兼具的经济属性、文化属性和社会属性，能够通过文化产品的形态输入，拥有改变人们价值观念、精神追求等方面的影响力，文化产业的良性发展已成为维护国家文化安全的有力支撑和国家综合国力中文化力量发展水平的重要标志。党的十八大以来，以习近平同志为核心的党中央高度重视文化产业发展，不断健全和完善现代文化产业体系、市场体系以及文化经济政策，创新生产经营机制，培育新型文化业态和文化消费模式，推动我国文化产业高质量发展。在党的十八届三中全会上，习近平总书记明确提出，"建设社会主义文化强国，增强国家文化软实力"，② 在之后的党十八届六中全会更是指出，"推进文化体制改革，加快文化事业和文化产业发展"③ 等。随着互联网技术的快速发展，习近平总书记对网络安全发表了一系列重要讲话和重要指示，将网络安全工作提升到国家战略层面，从网络安全法治建设、网络空间治理等方面系统部署，推进我国网络强国建设；同时，在历史文化、新闻舆论、学校教育、核心价值观等具体方面作了详细的论述，指明了我国文化安全面临着复杂严峻的形势，并就这一问

---

① 张洋、鞠鹏：《习近平在全国宣传思想工作会议上强调：举旗帜聚民心育新人兴文化展形象 更好完成新形势下宣传思想工作使命任务》，载《人民日报》2018年8月23日第1版。

② 《中共中央关于全面深化改革若干重大问题的决定》，载《人民日报》2013年11月16日第1版。

③ 《习近平谈治国理政》（第三卷），外文出版社2020年版，第34页。

题提出了针对性的解决措施。① 这些充分表明了习近平总书记始终坚持运用矛盾分析法，以战略性思维、系统性思维及问题意识来谋划新时代社会主义文化强国建设，确保国家文化安全。

习近平国家文化安全观坚持了马克思唯物辩证的根本方法，深刻揭示了国家文化安全的本质，深化了我国文化安全理论研究的内容，为深入研究马克思文化安全思想提供了新思路和新方法，实现了我们党在国家安全理论上的历史性飞跃。

三、坚持人民群众的主体地位，为国家文化安全提供力量

马克思、恩格斯在揭示物质生产对于人类社会生活的决定性意义的基础上，科学地阐明了人民群众在社会历史中的作用，提出了"人民主体论"，认为人民群众不仅是物质财富的创造者，而且是精神财富的创造者。以习近平同志为核心的党中央始终把满足人民群众的精神文化需求作为党工作的一项重要内容，树立了以人民为中心的工作导向，深刻指出"人民是历史的创造者，群众是真正的英雄。人民群众是我们力量的源泉"②。在文艺事业建设方面，习近平总书记要求文艺工作者应坚持以人民为中心的创作导向，强调要反映好人民心声，认为"文艺只有植根现实生活、紧跟时代潮流，才能发展繁荣；只有顺应民意、反映人民关切，才能充满活力"。③ 只有真正做到以人民为主，文艺才能发挥出最大的能量，更好地实现我国社会主义精神文明建设。习近平总书记还提出要"顺应人民群众对美好生活的向往，不断实践好、维护好、发展好最广大人民的根本利益"④。习近平总体国家安全观的提出更是强调了人的安全的重要性，认为人的安全是一切国家安全的出发点和归宿。这些观点旗帜鲜明地表明了马克思、恩格斯所论述的"无产阶级的运动是绝大多数人

---

① 参见周逢梅、邵小文《习近平对维护国家文化安全的战略思考》，载《党的文献》2019年第1期。

② 中共中央文献研究室编：《十八大以来重要文献选编（上）》，中央文献出版社2014年版，第70页。

③ 习近平：《在文艺工作座谈会上的讲话》，载《人民日报》2015年10月15日第2版。

④ 习近平：《在省部级主要领导干部学习贯彻党的十八届五中全会精神专题研讨班上的讲话》，载《人民日报》2016年5月10日第3版。

的，为绝大多数人谋利益的独立的运动"①的深刻内涵和精神实质，体现了马克思主义群众观在当代世界的新发展。

党的十九大报告指出，"我国社会的主要矛盾已经转化为人民日益增长的美好生活需要和不平衡不充分的发展之间的矛盾"②。新时代我国社会主要矛盾变化的这一重大判断是综合人民需要的历史性变化和发展的根本性变化所得出的，体现了习近平"以人民为中心"的发展思想。这一发展思想是我国文化发展的根本所在，能为国家文化安全提供力量，具体表现为人民群众是文化的创造者和文化安全事业的坚定捍卫者。

人民群众是文化的创造者。首先，人民群众的社会实践活动是文化发展的唯一源泉，为文化内容的创造提供了丰富的原料；其次，人民群众为文化内容的创造提供了必要的物质手段和物质条件；再次，人民群众是文化创新的主体，人民群众的需求与检验能够进一步推动文化发展。习近平总书记曾指出："人民是文艺创作的源头活水，一旦离开人民，文艺就会变成无根的浮萍、无病的呻吟、无魂的躯壳。"③这一重要论断是习近平总书记对马克思主义历史唯物论关于人民群众是历史创造者思想的继承，更是对马克思主义"人民主体论"思想的补充，表明了只有融入群众生活的文化才更具有旺盛的生命力。因此，人民群众作为文化的创造者，能够从内容创造、文化创新等方面发挥力量，推动社会主义文化大发展大繁荣，切实维护国家文化安全。人民群众也是文化安全事业的坚定捍卫者。正如习近平总书记所说，"中国梦归根到底是人民的梦，必须紧紧依靠人民来实现"④，"人民安全是国家安全的宗旨"⑤。这些都深刻表明习近平作为一个坚定的马克思主义者，将马克思主义的群众观和中国传统的"民本"思想有机结合，具有鲜明的以人为本的价值取向。另外，文化自信作为更基本、更深层、更持久的力量，坚定文化自信能够为我国构筑新

---

① 中共中央马克思、恩格斯、列宁、斯大林著作编译局编译：《马克思恩格斯文集》（第二卷），人民出版社2009年版，第42页。

② 习近平：《决胜全面建成小康社会 夺取新时代中国特色社会主义伟大胜利》，人民出版社2017年版，第11页。

③ 习近平：《在文艺工作座谈会上的讲话》，载《人民日报》2015年10月15日第2版。

④ 习近平：《在第十二届全国人民代表大会第一次会议上的讲话》，载《人民日报》2013年3月18日第1版。

⑤ 习近平：《全面贯彻落实总体国家安全观 开创新时代国家安全工作新局面》，载《人民日报》2018年4月18日第1版。

时代意识形态安全屏障，维护国家文化安全；而文化自信只有扎根于勤劳智慧的人民群众之中，才能释放力量。

总的来说，坚持人民群众的主体地位不仅是马克思主义意识形态先进性的鲜明特征，也是习近平国家文化安全观的核心内容，能够为真正实现国家文化安全提供力量。

四、坚持马克思主义文化继承理论，继承和弘扬中华优秀传统文化是国家文化安全的思想根基

恩格斯曾说道："每一个时代的哲学作为分工的一个特定的领域，都具有由它的先驱传给它而它便由此出发的特定的思想材料作为前提。"[1] 同样，在马克思看来，人类任何新的创造，不是随心所欲和在选定的条件下创造的，而是在"直接碰到的、既定的、从过去继承下来的"[2] 条件和环境下进行的。在人类社会文明的发展进程中，文化具有历史继承性，文化的创造不能脱离历史一脉相承的连贯性，文化的繁荣发展更是离不开对传统文化的继承，这是因为传统"像梦魇一样纠缠着活人的头脑"[3]，所以我们不能割裂和历史的联系，否定传统文化的价值，而应用马克思主义辩证否定观来正确对待传统文化。马克思在社会存在与社会意识的辩证关系中指出经济基础和社会环境决定文化的内容和形式，先进的文化思想一旦被群众所掌握，就会转化为强大的物质力量；反之，落后的、错误的观念如果不破除，就会成为社会发展进步的桎梏。这表明了各民族的传统思想、观念和文化是鲜活的历史与实践，含有精华与糟粕；优秀的传统文化是引领各民族发展、进步的思想基石，更是各民族立足现在、面向未来的精神力量。中华优秀传统文化作为中华民族最稳定的精神基因，体现了中华民族特有的思维方式和精神标识，是坚持和发展中国特色社会主义的文化之根和精神之源，是中华民族实现创造性转化、创新性发展的动力之

---

[1] 中共中央马克思、恩格斯、列宁、斯大林著作编译局编译：《马克思恩格斯文集》（第十卷），人民出版社2009年版，第599页。

[2] 中共中央马克思、恩格斯、列宁、斯大林著作编译局编译：《马克思恩格斯选集》（第一卷），人民出版社1995年版，第585页。

[3] 中共中央马克思、恩格斯、列宁、斯大林著作编译局编译：《马克思恩格斯选集》（第一卷），人民出版社1995年版，第585页。

源，更是坚定文化自信的力量之源，它为马克思主义在中国生根发芽、茁壮成长提供了不可或缺的文化土壤。

传承和弘扬中华优秀传统文化是习近平总书记在党的十八大以来关于文化建设的重要论述，甚至是治国理政理念的重要来源。他曾多次强调中华优秀传统文化的历史影响和重要意义，并赋予其新的时代内涵。2013年11月习近平总书记到山东曲阜孔府考察时指出："一个国家、一个民族的强盛，总是以文化兴盛为支撑的，中华民族复兴需要以中华文化发展繁荣为条件。"① 他高度强调了文化发展与传承不能忘本，要将中华优秀的传统文化和精神作为国家发展的根本力量。他在阐述中华优秀传统文化是中华民族的精神命脉时指出："抛弃传统、丢掉根本，就等于割断了自己的精神命脉。博大精深的中华优秀传统文化是我们在世界文化激荡中站稳脚跟的根基"②，"中华民族生生不息绵延发展、饱受挫折又不断浴火重生，都离不开中华文化的有力支撑"③。另外，他也明确阐述了传承中华优秀传统文化的科学态度与创新路径，要求应坚持"古为今用、推陈出新，有鉴别地加以对待，有扬弃地予以继承"的方针，推进中华优秀传统文化的"创造性转化和创新性发展"。这些重要论述富有思想深度、历史厚度、实践力度，把对中华优秀传统文化的认识提升到了新的高度，深刻阐释了中华优秀传统文化是中华民族的根与魂，体现了习近平总书记对中华文化的深刻认同和强烈的自豪感，表明了习近平总书记关于继承和弘扬中华优秀传统的一系列重要论述蕴含着丰富的深刻哲理，闪耀着马克思主义的哲学光芒，是维护国家文化安全的思想根基。

五、以马克思世界历史理论为基石，推动文明交流互鉴是国家文化安全的力量延伸

维护国家文化安全，加快建设社会主义文化强国不仅对内要继承中华

---

① 中共中央文献研究室编：《习近平关于社会主义文化建设论述摘编》，中央文献出版社2017年版，第3-4页。
② 《习近平在中共中央政治局第十三次集体学习时强调 把培育和弘扬社会主义核心价值观作为凝魂聚气强基固本的基础工程》，载《党建》2014年第3期。
③ 习近平：《在中国文联十大、中国作协九大开幕式上的讲话》，载《人民日报》2016年12月1日第2版。

优秀传统文化，积累文化力量，而且对外要尊重文化的多样性，交流互鉴，提高我国在国际上的文化影响力。马克思曾说过"每个文明国家以及这些国家中的每一个人的需要的满足都依赖于整个世界，因为它消灭了各国以往自然形成的闭关锁国的状态"①，认为"物质的生产是如此，精神的生产也是如此。各民族的精神产品成了公共的财产。民族的片面性和局限性日益成为不可能，于是由许多种民族的和地方的文学形成了一种世界的文学"②。马克思世界历史理论是建立在唯物史观基础上研究人类社会历史进程的科学结论，上述观点表明了没有绝对纯粹的民族文化，世界历史在打破各个国家和民族交流屏障的同时增强了民族间的相互依赖性，推动了各民族多元文化认同，实现了跨文化的普遍交往，文化的世界性日益显现，而文化的交流互鉴正是各个民族文化发展延续的前提和基础。这就需要我们在保持自身文化独立性的基础上，尊重世界文化多样性，推动文明交流互鉴。基于马克思世界历史理论，习近平总书记从构建人类命运共同体出发，明确强调推进人类各种文明交流互鉴、互学互鉴，提出："文明因交流而多彩，文明因互鉴而丰富。文明交流互鉴，是推动人类文明进步和世界和平发展的重要动力。"③ 这就从人类文明的发展趋势阐明了推动文明进步的动力源泉，也为解决文明冲突、推动世界文明发展指明了方向。如近些年来我国与法国、俄罗斯、意大利等其他国家开展的文化年活动，正是国家间进一步加强文化交流的体现，也是文化深入合作的见证。在阐述文明交流互鉴对世界和平发展的重要性时，习近平总书记还提出要以"民心相通"来实现不同文明之间的平等交流、包容互鉴，强调"我们不仅要了解中国的历史文化，还要睁眼看世界，了解世界上不同民族的历史文化，去其糟粕，取其精华，从中获得启发，为我所用"④。这一论述为我们如何实现文明交流互鉴提供了方法论，是运用马克思主义世

---

① 中共中央马克思、恩格斯、列宁、斯大林著作编译局编译：《马克思恩格斯文集》（第一卷），人民出版社 2009 年版，第 566 页。
② 中共中央马克思、恩格斯、列宁、斯大林著作编译局编译：《马克思恩格斯文集》（第二卷），人民出版社 2009 年版，第 35 页。
③ 习近平：《在联合国教科文组织总部的演讲》，载《人民日报》2014 年 3 月 28 日第 1 版。
④ 习近平：《在中央党校建校 80 周年庆祝大会暨 2013 年春季学期开学典礼上的讲话》，载《人民日报》2013 年 3 月 3 日第 2 版。

界观、方法论来分析文明观的智慧结晶。习近平总书记关于文明交流互鉴的重要论述是中国共产党人在马克思主义指导下对不同文明相互交流实践的深刻思考，是对马克思世界历史理论的继承与发展，这有助于夯实共建人类命运共同体的人文基础，增强各民族间的相互依赖，加深各民族文化的理解，从而促进不同文明之间的和谐共生和世界文明的共同繁荣。当前，随着综合国力的不断提升，中国越来越被世界所熟知。在吸引世界目光的同时伴随着"中国威胁论""中国崩溃论"等不和谐的声音，严重影响着国家的文化安全。而在全球化的今天，国家之间以及民族之间的交往要比以往任何时候更密切，关系更深入，范围更广泛。故而，在这样复杂的国际环境下，为了塑造良好的国家形象，扭转"西强我弱"这一被动的国际舆论局面，我国应加强与世界各国的交流合作，阐发中国主张、讲述中国故事、发出中国声音，向世界展现真实、立体、全面的中国，提高中华文化影响力，使我国的文化安全力量得到延伸。

综上所述，习近平国家文化安全观从马克思主义能动反映论的向度强调文化安全的重要性，阐明了社会主义核心价值观是国家文化安全的精髓；从辩证法的深度指明国家文化安全与总体国家安全之间的联系以及如何维护国家文化安全的战略方法；从群众史观的高度要求我国文化安全的维护需坚持人民群众的主体性地位；从文化继承理论和世界历史理论的角度指出我们要在继承创新中华优秀传统文化的基础上，尊重文化的多样性，推动不同文明交流互鉴。各个维度相互作用、相互影响，深刻体现了马克思辩证唯物主义与历史唯物主义在解决国家文化安全方面的强大功效，反映了习近平国家文化安全观深厚的哲学底蕴。因此，我们必须认真学习和深入领会习近平总书记关于国家文化安全重要论述的精神实质和丰富内涵，全面贯彻落实总体国家安全观，以高度的责任感切实做好新时代国家文化安全工作，为实现中华民族伟大复兴的中国梦建立起更加和谐有利的文化环境。

（发表于《学术研究》2021年第1期）

国家文化安全：时代语境、战略布局与实践路径

一、文化安全是习近平总体国家安全观的重要内容

进入 21 世纪以来，国际体系和秩序发生历史性巨变，新兴市场国家和发展中国家正实现群体性崛起，并在全球经济社会发展中发挥着日益重要的作用，促使当前国际力量对比更加趋向平衡。然而，在世界多极化、经济全球化不断推进，文化多样化和社会信息化深入发展的时代背景下，大国间的战略博弈也在全面加剧，传统安全与非传统安全问题层出不穷，单边主义、贸易保护主义和逆全球化思潮不断涌现。国家安全不仅包括传统安全还包括非传统安全，2014 年习近平总书记在中央国家安全委员会第一次全体会议上首次提出"总体国家安全观"，指出"要构建集政治安全、国土安全、军事安全、经济安全、文化安全、社会安全、科技安全、信息安全、生态安全、资源安全、核安全等于一体的国家安全体系"①，并在 2017 年将"坚持总体国家安全观"写进党的十九大报告和修改后的《中国共产党章程》。

国家文化安全是总体国家安全观的重要内容之一。习近平总书记在"总体国家安全观"中明确提到"文化安全"，强调坚持总体国家安全观要以文化安全为保障。近年来，以美国为首的西方国家打着"文化全球化"的招牌推行西方资本主义的生活方式和价值观，通过不断增强意识形态影响力对中国进行文化渗透，以此达到文化侵略的目的。而在当前百年未有之大变局下，这种文化渗透不管是在广度还是深度上，其扩展和延伸的势头正在提速。另外，改革开放以来，相较于我国经济的快速发展，文化建设仍有待加强，民众文化安全意识淡薄、文化创新动力不足等问题也严重制约着我国文化安全建设。党的十九大报告指出："中国特色社会主义进入新时代，我国社会主要矛盾已经转化为人民日益增长的美好生活

---

① 《习近平谈治国理政》（第一卷），外文出版社 2014 年版，第 201 页。

需要和不平衡不充分的发展之间的矛盾。"① 随着经济的快速发展，人们对于精神文化层面的需求越来越旺盛，新时代我国社会主要矛盾的变化已充分反映在国家文化领域，而文化建设发展动力不足等问题也影响着国家文化安全。面对错综复杂的国内外安全形势，国家文化安全已成为国家总体安全的灵魂，与国家的政治安全、经济安全、社会安全等紧密相连，是社会制度、国家政权得以建立和维护的重要基础。② 党的十八大以来，习近平总书记对于国家文化安全工作高度重视，根据当前我国面临的国内外文化安全形势，围绕维护国家文化安全发表了一系列重要论述，从建设社会主义文化强国的现实高度和实现中华民族伟大复兴的历史高度，紧紧围绕为什么以及怎么做来深化对维护新时代国家文化安全的规律性认识，形成了关于推进国家文化安全工作的许多新思想、新观点和新论断。而党的十九届六中全会所提出的"两个确立"为进一步增强"四个意识"、坚定"四个自信"、做到"两个维护"奠定了坚实的政治基础，同时明确了新时代意识形态工作的思想要求，为维护国家文化安全提供了更为坚实的保障。

　　习近平总书记关于国家文化安全的重要论述是在马克思主义理论指导下，站在时代发展和战略全局的高度，统筹国际、国内两个大局，从意识形态建设、培育社会主义核心价值观、继承和弘扬中华优秀传统文化以及提升国家文化软实力等方面出发，对文化安全问题进行了全面深入思考和战略性谋划，为维护国家文化安全指明了方向，具有政治性、创新性和系统性，是理论逻辑、历史逻辑与现实逻辑的辩证统一。政治性主要体现在维护国家文化安全应始终坚持马克思主义在意识形态领域的指导地位与坚持党对意识形态工作的领导权。加强意识形态建设是习近平总书记关于国家文化安全论述的核心，习近平总书记曾多次强调意识形态安全，指出意识形态工作不仅要坚持马克思主义的指导地位，还要坚持党的领导权。另外，习近平总书记关于国家文化安全的论述是在继承马克思主义文化观的基础上不断创新发展的理论成果，其创新性表现为维护国家文化安全的具体内容是在符合实际的基础上所提出的新思路和新对策。随着时代的不断

---

① 习近平：《决胜全面建成小康社会　夺取新时代中国特色社会主义伟大胜利——在中国共产党第十九次全国代表大会上的报告》，人民出版社2017年版，第11页。
② 参见方晴《维护国家文化安全的路径》，载《光明日报》2016年6月12日第6版。

进步，文化安全问题逐渐呈现出新的表现形式和特征，习近平总书记在应对国家文化安全问题时与形势发展密切结合，体现出"具体问题具体分析"的实事求是精神和创新特点。系统性表现在习近平总书记将文化安全置于总体国家安全范畴内，强调以总体国家安全统筹文化安全、以文化安全保障总体国家安全的辩证性，同时将文化安全放到推进社会主义文化建设、建设社会主义文化强国的整体安排中统筹考虑。在维护国家文化安全的具体内容上，习近平总书记关于国家文化安全的论述涉及内容广泛，是一项系统工程，包括指导思想、核心价值观、重点领域等多个方面，不仅各部分内容之间相互联系、相互作用，而且文化安全每个具体内容又是由多个要素所构成的，这些构成要素之间又互相影响。

二、系统谋划国家文化安全的战略布局

面对新形势下西方国家文化渗透的威胁与挑战，习近平总书记就如何做好国家文化安全工作发表了一系列重要论述，作出了系统谋划。这些论述完整展现了维护国家文化安全的核心要义、精神内涵、坚实根基和战略目标，其内在逻辑严密，是维护我国文化安全的行动指南。

（一）核心要义：加强意识形态建设

党的十八大以来，习近平总书记对意识形态工作进行了定位，指出"意识形态工作是党的一项极端重要的工作"，并用"三个事关"来强调意识形态工作在党和国家工作大局中的重要地位与作用，认为"能否做好意识形态工作，事关党的前途命运，事关国家长治久安，事关民族凝聚力和向心力"。① 意识形态作为观念的上层建筑，是文化的重要组成部分，体现着一个国家、一个民族的价值观念，而维护国家安全从根本上也就是维护一个国家、民族的传统文化、核心价值和生活方式。② 可见，从内涵

---

① 中共中央文献研究室编：《习近平关于社会主义文化建设论述摘编》，中央文献出版社2017年版，第33－34页。
② 参见涂成林《国家文化安全视域下的传统文化与核心价值》，载《广东社会科学》2016年第6期。

上来看，国家文化安全与意识形态在本质上具有一致性。① 在当前国际格局大变革大调整时期，意识形态领域已成为各国之间文化斗争的主战场，意识形态安全是国家文化安全的核心要义。一个国家和民族如果无法牢牢掌握对意识形态安全的领导权和话语权，那么它将会丧失其凝聚力和引领力，也就无法保障国家文化安全。维护文化安全的首要任务在于加强意识形态建设，牢牢掌握意识形态工作的领导权、管理权和话语权。在加强意识形态建设方面，习近平总书记从思想层面、话语层面和情感层面出发，强调要坚持马克思主义指导地位以增强思想认同，通过优化网络环境、加强教育引导等具体措施来强化话语认同和情感认同。

维护国家文化安全与意识形态安全应坚持和巩固马克思主义在思想文化领域的指导地位。马克思主义的人民性、科学性、实践性、开放性等特性决定了马克思主义是科学的思想体系和科学的世界观、方法论。习近平总书记在关于马克思主义的讲话中，从本质特征和深远影响出发，强调要坚持马克思主义不动摇，指出"在人类思想史上，就科学性、真理性、影响力、传播面而言，没有一种思想理论能达到马克思主义的高度"②，"背离或放弃马克思主义，我们党就会失去灵魂、迷失方向"③。另外，党的十九届四中全会通过《中共中央关于坚持和完善中国特色社会主义制度　推进国家治理体系和治理能力现代化若干重大问题的决定》，在这次全会的讲话中，习近平总书记明确指出："要坚持马克思主义在意识形态领域指导地位的根本制度，并将其列为社会主义先进文化制度建设的首要内容。"④ 坚持和巩固马克思主义指导地位是习近平总书记加强意识形态建设的治本之策，也是完善中国特色社会主义制度的坚实基础，决定了中国特色社会主义文化是社会主义性质的先进文化，充分彰显了新时代中国共产党人的自信自觉。

当前，互联网已成为国内外敌对势力对我国进行意识形态渗透的主要阵地，为了更好地维护我国意识形态安全，习近平总书记强调要强化网络意识形态建设，一方面通过加强网络伦理、网络文明营造良好的网络空

---

① 参见涂成林《马克思主义意识形态批判视野下的国家文化安全研究》，载《马克思主义与现实》2018 年第 5 期。
② 《习近平谈治国理政》（第二卷），外文出版社 2017 年版，第 65 页。
③ 《习近平谈治国理政》（第二卷），外文出版社 2017 年版，第 66 页。
④ 《习近平谈治国理政》（第三卷），外文出版社 2020 年版，第 126 页。

间，另一方面利用网络媒体传播主旋律，引导人民近距离感受社会主义意识形态话语，增强对社会主义意识形态话语的认同感。① 加强情感认同也是意识形态建设的重要内容，习近平总书记曾指出："要注重加强中国特色社会主义理论体系的学习，加深对中国特色社会主义的思想认同、理论认同、情感认同。"② 在加强意识形态情感认同方面，习近平总书记不仅强调要加强党对教育事业的全面领导，而且强调要把思想政治工作贯穿教育教学全过程，通过深化教育改革、创新教育手段等措施加强学生的情感教育，进而激发学生对社会主义意识形态的情感认同。

（二）精神内核：培育社会主义核心价值观

价值观作为文化的内核，是人们认识世界的一种思维方式，对其行为动机具有导向作用。社会主义核心价值观作为社会主义文化价值体系的内核，是对中国文化价值理念的高度凝练和集中体现，对于国家稳定和发展具有十分重要的意义。正如习近平总书记所说："历史和现实都表明，核心价值观是一个国家的重要稳定器，能否构建具有强大感召力的核心价值观，关系社会和谐稳定，关系国家长治久安。"③ 而在当前价值取向多元化的时代背景下，一些西方敌对势力鼓吹的新自由主义、普世价值等思潮，通过不同的途径对我国进行文化渗透，妄图挑战马克思主义的指导地位，冲击着马克思主义作为我国社会主义主流意识形态的地位，威胁着我国的文化安全。社会主义核心价值观作为当代中国精神的集中体现，是在马克思主义科学理论指导下，充分吸收中华优秀传统文化精华，广泛借鉴世界文明发展有益成果，从中国特色社会主义建设实际需要出发，结合时代发展要求而形成的与中国特色社会主义发展要求相契合的先进价值观念，能够通过文化的内在驱动力，形成民族凝聚力和向心力，进而构筑起文化安全的内在防线。

习近平总书记在谈到核心价值观时，指出"对一个民族、一个国家

---

① 参见韩芬《以"五大认同"筑牢新时代社会主义意识形态建设之基》，载《宁夏社会科学》2022年第1期。

② 习近平：《做党和人民满意的好老师：同北京师范大学师生代表座谈时的讲话》，人民出版社2014年版，第5—6页。

③ 中共中央文献研究室编：《习近平关于社会主义文化建设论述摘编》，中央文献出版社2017年版，第106页。

来说，最持久、最深层的力量是全社会共同认可的核心价值观"①，"如果没有共同的核心价值观，一个民族，一个国家就会魂无定所、行无依归"②。从这个意义上讲，培育社会主义核心价值观，就是在维护国家文化安全的精神内核。在培育社会主义核心价值观方面，习近平总书记首先从三个层面，用 24 个字高度提炼并概括了社会主义核心价值观的主要内容，回答了在新时代我们应该坚守什么样的核心价值观问题；同时阐明了社会主义核心价值观的理论渊源，指出它不仅继承了中华优秀传统文化，而且也吸收了世界文明的优秀成果，是民族精神与时代精神的统一。在培育和践行社会主义核心价值观方面，习近平总书记明确强调要正确认识"知"与"行"的辩证统一关系，要求坚持知行合一，在实践过程中不断加强对社会主义核心价值观的认识与理解，实现从感性认识到理性认识的不断升华。坚持知行合一的实践思想是习近平总书记培育和践行社会主义核心价值观的基本方法取向，一方面能够通过实践增强人们对核心价值观的正确认识；另一方面只有坚持知行合一，社会主义核心价值观才能内化为人们的精神追求，外化为人们的自觉行动，有效维护国家文化安全。③习近平总书记将"培育什么样的价值观"与"培养什么样的人"结合起来，在党的十九大报告中指出，"培育和践行社会主义核心价值观要以培养担当民族复兴大任的时代新人为着眼点"④。这一论述不仅明确了社会主义核心价值观建设的出发点和落脚点，而且体现了党对于社会主义核心价值观建设认识的深化与拓展。⑤ 马克思在关于人的发展理论中指出："人创造环境，同时，环境也创造人。"⑥ "培养什么样的价值观"，必然离不开人这个物质载体；同样，"培养什么样的人"的问题，是社会主义核心价值观建设的根本问题。那么，社会主义核心价值观建设说到底是人

---

① 中共中央文献研究室编：《十八大以来重要文献选编（中）》，中央文献出版社 2016 年版，第 2 页。
② 中共中央文献研究室编：《十八大以来重要文献选编（中）》，中央文献出版社 2016 年版，第 133 页。
③ 参见中共中央文献研究室编《习近平关于社会主义文化建设论述摘编》，中央文献出版社 2017 年版，第 118 页。
④ 习近平：《决胜全面建成小康社会　夺取新时代中国特色社会主义伟大胜利》，载《人民日报》2017 年 10 月 28 日第 1 版。
⑤ 参见王炳林《培养担当民族复兴大任的时代新人》，载《求是》2018 年第 4 期。
⑥ 马克思、恩格斯：《德意志意识形态》（节选本），人民出版社 2018 年版，第 38 页。

的思想建设。习近平总书记抓住问题的根本,从人的思想建设出发,强调通过教育引导、实践养成、制度保障来加强人的思想建设,培养时代新人,进而发挥社会主义核心价值观对国民教育、精神文明创建等方面的引领作用,维护国家文化安全。

(三) 坚实根基:继承和弘扬中华优秀传统文化

一个国家、一个民族要想在国际上保持其传统文化的独立性而不被其他国家文化侵袭或同化,需要不断继承和弘扬本民族优秀的传统文化,建立真正的文化自觉和文化自信,这也是衡量一个国家、一个民族文化安全的重要标准。① 维护国家文化安全不仅是贯彻落实习近平总体国家安全观的重要环节,更是保障民族精神、价值观念和信仰追求延续和发展的重要支撑,其内容不仅关乎意识形态安全和价值观念安全,而且关乎文化产业安全等多个方面。但从根本上说,维护国家文化安全也就是维护本民族的优秀传统文化,使其保持独立性。中华优秀传统文化是我国在历史的进程中所积淀下来的文化精髓,也是我们民族最深层的精神追求和行为准则,更是维护我国文化安全的坚实根基。

在维护国家文化安全方面,习近平总书记深知中华优秀传统文化的重要意义,围绕继承和弘扬中华优秀传统文化发表了一系列论述。可以说,在习近平总书记关于文化建设的系列重要论述中,有关中华优秀传统文化的论述是最为丰富和系统的。这些论述不仅深刻阐述了中华优秀传统文化的时代价值和历史地位,而且提出了中华优秀传统文化创造性转化和创新性发展的时代任务与历史使命。2014 年,习近平总书记在文艺工作座谈会上特别强调要传承和弘扬中华优秀传统文化,指出"中华优秀传统文化是中华民族的精神命脉,是涵养社会主义核心价值观的重要源泉,也是我们在世界文化激荡中站稳脚跟的坚实根基"②。这一论述运用三个"是什么"系统论述了中华优秀传统文化的价值和意义,同样深刻阐明了继承和弘扬中华优秀传统文化对于维护国家文化安全的重要性。首先,揭示

---

① 参见涂成林《优秀传统文化:价值之源、民族之根和安全之本》,载《光明日报》2017 年 5 月 8 日第 15 版。

② 中共中央文献研究室编:《习近平关于社会主义文化建设论述摘编》,中央文献出版社 2017 年版,第 117 页。

了传统文化所蕴含的思想观念、人文精神对一个民族传承和发展具有关键的作用，如果一个国家或民族抛弃了自己的传统文化，那么将会丢失自身的精神命脉。其次，将中华优秀传统文化与社会主义核心价值观联系起来，指出中华优秀传统文化是涵养社会主义核心价值观的重要源泉，这充分说明了中华优秀传统文化具有十分重要的意义，其原因在于社会主义核心价值观作为我国的重要稳定器，是决定我国文化性质和方向的最深层次要素，而中华优秀传统文化正是社会主义核心价值观的重要源泉，能够为社会主义核心价值观提供有益的养分，增强其生命力和影响力，成为人们的价值追求和行为准则，最终以强大的文化凝聚力确保国家文化安全。最后，习近平总书记对中华优秀传统文化的价值定位是在世界文化激荡中站稳脚跟的坚实根基，认为这是增强文化自信、抵御西方文化渗透最有效的方式，指明了继承和弘扬中华优秀传统文化是维护国家文化安全的坚实根基。习近平总书记除了多次强调中华优秀传统文化的价值和意义之外，还对其时代任务进行了阐述，在不同的场合多次提出要推动中华优秀传统文化创造性转化和创新性发展，这不仅科学回答了我们"为何"要传承和弘扬中华优秀传统文化的问题，而且回答了"如何"去传承和弘扬中华优秀传统文化的问题。推动中华优秀传统文化创造性转化和创新性发展是传统文化适应时代发展需要的必然要求，只有将现代内涵融入民族精神之中，通过"创新""创造"激活中华优秀传统文化生命力，才能重塑当代中国精神，塑造更有时代活力的中华文明。正如习近平总书记所说，"文化是一个国家、一个民族的灵魂。文化兴国运兴，文化强民族强。没有高度的文化自信，没有文化的繁荣兴盛，就没有中华民族伟大复兴"[1]。推动中华优秀传统文化"两创"正是增强文化自信、促进文化繁荣兴盛的重要动力，能够通过文化自信来提升文化自觉，提升中华民族凝聚力，切实维护国家文化安全。

（四）战略目标：提升国家文化软实力

当前，通过"文化"而展开的价值观竞争日趋激烈，并已成为影响一个国家国际竞争力的重要因素，而文化软实力作为评价国家综合实力的

---

[1] 习近平：《决胜全面建成小康社会　夺取新时代中国特色社会主义伟大胜利》，载《人民日报》2017年10月28日第1版。

重要因素，在国家综合国力中的地位和作用显得日益重要。习近平总书记明确阐明文化软实力与国家综合实力之间的关系，认为"体现一个国家综合实力最核心的、最高层的，还是文化软实力，这事关一个民族精气神的凝聚"①。这一论述阐释了文化软实力对于当前国家综合国力竞争的重要性。习近平总书记曾多次强调提升国家文化软实力，在其有关国家文化安全的论述中更是把提升国家文化软实力作为维护国家文化安全的战略目标。

　　2013 年，习近平总书记在主持政治局第十二次集体学习时明确了国家文化软实力的重要意义，认为"提高国家文化软实力，关系'两个一百年'奋斗目标和中华民族伟大复兴中国梦的实现"②；同时，对于如何提高国家文化软实力作出了重要指示，指出"提高国家文化软实力，要努力夯实国家文化软实力的根基"③，从文化体制改革、教育、文化事业与文化产业等方面着手。这些措施的提出是习近平总书记在深刻洞察时代发展大势，准确把握历史发展趋势的基础上对如何提升国家文化软实力的有效回答，不仅能够增强我国文化的影响力，而且为文化强国建设提供了强大动力。党的十九大报告从国际传播的视角强调我们要通过讲好中国故事来提高国家文化软实力，指出"推进国际传播能力建设，讲好中国故事，展现真实、立体、全面的中国，提高国家文化软实力"④。习近平总书记关于以加强国际传播能力建设来提高国家文化软实力的这一论述，是面对西方国家文化渗透猛烈攻势而提出的可行策略与路径，也是我国主动向世界发出中国声音、维护国家文化安全、提高文化软实力而提出的中国方案。党的十九届五中全会更是明确提出到 2035 年建设文化强国的远景目标，并对如何提高国家文化软实力进行了全面部署，这不仅是提升国家文化软实力的重大举措，也是实现民族复兴伟大梦想的重要步骤，充分体

---

　　① 李斌、霍小光：《"改革的集结号已经吹响"》，载《人民日报》2014 年 3 月 13 日第 4 版。
　　② 《习近平在中共中央政治局第十二次集体学习时强调：建设社会主义文化强国　着力提高国家文化软实力》，载《人民日报》2014 年 1 月 1 日第 1 版。
　　③ 《习近平在中共中央政治局第十二次集体学习时强调：建设社会主义文化强国　着力提高国家文化软实力》，载《人民日报》2014 年 1 月 1 日第 1 版。
　　④ 习近平：《决胜全面建成小康社会　夺取新时代中国特色社会主义伟大胜利》，载《人民日报》2017 年 10 月 28 日第 1 版。

现了国家文化软实力在维护国家文化安全中的重要作用，表明了提升文化软实力已成为实现中华民族伟大复兴的战略着眼点，同时强调了在持续发展硬实力的同时，我们必须不断增强国家文化软实力。

习近平总书记关于国家文化安全的相关论述是马克思主义文化安全理论中国化的最新理论成果，是维护国家文化安全的行动纲领和科学指南，实现了对传统国家文化安全理念的重大突破，深化和拓展了我们党关于国家文化安全问题的理论视野和实践领域。其主要内容由四个部分组成，分别从核心要义、精神内核、坚实根基以及战略目标四个方面对如何维护国家文化安全进行了全方位阐述，提出了要加强意识形态建设、培育社会主义核心价值观、继承和弘扬中华优秀传统文化与提升国家文化软实力。四个内容相辅相成，共同构成了一个系统科学、完整统一的新时代文化安全建设的思想体系和逻辑框架。具体而言，维护国家文化安全是通过对社会主义核心价值观的培育与对中华优秀传统文化的继承来加强意识形态安全建设，提升国家文化软实力，实现社会主义文化强国建设目标。

三、新时代维护国家文化安全的路径选择

在新时代背景下，维护国家文化安全的重要性、必要性和紧迫性十分突出。为了维护国家文化安全，我们应不断推进文化创新，增强文化发展活力；强化阵地意识，筑牢文化安全屏障；健全制度保障，提升安全防御能力，为建设社会主义文化强国打下坚实的基础。

（一）推进文化创新，增强文化发展活力

文化创新与文化安全是文化发展的两个方面，二者之间相互作用、相互联系。文化创新作为文化发展的内在驱动力，能够增强文化的发展活力，强调的是创造发展，而文化安全强调的是文化所处的一种稳定状态。如果没有文化创新，那么就没有发展，文化安全必然也会受到威胁与挑战。文化创新体现了一个国家或地区文化的生命力与创造力，是维护国家文化安全的决定力量和关键所在。推进文化创新，增强文化发展活力，首先，要辩证地、历史地、正确地对待中华优秀传统文化，坚持古为今用、推陈出新的原则，对传统文化进行科学分析、扬弃继承，取其精华、去其糟粕。其次，要促进文化内容的创新。文化内容应在符合国家主流意识形

态的基础上，结合时代新的发展要求和人民群众精神文化生活的需要，创造出先进的社会主义文化，向世界展现中华文化的独特魅力，不断提升中华文化的国际影响力。最后，要推动文化传播方式的创新。维护国家文化安全需要通过推动文化传播方式的创新来讲好中国故事，传播好中国声音。当前我国传统文化在走出去的过程中或多或少地存在内容传统、形式单调、技术落后等问题，为了增强中华文化对外传播的影响力，应利用新技术、新手段来推动文化传播方式的创新，以科技创新促进文化创新，使国际社会更加全面客观地认识"中国的崛起"；另外也要根据不同的文化受众来选择不同的文化传播形式，最大程度发挥不同媒介的文化传播作用，提升文化传播效能。

（二）强化阵地意识，筑牢文化安全屏障

意识形态工作是我党一项极端重要的工作，也是我党伟大斗争的前沿阵地。阵地是意识形态工作的基本依托，强化阵地意识也就是强化意识形态阵地意识，这直接关系到能够有效抵御西方文化渗透对中国文化安全的侵蚀和威胁。2013年8月，习近平总书记在全国宣传思想工作会议上发表重要讲话，明确强调了要增强阵地意识。强化阵地意识必须坚持马克思主义意识形态主导地位不动摇，加强党对意识形态工作的全面领导，强化党在意识形态领域的主导权、管理权和话语权，同时通过加快构建社会主义核心价值体系来增强社会主义先进文化的影响力。强化阵地意识还应全面建设意识形态阵地[①]，通过全方位、宽领域、多层面的意识形态阵地建设来加强意识形态工作的力度、深度和广度。具体而言，一方面应从互联网、新闻舆论、教育、哲学社会科学等具体领域出发来加强意识形态核心阵地建设；另一方面还应加强对外宣传工作，创新传播方式，积极扩展外围阵地，努力构建中国特色话语体系，不断增强中国话语的说服力，提升中国话语的号召力和中国形象的亲和力，以此巩固我国在国际社会上的话语权。

---

① 参见操奇《全面强化意识形态阵地意识论赜》，载《学校党建与思想教育》2016年第15期。

(三) 健全制度保障，提升安全防御能力

制度作为社会治理的"黏合剂"，是国家治理现代化的重要体现，具有十分重要的意义。正如习近平总书记所强调的，"真正实现社会和谐稳定、国家长治久安，还是要靠制度，靠我们在国家治理上的高超能力"①。维护国家文化安全，需要不断健全制度保障，加强文化安全的制度化建设②，进而完善国家文化安全治理体系，提升文化安全防御能力。具体而言，健全文化安全制度保障，首先，应不断完善文化立法、执法、司法和守法工作，通过完善"四法"来加强国家文化法治建设。其原因在于完备的法律制度能够有效规范文化发展秩序，稳定社会发展，对于国家文化安全工作来说只有建立完备的法律秩序才能为其提供必要的制度保障。其次，构建国家文化安全预警机制。我们应通过运用法律的、行政的、市场的和经济的以及其他文化安全管理手段来提前预判威胁我国文化安全的各种因素，并及时作出警示性反应，如构建影片审查制度、文化市场准入制度等，为我国的文化安全工作筑牢第一道安全防线。③ 最后，构建维护国家文化安全的战略体系。从国内和国际两个层面出发，构建以意识形态安全、文化产业安全等为主体的国内战略体系和以确保文化主权、提高文化影响力为主体的国际战略体系。

（发表于《中国文化产业评论》第 32 卷，上海人民出版社 2023 年版）

---

① 《习近平谈治国理政》（第一卷），外文出版社 2014 年版，第 92 页。
② 参见蓝波涛、王新刚《新时代维护我国国家文化安全的路径选择》，载《马克思主义理论学科研究》2019 年第 6 期。
③ 参见程仕波《新时代维护国家文化安全的价值考量和实践向度——学习习近平总书记关于国家文化安全的重要论述》，载《内蒙古社会科学》2021 年第 5 期。

中国式文化现代化建设论纲

党的二十大报告历史性地提出"以中国式现代化全面推进中华民族伟大复兴",并将"推进文化自信自强,铸就社会主义文化新辉煌"作为新时代中国特色社会主义文化发展的总纲领。"文化自信自强"是以中国式现代化全面推进中华民族伟大复兴的重要支撑和深厚底蕴,具有厚重的理论价值、深远的历史影响和丰富的现实意义。现代化是人类社会发展的关键词和主旋律,也是文明进步的主要标志,中国式现代化是物质文明和精神文明相协调的现代化,本质在于人的现代化,而人的精神支点则是文化现代化的首要目标。因此,中国式文化现代化就是"文化自信自强"的核心命题。以"文化自觉—文化自信—文化创新—文化自强—文明发展"的理论逻辑构建中国式文化现代化的基本演进范式,也将为当下中国的文化发展提供行之有效的进路。

一、中国式文化现代化的内涵与逻辑

党的二十大报告树立起"自信自强、守正创新,踔厉奋发、勇毅前行"的精神,明确了"以中国式现代化全面推进中华民族伟大复兴"的使命任务。"中国式现代化"创造了人类文明新形态,"物质文明和精神文明相协调"是其主要特征之一,"丰富人民精神世界"是其本质要求的有机组成,彰显了文化的重要地位。因此,中国式文化现代化是党领导下的具有中国特色的社会主义文化现代化发展道路,它以"推进文化自信自强,铸就社会主义文化新辉煌"为指引,以创造人类精神文明新形态为旨归。党的十九届五中全会明确提出到2035年建成文化强国的远景目标。文化强国是"全面建成社会主义现代化强国"的重要方面,是推进文化自信自强、铸就社会主义文化新辉煌的战略抓手。一方面,新时代的社会主义文化强国建设,要在历史的视野中去梳理思想进路。从革命战争时期，毛泽东同志指出，在"新社会和新国家中，不但有新政治、新经济，而且有新文化"①，到社会主义建设时期提出把我国"建设成为一个具有现代工业、现代农业和现代科学文化的社会主义国家"②，再到党的十七届六中全会首次正式提出要"建设社会主义文化强国"③，文化建设在国民经济社会发展中的重要性不断凸显，建设社会主义文化强国的战略目标更加鲜明。党的十八大以来，在中国特色社会主义现代化建设进程中，以文化强国建设创造具有中国特色的社会主义文化发展道路的价值内涵与文化范式更加丰富，社会主义文化强国建设是新时代党和国家系统推进文化繁荣发展与实现文化自信自强的战略抓手。另一方面，新时代的社会主义文化强国建设，也要在现实的观照中把握核心意蕴。社会主义文化强国建设当前仍然面临中华优秀传统文化的传承、社会主义核心价值观的树立、文化事业与文化产业的高质量发展以及文化安全治理等方面的诸多挑战，因此当前文化强国建设仍需系统地战略推进。

"中国式现代化"是器物、制度和思想三个层面协调发展的现代化，也是"五位一体"结构完整的现代化。"中国式现代化"基本内涵所强调的人口规模巨大、全体人民共同富裕、两个"文明"协调发展、人与自然和谐共生以及走和平发展道路，这些方面的发展得益于中国特色社会主义文化的传承与创新。推进中国式现代化建设进程，需要统筹把握中华民族伟大复兴战略全局和世界百年未有之大变局，一方面要传承弘扬中华文化，深入推进中华优秀传统文化的创造性转化、创新性发展；另一方面要秉持开放、包容、平等的理念，积极开展同世界各国的文化交流与合作，促进人类文明交流互鉴，吸纳外来文化精华，推动中华文化不断丰富。在坚定文化自信中善于文化对话，既坚定构建具有中国特色、中国风格、中国气派的自主知识体系和话语体系，又以海纳百川的宽阔胸襟借鉴

---

① 毛泽东：《新民主主义论》，见《毛泽东选集》（第2卷），人民出版社1991年版，第663页。
② 毛泽东：《关于正确处理人民内部矛盾的问题（之一）》，载《人民日报》1957年6月19日第1版。
③ 姚大伟、鞠鹏：《中共十七届中六全会在京举行》，载《人民日报》2011年10月19日第1版。

吸收人类一切优秀文明成果。既以文化创新创造提升人的现代化，促进人的生产方式、生活方式、思维方式现代化，实现人的全面发展与社会全面进步相协调，推动人的现代化与社会的现代化相统一，又要增强历史主动性，自觉站在世界历史制高点，引领人类历史前进的方向和时代进步的潮流，更好地构建人类命运共同体，丰富和发展人类文明新形态，从而让中国式文化现代化充分彰显大国应有的世界文化担当。

中国式文化现代化以文化自觉作为认识前提，以文化自信作为立根之本，以文化创新作为发展动力，以文化自强作为建设目标，以文明发展作为未来引领，并以此构建铸就社会主义文化新辉煌的逻辑体系。具体而言，中国式文化现代化的提出立足于党领导人民进行的伟大文化实践。党始终以高度的文化自觉把建设民族的、科学的、大众的中华民族新文化作为自己的使命，致力于建设一个文化繁荣、文明兴盛的社会主义强国，这是以文化自觉构建中国式文化现代化的认识前提；中国式文化现代化是增强中华民族伟大复兴精神力量的实践来源，它建立在包含中华优秀传统文化、革命文化和社会主义先进文化在内的中国特色社会主义文化的传承与创新之上，是对中国特色社会主义文化发展道路的充分肯定和积极践行，这是以文化自信夯实中国式文化现代化的立根之本；中国式文化现代化以文化创新为引领发展的第一动力，以"激发全民族文化创新创造活力"为现实路径，以"创造性转化、创新性发展"为发展原则，以内容、技术和制度相协调的文化创新系统为实践保障，这是以文化创新内生中国式文化现代化的发展动力。文化自强是一种更加自觉的文化自信，是基于我国文化发展国情的认知深化，也是关于新时代我国文化发展方位的理论创新。文化自强是对中国式文化现代化发展目标的回应，以"铸就社会主义文化新辉煌"为实现表征。创造人类精神文明新形态是中国式文化现代化的根本落脚点，它以"面向现代化、面向世界、面向未来"为基本原则，为人类精神文明建设提供了一种去依附的新型道路形态，是中国文化自信自强的文明反映。

二、文化自觉：中国式文化现代化的认识前提

文化自觉是由著名社会学家费孝通首次提出并进行论证的,① 所谓文化自觉,"其意义在于生活在一定文化中的人对其文化有'自知之明',明白它的来历,形成的过程,所具有的特色和它的发展的趋向,自知之明是为了加强对文化转型的自主能力,取得决定适应新环境、新时代文化选择的自主地位"②。费孝通先生所提出的"文化自觉",目的不仅在于总结中国发展的经验,增强走中国道路的自信,而且是要让中国的智慧惠及未来的世界,延续人类的文明。③ 文化既涉及一个国家、一个民族的思想价值与理想信念,也涉及一个群体、一个个体的行动依据与目的意义。文化自觉的意义在于作为文化建设的重要前提,为文化繁荣发展提供自我驱动的内在张力,为实现文化强国建设提供理性支持。

当代的文化自觉主要是指一个民族、一个政党在文化上的觉悟、觉醒、传承、实践,包括对文化在历史进步中地位和作用的深刻认识、对文化发展规律的正确把握、对发展文化的主动担当、对民族精神的自觉弘扬。促进文化自觉需要把握中国特色社会主义文化建设的历史性、实践性和人民性。文化自觉的历史性,就是要坚持马克思主义基本原理同中国具体实际相结合、同中华优秀传统文化相结合,把握好文化传承与创新的尺度,将马克思主义理论精髓与中华优秀传统文化融入当代中国实践,赋予其新的时代价值和世界意义。文化自觉的实践性,就是要立足中国本土,使中华民族最基本的文化基因与当代文化发展相适应,与现代社会相协调,绽放出新的时代光彩。在文化实践中,对那些至今仍有借鉴价值的文化内涵加以提炼和改造,赋予其新的时代内涵和现代化表达方式。文化自

---

① 值得注意的是,在费孝通先生近半个世纪的学术生涯中,他志在富民的理想和从实求知的方法都与文化并无过多关系。费孝通先生认为,社会经济的发展才是中国政治稳定、文化繁荣的前提,在20世纪90年代,他的学术反思着眼于拓展社会学的传统边界,摆脱"只见社会不见人"的思路,一方面强调由"社会"到"人",由"社会人"到"文化人",另一方面主张社会学与中国历史文化传统互动交融,在真正理解中国问题的基础上主张"中国式社会学"。

② 费孝通:《费孝通论文化与文化自觉》,群言出版社2007年版,第390页。

③ 参见钟祥财《从"文化自觉"看当代中国乡村经济及其发展趋向——费孝通学术历程和方法论的一个重要特质》,载《西部论坛》2019年第6期。

觉的人民性则要求我们坚持人民立场，深入研究人民群众的历史与现实，研究人民群众在长期的物质创造活动中形成的思想观念、精神品格等，进而在文化自信自强中实现物质文明与精神文明的协调。

文化自觉在中国式现代化当中的发展与变革，对于理解中国式现代化的建设有着重要作用。增强文化自觉能够使中国特色社会主义道路在全球化进程和现代化建设中，避免陷入文化迷失的境地。当前，我国文化建设在正本清源、守正创新中取得历史性成就、发生历史性变革。文化事业和文化产业繁荣发展，公共文化服务设施加快普及，文化软实力日益增强；社会主义核心价值观深入人心，中华文化影响力持续扩大。同时，我国在文化领域仍然存在着不少困难和挑战。比如，意识形态领域仍然存在不少挑战，社会文明程度仍需提高，高品质文化服务和产品供给仍然不足，中华文化国际传播力和影响力与我国国际地位还不相称，等等。对此，我们必须要有清醒的认识，充分肯定成绩、敢于正视不足。

中国式文化现代化要立足于党领导人民进行的伟大文化实践，把建设民族的、科学的、大众的中华民族新文化作为使命，致力于建设一个文化繁荣、文明兴盛的社会主义强国。推进中国式文化现代化，就是要以高度的文化自觉涵养中国式现代化道路自信。党的十八大以来，中国特色社会主义进入了新时代，这是我国发展新的历史方位。进入新时代，这是党和国家事业发展的历史必然，是我国社会主要矛盾变化的历史必然，更是中华民族伟大复兴的历史必然。党的二十大报告以中国式现代化为核心，深刻阐述了中国式现代化的实践基础、理论开拓、发展方略以及实施路径。中国特色社会主义的道路、理论、制度和文化不断发展与觉醒，这为广大发展中国家走向现代化提供了区别于西方资本主义现代化的发展途径，给世界上那些既希望加快发展又希望保持自身独立性的国家和民族提供了全新选择，为解决人类发展问题贡献了中国智慧和中国方案。

因此，只有进行充分的自我审视，深入推进文化自觉，我们才能知道需要什么样的文化，怎样建设我们的文化，我们的文化何以自信、何以自强。一个民族的觉醒，首先是文化上的觉醒；一个民族的崛起，必然伴随着文化上的崛起。中国式文化现代化是中国共产党领导人民走中国式现代化道路的文化自觉，彰显出中华民族在世界变局加速演变、外部打压遏制不断升级、世界经济和贸易增长动能减弱等多重考验背景下，回应和解答"世界之变""时代之变""历史之变"的文化自信。

三、文化自信：中国式文化现代化的立根之本

习近平总书记指出："文化兴国运兴，文化强民族强，没有文化的繁荣兴盛，就没有中华民族伟大复兴。"① 近年来，习近平总书记在多个场合反复强调文化自信的重要作用。文化自信既源于对优秀传统文化的继承，也源自中国共产党领导人民创造的优秀革命文化，同时也来自对社会主义先进文化的兼收并蓄。

中华优秀传统文化是中华民族的根和魂，是中华民族的智慧结晶，中华民族在漫长的历史长河中，孕育的丰富而卓越的民族精神和文化，是我们在世界文化激荡中站稳脚跟的根基。民为邦本、礼法合治、为政以德等理念有利于国家治理体系的改进和完善。讲仁爱、守信义、尚和合、求大同的思想智慧构成了社会主义核心价值观的基础和源泉。

革命文化是中国近代史的结晶，是中国文化自信的重要内容。革命文化把谋求最广大人民的根本利益作为根本出发点，以中国共产党人为代表的工农联盟和先进知识分子把人民解放、实现共产主义作为奋斗目标，贯穿着信念坚定、不屈不挠、艰苦奋斗的崇高情怀，通过对时事国情的总结与批判，经过历史的检验形成了具体的文化形态，革命文化构成了中国共产党政治文化的独特底色，凝聚了中国革命先辈的心血与汗水，记载了中国革命历史的光辉历程。以井冈山精神、遵义会议精神、延安精神、抗战精神、红岩精神、西柏坡精神、大别山精神等为代表的革命文化在革命先辈长期的奋斗中构建起精神谱系，始终赓续红色血脉。革命文化作为一种信仰，召唤了中华民族的整体团结力量，作为一股强大的精神力量不断鼓舞和支撑着后人为美好生活而不懈奋斗，是中国文化自信的重要来源。②

社会主义先进文化是在社会主义建设过程中形成的具体文化形态，社会主义先进文化不但坚持将马克思主义基本原理与中华优秀传统文化、革命文化相结合，更代表了中国特色社会主义的发展方向，是中国文化自信

---

① 习近平：《决胜全面建成小康社会　夺取新时代中国特色社会主义伟大胜利》，载《人民日报》2017 年 10 月 18 日第 1 版。

② 参见黄生成、张馨丹、黄琼锌《论中国文化自信的基本内涵、主要特征与实践途径》，载《大陆桥视野》2023 年第 1 期。

的重要组成部分。社会主义先进文化坚持"为人民服务"的宗旨,坚持在保留本民族特色文化的基础上兼收并蓄、推陈出新,大力推进中华优秀传统文化创造性转化、创新性发展。新时代以来,中国人民在建设实践中形成了一系列彰显文化先进性的新时代精神,如脱贫攻坚精神、抗疫精神、新时代北斗精神、丝路精神、冬奥精神等,都已成为丰富和闪耀社会主义精神谱系的崭新文化坐标,是新时代中国特色社会主义先进文化的具体表征,必将为实现中华民族的伟大复兴凝聚更加澎湃的精神动力。

文化自信为"五位一体"立心铸魂。文化建设作为"五位一体"总体布局的重要组成部分,服务于中国特色社会主义事业的总体布局。"富强、民主、文明、和谐"是我国社会主义现代化国家的建设目标,也是从价值目标层面对社会主义核心价值观的提炼,在社会主义核心价值观的内容中居于最高层次,对其他层次的价值理念起到统领作用。社会主义价值观包含国家、社会、公民三个层面的价值指引。核心价值观中的"富强"呼应"五位一体"中的"经济建设","富强"是我国社会主义现代化国家的建设目标,是社会主义价值规范的凝练;同理,核心价值观中的"民主"对应"五位一体"中的"政治建设",是政治建设的价值目标;核心价值观中的"文明"对应"五位一体"中的"文化建设",是文化建设的价值目标;核心价值观中的"和谐"对应社会建设的价值目标;可以看出,中国特色社会主义"五位一体"总体布局是一个有着内在结构的系统。而文化建设,特别是社会主义核心价值观建设是"五位一体"总体布局的精髓,必须紧抓"社会主义核心价值观"这个文化建设的主心骨,才能使新时代文化建设在"五位一体"总体布局中真正发挥凝魂聚气、强基固本的基础性作用。

文化自信为"四个自信"固本培源。文化自信、道路自信、制度自信、理论自信既是统一的整体,又具有内在契合性。以文化认同为前提的文化自信在"四个自信"中具有重要的基础性地位,是制度自信、道路自信和理论自信的根基,是其科学性、真理性、合理性、自主性的根基和动力之源。① 一方面,文化认同构建了文化主体的身份认同和价值认同,进而实现文化主体对制度、道路、理论的自觉认同。一般而言,民族的文化认同度越高,国家的凝聚力越强。制度、道路、理论的选择和实现,也

---

① 参见罗成雁、官秀娟《文化自信的治理性内涵研究》,载《创造》2019年第3期。

要依靠民族国家的文化身份认同。另一方面，文化既可以作为对象也可以作为手段，文化通过影响人的思维、行动、精神状态，能孕育文化规范性层面的制度、道路和理论，文化自信不断推动制度自信、道路自信与理论自信的发展，其作为最根本的自信，既是文化理念又是指导思想。

文化自信融入中国式现代化具有三重基本逻辑。文化自信不仅源于中华民族上下五千年的历史积淀，如今更以强大的精神力量推动着中华民族伟大复兴和实现中国式现代化。文化自信的现代化实现路径不仅以一种精神力量影响微观个体的艰苦奋斗、团结奋进，同时以社会主义核心价值观的意识形态推动时代的进步，此外，也在规范性层面蕴含国家治理现代化的手段和方式。总之，文化自信融入中国式现代化具有三重基本逻辑：一是在个人层面，文化自信体现在通过满足人们对美好生活的向往，激发个人的主观能动性，促进人的全面发展，从而促进中国式现代化微观主体的发展；二是在意识形态领域，文化自信作为一种价值观信仰，代表了一定的社会文化，代表了指引先进前进方向的价值体系，它将通过意识形态的指引不断促进中国式现代化建设向更高层面推进；三是文化自信通过文化认同凝聚力量，不断完善中国式民主与政治制度建设，在规范性层面强化道路、理论和制度自信，促进国家治理现代化。[①] 文化自信包含重要的治国思想，具备独特的治理性内涵，文化自信具有整合凝聚功能，在文化主体身份认同的基础上，具化标准与规范，从而实现对文化主体的治理自主性，推动文化的制度化发展，并由此推动国家治理现代化。因此，深刻理解中国特色社会主义先进文化的理论内涵与丰厚智慧，坚定文化自信，对于实现中国式现代化具有不可替代的作用。

四、文化创新：中国式文化现代化的发展动力

"我们从事的是前无古人的伟大事业，守正才能不迷失方向、不犯颠

---

① 参见张文雅《从"文化自信"审视中国现代化建设的逻辑与路径——基于二十大精神》，载《第十届公共政策智库论坛暨"中国式现代化建设国际学术研讨会"会议论文集》，2022年10月25日。

覆性错误，创新才能把握时代、引领时代"①，文化创新是中国式文化现代化得以实现的发展动力，一个时代的先进文化凝结为一个时代的文明核心，必然经历文化创新的催化和洗礼过程。

中国式文化现代化以文化创新为经济社会与自然环境的全面发展提供第一动力。创新理论的提出者约瑟夫·熊彼特认为，生产技术的革新和生产方法的变革在经济发展过程中具有至高无上的地位，创新意味着毁灭，意味着必须创造新的价值，而新的价值的产生正是经济发展的本质。文化创新是社会实践发展的必然要求，也是引领发展的第一动力。② 党的二十大报告指出，必须坚持科技是第一生产力、人才是第一资源、创新是第一动力，深入实施科教兴国战略、人才强国战略、创新驱动发展战略，开辟发展新领域新赛道，不断塑造发展新动能新优势。从"文艺为政治服务、为工农兵服务"的"二为"思想到"百花齐放、百家争鸣"的"双百"方针，从"创造性转化、创新性发展"的"双创"原则到对"中华优秀传统文化、革命文化和社会主义先进文化"的强调，无一不是为了国家文化软实力和中国文化影响力的"双力提升"，未来，促进文化创新的重点主要放在发展新兴文化业态、引导新型文化消费上，以此作为实现中国式文化现代化的切入口。未来五年是全面建设社会主义现代化国家开局起步的关键时期，文化的精神引领和凝聚作用摆在了更加突出的位置，对文化进行创新是丰盈人民精神生活、提高人民精神力量、实现中国式文化现代化的本质要求。

中国式文化现代化以"激发全民族文化创新创造活力"为现实路径。"激发全民族文化创新创造活力"是党的二十大报告再次明确的基本方针，它充分肯定了人民群众是文化创新的主体，强调在文化创新过程中必须尊重人民的首创精神，调动和发挥人民群众的积极性、主动性、创造性，挖掘广大群众的创新潜力。同时也深刻阐明了"文化创新为人民"的价值旨归，只有秉持"为了人民、依靠人民"的文化创新原则，才能为中华民族伟大复兴提供源源不断的思想文化动能。纵观中华民族历代文

---

① 张文雅：《从"文化自信"审视中国现代化建设的逻辑与路径——基于二十大精神》，载《第十届公共政策智库论坛暨"中国式现代化建设国际学术研讨会"会议论文集》，2022年10月25日。

② 习近平：《高举中国特色社会主义伟大旗帜　为全面建设社会主义现代化国家而团结奋斗》，载《人民日报》2022年10月26日第1版。

化飞跃，无一不处于全民族文化创新创造活力迸发的井喷期。中国文化的轴心时代是公元前 6 世纪到公元前 2 世纪，这三四百年间产生了先秦诸子百家，以儒家、道家、墨家、法家、阴阳家等为代表的诸子百家，构成了早期中国文化的思想主体，也是中华民族文化的元典。魏晋南北朝时期是文化大融合的繁荣时代，佛教文化传入并与中国儒家和道家文化相互借鉴融合，形成儒释道三足鼎立的格局，北魏孝文帝改革的成功也让胡汉文化共同塑造了中华文化体系，是中华民族文化创新的典范。进入近代，新文化运动的掀起为新思想开辟了道路，动摇了封建思想，民主和科学思想深入人心，马克思主义在中国得到广泛传播，这一切都为"五四新文化运动"的爆发和社会主义思想的传播奠定了基础。从党的十八大开始，中国特色社会主义进入新时代，新的伟大的时代必然产生新的伟大的理论和思想，以习近平同志为核心的党中央从新时代中国特色社会主义事业全面发展和实现中华民族伟大复兴的战略高度，进一步推进中国特色社会主义文化建设的理论创新与实践创新，开拓了中国社会主义先进文化发展的新境界，谱写了新时代中国特色社会主义文化发展的新篇章。以上历史和现实也充分证明了文化的创新和发展都是以人民群众的精神飞跃为动力支撑和发展路径的。

中国式文化现代化以"创造性转化、创新性发展"为发展原则。2014 年 2 月 24 日，习近平总书记在主持十八届中央政治局第十三次集体学习时指出，弘扬中华优秀传统文化，"要处理好继承和创造性发展的关系，重点做好创造性转化和创新性发展"[①]。这要求我们从马克思主义唯物史观出发，探索解决传统文化和新时代中国文化发展关系的问题，处理好中华优秀传统文化、革命文化和社会主义先进文化三者的关系，从而为实现中国式文化现代化提供原则、方式和方法。创造性转化，就是对中华上下五千年的优秀传统文化遗产进行适应新时代的转化和改造，做到把弘扬优秀传统文化和发展现实文化有机统一起来，紧密结合起来，在继承中发展，在发展中继承。对于新文化运动和"五四"精神，习近平总书记指出"五四"精神"体现了中国人民和中华民族近代以来追求的先进价值观。爱国、进步、民主、科学，都是我们今天依然应该坚守和践行的核

---

① 《习近平谈治国理政》（第一卷），外文出版社 2014 年版，第 164 页。

心价值，不仅广大青年要坚守和践行，全社会都要坚守和践行"①。他还指出"民惟邦本""天人合一""和而不同""天行健，君子以自强不息""大道之行也，天下为公""天下兴亡，匹夫有责"等中国古代的思想和理念对当代实践的重要价值。可见，实现对优秀传统文化遗产的创造性转化，不仅是文化自信的体现，也是坚守中华文化立场，立足当代中国现实，铸就中华文化新辉煌的发展原则。创新性发展，就是将文化以时代的要求为参考做进一步的发展，"对中华优秀传统文化的内涵加以补充、拓展、完善，增强其影响力和感召力"②。在文化数字化时代背景下，文化创新性发展的途径就是以数字、科技、产业赋能"三种文化"，加快国家文化公园、国家版本馆等文化设施和文化平台的建设，创新文化表达情境和表现方式，讲好中国故事，促进中国文化顺利出海。

中国式文化现代化以内容、技术和制度相协调的文化创新系统为实践保障。要实现中国式文化现代化，内容创新是根本，技术是关键，制度是支撑，三者的协调发展为文化创新系统提供了现实保障。内容为王，没有出色的内容，文化就没有了灵魂。当前内容碎片化现象严重，过度追求吸引用户眼球，导致深度内容极度匮乏，人民群众的精神需求亟需得到更高质量内容的满足。在这一背景下，应"学古不泥古、破法不悖法"，既不食洋不化，也不故步自封，应在推出精致文化大餐上下功夫，从中外先进内容中创新中华文化，高质量实现中国式文化现代化目标。技术创新为文化腾飞插上强力翅膀，谁拥有了先进的科学技术，谁就占领了文化发展的制高点。回顾文化创新的历史，都伴随着技术的突破和辅助，活字印刷技术让普通民众得以接受文化的浇灌，促进了文化的繁荣，也推动了世界文明的全球化传播和交流；广播电影电视技术创新了文化的表现形式，也创造了新的信息分享方式，带领世界进入大众传播时代；移动互联网技术以及以数字技术、5G、大数据、区块链、虚拟现实、人工智能等为代表的新兴技术正加速和文化融合，成为支撑中国经济转型升级、文化产业提质增效的新动能。制度创新为文化发展提供优良环境，是文化创新的顶层支撑。近年来，国家在立法保障、战略制定、知识产权保护、管理体制壁垒

---

① 《习近平谈治国理政》（第一卷），外文出版社2014年版，第168页。
② 中共中央宣传部编：《习近平总书记系列重要讲话读本（2016年版）》，学习出版社、人民出版社2016年版，第203页。

破除等方面加大对文化创新的保障，打造了文化协同发展创新的模式，在构建文化资源数据库、打造新的消费场景和消费模式、赋能传统文化产业数字升级、突破软硬件"卡脖子"技术、加快文化版权交易中心建设等方面取得新突破。

五、文化自强：中国式文化现代化的建设目标

对于文化自强的目标锚定，是党和国家立足新发展阶段、新发展理念、新发展格局所做出的新部署，体现了党对推进中国式文化现代化的最新理论探索。一系列重大政策文件的出台，也印证了这一动向。党的十九届五中全会明确提出到2035年建成社会主义文化强国的远景目标，党的二十大报告重点着墨"推进文化自信自强，铸就社会主义文化新辉煌"，自强作为自信的进一步发展首次被写入党的全国代表大会报告。

文化自强是关于新时代我国文化发展方位的理论创新。习近平总书记在参加党的二十大广西代表团审议时强调，学习贯彻党的二十大精神，要牢牢把握过去五年工作和新时代10年伟大变革的重大意义。这启示我们要站在历史的广度和理论的高度去把握新时代我国文化发展的方位，从新时代伟大文化变革中去理解"文化自强"这一概念的生成逻辑。一方面，文化自强是文化自信的深入和推进。文化自强是文化自信的补充和深化，充分彰显了中国共产党人"守正创新"的世界观和方法论，而文化自强首次被写入党的全国代表大会报告的事实也反映了中国共产党人积极以历史主动精神回应时代化之问和现代化之问，围绕举旗帜、聚民心、育新人、兴文化、展形象的使命任务加紧建设社会主义文化强国。另一方面，文化自强是实现中国式文化现代化的重要支撑。中国式现代化是物质文明和精神文明相协调的现代化，"两个文明"犹如车之两轮、鸟之双翼，缺一不可，而文化自强正是轮与翼的动力来源。对人民的精神生活、精神世界、精神成长史、精神发展观进行丰富、构筑、锻造和刻画是文化自强的必然指向，也是实现中国式文化现代化的必由之路。文化自强是对建设富强民主文明和谐美丽的社会主义现代化强国发展目标的回应，具体表现在文化方面，就是实现中国式文化现代化。

中国式文化现代化的目标是全面推进中华民族文化伟大复兴。中国的经济、文化和科技水平曾领先于世界，伟大的中国劳动人民造就了灿烂的

中华文明。但近代以来，我国一度面临文明蒙尘的困境，中国共产党带领人民将文化建设作为革命、建设、改革发展进程中的重要目标，推进实现中华民族文化自强与复兴。中国式文化现代化的目标还包括对外讲好中国故事，深化文明交流互鉴。中国共产党领导中国人民创造的人类文明新形态具有鲜明的中国特色、中国风格和中国气派，向世界阐释好蕴藏其中的中国故事，是联结人类文明新形态与世界主流叙事的关键节点。讲好中国故事既是全方位、立体化、多角度建构国家形象的关键之举，也是向世界展现积淀数千年的中华文化焕发光彩的时代机遇，我们有信心讲好、有底气讲好、有志气讲好中国故事。同时，需要厘清的是，文化自强不是夜郎自大，也不是故步自封，而是在文化高度自信的基础上，以更开放的视野、更宽广的胸襟、更包容的情怀去海纳百川，于文明交流互鉴中实现文化自信与自强的有机统一，借鉴吸收人类一切优秀文明成果，使之"为我所用"，并为世界文明增光添彩。

文化自强以"铸就社会主义文化新辉煌"为实现表征。所谓新辉煌，是指在从党的十八大后，中国特色社会主义进入新时代，在这一时期，中国特色社会主义思想在人民心中不断深化，社会主义核心价值观广泛传播并得到践行，中华优秀传统文化实现创造性转化、创新性发展，文化事业和文化产业的关系逐渐分明并交相辉映，对网络生态的治理紧锣密鼓，成果显著，意识形态领域发生全局性、根本性转变，全党全国各族人民文化自信明显增强、精神面貌更加奋发昂扬，为实现中华民族伟大复兴注入了更为主动的精神力量。

铸就社会主义文化新辉煌，需要以文化自强为指向，抓实抓好各方面工作。一是以文化自强巩固壮大奋进新时代的主流思想舆论，凝聚起社会主义意识形态的强大合力和引领力，把党对意识形态工作的领导权牢牢掌握在手上；二是以文化自强着力培养勇于担当、善于担当民族复兴大任的时代新人，深入开展社会主义核心价值观宣传教育，为社会主义建设者和接班人提供精神营养；三是以文化自强繁荣发展文化事业和文化产业，在建设现代公共文化服务体系、传播具有人民精神力量的文化产品上不断发力，创造一个"人民文化人民建、人民文化为人民"的中国文化生态系统；四是以文化自强增强中华文明传播力、影响力、创造力，坚守中华文化立场，加快构建中国话语和中国叙事体系，展现可信、可爱、可敬的中国形象。

中华民族是具有创新创造精神的民族,始终秉持着"不日新者必日退,未有不进而不退者"的信条。如今,当代中国正在进行着人类历史上最为宏大而独特的实践创新,以文化自强推动社会主义文化焕发新活力、再创新辉煌,是实现中国式文化现代化的必由之路。

六、以中国式文化现代化创造人类精神文明新形态

新时代这十年高质量发展的实践证明,中国已经走出了一条和西方截然不同的、因地制宜的现代化之路,只有真正发挥本国优势、充分尊重发展规律的道路,才能真正走通走顺。中国式现代化创造了人类文明新形态,打破了"现代化＝西方化"的迷思,树立了独立自主迈向现代化的典范。

全面建设社会主义现代化国家,比以往任何时候都更加需要思想引领、文化滋养和精神支撑。中国式文化现代化作为建设好精神文明的题中应有之义,承载着更加坚定、更加自觉地推动文化自信自强的光荣责任。因此,我们要以更加宽广的视野来看待中国式文化现代化的价值与作用。从人类文明维度来看,中国式文化现代化不只是中国文明发展的新阶段,更是人类文明进步的重要表现。马克思主义基本原理同中国具体实际相结合,科学解决了发展过程中的问题,不断推进中华民族伟大复兴的历史进程,向世人证明了中国坚持中国特色社会主义是正确的。中华优秀传统文化中"讲仁爱""守诚信""崇正义""求大同"等丰富的哲学思想、人文精神和价值理念,是具有时代意义和世界价值的精神宝藏,蕴藏着解决当代人类所面临挑战的重要启示,为人类认识和改造世界提供有益启发,为构建人类命运共同体提供有益启迪。中国式文化现代化强调注重中外文明交流互鉴、新型文化业态和跨界赋能、国际文化传播与文化贸易,通过合作共赢实现共同发展、和平发展。这些中国式文化现代化的发展理念较之于西方文化霸权、文化渗透的文明发展史,更能体现文化在推动人类文明进步中的重要作用,更能呈现人类在探索更好社会制度上的中国贡献。创造人类精神文明新形态是中国式文化现代化的根本落脚点,它以"面向现代化、面向世界、面向未来"为基本原则,为人类精神文明建设提供了一种去依附的新型道路形态,是中国文化自信自强的文明反映。

中国式文化现代化是面向现代化的文化传承与创新。中国式文化现代

化是文化不断发展、不断进步的过程。我们的文化自信不仅来自中国历史悠久的文化积淀、传承与创新，更来自增强文化自信自强，建设文化强国，实现文化现代化的伟大实践。这个过程涉及社会各个领域的文化提升，需要抓住文化发展规律，满足人民对美好生活的向往，推动人民更加全面地发展。这也决定了中国在进行文化现代化的进程中，以文化自觉观照中华民族的文化基因和人类优秀文明经验，更加自觉地增强文化自信，担负起新的文化使命，在中国特色社会主义的伟大实践中进行文化创造，在历史进步中实现文明进步。

中国式文化现代化是面向世界的文化自信自强。文明因多样而交流，因交流而相互借鉴，因相互借鉴而不断发展。世界各国各民族的文化无不是在交流、交融与碰撞中发展的，绝对封闭的文化往往会被历史淘汰。当今世界正处在百年未有之大变局中，我们越接近实现中华民族伟大复兴的目标，就越要坚定树立和躬身践行平等、互鉴、对话、包容的文明观、价值观，以文明共存超越文明优越，以文明交流超越文明隔阂，以文明互鉴超越文明冲突。惟其大道方致远，中国式文化现代化就是开放包容、互利共赢，始终坚持走和平发展道路的文化自信自强，以负责任的文明精神与世界各国同舟共济、协调行动、携手共进，共同推动构筑人类命运共同体。

中国式文化现代化是面向未来的文明发展。人类精神文明的未来发展是怎样的？中国共产党人不忘本来、吸收外来、面向未来，带领着中国人民仅用几十年的和平发展就走完了西方发达国家几百年间靠物质掠夺、文化强迫走过的工业化历程。与此同时，西方资本主义国家仍然通过杜撰各类谣言，妄图控制国际舆论、以文化虚无主义扭曲中国历史和文化，试图以不同的模式和方式造成中国的文化失序、文化分裂和文化冲突。中国式文化现代化则是为人类谋进步，为世界谋大同，以更大力度促进人类文明进步，为世界文明发展贡献中国智慧和中国方案的现代化。面向人类文明的未来，我们要敞开大门，深入开展中外文明对话和文化交流，坚定走去依附的新型文明发展道路，既不奴役他人，也不附庸他人。面对人类文明的未来，我们要提高自身文化的吸引力和向心力，以中国式文化现代化提高国家文化软实力和中华文化影响力，努力为国际社会提供更多公共文化产品。面对人类文明的未来，我们要引领国际社会更好地适应人类精神文明新形态的变革，更好地适应新兴市场国家和发展中国家的群体性崛起，推动世界各国超越意识形态和文化发展的不同，携手共建共同繁荣、开放包容、和平安全的文明潮流。面向人类文明的未来，我们要把文明的多样性转化为文明进步、文化发展的活力和动力，不断增进中国与世界的文明理解，引导国际社会形成正确的"中国观"，为世界开创更加光明的未来。

（发表于《广东社会科学》2023年第3期；全文转载于《新华文摘》2023年第21期、人大复印资料《体制改革》2023年第11期；摘编于《高等学校文科学术文摘》2023年第4期）

中华民族现代文明建设的三重自信

恩格斯在《英国状况·十八世纪》一文中指出:"文明是实践的事情,是社会的素质。"① 这一表述从唯物史观的角度指明:文明具有实践本质和社会本质,文明开化与实践进步的步调一致,文明开化程度是衡量社会进步的天然尺度②。在不同的生产力发展阶段,文明的社会实践表现各不相同,但文明一以贯之地发挥促进社会开化、进步和发展的价值。正是由于文明所具有的进步和发展特性,决定着文明在内容上是文化的先进部分,在过程上是文化发展的高级阶段。也就是说,一个时代的文明总是那个时代文化精华和社会成就的历史反映和进步状态,并反作用于这个时代及后续时代文明的文化建设和社会发展。

步入新时代新征程,我国文化建设和文明发展被赋予新的使命。习近平总书记在文化传承发展座谈会上强调:"在新的起点上继续推动文化繁荣、建设文化强国、建设中华民族现代文明,是我们在新时代新的文化使命。要坚定文化自信、担当使命、奋发有为,共同努力创造属于我们这个时代的新文化,建设中华民族现代文明。"③ 这一重要论述提出了"新时代新的文化使命"命题,指明了新时代中国特色社会主义文化建设的新方向,明确了以"属于我们这个时代的新文化"创造"中华民族现代文明"的目标诉求,显现出中国共产党在"文化向文明跃迁"这一时代性问题上的历史自觉、历史自信和历史主动。

赓续中华文脉,建设中华民族现代文明,关乎中华民族过去、现在和未来的文明传承延绵,关乎民族复兴、国家富强、社会和谐和人民幸福,兹事体大。在概念逻辑上,把历史自信、文化自信和文明自信三者并提,

---

① 中共中央马克思、恩格斯、列宁、斯大林著作编译局编译:《马克思恩格斯全集》(第三卷),人民出版社2002年版,第536页。
② 参见夏泽宏《马克思恩格斯的文明思想研究》,湖南大学出版社2017年版,第14-16页。
③ 王晔、鞠鹏:《担负起新的文化使命 努力建设中华民族现代文明》,载《人民日报》2023年6月3日第1版。

能够在时间上体现历史、文化、文明形成的先后顺序，在空间上符合历史、文化、文明由大到小的涵盖范围①。以此为参考，本研究基于"建设中华民族现代文明"的"历史出场—文化立场—文明现场"递进逻辑，引入"历史自信—文化自信—文明自信"分析框架，用以阐释中华民族现代文明建设的多重价值及实践要点。

一、历史自信：新时代新的文化使命的出场

"文化是民族生存和发展的重要力量。人类社会每一次跃进，人类文明每一次升华，无不伴随着文化的历史性进步。"② 社会生产方式的时代性变革，引领着文明和文化的历史性进步，也赋予不同阶段的文明和文化建设以不同的使命担当。新时代新的文化使命立基于中华文化发展的经验长河，发生并发展于中国式文化现代化建设的时代进程，承继着实现中华民族伟大复兴的历史要求。在中国式现代化这一人类文明新形态的创新实践中，中国共产党带领人民坚定走中国特色社会主义文化发展道路，发挥全民族文化创新创造活力，创造属于我们这个时代的新文化，与时俱进、推陈出新地建设中华民族现代文明，能够充分显现包括精神文明建设在内的中国特色社会主义文明建设的历史自信，助力增强文化自信自强。

（一）在坚定历史自信中担负起新的文化使命

党的百年奋斗史熔铸了党的强大历史自信，也为中国式文化现代化建设、中华民族现代文明建设提供了历史镜鉴。党的二十大报告中强调，全党同志务必"坚定历史自信，增强历史主动，谱写新时代中国特色社会主义更加绚丽的华章"③。在此意义上，"建设中华民族现代文明"作为党团结带领人民推进中国特色社会主义文化建设的崭新文化使命，既是一种历史自信的产物，又是一种历史主动的选择。这种历史自信和历史主动建立在党的百年文化建设史及其当下的繁荣文化实践之上。

---

① 参见陈金龙《论历史自信、文化自信和文明自信》，载《中山大学学报（社会科学版）》2023 年第 2 期。
② 习近平：《坚定文化自信，建设社会主义文化强国》，载《求是》2019 年第 12 期。
③ 习近平：《高举中国特色社会主义伟大旗帜　为全面建设社会主义现代化国家而团结奋斗》，载《人民日报》2022 年 10 月 26 日第 1 版。

一方面，党的百年文化建设在取得非凡文化成就的同时，也锤炼出党的坚实文化品格。习近平指出："中国共产党人的历史自信，既是对奋斗成就的自信，也是对奋斗精神的自信。"① 从历史演变来看，从新民主主义革命时期的文化斗争到社会主义革命和建设时期的文化发展，再到改革开放和社会主义建设新时期的文化改革，直至当下中国特色社会主义新时代的文化复兴②，党的百年文化建设历程波澜壮阔，推动了社会主义文化事业的繁荣兴盛。从文化建设的内在品格来看，对马克思主义指导地位的始终坚持，对以人民为中心这一文化发展理念的贯彻，对服务时代需要和社会发展责任的主动担当，对文化传承与文化创新的统一升华，对民族性和世界性的辩证结合③，使中国特色社会主义文化发展道路不断清晰，发挥着指引中华民族现代文明建设的观念作用。

另一方面，党的十八大以来，以习近平同志为核心的党中央高度重视文化建设，推动社会主义文化事业取得历史性成就。讲好中国故事（2013）④，增强文化自信（2014）⑤，推进中国特色哲学社会科学学科体系、学术体系、话语体系建设（2016）⑥，推动中华优秀传统文化创造性转化、创新性发展（2017）⑦，坚持马克思主义在意识形态领域指导地位的根本制度（2019）⑧，创造人类文明新形态、坚持把马克思主义基本原理同中国具体实际相结合、同中华优秀传统文化相结合（2021）⑨，推进

---

① 习近平：《以史为鉴、开创未来　埋头苦干、勇毅前行》，载《求是》2022年第1期。
② 参见岳奎、张鹏启、李敏《中国共产党领导文化建设的历史演进特征及经验启示》，载《理论探讨》2023年第2期。
③ 参见万光侠《百年文化建设的历史经验》，载《红旗文稿》2021年第20期。
④ 参见本报评论员《胸怀大局把握大势着眼大事　努力把宣传思想工作做得更好》，载《人民日报》2013年8月21日第1版。
⑤ 《把培育和弘扬社会主义核心价值观作为凝魂聚气强基固本的基础工程》，载《人民日报》2014年2月26日第1版。
⑥ 习近平：《在哲学社会科学工作座谈会上的讲话》，载《人民日报》2016年5月19日第2版。
⑦ 习近平：《决胜全面建成小康社会　夺取新时代中国特色社会主义伟大胜利》，载《人民日报》2017年10月28日第1版。
⑧ 《中共中央关于坚持和完善中国特色社会主义制度　推进国家治理体系和治理能力现代化若干重大问题的决定》，载《人民日报》2019年11月6日第1版。
⑨ 习近平：《在庆祝中国共产党成立100周年大会上的讲话》，载《人民日报》2021年7月2日第2版。

文化自信自强、激发全民族文化创新创造活力（2022）①……在这些文化建设新提法、新举措之下，我国意识形态领域形势发生全局性、根本性转变，全社会凝聚力和向心力极大提升，全民族文化创造创新活力旺盛，实现中华民族伟大复兴的精神力量显著增强，显现出中国式现代化建设强大的文化自信。

总之，自觉担负并推进实现新时代新的文化使命是中国式文化现代化建设的重要任务，是坚持走中国特色社会主义文化发展道路的时代要求，是建设社会主义文化强国的文明目的。以中国式文化现代化建设为依托，推进中华民族现代文明建设，具有历史必然性。

（二）在坚定历史自信中推进文化自信自强

坚定历史自信和中国式现代化建设具有内在统一性，在文化领域亦然。历史自信为中国式现代化提供了精神支撑，中国式现代化的实践成就又不断增强深化历史自信的底气②。在文化建设领域，这一关系体现为坚定历史自信与中国式文化现代化建设的相互成就。党的二十大报告以"中国式现代化"为核心，在文化建设领域提出了"推进文化自信自强，铸就社会主义文化新辉煌"的命题。对中国式文化现代化建设而言，文化自信是其立根之本，文化自强是其建设目标，铸就社会主义文化新辉煌是其方向指引，创造人类精神文明新形态是其旨归③。因此，历史自信和文化自信自强的关系是历史自信和中国式文化现代化关系的具体反映。"建设中华民族现代文明，是推进中国式现代化的必然要求，是社会主义精神文明建设的重要内容"④，正是因为中华民族现代文明建设具有鲜明的精神基因，它和推进文化自信自强共存于中国式文化现代化建设的语境之中。所以，在坚定历史自信中推进文化自信自强，既能为中国式文化现

---

① 习近平：《高举中国特色社会主义伟大旗帜　为全面建设社会主义现代化国家而团结奋斗》，载《人民日报》2022年10月26日第1版。
② 参见王暾、郭明飞《历史自信视域下的中国式现代化》，载《学习与实践》2023年第5期。
③ 参见李凤亮、陈能军《中国式文化现代化建设论纲》，载《广东社会科学》2023年第3期。
④ 《在推进中国式现代化中走在前做示范　谱写"强富美高"新江苏现代化建设新篇章》，载《人民日报》2023年7月8日第1版。

代化建设提供精神支撑,又能为中华民族现代文明建设筑牢自信之基。

历史自信支撑文化自信自强,文化自信自强反哺历史自信。习近平总书记指出:"在新的赶考之路上,我们能否继续交出优异答卷,关键在于有没有坚定的历史自信。"① 创造属于我们这个时代的新文化、建设中华民族现代文明就是我们面临的新的文化赶考之路,破题的关键在于延续"盛世修文"传统,在高度历史自信和文化自信基础之上,推动中华优秀传统文化创造性转化和创新性发展、推动马克思主义中国化时代化、推动中华文明的现代化转型,达成文化自信自强的目标。马克思主义基本原理和中国特色社会主义文化是我国文化现代化建设的两大资源宝库,二者充分的结合互动是交出文化发展优异答卷的重要举措。其一,中国特色社会主义文化建设以马克思主义文化为指导,既能保证文化发展方向不动摇,又能不断培育和强化文化主体意识。其二,马克思主义基本原理同中华优秀传统文化的结合,既能够促进自身的中国化时代化,保持实践活力,又能为中国特色社会主义文化建设注入"源头活水"。在两大资源的互动赋能下,中国式文化现代化建设呈现历史自信和文化自信双重特征,具有促进文化自强和文明创新的突出价值。

二、文化自信:建设中华民族现代文明的"三来"立场

文明是人类文化和社会发展的高级阶段②,这一由中华文明探源工程提出的具有中国原创性的文明定义,强调了文明的阶段性特征。每个历史阶段的文化创造和文明成就既有着质的独特性,也有着推进文明进步和文明创新的共同规定,在联系时间和空间中实现文明发展。中国正处于新时代新征程的特殊历史方位,实现中华民族伟大复兴是其根本任务。这是一个需要新思想、新文化和新文明的时代,也是一个能够创造新思想、新文化和新文明的时代,它有着高度的历史自信、文化自信和文明自信。文化自信根植于历史自信,文化自信增进文明自信。当下的文化自信,既带有中华优秀传统价值观念造就的文化底色,也带有现代社会发展造就的时代

---

① 鞠鹏:《弘扬伟大建党精神坚持党的百年奋斗历史经验 增加历史自信增进团结统一增强斗争精神》,载《人民日报》2021年12月29日第1版。

② 参见王巍《中华文明探源研究主要成果及启示》,载《求是》2022年第14期。

特色；既是信仰力量的确证，又是知行合一的选择①。文化自信为建设中华民族现代文明提供了力量和底气。

"创造属于我们这个时代的新文化，建设中华民族现代文明"，重点在"创造"、在"现代文明"。这种创造必须要坚持"不忘本来、吸收外来、面向未来"②，在向内看、向外看、向前看和向后看中实现对古今中外各种资源的融会贯通和创新应用。基于此，坚持"不忘本来"，从源远流长的中国文化和博大精深的中华文明中汲取养分；坚持"吸收外来"，把马克思主义基本原理同中国具体实际、同中华优秀传统文化相结合作为方法和方向；坚持"面向未来"，推进文明交流互鉴，才能创造无愧于时代的新文化和新文明。

（一）不忘本来：以中华文明特性为根本

中华优秀传统文化对中华文明特性的规定，是中华民族现代文明建设的根本遵循。习近平指出："中华优秀传统文化是中华文明的智慧结晶和精华所在，是中华民族的根和魂，是我们在世界文化激荡中站稳脚跟的根基。"③ 在漫长的中华文明演进中，中华优秀传统文化中众多重要元素的共同作用，塑造出中华文明的五大突出特性——连续性、创新性、统一性、包容性与和平性。其中，连续性决定了中华民族必然走自己的路，创新性决定了中华民族的进取精神和无畏品格，统一性决定了国家统一永远是中国核心利益的核心，包容性决定了中华文化兼收并蓄的开放胸怀，和平性决定了中国始终是世界和平的建设者、发展的贡献者、国际秩序的维护者。这些特性构成了中华文明屹立于世界文明之林、区别于其他文明的本质属性，也是中华文明和中华文脉能够历经考验、绵延至今的必要依托。

建设中华民族现代文明不能失却中华文明突出特性这一"本来"，需要发扬"通三统"作用，增强中华文明的主体意识。所谓"通三统"，即

---

① 参见李凤亮《从文化自觉、文化自信到文明创新——中国共产党百年征程的文化贡献探赜》，载《中国高校社会科学》2022年第4期。

② 习近平：《在哲学社会科学工作座谈会上的讲话》，载《人民日报》2016年5月19日第2版。

③ 习近平：《把中国文明历史研究引向深入　增强历史自觉坚定文化自信》，载《求是》2022年第14期。

在新时代的文明建设中自觉承继融会前一个时代的优秀文化传统，以此来确保中国历史文明共同体的高度历史连续性，挺拔中国文明的主体性①。中华民族现代文明是中华文明现代化的新形态，中华文明的突出特性为它奠定了自信底气、指明了价值方向。因此，在新时代新征程上建设中华民族现代文明，既要深刻体现出中华文明突出特性的价值规定，又要与时俱进地显现出中华文明在现代化新阶段的时代诉求。坚守中华文明特性、彰显民族复兴需要的中华民族现代文明建设，必须坚持走中国特色社会主义道路，这是历史和人民的选择，是实现中华民族伟大复兴的必由之路；必须坚持激发全民族文化创新创造活力，推动中华优秀传统文化的创造性转化和创新性发展，提升应对全球性风险的韧性能力；必须坚持巩固中华民族多元一体格局，坚决捍卫国家主权安全，推动完成祖国统一伟大事业；必须坚持文明多样化原则，促进文明交流交融，以更加开放的胸怀促进中华文化对世界文明的兼收并蓄；必须坚持文明交流互鉴原则，坚持走和平发展道路，与世界各民族文明携手共建人类命运共同体。

（二）吸收外来：以"两个结合"为方法

马克思主义的普遍真理和中国文化发展的具体实际形成中国特色社会主义文化事业的两大基因，二者的高质量结合是中国特色社会主义文化发展道路中矛盾普遍性和特殊性的辩证统一，能够为从容推进中华民族现代文明建设坚定道路自信。习近平总书记强调："在五千多年中华文明深厚基础上开辟和发展中国特色社会主义，把马克思主义基本原理同中国具体实际、同中华优秀传统文化相结合是必由之路。"② 这一重要表述，产生于党领导人民奋发推进中华民族伟大复兴的文化实践经验把握和文化发展规律认知基础之上，统筹考虑了马克思主义中国化时代化、中华优秀传统文化创造性转化和创新性发展、中华文明现代化转型三者间的阶段性关系问题，提出了对于中国文化发展和中华文明进步具有关键路径意义的"两个结合"命题。其中，把马克思主义基本原理同中华优秀传统文化相结合的"第二个结合"，因其着眼于对"古今中西之争"难题的世纪性破

---

① 参见甘阳《通三统》，生活·读书·新知三联书店 2007 年版。
② 王晔、鞠鹏：《担负起新的文化使命　努力建设中华民族现代文明》，载《人民日报》2023 年 6 月 3 日第 1 版。

解，能够在熔铸古今、汇通中西的思想进程中，实现党和国家指导思想的又一次与时俱进①，有着"又一次的思想解放"的时代意蕴。马克思主义基本原理的中国化时代化和中华优秀传统文化的现代化创造创新，以及二者的价值契合和有机结合，能够促进中华民族现代文明建设超越时空局限，以人类既有和正在发展着的一切文明成果为资源要素，深化推进兼具中国特色和世界眼光的中华文明现代化发展进程。

中华民族现代文明建设的首要条件是在"两个结合"中造就一个有机统一的新的文化生命体。建设中华民族现代文明，要发挥中国式现代化的磅礴力量。习近平总书记指出："中国式现代化赋予中华文明以现代力量，中华文明赋予中国式现代化以深厚底蕴。"② 中国式文化现代化和中华民族现代文明建设相辅相成、互为促进，"两个结合"是它们的必经路径。"两个结合"最直接的结果表现，就是造就一个有机统一的新的文化生命体，它融通马克思主义基本原理、中华优秀传统文化、革命文化、社会主义先进文化和世界先进文明成果，代表着中国式现代化的文化形态。这个有机统一的新的文化生命体在内容上是中华民族现代文明的文化核心，在实践中是中华民族现代文明建设的文化储备。让中华民族现代文明在经由"结合"形成的新文化生命体的沃土上茁壮成长，是新时代新的文化使命对文化主体的自觉要求。

（三）面向未来：以文明交流互鉴为指引

中华民族现代文明在文明交流互鉴中实现自身的世界价值。习近平总书记强调："文明因交流而多彩，文明因互鉴而丰富。文明交流互鉴，是推动人类文明进步和世界和平发展的重要动力。"③ 不同文明在文化形态上或有不同，但拥有相同的真善美价值取向，推动了文明间的交流互鉴。建设中华民族现代文明不仅要考虑传统文化和现代文化间的传承创新，还要在中外不同文明的交流对话中寻找自身的世界定位，促进中华民族现代

---

① 参见唐爱军《如何理解"第二个结合"是又一次的思想解放？》，载《学习时报》2023年7月3日第4版。
② 王晔、鞠鹏：《担负起新的文化使命 努力建设中华民族现代文明》，载《人民日报》2023年6月3日第1版。
③ 习近平：《文明交流互鉴是推动人类文明进步和世界和平发展的重要动力》，载《求是》2019年第9期。

文明与世界各民族现代文明的交流互鉴，推进人类文明发展的共同进步。所以，建设中华民族现代文明，是建设民族性与世界性相统一的中华文明现代形态，它是世界现代文明的重要组成部分，既有民族特色，又有世界意义。

建设中华民族现代文明是讲好中国故事新的文明契机。党的二十大报告指出，我们要不断提升国家文化软实力和中华文化影响力，其中的关键环节之一就是增强中华文明传播力影响力，向世界讲好中国故事、传播好中国声音，向世界展现一个可信、可爱、可敬的中国形象。这是因为，经过百年奋斗，党带领人民基本解决了"落后就要挨打""贫困就要挨饿"两个问题，但"失语就要挨骂"问题尚未得到根本解决[1]。要实现对"失语"问题的突围，必须将其置于世界文明发展的整体背景中仔细考量。当今世界正处于百年未有之大变局，人类文明位于往何处去的十字路口，以何种文明形态走向未来成为决定人类命运的生命抉择。由此，能否为世界提供一种作为公共产品的人类文明新形态，实现人类文明知识体系的历史性、革命性变革和更新，并指引世界走出现代资本主义文明发展困境，成为衡量中国建成社会主义文化强国的突出标志。[2] 中国式现代化创造的人类文明新形态，弘扬着和平、发展、公平、正义、民主、自由的全人类共同价值，为对外讲好中国故事奠定了价值共通基础。在世界文明转型大背景下，讲好中华民族现代文明建设的故事，是在世界文明发展领域提升中国国际话语权的时代机遇。一方面，在文明内核层面，中华文明特质中的和平与包容决定了中华文明的连续、创新和统一。在与世界文明的交流互鉴中，中华民族现代文明首先是和平的、包容的文明，在互相尊重的前提下，能够和世界各民族现代文明实现平等对话、多元互动，这与和平发展合作共赢的时代潮流相得益彰。另一方面，在文明发展模式层面，中国式现代化打破了"现代化＝西方化"的迷思，中华民族现代文明作为中国式现代化文化形态的文明结晶，将为其他民族的文化现代化进程提供新的模式选择和道路指引，具有丰富世界精神文明宝库的意义。

---

[1] 参见习近平《在全国党校工作会议上的讲话》，载《求是》2016年第9期。
[2] 参见胡惠林《国之大者，文化江山 文化强国的标志是为世界提供一种文明》，载《人民论坛》2022年第6期。

三、文明自信：开创人类文明新形态的中华民族现代文明典范现场

在百年未有之大变局激烈动荡的关键阶段，在人类文明深受不确定性影响而使人类"生活在文明的火山上"①的风险时刻，中国共产党带领中国人民坚定不移地走中国式现代化道路，创造了人类文明新形态，回答了"文明往何处去"的世界之问，显现出高度的文明自信。习近平曾明确提出："回顾历史、展望世界，我们应该增强文明自信，在先辈们铸就的光辉成就的基础上，坚持同世界其他文明交流互鉴，努力续写亚洲文明新辉煌。"② 文明自信不应只是中国的文明自信，更应是亚洲乃至世界的文明自信。在风险全球化时代，人类命运休戚与共，只有增强世界文明自信，奋力开拓新的世界文明形态，才能实现人类文明的风险突围。

中国式现代化历史性地创造了人类文明新形态。中华民族现代文明作为中国式现代化的文化形态，是人类精神文明新形态的独特民族形式，也是彰显中华文明自信的创新产物。文明自信体现为文明创造主体对其所创造文明的自豪感和自信心，它既是文明创造主体内在的社会心理和社会情感，也是文明创造主体持续推进文明创造的精神动力。③ 文明自信建立在历史自信、文化自信基础之上，又是历史自信、文化自信的伟大升华。建设中华民族现代文明的文明自信意义，充分展现于其对党的百年文化建设史的历史自信，对当下中国特色社会主义文化实践的文化自信，以及对创造人类文明新形态的文明自信。加快推进中华民族现代文明建设，必须坚定走中国式文化现代化道路，坚守理想信念、价值理念和道德观念之正，开创文化发展理论、内容和技术之新④，处理好中华民族现代文明建设中的四组关系——传统和现代、中国和世界、一体和多元、系统和要素，实现中华民族现代文明建设在时间、空间、价值和方法四个维度的纵深

---

① ［德］乌尔里希·贝克：《风险社会》，何博闻译，译林出版社2004年版，第13页。
② 习近平：《深化文明交流互鉴 共建亚洲命运共同体》，载《人民日报》2019年5月16日第2版。
③ 参见戴圣鹏《论文明自信》，载《学术界》2021年第3期。
④ 参见李凤亮、刘晓菲《新时代守正创新的价值意蕴与文化实践》，载《福建论坛（人文社会科学版）》2022年第10期。

拓展。

(一) 传统和现代

中国特色社会主义文化实践的一切活动始终围绕中华民族伟大复兴而展开，其目标在于开中华优秀传统文化之生面、谋马克思主义中国化时代化之新篇、创"两个结合"文化生命体之文明未来。这是承传中华文明连续性和创新性的必然要求。在中华民族现代文明建设中，传统和现代不是相互对立的存在，而是相辅相成、相互成就。中国作为"文明型国家"而非"文明国家"，关键在于"文明型国家"强调中国是一个融古老文明和现代国家为一体的现代国家，"文明国家"则聚焦中国的古老文明与现代国家的矛盾状态。① 中华民族现代文明建设要妥善处理传统和现代的关系，必须要坚持"两个结合"的方法方向：在理念层面，把马克思主义基本原理同中国具体实际、同中华优秀传统文化相结合转化为一种文化自觉；在中国特色社会主义文化尤其是中华优秀传统文化的"双创"中，强化历史自信和文化自信；在激发全民族文化创新创造活力中，获取发展动力；在取得新时代文化发展各领域的新辉煌中，彰显文化自强目标；在文明交流互鉴中，创造面向未来的人类精神文明新形态，培育具有世界意义的中华民族现代文明。

(二) 中国和世界

当下世界之变、时代之变、历史之变正以前所未有的方式展开，促使我们重新思考中国和世界的关系，寻找中国新的世界方位。站在新的历史交汇点，习近平提出："今日之中国，不仅是中国之中国，而且是亚洲之中国、世界之中国。未来之中国，必将以更加开放的姿态拥抱世界、以更有活力的文明成就贡献世界。"② 中华文明的包容性与和平性特性，决定着中华民族现代文明是兼济天下、开放和谐的文明形态，中华文明和世界文明的关系是求同存异、和合共生。中国式现代化驱动下的中华民族现代文明建设，具有人口规模巨大、全体人民共同富裕、物质文明和精神文明

---

① 参见张维为《文明型国家：一种元叙事的开端?》，载《东方学刊》2023 年第 1 期。
② 习近平：《深化文明交流互鉴 共建亚洲命运共同体》，载《人民日报》2019 年 5 月 16 日第 2 版。

相协调、人与自然和谐共生、走和平发展道路的鲜明特征，它立足于中国国情和各国经验的结合，具有造福中国人民和促进世界发展的双向立场，是一条强国建设、民族复兴的康庄大道，也是中国谋求人类进步、世界大同的必由之路。① 作为世界现代文明系统中的有机组成，中华民族现代文明将为世界各民族文明发展提供新思路、新模式和新形态，为破解人类社会文明发展难题贡献更多中国智慧，为推动世界现代化进程贡献更多中国方案，为促进世界文明共同发展贡献更多中国力量，为实现世界共同价值贡献更多中国表达。

（三）一体和多元

全球化进程和信息技术的迅猛发展极大压缩了人类社会的时间和空间，使人类命运比以往任何一个时代都更加紧密地联系在一起。面向未来、构建人类命运共同体逐渐成为全球价值共识。习近平总书记强调："人类命运共同体，顾名思义，就是每个民族、每个国家的前途命运都紧紧联系在一起，应该风雨同舟，荣辱与共，努力把我们生于斯、长于斯的这个星球建成一个和睦的大家庭，把世界各国人民对美好生活的向往变成现实。"② 多元的人类文明内容为构建人类命运共同体注入多彩底色，实现人民对美好生活的共同向往是人类文明交流互鉴的根本追求。人类文明多元一体，只有促进世界各民族文明百花齐放、百家争鸣，才能获得文明发展的激扬活力。费孝通先生为美好社会提出了"各美其美，美人之美，美美与共，天下大同"③ 的期许。在人类文明发展的一体和多元间，以文化自觉成就"各美其美"，以包容之心促就"美人之美"，以融通和合铸就"美美与共"，以共同福祉造就"天下大同"，④ 有助于建设人类文明共同的美好未来。应坚持践行"全球发展倡议""全球安全倡议""全球文明倡议"，在世界文明交流互鉴中，为创造人类文明新形态、构建人类命运共同体、建设更加美好的世界文明提供来自中华民族现代文明

---

① 参见习近平《携手同行现代化之路》，载《人民日报》2023 年 3 月 16 日第 2 版。
② 习近平：《携手建设更加美好的世界》，载《人民日报》2017 年 12 月 2 日第 2 版。
③ 费孝通：《跨文化的"席明纳"——人文价值再思考之二》，载《读书》1997 年第 10 期。
④ 参见赵旭东《构建一种美好社会的人类学——从费孝通"四美句"思想的世界性谈起》，载《中国社会科学评价》2021 年第 3 期。

的精神支撑。

（四）系统和要素

中华民族现代文明作为中国式现代化的文化形态，意味着它是中国式现代化创造的人类文明新形态系统中关键性的精神文明要素。坚持系统观念，是习近平新时代中国特色社会主义思想世界观和方法论的重要内容。要坚持系统观念，就是要用普遍联系的、全面系统的、发展变化的观点观察事物，进而把握事物发展规律。① 在中华民族现代文明建设中坚持系统观念，就是要把其置于构建人类文明新形态的整体系统之中予以考察。党的十九大报告明确提出，"五位一体"是中国特色社会主义事业的总体布局②。这一总体规定，决定着中国式现代化是同步推进中国式经济现代化、中国式政治现代化、中国式文化现代化、中国式社会现代化和中国式生态现代化相协同的现代化发展系统，决定着人类文明新形态是包括物质文明、政治文明、精神文明、社会文明和生态文明在内的综合性文明系统（如图2所示）。中华民族现代文明建设既要处理好其与人类文明新形态的"系统–要素"关系，又要把握好它与其他文明要素的"要素–要素"关系。其一，在"系统–要素"方面，要促进中华民族现代文明特殊性

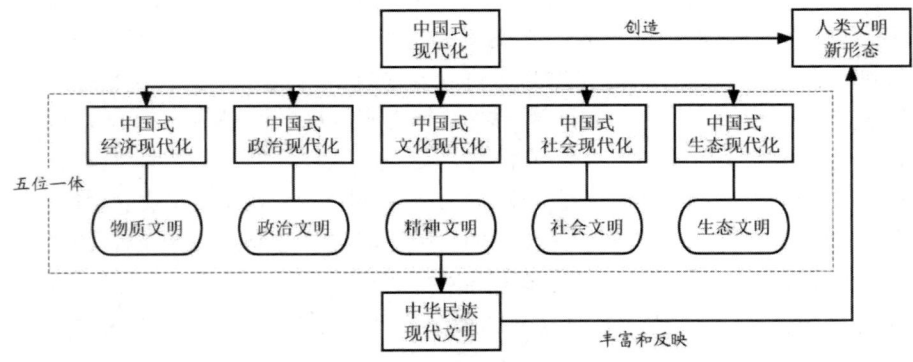

图2 中国式现代化的文明系统

---

① 参见习近平《高举中国特色社会主义伟大旗帜　为全面建设社会主义现代化国家而团结奋斗》，载《人民日报》10月26日第1版。
② 参见习近平《决胜全面建成小康社会　夺取新时代中国特色社会主义伟大胜利》，载《人民日报》2017年10月28日第1版。

和人类文明新形态一般性的价值统一，以中华民族现代文明建设支撑构建人类文明新形态，以构建人类文明新形态引领中华民族现代文明建设，实现双向提升。其二，在"要素－要素"方面，既要高度重视中华民族现代文明对其他文明要素的精神引领和主体性培育作用，又要发挥其他文明要素对中华民族现代文明建设的经济支撑、政治保障、社会动力和生态依托作用。

青年毛泽东曾壮怀激烈地说："我敢说一怪话，他日中华民族的改革，将较任何民族为彻底。中华民族的社会，将较任何民族为光明。中华民族的大联合，将较任何地域任何民族而先告成功。诸君！诸君！我们总要努力！我们总要拼命的向前！我们黄金的世界，光华灿烂的世界，就在前面！"① 在党的坚强领导下，我们完全有信心、有能力把中华民族现代文明建设成为人类精神文明新形态的民族典范，推进世界文明共同进步。习近平指出："当代中国共产党人和中国人民应该而且一定能够担负起新的文化使命，在实践创造中进行文化创造，在历史进步中实现文化进步。"② 历史自信、文化自信和文明自信为中华民族现代文明提供了不竭的精神动力。在中国式文化现代化实践进程中，充分发挥历史自信、文化自信和文明自信的综合价值，能够保障中华民族现代文明建设笃定前行、行稳致远。

（发表于《学术研究》2023 年第 10 期）

---

① 中共中央文献研究室、中共湖南省委《毛泽东早期文稿》编辑组编：《毛泽东早期文稿》，湖南人民出版社 2013 年版，第 278 页。
② 习近平：《决胜全面建成小康社会　夺取新时代中国特色社会主义伟大胜利》，载《人民日报》2017 年 10 月 28 日第 1 版。

全球文化创新资源集聚与深圳城市文明典范构建

文化以其内在的浸润力和外在的辐射力成为城市精神的重要呈现，成为城市竞争力和可持续发展的关键所在。知识经济时代，国家之间的竞争越来越体现为文化软实力的竞争。城市作为国家发展的载体，其文化软实力的提升事关国家文化软实力建设，事关城市的可持续发展，事关现阶段我国社会主要矛盾的破解。自20世纪90年代哈佛大学肯尼迪政府学院教授约瑟夫·奈（Joseph Nye）提出"软实力"（soft power）的概念，如今关于软实力的讨论已经成为学界论述的一个重要问题，如有学者认为我们所称的城市文化软实力主要体现为一座城市强大的精神文化凝聚力、文化创新力、文化辐射力、文化影响力和文化生产力[1]。文化创新资源是指能够驱动文化创新、推动文化产业发展的核心要素，其中最为突出的要素就是产业基础、科技、人才与创意环境。在城市文化软实力建设中，文化创新资源作为软实力提升的关键力量，既能够以文化产业发展促进文化生产力，又能够通过城市人文精神培育提高文化凝聚力，并以技术、人才为载体，以创意环境为保障，增进城市文化创新力，扩大城市的文化辐射力和文化影响力，从而成为城市乃至国家发展中竞相抢夺的核心资源。伴随着城市发展由功能型向服务型转变，由生产型向消费型迈进，文化创新资源在经济发展、文化培育、社会治理方面的作用日益突出。如何通过集聚文化创新资源培育新的经济增长点，推动经济结构转型，培育社会发展的精神文化动力，提升文化治理的功能效率，成为城市文化软实力建设中的关键问题。在深圳建设中国特色社会主义先行示范区的几大战略定位中，"城市文明典范"显得特别重要，因为它标示着城市文化软实力、全球影响力的发展方向。对于深圳这样一座文化积淀并不丰厚、文化创新力量活跃、文化消费旺盛的枢纽型城市来说，集聚全球一流文化创新资源，加快文化产业高质量发展，已成为提升文化软实力、打造"城市文明典范"

---

[1] 参见余晓曼《城市文化软实力的内涵及构成要素》，载《当代传播》2011年第2期。

绕不开的一个重要命题。

一、文化创新资源已经成为城市文化软实力的重要构成

（一）文化创新资源构成城市经济发展的重要基础

文化创新资源通过加快文化产业跨越式发展、推动城市经济结构转型，成为建设创新型城市的重要基础。聚集是发展的核心特征之一，城市作为经济发展与扩张的主要载体，常常通过集聚生产要素，提升城市的经济效能与区域影响力辐射力。新文化经济时代的显著特征就是城市经济结构的调整以及城市功能的变迁，产业发展的重心渐次向以文化产业为代表的第三产业转移，城市功能也由以往以生产为主导逐步转变为以消费为中心。在工业经济向知识经济的转变中，大部分老牌工业城市通过文化产业的发展实现了转型，使城市经济重新焕发活力。文化产业因其兼具生态环保以及高附加值的特征成为新时代重点发展的产业，创意人才的集聚也为城市快速发展贡献了主要力量。其一，文化产业的发展创造了城市经济新增长点，推动经济结构优化。当前我国经济发展正处于转换发展动能、促进结构优化的关键时期，在经济增速持续放缓的高质量发展阶段，文化产业的发展持续向好，我国文化及相关产业增加值从2012年的1.8万亿元增长到2019年的4.4万亿元，占GDP比重也从2012年的3.48%上升到2019年的4.54%，对经济增长的贡献率持续攀升。其二，技术要素驱动产业转型升级。一方面，技术应用降低了创意的门槛，使文化供给与用户产品需求精准对接，提高效率，通过赋能生产链和价值链，促进文化产业总量持续攀升；另一方面，技术的应用为传统产业的创新发展提供了工具，传统的影视业、印刷业、演艺业、旅游业通过与科技的融合，顺应信息化发展的趋势，实现了转型升级，创造了全新的产业形态。从产品升级的角度来看，技术的应用不仅创新了产品的存在形态，更创新了产业的传播方式。5G、VR、人工智能等技术的应用和多种智能终端平台的使用，重新塑造了文化的生产、传播和消费。另外，文化供需体系的网络化也极大地拓展了文化供给的覆盖面，以满足人民日益增长的精神文化需求。其三，创意阶层的集聚重新建构文化生产与文化消费的模式，以提升供给、

扩大内需、助力构建双循环格局。简·雅各布斯曾提出，人力资本的集中是城市发展的原动力①，新增长理论也强调人力资本积累对经济增长的促进作用。然而，不同类型的人力资本对经济增长的影响又是通过不同的产业实现的。具有创造力的人力资本，即被理查德·佛罗里达（Richard Florida）称之为"创意阶层"（Creative Class）的群体，就是通过新思想、新技术、新商业模式和新文化形式为市场创造价值的群体②。创意的竞争归根到底仍然是人才的竞争，作为文化资本的身体化形态，其主观能动性的发挥决定了产业发展的方向与路径。一方面，创意阶层基于创造力的文化生产方式能够创造全新的文化供给，并以融合新创意和新技术的新产品开辟新的消费空间；另一方面，伴随着创意阶层的崛起，其创新性、前瞻性、多样性的消费观念与文化需求实现了对新时代文化消费的引领与重塑，因而成为促进城市文化经济发展的有力推手。

（二）文化创新资源赋予城市精神培育的文化动力

文化创新资源通过技术赋能传统文化的创造性转化与创新性发展，促进创新型文化的生成与传播，充分发挥文化产品的影响力与感召力，重新建构当代城市生活的文化价值观，为城市精神培育提供文化动力与价值坐标。刘易斯·芒福德曾指出："城市的三个基本使命，就是贮存文化、流传文化和创造文化。"③ 一座城市的精神，根植于其历经岁月洗礼的历史文化积淀，烙印于城市古老建筑遗存的脉络肌理，渗透于人们日常生活中所凝聚的文化共识与体现出的集体性格，构成了一座城市最具文化魅力的内在灵魂。文化会不断地为城市发展提供先进和丰富的思想成果、创新观念以及家园意识、行为准则、生活趣味、审美活动等方面的强大支持，会以价值取向、思想激励、人生指南和人文修养等方式为城市发展提供精神动力和智慧支持④。而文化创新资源则是文化发挥作用的重要载体。从文化生产的角度看，文化创新资源以高质量的文化供给满足人民日益增长的

---

① 参见［加］简·雅各布斯《城市经济》，项婷婷译，中信出版社2018年版，第243页。
② 参见胡彬《创意产业价值创造的内在机理与政策导向》，载《中国工业经济》2007年第5期。
③ ［美］刘易斯·芒福德：《城市发展史——起源、演变和前景》，倪文彦、宋俊岭译，中国建筑工业出版社1989年版，第10页。
④ 陈宇飞：《文化城市图景》，文化艺术出版社2012年版，第47页。

精神文化需求。优质的文化供给创造出的美学价值、精神价值、社会价值、符号价值等表现性价值是新的洞察力、愉悦和体验的源头,能够增加人们的知识,刺激人们的情绪,丰富人们的生活①。从文化创新的角度看,文化创新资源以优秀传统文化的创造性转化、创新性发展实现文化赓续。文化遗产资源是一座城市独一无二的宝贵资源,具有唯一性、不可再生性等不可替代的特征,成为一座城市特色竞争力与识别性之关键所在。文化创新资源以技术等手段,对文化遗产进行活态化传承和创造性转化,使其以适应于现代传播的形式和审美文化的特征,实现文化的传承与发展。从文化消费的角度看,文化创新资源通过集聚创意要素激活创新氛围,实现对居民的精神文化培育与审美文化引领。文化产业作为社会的精神生产系统,具有创造物质财富、调节社会生态、平衡利益分配和再建文化心理特性的重要作用②,文化产品的生产与消费的过程也是价值观传递的过程,能够起到培育城市发展文化动力的重要作用。

(三) 文化创新资源有效提高城市治理水平

文化创新资源通过发展文化产业、完善公共文化服务、加强城市的数字化建设来发挥文化的治理功能,在彰显城市治理情感温度的同时,有效提高城市治理的效能。其一,文化产业作为文化治理的有效手段,其治理作用日益凸显。文化的创造与生产具有与生俱来的治理意义,文化产业的治理性则是文化治理性的延伸与发展。文化产业的治理性主要体现为以文化生产和传播解决社会矛盾,巩固社会意识形态建设,并通过多元化的产业形态,满足不同阶层群众参与文化生产与传播的投资需求,从而实现文化权利,有利于建构具有不同文化诉求的精神政治秩序。其二,文化创新资源有效拓展公共文化服务的形式与内容,助力解决供给与需求错位的问题,有利于构建一个更加开放、均衡的公共文化服务体系。"互联网 +"模式的应用通过整合线上文化内容,以体验化、虚拟化等形式丰富了供给手段,以更广泛的覆盖网络和更便利的服务方式提升了公共文化服务的效能。随着产业融合的横向拓展与文化科技融合的纵向深入,持续裂变的文

---

① 参见张胜冰、徐向昱、马树华《世界文化产业导论》,北京大学出版社2014年版,第80页。

② 胡惠林:《文化产业发展的中国道路》,社会科学文献出版社2018年版,第76页。

化产业新业态不断创造着更加多样的供给内容,以满足人们的精神文化需求。其三,文化创新资源加速社会的数字化转型和信息化建设,有效提升社会治理效能。大数据、云计算、区块链、人工智能等前沿技术的应用能够推动城市管理手段、管理模式、管理理念创新,推动城市治理体系和治理能力现代化。文化创新资源赋能智慧城市建设,一方面在城市"硬环境"建设层面以新基建等基础设施为载体,建构城市数字化治理系统;另一方面从"软环境"着手,强调城市创意环境的培育,发挥文化价值观的影响力、吸引力与感召力,以文化的柔性力量维护良好的社会秩序。

二、全球文化创新资源的竞争日益激烈

随着创意经济、知识经济的崛起,全球城市文化创新资源的竞争日益激烈。以创意为核心的文化产业、以数字信息为载体的科学技术、作为发展基础的人力资本以及拥有创意创新氛围的创意环境成为城市竞争中竞相抢夺的资源。理查德·佛罗里达提出了创意城市发展的"3T"理论,认为技术(Technology)、人才(Talent)和宽容(Tolerance)是城市创意经济发展的核心要素①;基于这个观点,他又创造性地定义了一个新的阶层即"创意阶层",用以指代创意经济发展的核心力量。放眼世界,凡是经济结构好、自主创新能力强的城市,大都也是文化兴盛的地方②。以伦敦市长名义发表的《世界城市文化报告》写道:"把城市联系在一起的是贸易、商业和金融,使他们彼此不同的是文化。"③ 在经济全球化与文化全球化的影响下,世界正在日益扁平化,城市间的发展也趋于同质化,地方特色正在逐步消解。知识经济时代,文化已经渗透到经济、社会、政治发展的方方面面,文化创新资源成为新发展阶段进行价值创造、实现发展突破的关键资源,成为城市文化竞争的关键要素。一座城市的竞争力与可持续发展的能力愈来愈体现在文化创新资源的把握上,文化创新资源以其产

---

① 参见[加]理查德·佛罗里达《创意阶层的崛起:关于一个新阶层和城市的未来》,司徒爱勤译,中信出版社2010年版,第23—28页。

② 参见李小甘《坚定文化自信,推动深圳文化繁荣兴盛》,载《深圳社会科学》2018年第1期。

③ [加]托马斯·A. 赫顿:《城市与文化经济》,上海社会科学院公共文化服务与文化治理研究创新团队译,上海社会科学院出版社2019年版,第50页。

业聚合力、人才吸引力、文化影响力、科技创新力成为城市文化软实力提升的主要着力点。

（一）文化产业成为国家文化软实力提升的主要抓手

文化产业作为当代人类社会新的财富创造形态及其所产生的巨大乘数效应，引起国际社会的普遍关注，各国纷纷通过制定文化发展战略与文化产业政策来大力发展文化产业，促进经济转型，提升国家软实力。据文化与创意产业最新报告显示，全球文化创意产业创造产值为2.25万亿美元，超过电信业全球产值（1.57万亿美元），从业人数达到2950万[1]。文化产业在不同的国家因内涵与外延的差异其名称也各不相同，美国为版权产业，英国为创意产业，日本为内容产业，其中大部分国家则主要称之为文化产业。目前，世界文化产业格局大致可以分为以美国、加拿大为核心的北美区，以英国、法国为核心的欧洲区，以中国、日本、韩国为核心的亚洲区和以澳大利亚、新西兰为核心的大洋洲区。美国是目前文化产业最为发达的国家，以绝对优势成为世界最大的文化产品出口国。早在2010年，美国版权产业就已经成为国家支柱性产业。相关数据显示，2017年美国文化与娱乐产业产值60016亿美元，占GDP比重为31%，占世界文化与娱乐产业产值的43%[2]。2019年美国艺术和文化产品产值为9197亿美元，占国内生产总值的4.3%，与建筑、运输和仓储、旅行和旅游、采矿、公用事业和农业相比，艺术对国民经济的贡献更大[3]。美国文化产业的发展以健全的版权保护法律体系和丰富多元的金融工具为保障，以高度的商业性和垄断性为特征，不仅取得了可观的经济效益，更是在世界范围内成功输出了美国的价值观与文化。以电影行业为例，据统计公司Comscore的数据显示，2019年全球电影票房为425亿美元，好莱坞电影公司贡献占

---

[1] 该数据来自联合国教科文组织、国际作家与作曲家联合会（CISAC）和安永会计师事务所（EY）于2015年12月共同发布的文化与创意产业报告《文化时代——第一张文化创意产业全球地图》。

[2] Bozhou Marine. *International market development Comprehensive analysis of America's economy and market conditions* [EB/OL]. （2020-12-22）[2021-06-10]. https：//www.bozhou-int.com/article/international-market-development-comprehensive-analysis-of-americas-economy-and-market-conditions-i00038i1.html.

[3] 该数据来自国家艺术基金会《美国艺术参与模式：2017年公众艺术参与调查的完整报告（2019年）》。

比超八成,仅迪士尼旗下电影全球年度票房就达111亿美元,创造了单家公司年票房新记录。英国是最早提出创意产业概念的国家,2019年,DCMS(数字、文化、媒体和体育)行业为英国经济贡献了2919亿英镑,创意产业贡献了1159亿英镑,占英国GVA①的5.9%,英国创意产业GVA在2018年至2019年增长了5.6%,2010—2019年间实际增长了43.6%②。创意产业在英国是仅次于金融业的第二大支柱产业,同时还是容纳就业的第一大产业。法国以"公共投入为主、国家扶持、多方合作"的政策主导文化产业发展,视听业和演艺业是最主要的产业领域,早在2011年其文化产业营业额就达到了746亿欧元,从业人数占总就业人口的5%。为保护本国文化产业发展,法国长期坚持"文化例外"政策,从国家层面对本国文化进行保护,在国民层面培育了较高的文化自觉与文化自信。日本和韩国都提出了"文化立国"的发展战略,2019年日本内容产业市场规模约为12.8万亿日元,连续8年呈现稳定增长态势③。为了让日本文化迈向全球,日本还提出了"酷日本"(Cool Japan)战略,并将其列为全球网络时代新挑战的4个知识产权战略之一,"酷日本"并不是一个客观的存在,而是通过国家的政策性文件、经贸活动、对外宣教活动、媒体表述等各种文化实践建构起来的④。韩国高度重视文化产业发展,相关数据显示,韩国文化产业销售总额从2018年的119.6万亿韩元增长至2019年的125.4万亿韩元,同比增长4.9%,内容产业出口总值从2018年的96.2亿美元增长至2019年的103.9亿美元,同比增长8.1%⑤,其文化产业在国家政策的扶持下迅猛发展,在世界范围内掀起了一股"韩流"文化的热潮。自建设文化强国在我国上升为国家战略以来,我国文化建设取得了长足进步,文化产业增加值占GDP比重持续上升,产业结构不断优化,产业体系日益健全,文化投资日趋多元,文化消费持续升

---

① GVA是衡量因生产商品和服务而增加的经济价值,其与GDP关系如下:GVA = GDP + 补贴 - 税收。

② National Statistics. DCMS Economic Estimates 2019 (provisional):Gross Value Added [EB/OL]. (2021-02-19)[2021-06-10]. https://www.gov.uk/government/statistics/dcms-economic-estimates-2019-gross-value-added/dcms-economic-estimates-2019-provisional-gross-value-added.

③ 数据源自日本数字内容协会。

④ 参见张梅《日本对外文化输出战略探析——多元实施主体与国家建构路径》,载《日本问题研究》2020年第2期。

⑤ 数据源自韩国文化产业振兴院发布的《2019年下半年及年度内容产业动态分析报告》。

级,文化产业立法进程持续推进。2019年全国文化及相关产业增加值为44363亿元,比上年增长7.8%,占GDP比重为4.5%,比上年提高0.02个百分点①。尽管我国文化产业近年来实现了蓬勃发展,但距离文化强国建设目标的实现仍有一定距离。

(二) 技术要素作为创新驱动的核心力量被高度重视

科技进步与文化创新的互动是人类社会文明演进的主旋律,科技是文化形态演化的催化剂,科学技术的每一次重大进步,都会给文化发展带来革命性变化②。哈贝马斯曾提出,科学与技术不仅仅是一种意识形态,同时也构成了重要的人类社会环境③,一方面技术要素的融合能够推动传统产业优化升级,另一方面能够创造新的产业业态,激发产业发展的活力。综观全球城市的发展,科技作为创新驱动的关键要素始终发挥着重要作用。美国文化产业的发达离不开其世界领先的科技创新体系,其主要通过以大学和科研机构为中心,引领高科技产业,以"高校－产业－政府"三角螺旋模式实现可持续发展,注重科技的投入以及在文化领域的应用。加拿大通过利用高新技术,建设电子信息网络助力创意经济发展。英国十分注重对于科技的投入,特别是商业与高校之间的合作,英国的科技城市如纽卡斯特、伯明翰、曼彻斯特等,都是以技术为载体,将创意转化为可落地的产品与服务。法国政府十分注重挖掘文化与科技结合的潜在价值,为加强科技在文化领域的落地转化制定了一系列的优惠政策与资助措施,通过技术加强文化领域的生产力和竞争力。同时法国提出了"数字化法国"的发展战略,积极推进数字化产业的发展,"文化数字化"已经成为法国文化产业发展的核心策略,"巴黎数字角"文化科技竞争力集群就是法国建设成为数字文化推广领先国家的重要载体。新加坡政府通过推出"国家信息技术计划""互联新加坡计划"等力争将新加坡建设成为一个智能化国度。韩国为了加强文化的科技含量,独创了"文化科技"(CT)一词,并把它列为政府重点发展的"六大战略性产业"和今后十大增长

---

① 国家统计局:《2019年全国文化及相关产业增加值占GDP比重为4.5%》[EB/OL]. (2021 - 01 - 05) [2021 - 06 - 13]. http://www.stats.gov.cn/tjsj/zxfb/202101/t20210105_1812052.html.
② 参见王京生《文化流动与文化创新报告》,广东人民出版社2016年版,第6页。
③ 参见[德]尤尔根·哈贝马斯《作为"意识形态"的技术与科学》,李黎、郭官义译,学林出版社1999年版,第47页。

动力产业①。

(三) 人才资本作为城市发展的动力源泉竞争激烈

人力资本构成了城市发展的基础，作为知识密集型和智慧主导型产业的文化产业更是依赖于人才的聚集。创意阶层作为文化产业发展的核心力量，是继工业经济时代的劳工阶层、商业经济时代的服务阶层之后，在知识经济时代中，运用创意增添经济价值的知识工作的群体、阶层②。人才集聚是创意集聚、技术集聚、市场集聚、资金集聚等多种城市发展要素集聚的首要前提，也是城市得以实现跨越式发展的基础条件。经济学人智库《全球人才指数》报告显示，美国人才指数排名全球第一，在人力资本方面仍占据绝对优势。全球排名前 100 名的高校中有一半以上为美国的大学，优质的教育资源为美国城市的发展提供了源源不断的优质生源。加拿大通过设立多样化的人才奖项来激励文化艺术人才的发展，如以加拿大总督名义建立的"总督文学奖""总督视觉与传媒艺术奖""公爵和公爵夫人摄影奖"等。日本文化产业的发展离不开教育和科研的重视，不仅在大学设立相关的研究机构，还注重与企业的合作培养。韩国十分注重核心人才的培养，通过《文化信息产业人才培养综合计划》来设置相应学科，设立文化产业振兴院，邀请世界各地不同领域的专家进行人才培训，从培育和引进两个方面着手集聚跨领域的复合型人才。澳大利亚政府为吸引人才集聚，通过多样化的奖学金计划和人才计划来获取城市发展的智力支持。新加坡成立了国家艺术理事会，通过专业技能发展基金资助创意人才的培养。

(四) 创意环境作为城市建设中的隐性力量备受关注

创意环境是一个场所在"硬件"和"软件"方面的综合构建，是能够催生构思与发明的先决条件③，具有集聚创意阶层的重要作用。全球各

---

① 参见张胜冰、徐向昱、马树华《世界文化产业导论》，北京大学出版社 2014 年版，第 218 页。

② 参见向勇、周城雄《中国创意城市：创意城市发展研究（上）》，新世纪出版社 2008 年版，第 107 页。

③ 参见 [加] 丹尼尔·亚伦·西尔、[美] 特里·尼科尔斯·克拉克《场景：空间品质如何塑造社会生活》，祁述裕、吴军等译，社会科学文献出版社 2019 年版，第 5 页。

国都在努力通过文化设施的完善与创意氛围的营造来吸引创意阶层集聚。综观全球城市的创意环境建设，不乏以文化促成的创意氛围，如英国的谢菲尔德、曼彻斯特与伯明翰附近的城市轴心带，德国莱茵河沿岸的科隆、杜塞尔多夫等①。美国芝加哥大学克拉克教授针对文化设施与创意阶层之间的关系所做的研究显示，不同组合的文化设施通过产生不同的价值观可以达到吸引创意阶层的作用，这一点对于城市未来发展极具参考价值。美国通过多元化的包容文化、鼓励创新的氛围、灵活实用的劳动法规来营造城市创意环境。英国以知识资本联盟的形式，将公共部门、私人领域、学术界与医疗界的专家和资源聚集起来，促进创意氛围的培育。日本在政策中明确将创新环境的形成及魅力传播作为提升文化产业竞争力的六大政策措施之一。韩国政府通过"国家知识产权基本计划"等构建更加友好的版权产业发展环境。法国政府积极倡导"文化多样性"，以多元文化的融合碰撞促进创意的发生，并通过扶持71个不同产业的竞争力集群来提高产业集聚效率，培育创新创意氛围。

三、深圳市文化软实力跃升与构建城市文明典范的几点建议

改革开放以来，深圳在经济发展实现飞跃的同时，文化建设也取得了长足进步，从"文化沙漠"成长为"文化绿洲"。2019年，《中共中央 国务院关于支持深圳建设中国特色社会主义先行示范区的意见》正式颁布，"城市文明典范"被确定为深圳未来的五大战略定位之一。该意见要求，深圳"践行社会主义核心价值观，构建高水平的公共文化服务体系和现代文化产业体系，成为新时代举旗帜、聚民心、育新人、兴文化、展形象的引领者"，为深圳未来的文化建设提供了有力注解和价值坐标。2021年，深圳在召开全市宣传思想文化工作会议上指出，深圳正在制定《新时代深圳文化软实力跃升行动纲要（2021—2025年）》，这一举措更加突出了文化软实力建设在深圳未来发展中的重要地位。作为经济特区的深圳，始终肩负着开辟中国特色社会主义道路的历史使命，其文化探索承接

---

① 参见［英］查尔斯·兰德利《创意城市：如何打造都市创意生活圈》，杨动兰译，清华大学出版社2009年版，第63页。

着中华民族文化选择的探索,为文化强国战略的城市实践路径探索方向①。新发展阶段的深圳文化建设,需要主要承担起"示范""标杆""典范"的战略使命,以"超越"和"引领"的长远目光突破文化空间与文化时间的限制,坚持世界眼光与历史眼光相结合,创造文化强国建设城市发展模式的"深圳范式"。

(一) 以现代文明建设为主体,构筑城市文明典范

践行社会主义核心价值观,提升文化凝聚力。核心价值观是文化软实力的灵魂,是决定文化性质和方向的最深层次要素。现代文明建设需要以社会主义核心价值观为引导,牢牢把握正确的文化建设方向,提升城市的文化凝聚力。城市间的文化竞争,不仅表现为存量之间的竞争,更表现为文化增量之间的竞争②。作为移民城市的新兴城市,深圳文化建设的优势不在于历史文化资源而在于现代文化资源,这就要求深圳的文化建设要以现代文明建设为核心,充分发掘深圳文化基因,不断创造体现深圳特质、展现深圳精神的创新型文化。深圳由于缺乏由亲缘、友谊、工作、休闲、出生、居住及其他关系形式所构成的稳定的社群和网络,因而主要由经济共同体维系着的文化共同体使深圳具有天然的经济依附性和脆弱性③,因此在深圳的文化建设中,必须要注重破除文化本土化与特色化缺失的危机,拓展经济发展的内容成分,强化市民精神的培育,提高城市文化自觉与文化自信,建立起城市文化认同,发挥举旗帜、聚民心、育新人的重要作用。

打造全球文化品牌,扩大文化影响力。文化品牌作为展现城市形象的名片,不仅是城市文化精神的凝聚,更是地方特色与文化智慧凝结的象征,代表了一座城市最具代表性的文化形象,也构成了城市吸引力的重要部分,承担着兴文化、展形象的重要使命。深圳要构建全球区域文化中心,必须要从全球文化品牌抓起,提升文化品牌的国际知名度。创建

---

① 参见王京生《从"文化选择"到"文化强国"——关于深圳文化发展战略思想的几点思考》,载《中国文化报》2012年4月17日第12版。
② 参见王京生《深圳:一座城市文化基因的生成与绽放》,载《深圳特区报》2020年9月15日第B2版。
③ 参见傅才武、王星星《新兴移民城市发展的文化"跟进—引领"范式:深圳叙事》,载《山东大学学报(哲学社会科学版)》2021年第1期。

"城市文明典范"的要求中也特别提到要"打造一批国际性中国文化品牌"。目前深圳具有国际知名度的文化品牌还比较少,亟须补充短板。对于深圳这样的"非资源禀赋型"新兴城市而言,要想提升影响力,打造文化品牌,必须要弘扬"敢闯敢试、开放包容、务实尚法、追求卓越"的新时代深圳精神,坚持市场化、法治化、国际化的道路,尤其是要进一步改革创新,充分激发市场在催生文化品牌中的创造活力①。综观全球知名的文化城市,无不以代表性的文化地标和文化活动蜚声国际,成为城市形象的重要符号,文化地标如纽约的自由女神像、伦敦的大本钟、巴黎的埃菲尔铁塔和卢浮宫、悉尼的悉尼歌剧院、北京的故宫和圆明园等,文化节庆如法国戛纳电影节、英国爱丁堡艺术节等。深圳文化品牌的建设要坚持高品质、国际化、独特性的特征,同时注重发挥营销的作用,既要从文化设施等硬件设施着手,加强文化地标建设,打造具有深圳特色和文化内涵的城市视觉形象,也要加强文化节庆等活动的组织。文化地标的建设不仅成为城市文化空间塑造的有力抓手,也成为城市形象传播的重要渠道。目前深圳市正在推进"新时代十大文化设施"工程,包括深圳歌剧院、深圳改革开放展览馆、深圳创意设计馆、国深博物馆、深圳科技馆(新馆)、深圳海洋博物馆、深圳自然博物馆、深圳美术馆新馆、深圳创新创意设计学院、深圳音乐学院等多个项目。然而文化设施不等于文化地标,能否成为文化地标还需要具有丰盈的文化内涵并且能经过历史的检验。文化地标的建设过程,不仅是深圳文化特质的挖掘过程,也是深圳文化自信内生的过程。在深圳文化地标的打造过程中,需要从价值层面上体现深圳特质与时代精神,以深圳的文化底蕴与城市精神为本底,始终坚持中国化特色,注重整体性的和谐与个性的结合,彰显深圳城市品位,展现城市形象。

(二)以产业创新发展为根基,畅通经济循环系统

发挥多元主体作用,以更健全的文化产业体系提升文化生产力。进入新发展阶段,文化产业的双重属性愈发凸显:一方面,经济属性要求产业不断发展,并以技术为重要载体实现新的突破;另一方面,其社会属性又

---

① 参见李凤亮《提升文化软实力,构建城市文明典范》,载《深圳特区报》2021年6月1日第B1版。

彰显出其在文化自信培育、社会核心价值观传播、精神文化需求满足方面的文化价值，具有浸润、启迪民众的重要作用。这就要求新时代文化产业的发展必须不断健全文化产业体系，提升文化生产力，发挥产业发展在经济增长、文化培育、社会发展中的重要作用。深圳拥有一批文化领军企业，如腾讯、华侨城、华强、雅昌等，也拥有一批高新技术企业，如华为、大疆等，除此以外，还拥有众多充满活力的中小微企业，截至2018年末，深圳全市有文化及相关产业法人单位10.23万个。深圳的产业发展应注重发挥多元主体的作用，以龙头文化企业和科技企业为引领，带动中小微企业协同发展，构建良好的产业发展生态。同时加强产业的数字化建设，发挥数字文化产业的生产优势，以高效的文化生产力巩固经济发展与文化传播的基础。

发挥文化贸易优势，以更高的市场占有率增强市场拓展力。文化贸易是对外文化交流与价值观传播的有效方式，也是提升城市乃至国家文化软实力的核心途径。区别于历史文化资源禀赋类城市以资源保护利用助力城市文明建设，深圳市的建设路径在于以发达的文化产业和文化贸易反哺城市文明建设。深圳发展文化产业的突出优势就在于国际化的文化传播与文化贸易，其经济特区的定位使其具有发展国际文化贸易的天然优势，文博会作为国内唯一一个国家级、国际化、综合性的文化产业博览会，近年来在文化产品出口、文化价值传播方面发挥了重要作用。应继续强化文博会、文交所、对外文化贸易基地的平台作用，统筹利用好国内、国际两个市场，将我国本土性的文化资源转化为产业优势，将深圳建设成为中华文化对外输出的重要窗口，以更强的海外市场拓展力提升我国文化的竞争力。

强化精神满足效用，以更高质量的文化供给巩固产品创新力。当前，我国社会的主要矛盾已经转变为不平衡不充分发展与人民日益增长的精神文化需求的矛盾。随着经济的发展，人们的需求渐次转向更加多元、更高层次的精神文化需求，这种多样性的需求需要高质量的文化供给来满足。一方面，应坚持文化创新与社会效益优先，加强文艺精品的创作力度，提高文化产品的价值内涵；另一方面，应以科技创新驱动产品升级，创新文化产品的表现形式与表达内容，满足人们的新需求。

（三）以文化科技融合为核心，构建协同创新体系

推进产业跨界融合，促进文化产业业态裂变。跨界是当今社会、经济、文化发展最重要的特征之一，表现为跨产业、跨门类、跨地域、跨要素和跨文化等多种跨界①。应结合深圳高科技城市、金融中心城市和滨海旅游城市的特质，深度整合联动多种产业资源，推动"文化+科技""文化+创意""文化+金融""文化+旅游"等"文化+"产业发展模式。同时充分发挥深圳强大的科技优势，以文化与科技的深度融合加速新兴产业业态的裂变，把握技术发展态势与市场需求变化，促进融合性新兴业态不断涌现。提高跨界融合水平，从较低层次的元素融合转向深层次的价值链融合。

强化企业科技自觉，实现文化创新引领作用。深圳市经济特区建设所形成的经济与科技快速发展的特征赋予了文化产业文化科技融合的本质特征，形成数字文化产业发展的天然优势，促使文化资源快速转变为文化资本，极大地促进了文化生产力的提升。然而，目前深圳文化产业发展的主要问题在于文化科技融合的广度和深度不够，文化发展远远落后于科技的快速进步，文化科技的深度融合缺乏产业主体的支撑。文化企业的科技自觉明显落后于科技企业的文化自觉②。应强化文化企业的科技意识，主动探求科学技术在文化领域的转化与应用，提升传统文化产业的科技含量，同时加强文化共性关键技术的突破，促进区块链、大数据、人工智能等前沿技术的应用，在技术研发方面占据产业发展的制高点。

加速智慧服务建设，提升公共文化服务效能。充分发挥深圳科技优势与信息化优势，加强智慧城市建设与新型基础设施建设，不断拓展公共文化服务的覆盖面积，以更加优质的服务供给和更加便捷的服务设施健全公共文化服务体系，提升深圳公共文化服务的国际化水平。加速公共文化服务的数字化转型，强化数字文化设施建设，充分发挥公共文化服务在孕育和培植城市文化认同和构筑市民精神方面的重要作用。

---

① 参见李凤亮《增强文化自信，推动文化创新》，载《中国文化报》2017年11月16日第9版。
② 参见李凤亮《大力推动协同创新，打造新型文化智库》，载《中国社会科学报》2014年12月15日第C2版。

(四) 以创意环境培育为载体，吸引创意人才集聚

以城市文化场景和虚拟文化空间建设为载体吸引创意阶层集聚。首先，完善数字应用场景，培育线上文化社群。互联网条件下虚拟文化空间提供数字化文化资源与文化参与场所，搭建空间运行逻辑与行为规范，允许参与者以虚拟身份进行文化学习、文化交流、文化需求反馈、文化创作等虚拟文化活动①。随着数字化建设的深入与互联网的普及，参加线上社群已经成为人才集聚以及实现文化参与权利的重要方式，人们现实交往空间所延伸的虚拟文化空间建设迫在眉睫。其次，营造城市文化场景，吸引创意阶层集聚。文化场景的营造需要创造全民参与的创意环境，强化文化设施的合理布局，发挥文化活动的集聚功能。城市文化设施作为贮存、承载、展示城市文化和城市精神的公共文化空间，是城市居民享受精神文化生活、实现文化权益、提高文化素养和综合素质的重要载体②。场景理论认为，不同种类的设施集合能够蕴含不同特质的文化价值观，从而吸纳创意人才集聚。因此在深圳文化场景的培育中，要注意挖掘人才的需求特征，将需求以设施和文化活动的方式链接到空间载体中，以顶层设计的方式强化文化设施的多样性。加强文化活动的组织与宣传，提高文化场景的活跃度。

强化人才政策优势，创新人才培养方式。要像重视科技人才一样重视文化人才，用"破五唯"的思维去吸引高端文化艺术人才，注重本地文艺名家、社科名家的挖掘和培养，打造众贤毕至、群英荟萃的文化人才集聚区③。一方面，广纳国内外创新创意人才，积极创造有利于人才引进的政策环境与文化氛围，建立健全人才激励机制，完善人才晋升机制，根据产业特征灵活制定人才评价标准。积极借鉴文化产业发达国家的人才政策，可通过设立专门的人才引进机构、人才培育基金和人才奖励奖项，加大扶持力度，提高政策吸引力。另一方面，创新人才培养方式，强化创意教育，加强"产学研"一体化的合作培养方式，实现理论与实践能力的

---

① 参见陈波、穆晨《互联网条件下虚拟公共文化空间模式研究》，载《艺术百家》2019年第1期。

② 参见吴忠、王为理《城市文化论》，海天出版社2014年版，第263页。

③ 参见李凤亮《提升文化软实力，构建城市文明典范》，载《深圳特区报》2021年6月1日第B1版。

双向提升，衔接人才培养的目标与产业发展需求。鼓励高校与企业合作建立人才培养基地，设立"创意+科技"人才智库，为深圳相关产业发展提供坚实的人才保障。

(发表于《特区实践与理论》2021年第5期；全文收录于《文化流动与文化创新研究报告2022》)

以习近平文化思想指引城市文明典范建设

全国宣传思想文化工作会议正式提出和系统阐述习近平文化思想，在党的思想宣传文化事业发展史上具有里程碑意义①。习近平文化思想是习近平新时代中国特色社会主义思想的文化篇章，是我们党对中国特色社会主义文化建设规律的认识达到新高度的显著标志，具有"明体达用、体用贯通"的突出特征，"是一个不断展开的、开放式的思想体系，必将随着实践深入不断丰富发展"②。从宣传思想文化工作实践出发，习近平文化思想实现了历史、理论和实践的创新统一。一方面，习近平文化思想是对党的十八大以来我国宣传思想文化工作何以取得历史性成就的理论总结和观念创新；另一方面，习近平文化思想是新时代新征程上全面贯彻落实党的二十大精神、文化传承发展座谈会精神，在当下和未来的宣传思想文化工作中更好担负起新的文化使命、高质量创造属于我们这个时代的新文化、推进中华民族现代文明建设的重要方法论。

对中国式现代化进程中丰富的文化实践和文明探索而言，习近平文化思想具有"路线图"和"任务书"的关键作用。城市和乡村是中国式现代化建设的两大重要实践场域。习近平总书记指出："城市是我国经济、政治、文化、社会等方面活动的中心，在党和国家工作全局中具有举足轻重的地位。"③ 在文明发展史的意义上，城市是人类文明最璀璨的创造物之一，是人类高级文明要素集聚之地，是人类文明发展前沿的空间坐标，更是推进实现现代化建设目标的先行场域。习近平总书记强调："国家之

---

① 《把习近平文化思想贯彻落实到宣传思想文化工作各方面和全过程》，载《求是》2023年第20期。

② 《坚定文化自信秉持开放包容坚持守正创新　为全面建设社会主义现代化国家　全面推进中华民族伟大复兴提供坚强思想保证强大精神力量有利文化条件》，载《人民日报》2023年10月9日第1版。

③ 中共中央党史和文献研究院编：《习近平关于城市工作论述摘编》，中央文献出版社2023年版，第7页。

魂，文以化之，文以铸之。"① 城市文化发展和城市文明演进更应塑造城市文化之魂。在加快推进中国式现代化的时代语境下，中国式现代化的城市文化和城市文明建设应自觉以习近平文化思想为根本指引，不断推进城市文化和城市文明的高质量发展，为铸就社会主义文化新辉煌提供城市精神动力。

一、城市是中国式现代化的重要阵地

在中外文明话语体系中，城市的出现是判断人类是否进入文明社会的一项重要标准。城市是人类生产力发展到一定程度的产物，它伴随生产方式的时代变革而演进，呈现出不同的城市形态和内容特征。城市化是现代化的必由之路。在全球范围内，城市价值的多元取向，形塑了城市文明的多样化特征。中国式现代化的基本特征为中国式城市现代化明确了发展底色。

（一）城市形态演进、人类文明进步与现代化建设同频共振

城市与文明互联互通、共生同构，城市是人类进入文明社会的重要标志，文明是评价城市发展素质的内在尺度。在中西方的文明话语中，虽然判断人类进入文明社会的标准不尽相同，但都十分重视城市在其中的重要作用。在国际上，建立在两河流域文明和古埃及文明特征基础之上的"文明三要素说"获得普遍认可，其把文字、冶金术和城市作为文明社会的标准。然而，考古进展证明，世界各地的文明形成标准与其自身古代社会发展特色相关联，尚未有统一的标准能一以贯之②。在中国，中华文明探源工程自 2002 年来深耕中华文明起源问题，逐渐建立起文明研究的中国话语体系。习近平总书记对此高度赞扬，认为"中华文明探源工程提出文明定义和认定进入文明社会的中国方案，为世界文明起源研究作出了原创性贡献"③。中华文明探源工程研究成果指出"文明是人类文化和社

---

① 《习近平著作选读》（第二卷），人民出版社 2023 年版，第 164 页。
② 参见王巍《中华文明探源研究主要成果及启示》，载《求是》2022 年第 14 期。
③ 习近平：《把中国文明历史研究引向深入　增强历史自觉坚定文化自信》，载《求是》2022 年第 14 期。

会发展的高级阶段",进入文明社会标准之一即是"生产发展,人口增加,出现城市"①。综合上述中西方认定形成文明社会标准的经典论说,可以发现,城市是文明进程中不可规避的生产空间,是文明要素的汇聚交融之地,并且,城市以文明为自身内在的尺度,矢志不渝地追求着更高水平、更高阶段、更加美好的人类文化和社会发展。

城市形态演进和人类文明进步同频共振,城市文明水平的高低代表着整个社会文明进步程度的大小。刘易斯·芒福德指出:"城市从其起源时代开始便是一种特殊的构造,它专门用来贮存并流传人类文明的成果;这种构造致密而紧凑,足以用最小的空间容纳最多的设施;同时又能扩大自身的结构,以适应不断变化的需求和社会发展更加繁复的形式,从而保存不断积累起来的社会遗产。"② 人类文明各阶段涌现出的城市类型,如前工业文明阶段的早期城市、古典城市和工商业城市等,工业文明阶段的工业城市、全球城市等,后工业文明阶段的文化城市、创新城市、创意城市、新经济城市等,都与它们所属文明阶段的生产方式相匹配,都能够反映那个时代人类和社会发展的复杂需求,是贮存和流传人类文明成果的独特构造。从现代化的发生来看,现代社会的特征之一就是实现工业化和城市化,工业化和城市化为经济发展和现代化进程提供动力,现代化为工业化和城市化的继续深入提供保障③。现代城市肇端于工业城市,由此正式开启了城市现代化的历史进程。继工业城市以来的各种城市类型,勾勒出城市现代化发展的历史脉络,更显示出人们对发展现代化文明的不懈探索。一部城市文明发展史,也是一部人类文明演进史,它与人类现代化进程交织展开。

城市是人类走向现代化的前沿阵地,城市化是现代化进程的重要内容。综观全球,不同国家、地区的城市化程度有差异,它们的现代化进程也有参差,但推进城市化的趋势一直没有发生较大变动。联合国《新城市议程》指出:"到2050年,世界城市人口预计将增加近一倍,使城市

---

① 王巍:《中华文明探源研究主要成果及启示》,载《求是》2022年第14期。
② [美]刘易斯·芒福德:《城市发展史——起源、演变和前景》,宋俊岭、倪文彦译,中国建筑工业出版社2005年版,第33页。
③ 参见梁红秀、谭培文《新型城镇化中的工业化、城市化与现代化互动发展问题》,载《广西社会科学》2016年第8期。

化成为 21 世纪最具变革性的趋势之一。"① 联合国人居署发布的《2022 年世界城市报告：展望城市的未来》认为，全球城市化的进程不会改变，城市将始终存在，城市的未来无疑是人类的未来，在未来 30 年，我们将见证世界城市化率由 2021 年的 56% 提高到 2050 年的 68%②。在未来一定时期内，走什么样的城市化道路，建设什么样的现代化，无疑是一个世界性的发展问题。

（二）中国式现代化指引下的中国式城市现代化道路

新型城镇化是中国式现代化的必由之路。习近平总书记在改革开放后首次中央城镇化工作会议中强调："城镇化是现代化的必由之路。推进城镇化是解决农业、农村、农民问题的重要途径，是推动区域协调发展的有力支撑，是扩大内需和促进产业升级的重要抓手，对全面建成小康社会、加快推进社会主义现代化具有重大现实意义和深远历史意义。"③ 相关数据显示，改革开放后，我国城镇化进程得到快速推进：1949 年我国城镇化率仅为 10.64%，直到 1981 年才超过 20%，之后在 1996 年超过 30%、2003 年超过 40%、2011 年超过 50%，并于 2017 年达到 60% 以上（见图 3）。这说明，在改革开放后的 40 余年间，中国城镇化在较短的时间内走完了西方发达国家百年的城市化历程，取得了历史性成就。客观而言，我国与发达国家在工业化、城市化和现代化成果等方面仍存在一定差距。但是，新中国成立特别是改革开放以来，在工业化历程中"创造了经济快速发展和社会长期稳定的奇迹"的历史事实以及"为中华民族伟大复兴开辟了广阔前景"的现实意义④，为我们超越中西文明发展差距提供了强大力量。

在全球城市文明发展进程中，中国式城市现代化道路既具有中国特色，又具有世界意义。一方面，中国式现代化的基础特征为中国式城市现

---

① 联合国（UN）：《新城市议程》，载《城市规划》2016 年第 12 期。
② 参见联合国人居署《2022 年全球城市报告》（https://unhabitat.org/wcr/.），引用日期：2024 年 7 月 23 日。
③ 中共中央文献研究室编：《十八大以来重要文献选编（上）》，中央文献出版社 2014 年版，第 589 页。
④ 习近平：《中国式现代化是强国建设、民族复兴的康庄大道》，载《求是》2023 年第 16 期。

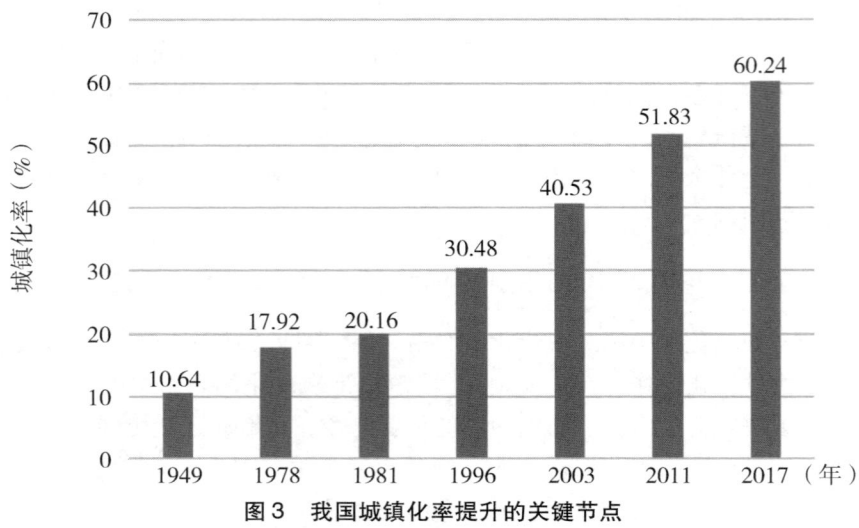

图3　我国城镇化率提升的关键节点

资料来源：根据国家统计局《中国统计年鉴2022》中"2-1人口数及构成"数据整理。

代化明确了发展底色。党的二十大报告高屋建瓴地对中国式现代化的基本特征做出概括：中国式现代化是人口规模巨大的现代化，是全体人民共同富裕的现代化，是物质文明和精神文明相协调的现代化，是人与自然和谐共生的现代化，是走和平发展道路的现代化，其本质要求落脚于"创造人类文明新形态"[①]。由此，中国式现代化指引下的中国式城市现代化，是以中国特色社会主义为底色的城市现代化，是以人为本、高质量发展的城市现代化，是物质文明和精神文明相协调的城市现代化，以政治、经济、文化、社会和生态"五位一体"为发展导向，以创造人类城市文明新形态为旨归。另一方面，中国式城市现代化及其创造的人类城市文明新形态，为世界城市文明的现代化发展树立起新的典范。习近平总书记指出："中国式现代化，打破了'现代化＝西方化'的迷思，展现了现代化的另一幅图景，拓展了发展中国家走向现代化的路径选择，为人类对更好社会制度的探索提供了中国方案。"[②] 中国式现代化以中国特色社会主义

---

① 习近平：《高举中国特色社会主义伟大旗帜　为全面建设社会主义现代化国家而团结奋斗》，载《人民日报》2022年10月26日第1版。

② 《正确理解和大力推进中国式现代化》，载《人民日报》2023年2月8日第1版。

文化和一切人类优秀文明成果为立业根基，以此为基础的中国式城市现代化能够有力突破西方对于"现代化"的话语垄断，促进全球关于"现代化"的多元理解和创新表达，为回答"世界文明往何处去"这一问题提供了来自中国的城市文明创新发展的典例示范。

现代化的中国要有现代化的城乡关系，城市现代化与乡村现代化是中国式现代化的两大空间主题，新型城镇化和乡村振兴为"城乡融合"的现代化提供了战略支撑。城市是乡村发展到一定程度的产物，乡村为城市发展提供了文化和文明基础。在当下中国，城市在人民生活中占据主导地位，但在人民的精神心理结构上，城市文化无法取代"乡愁"情怀，这是由五千年中国乡村文化和农耕文明所造就和决定的①。高质量的城市现代化与高质量的乡村现代化相互支撑，高质量的城乡关系是走向现代化的重要保障。从现代化的阶段性、部分性来看，城乡分治是现代化初期的显著表征，城乡合治是现代化中后期的显著表征，从城乡差距到城乡融合是国家全面现代化发展的选择②。《扩大内需战略规划纲要（2022—2035年）》也提出，要把"推动城乡区域协调发展"作为"释放内需潜能"的重要推动力，要从发展的整体性和协调性上，坚持全面实施乡村振兴战略，坚持实施区域重大战略、区域协调发展战略③。中国式现代化的实现就建立在城市现代化和乡村现代化的统筹实现基础之上。

二、铸就文化新辉煌需着力建设城市文明典范

文化是城市的本质特征，城市文明的升华和发展往往是城市文化创新及跃迁的产物。习近平总书记强调："文化是民族生存和发展的重要力量。人类社会每一次跃进，人类文明每一次升华，无不伴随着文化的历史性进步。"④ 于城市而言，"城市不只是建筑物的群集，它更是各种密切相

---

① 参见胡惠林《乡村文化治理能力建设：从传统乡村走向现代中国乡村——三论乡村振兴中的治理文明变革》，载《山东大学学报（哲学社会科学版）》2023年第1期。

② 参见李华胤、侣传振《从分治到合治：现代化进程中的城乡关系转变与走向》，载《河南师范大学学报（哲学社会科学版）》2019年第5期。

③ 《中共中央 国务院印发〈扩大内需战略规划纲要（2022—2035年）〉》，载《人民日报》2022年12月15日第1版。

④ 习近平：《在文艺工作座谈会上的讲话》，载《人民日报》2015年10月15日第2版。

关并经常相互影响的各种功能的复合体——它不单是权力的集中,更是文化的归极(Polarization)"①。文化构成城市的核心,更成为城市文明演进的重要动力源。一个显见的趋势是,城市的发展从"拼经济"到"拼管理"再到"拼文化","以文化论输赢、以文明比高低、以精神定成败"的城市文化发展新时代已经到来。②

作为"中国特色社会主义先行示范区"的深圳,在文化维度担负起建设"城市文明典范"的先行使命,通过"率先塑造展现社会主义文化繁荣兴盛的现代城市文明"③,能够为创建社会主义现代化强国的城市范例贡献文明和文化力量。城市文明典范是城市文化发展的高阶形态,它建立在城市物质生产和精神生产成果的体系化总和基础之上,是对一种以人为本的美好城市生活的孜孜追求④。建设社会主义文化现代化强国,要走中国式文化现代化道路,更要探索中国式文化现代化道路的城市方案。城市文明典范建设是推进城市文化现代化的重要策略,更是实现中国式文化现代化的强大驱动力,它与人民需要、城市发展、国家自强以及国际传播等多个维度紧密联系,在实现铸就社会主义文化新辉煌奋斗目标中发挥着先行先试作用。

(一) 人民对美好生活的向往及其实现

在以人为本的中国式现代化的价值导向下,城市文明典范建设和人的自由全面发展之间密不可分。步入中国特色社会主义新时代以来,我国社会主要矛盾已经成为"人民日益增长的美好生活需要和不平衡不充分的发展之间的矛盾"⑤。人民对美好生活的需要形成城市文明发展的内生动力,也是"每个人自由全面发展"理念在新时代的社会反映。在"止于

---

① [美]刘易斯·芒福德:《城市发展史——起源、演变和前景》,宋俊岭、倪文彦译,中国建筑工业出版社2004年版,第91页。

② 李凤亮:《从"文化创新"到"创新文化"——创新型城市建设的一个视角》,载《深圳大学学报(人文社会科学版)》2013年第4期。

③ 《中共中央 国务院关于支持深圳建设中国特色社会主义先行示范区的意见》,载《人民日报》2019年8月19日第1版。

④ 参见赵鑫、周国和《深圳:以创新思维推动城市文明典范建设——专访南方科技大学党委书记李凤亮教授》,载《深圳特区报》2022年7月26日第B1版。

⑤ 习近平:《决胜全面建成小康社会 夺取新时代中国特色社会主义伟大胜利》,载《人民日报》2017年10月28日第1版。

至善"的理念观照下,"每个人自由全面发展"谋求的是更高层次、更高程度、更高水平上的发展,而不是一种简单的完全成就的事实状态,它伴随社会生产力和经济文化的发展水平而逐步提高、永无止境①。人的现代化发展在中国式现代化建设中位于核心,在中国式城市现代化进程中亦然。习近平总书记指出:"人民城市人民建、人民城市为人民。城市是人集中生活的地方,城市建设必须把让人民宜居安居放在首位,把最好的资源留给人民。"②"人民城市"的理念充分体现出人的发展是城市的目的,反映出中国式城市现代化的根本价值取向,也为更高水平的城市文明典范建设指明了实践方向。

城市中物质文明和精神文明的融合创新为人民美好生活的实现提供了坚实保障。从广义的文明视角来看,城市文明典范是物质文明和精神文明协调发展的先进性城市样本,城市文明典范建设是实现和满足人民兼及物质富裕和精神富有的美好生活愿景的空间实践,对人本价值在城市文明演进中的凸显具有引领性。就狭义的文明视角而言,城市文明典范建设侧重以城市文化的创新发展推动城市文明的内容创新,它以中国特色社会主义文化为动力源泉,通过城市精神文明建设、城市公共文化服务、城市文化产业和旅游业等的发展,为满足和实现广大人民群众的精神文化需要提供全链条、全方面、全覆盖的保障。城市文明典范建设为人民提供美好生活氛围,人民为城市文明典范建设提供所需的创意创新创造资源,二者的积极互动能够推进城市和人的共同现代化。

(二) 城市可持续、高质量发展的需要

从工业文明向后工业文明的社会经济转型,推动了人类生产方式的变革,也引发了人们关于"城市病"的时代性反思,建设可持续、高质量的城市文明逐渐成为全球性的城市发展共识。后工业文明时代的城市发展,重在城市自身及其内部产业的双重转型,关键在于找寻一条能够超越工业化的新型城市文明发展道路。在工业的"齿轮暴虐"之下,"金钱关

---

① 参见陈曙光《论"每个人自由全面发展"》,载《北京大学学报(哲学社会科学版)》2019年第2期。

② 习近平:《在浦东开发开放30周年庆祝大会上的讲话》,载《人民日报》2020年11月13日第2版。

系"成为城市运行的法则,为新型工业社会创造出史无前例的财富,但它以牺牲基本的人类价值为代价,并以令人憎恶的方式改变了城市的人居环境。① 如何改善"城市病"为代表的城市文明治理危机,促进城市美好生活的当代回归,重现城市所具有的"代表着当地的以及更大范围内的良好生活条件的性质"②,成为城市文明转型的内生性精神渊源。

以文化、创意、创新等高能级要素引领的城市内涵化发展道路,为后工业文明时代的城市文明进步和城市文化发展提供了新的道路选择。与工业文明时代追求城市规模和物质财富积累的城市道路不同,后工业文明时代的城市更加强调城市物质文明和精神文明的协调发展,强调生态的可持续、社会的全面发展以及人的价值的切实实现。在全球城市转型的浪潮之下,涌现出的文化城市、创新城市、创意城市、新经济城市等一系列城市形态,共同形成后工业城市文明的丰富内容。文化是引领后工业城市文明演进的核心要素。联合国教科文组织于2016年发布的《文化:城市未来》报告指出,文化是城市发展的核心,文化的力量是创建更具包容性、创造性和可持续性城市的战略资产。③ 联合国教科文组织联合世界银行发布的报告也充分肯定了文化在城市重建和恢复进程中的核心地位,强调文化是制定反映以人为本和地方特色的城市政策的基础,能够使城市更具包容性、更安全、有韧性和可持续。④ 城市文明典范建设承继了后工业城市文明的文化内核,将为促进城市文化和城市文明的高质量发展做出示范。

(三) 国家文化自信自强的重要支撑极

文化自信自强为城市文明典范建设提供了思想基础和目标指引。党的二十大报告立足"自信自强"的精神,把"推进文化自信自强,铸就社

---

① 参见[美]乔尔·科特金《全球城市史》,王旭等译,社会科学文献出版社2014年版,第146-149页。

② [美]刘易斯·芒福德:《城市发展史:起源、演变和前景》,宋俊岭、倪文彦译,中国建筑工业出版社2005年版,第118页。

③ 联合国教科文组织:《文化:城市未来》(https://unesdoc.unesco.org/ark:/48223/),引用日期:2024年7月23日。

④ 联合国教科文组织、世界银行:《城市重建和修复中的文化(CURE)》,(https://unesdoc.unesco.org/ark:/48223/),引用日期:2024年7月23日。

会主义文化新辉煌"作为社会主义文化强国建设的目标①,为中国特色社会主义文化发展道路指明了方向。从"文化自信"到"文化自信自强",是基于我国文化发展国情的认知深化,也是关于新时代我国文化发展方位的理论创新。② 国家文化自信自强呼吁城市文化力量的参与,城市文化力量支撑国家文化自信自强目标的实现。"城市有包含各种各样文化的能力",并"通过必要的浓缩凝聚和储存保管",来"促进消化和选择"③。正是由于城市具有贮存文化、传播文化、创造文化的独特功能,才能支撑起"文化强市—文化强省—文化强国"的演进发展逻辑,使"文化强市"成为文化强国目标的重要支撑极。

城市文明典范以其内在的浸润力和外在的辐射力,成为国家文化软实力提升和人的文明性建设的重要空间节点。从内在而言,城市精神文明建设和城市文化发展作用于人、社会和国家的整体文明提升,城市文明典范建设与国家文化现代化进程统一于人的精神文明的现代化。城市精神和国家精神相互融通。城市文明典范建设以社会主义核心价值观为精神内核,并在城市社会的精神文明实践中予以践行、丰富和发展,形成在地化、强认同、高凝聚力的城市精神,成为国家精神的落地表达。从外在而言,城市文明成果与国家形象直接挂钩,城市文明典范将是国家文化软实力的闪亮"名片"。塞缪尔·亨廷顿在论述文化与文明关系时指出:"文明之间在政治和经济发展方面的重大差异显然根植于它们不同的文化之中。"④城市文明典范具有源自中国特色社会主义文化的深厚底色,这是中国式城市现代化的文化建设区别于其他现代化道路文化建设的突出特征,在提升我国文化自信、推进文化自强中发挥着独特作用。

(四)提升全球竞争力、影响力的需要

城市文明典范不仅要对内带动人、社会和国家的文明性发展,更要对

---

① 习近平:《高举中国特色社会主义伟大旗帜 为全面建设社会主义现代化国家而团结奋斗》,载《人民日报》2022年10月26日第1版。

② 参见李凤亮、陈能军《中国式文化现代化建设论纲》,载《广东社会科学》2023年第3期。

③ [美]刘易斯·芒福德:《城市发展史——起源、演变和前景》,宋俊岭、倪文彦译,中国建筑工业出版社2004年版,第574页。

④ [美]塞缪尔·亨廷顿:《文明的冲突与世界秩序的重建》,周琪等译,新华出版社1998年版,第8页。

外提升文明传播力、深化文明影响力,推动中国式现代化中的城市文化现代化发展模式走向世界。党的二十大报告对"增强中华文明传播力影响力"相关工作作出全面部署,要求"坚守中华文化立场,提炼展示中华文明的精神标识和文化精髓,加快构建中国话语和中国叙事体系,讲好中国故事、传播好中国声音,展现可信、可爱、可敬的中国形象。加强国际传播能力建设,全面提升国际传播效能,形成同我国综合国力和国际地位相匹配的国际话语权。深化文明交流互鉴,推动中华文化更好走向世界"①。从国际来看,城市是全球政治、经济博弈互动的重要空间,也是全球文化交流、文明往来的关键节点。城市文明典范建设对中国价值与世界意义的统筹追寻,是文化自信自强在我国城市建设中的自觉体现。文化自强是我国对"经济发展以后要干什么"这一问题的回答,"自"是走自己的文化发展道路,"强"是使我们的文化有更强大的吸引力和影响力、活力和创造力、实力和竞争力。② 在此意义上,城市文明典范作为参与全球城市文明竞争的中国样本,拥有推动中华文化和文明走向世界的使命担当。

城市文明典范建设的世界愿景是创造人类城市文明新形态,为全球城市文明发展提供一条去依附、自主发展的新型城市文明道路。在过去很长一段时间内,现代化与西方化画上等号,许多发展中国家把西方文明意识形态奉为圭臬,依附发达国家走西方现代化之路,却并未取得可持续、高质量的现代化成果。中国式现代化创造了人类文明新形态,走出一条与西方资本主义文明形态相区别的文明道路,丰富了世界文明的多样性,为发展中国家汲取世界文明精华、立足自身文化特色、创设属于自己的文明发展道路做出模范。城市文明典范作为中国创造人类文明新形态的城市样本,既是讲好中国故事的重要载体,也是讲好中国故事的内容来源。

三、城市文明典范建设需明确方向、强化特色

面对宣传思想文化工作新形势新任务,习近平文化思想为城市文明典

---

① 习近平:《高举中国特色社会主义伟大旗帜 为全面建设社会主义现代化国家而团结奋斗》,载《人民日报》2022年10月26日第1版。

② 参见云杉《文化自觉 文化自信 文化自强——对繁荣发展中国特色社会主义文化的思考(下)》,载《红旗文稿》2010年第17期。

范提供了遵循原则和着力要求，即"坚定文化自信，秉持开放包容，坚持守正创新"的基本遵循原则，和"着力加强党对宣传思想文化工作的领导，着力建设具有强大凝聚力和引领力的社会主义意识形态，着力培育和践行社会主义核心价值观，着力提升新闻舆论传播力引导力影响力公信力，着力赓续中华文脉、推动中华优秀传统文化创造性转化和创新性发展，着力推动文化事业和文化产业繁荣发展，着力加强国际传播能力建设、促进文明交流互鉴"的"七个着力"要求。① 基于此，在习近平文化思想指引下，城市文明典范建设应突出社会主义城市文化发展和城市文明进步的主体性、传承性、参与性、文明性和系统性，应在城市精神的奋发营建和自身文化主体性的不断凸显中，在中国优秀传统文化的传承发展中，在文化创意创新创造资源要素的集聚运动中，在推进实践人民共同精神富裕中，在创造人类文明新形态的城市实践中，明确中国式城市文化现代化的前进方向。

城市文明典范的当下及未来建设，关键在于培育城市精神和推进城市文化创新。一方面，城市精神建设是培育城市文化主体性的关键。习近平总书记曾指出："一个民族需要有民族精神，一个城市同样需要有城市精神。城市精神彰显着一个城市的特色风貌。要结合自己的历史传承、区域文化、时代要求，打造自己的城市精神，对外树立形象，对内凝聚人心。"② 深圳推进城市文明典范建设纵深发展，需坚定习近平文化思想指引，将社会主义核心价值观内化于心、外化于行，把中国特色社会主义文化内容与城市文化实践充分结合起来，为保障城市文明典范的社会主义城市属性提供强大的精神力量支撑。另一方面，文化创新资源要素集聚应用是城市文明典范建设的核心动力。在知识经济时代，文化创新资源成为城市乃至国家竞相抢夺的核心资源③。文化创新资源的空间集聚及其施展，赋予城市文明典范激发全民族文化创新创造活力的强大势能，能够促使城市文明典范在全球城市文明竞争中最大化发挥文化创新这一比较优势。

---

① 《把习近平文化思想贯彻落实到宣传思想文化工作各方面和全过程》，载《求是》2023年第20期。
② 习近平：《论坚持全面深化改革》，中央文献出版社2018年版，第230页。
③ 参见李凤亮、刘晓菲《全球文化创新资源集聚与深圳城市文明典范构建》，载《特区实践与理论》2021年第5期。

(一) 提升面向现代化、厚植科学精神的创新力

建设什么样的城市文明、怎样建设城市文明，是中国式现代化语境中需要城市文明典范建设首要回答的重要命题。在概念内涵上，"城设"由"人设"引申而来，城市与人一样拥有可以塑造、培育并被公众认知、接受的外在形象与精神气质，对这种对城市外在形象与精神气质的有意识的创设，即为"城设"。① 对此，"城设"提供了一种新的概念工具和操作路径，有助于科学把握城市文明的发展方向。这是因为，城市文明发展的核心理念实现了从"以物为本"到"以人为本"的转变，进入追求城市活力感和舒适感的新发展阶段，人的情感需求引导城市建设发展更加关注城市的精神性空间建设，所以应当在慎重、专业和大众原则之上重新确立城市建设与发展方向。②

深圳在"摸着石头过河"的城市发展历程中，有着不同的城市"名片"，如联合国教科文组织全球创意城市网络之"设计之都"、全球全民阅读典范城市、全国文明城市、创客之都、钢琴之都、图书馆之城、移民城市等。这些"名片"能够反映出深圳城市文明建设和发展的历程、经验和成就，但尚不足以全面支撑起面向中国式现代化、面向未来的深圳城市文明典范建设。正如习近平总书记强调："搞城市建设也没有必要打造那么多的空头名片，城市不是靠口号建成的。要实事求是确定城市定位，有了符合实际的定位，才会有科学规划和务实行动，才能避免走弯路。"③ 科学精神是城市精神的基本维度，深圳始终坚持以创新驱动城市发展，充分践行唯实、求真、实事求是的科学精神，形成了弘扬科学精神、尊重人才、崇尚学习与创新的城市氛围。④ 创新能力是城市文明典范参与全球未来城市文明竞争的重要建设维度。深圳城市文明典范建设需进一步厚植科

---

① 参见张振鹏《城市文明建设需要鲜明的"城设"》，载《社会科学报》2022年9月22日第6版。

② 参见胡钰《"城设"：让城市成为会呼吸的有机体》，载《社会科学报》2022年7月28日第6版。

③ 中共中央文献研究室编：《十八大以来重要文献选编（上）》，中央文献出版社2014年版，第602-603页。

④ 参见李凤亮《科学·人文·艺术：深圳城市精神涵养的重要支点》，载《深圳特区报》2022年11月1日第B1版。

学精神,更加充分地激发城市创新力,以创新思维推动城市新一轮的城市品牌塑造,打造并树立起"活力之城、梦想之都"的新型"城设",助推城市文明创新进程,营造城市文明品牌,彰显城市文明新气象。

(二)提升面向未来、传承古今经典的引领力

城市人文精神是城市文明建设与发展中独特的文化基因,它随时代发展而发展,是城市文脉延绵的重要精神力量,在城市文明典范建设中发挥着引领作用。城市人文精神作为一种深层次的社会意识,是城市长期发展的文化积淀,是城市风气在精神层面的凝练与升华,也是城市文化凝聚力和精气神的集中体现,它呈现于城市建筑风格、城市文化氛围、人与人的相处之道之中,具有鲜明的时代性和拓展性。① 城市文明典范建设中的城市人文精神培育绝不是无根之木、无源之水。习近平总书记指出:"传承文化不是要简单复古,城市建设会不断融入现代元素,但必须同步保护和弘扬优秀传统文化,延续城市历史文脉。"② 城市文明典范的人文精神,立基于中国特色社会主义文化,在传承中华优秀传统文化、弘扬革命文化和大力发展社会主义先进文化的同时,广泛吸纳世界历史上的城市精神精华,将传统与现代的城市人文精神创造融为一体,具有先进性和引领性。

深圳城市文明典范建设需培育能够引领城市文明进阶的强大人文精神力量,在对古今中外城市文化特性的创造性转化、创新性发展中实现城市人文精神的文明性超越。吴良镛院士曾撰文阐释城市建设中解放城市文化特性的时代性要求。他在文中称:"第一,文化特性既非僵化的遗产,也非传统的简单汇集,而是一种社会内部的动力在进行不断探求创造的过程。……第二,捍卫特性,不仅仅是古老价值的简单复活(对古老价值的再认识、再创造,不能简单地贬之为'返古现象'),而是要体现对于新的文化设想的追求,正因如此,它为人们不断增加对未来的责任感,把旧的有价值的工作持续延绵,而使语言、信仰、文化、职业……发挥独特之点,使之普放异彩,并以此加强其内部的团结,迸发其创造能力。"③

---

① 参见李凤亮《科学·人文·艺术:深圳城市精神涵养的重要支点》,载《深圳特区报》2022年11月1日第B1版。
② 中共中央文献研究室编:《十八大以来重要文献选编(上)》,中央文献出版社2014年版,第604页。
③ 吴良镛:《吴良镛学术文化随笔》,中国青年出版社2001年版,第210页。

对深圳而言，它正处于由深圳之深圳、中国之深圳走向世界之深圳的时代进程之中，需要把城市人文精神营建作为城市文明典范的发展保障，在古今中外的文化精粹和文明精华的融合创新中，不断激发城市人文精神的创造活力，以其独特的城市文化特质成果引领新一轮全球城市文明的范式变革。

（三）提升面向市民、吸纳市民参与的渗透力

人民对美好生活的向往是城市文明典范的建设发展方向。城市文明典范建设需始终坚持以人民为中心的发展思想，为人民群众美好生活的实现提供保障，扎实推进共同富裕，做到发展为了人民、发展依靠人民、发展成果由人民共享。习近平总书记强调："共同富裕是社会主义的本质要求，是中国式现代化的重要特征。我们说的共同富裕是全体人民共同富裕，是人民群众物质生活和精神生活都富裕，不是少数人的富裕，也不是整齐划一的平均主义。"[①] 城市作为中国式现代化进程的重要实践空间，在建设发展中需要特别重视有温度的人性化尺度，牢固树立起以人为本的文明理念。"城市的核心是人"[②]，"市民是城市建设、城市发展的主体"[③]，广大市民群众是城市文明的创造者，是城市创意创新的活力来源，更是城市文明成果的享有者。城市文明典范建设只有在广大市民群众物质富裕和精神富有的协同实现中，才能确证自身的文明意义。

城市文明典范建设需充分发挥"人民城市人民建"的主体参与作用，积极践行"人民城市为人民"的服务和责任意识，切实提高广大市民群众的获得感、幸福感和安全感。在深圳经济特区成立40周年庆祝大会上，习近平总书记对深圳城市发展作出了"这是中国人民创造的世界发展史上的一个奇迹"[④] 的高度评价，充分肯定了人民在深圳城市文明建设中的

---

① 习近平：《扎实推动共同富裕》，载《求是》2021年第20期。
② 中共中央文献研究室编：《十八大以来重要文献选编（下）》，中央文献出版社2018年版，第83页。
③ 中共中央文献研究室编：《十八大以来重要文献选编（下）》，中央文献出版社2018年版，第92页。
④ 习近平：《在深圳经济特区建立40周年庆祝大会上的讲话》，载《人民日报》2020年10月15日第2版。

主体地位。统计资料显示，2021年，深圳城镇人口占常住人口比例达99.81%①，城镇化率接近100%。在深圳城市文明建设过程中，人民始终是城市发展的中心。深圳十大观念、深圳十大文化名片、深圳城市精神等都源自市民群众的日常生活实践，是广大市民群众自觉参与城市精神文明建设的集体智慧产物。在城市文明典范建设中，深圳更应继续落实全民参与的方法，深入调查、倾听市民所需，切实维护市民文化权益，以行动和成效彰显城市责任，努力营造美好的城市生活氛围。

（四）提升面向世界、文明交流互鉴的传播力

文明交流互鉴是城市文明建设发展重要的活力来源。城市文明典范建设在与世界城市文明体的交流互鉴中获取文明活力，在与世界城市文明体的竞争合作中确立文明地位。从文化自信走向文化自强，不仅要对内的文化繁荣，更需要对外的文明示范。习近平总书记指出，"文明交流互鉴，是推动人类文明进步和世界和平发展的重要动力"，"中华文明是在中国大地上产生的文明，也是同其他文明不断交流互鉴而形成的文明"②。深圳建设城市文明典范是国家文化自信自强目标在城市文明领域的自觉设计，也是中国城市文明参与世界城市文明新一轮竞争的自信施策。城市文明典范建设在与世界城市文明体的交流互鉴中汲取发展经验，同时将中国关于城市文明的探索成果向世界散播，在和世界城市文明体的平等对话、包容互动中形成具有鲜明中国特色的城市文明新形态，极大丰富了世界城市文明类型，构建起具有中国特色的城市文明话语体系。

深圳建设城市文明典范需加大与世界城市文明之间的交流互鉴，通过打造城市文化品牌、举办国际文化活动、完善立体传播网络等手段，在融通中外中不断增强和扩大中国城市文明的传播力和影响力。目前，深圳拥有深圳国际文化产业博览交易会、深圳国际工业设计周、深港城市\建筑双城双年展、深圳国际创客周、深圳"一带一路"国际音乐季、深圳（国际）科技影视周、深圳读书月、深圳创意十二月、深圳书展等一大批

---

① 广东省统计局、国家统计局广东调查总队：《广州统计年鉴2022》，中国统计出版社2022年版，第96页。

② 习近平：《文明交流互鉴是推动人类文明进步和世界和平发展的重要动力》，载《求是》2019年第9期。

在国内外备受瞩目的国际化和地方化的文化品牌活动,发挥着城市文明交流互鉴的节点作用,为提升深圳城市文明典范的全球影响力打下基础。在未来,深圳需继续深耕"EYESHENZHEN""Shenzhen Daily""That's Shenzhen"等英文媒体的运营,同时在Youtube、Twitter、Meta等国外主流社交媒体平台上加强国际交流与互动,以丰富多元的内容形式扩展受众群体,更好地传播和讲述深圳城市文明的故事。

(五)提升"政产学研用"同频共振的协同力

推动城市文明进步是城市社会发展的全局性、基础性工程。习近平总书记指出:"城市发展要善于调动各方面的积极性、主动性、创造性,集聚促进城市发展正能量。"① 城市文明典范建设需妥善处理好"政产学研用"各环节的主体利益关系,建立健全包含政府、社会组织、企业、个人等多元主体参与的协同发展和治理机制。其中,政策支持是深圳创建城市文明典范的合法性来源。自《中共中央 国务院关于支持深圳建设中国特色社会主义先行示范区的意见》出台以来,相继有《深圳建设中国特色社会主义先行示范区综合改革试点实施方案(2020—2025年)》《关于深圳建设中国特色社会主义先行示范区放宽市场准入若干特别措施的意见》等政策文件发布,从上到下地构建起建设中国特色社会主义先行示范区的政策保障体系。中国特色社会主义先行示范区建设作为一项包含经济建设、政治建设、文化建设、社会建设和生态文明建设等要素在内的系统性、结构性工程,各要素的合理提升有利于整体的水平提升。由此,城市文明典范建设直接或间接地受益于政策保障。

高端智库在城市文明典范建设的"政产学研用"协同机制中发挥着桥梁作用。高端智库能够灵活高效地与不同主体进行沟通,并且通过学术途径联络汇集国内外城市文明的优秀成果,为城市文明决策积极建言献策,为城市文明典范建设提供长效智力支持。目前,深圳已经形成较为成熟的智库体系,覆盖各类党政智库、高校智库、社会智库、科技创新智库和企业智库等。其中,南方科技大学全球城市文明典范研究院是由深圳市委宣传部和南方科技大学合作共建的高校智库。该智库以城市文明典范为

---

① 中共中央文献研究室编:《十八大以来重要文献选编(下)》,中央文献出版社2018年版,第91页。

主要研究方向，通过整合吸纳国内外城市文明研究领域学术力量，形成了跨学科、开放式、国际化、创新型的发展路径，逐步建立起与全球城市文明典范各领域相契合的研究体系，形成了一系列城市文明典范研究成果和以"城市文明发展论坛""城市文明蓝皮书"等为代表的城市文明典范研究品牌，为推进深圳城市文明典范建设及世界城市文明进阶跃迁提供了学术支持。

习近平文化思想与习近平关于城市工作重要论述精神的结合是推进建设高质量城市文明典范的指导思想。习近平总书记强调："做好城市工作，首先要认识、尊重顺应城市发展规律，端正城市发展指导思想。"① 我国城市工作在新时代取得了历史性成就，为更好地在新征程上谱写城市文明高质量发展新篇章，需要我们自觉把习近平文化思想与习近平关于城市工作重要论述精神进行深度结合，为建设物质文明和精神文明相协调的城市文明提供先进思想和实践方法。

概言之，建设城市文明典范是中国式现代化背景下城市发展的文化和文明要求，其实质是：在习近平文化思想指引下，走中国特色城市文化发展和文明进阶道路，为创造属于我们这个时代的新文化、建设中华民族现代文明提供来自城市的文化驱动力和文明支撑力。城市文明典范的高质量发展关系到中国式文化现代化目标的实现，是推进文化自信自强的重要空间力量。在全球竞合视野之下，城市文明典范建设绝非为中国城市文明发展谋取一己之利，而是在与世界城市文明体的交流互鉴中谋得天下之公利，为世界城市文明范式变革贡献中国智慧、中国方案和中国力量。

（发表于《深圳社会科学》2023 年第 6 期）

---

① 习近平：《论把握新发展阶段、贯彻新发展理念、构建新发展格局》，中央文献出版社 2021 年版，第 56-57 页。

李凤亮自选集

第四辑

新文科与话语体系

新文科：定义·定位·定向

一、不断明确的定义

何谓"新文科"？这是一个并不容易回答的问题。

"新文科"概念的出现，源于新形势下对传统学科建设和人才培养模式的反思。

较长时期以来，高等教育界强调学科建设的稳定性、规范性、传承性，对其发展性、突破性、创新性重视不足。正是在这个意义上，全国教育大会、新时代全国高等学校本科教育工作会议都强调学科建设和人才培养的根本变革，强调适应国际局势、国内形势、产业趋势、学科态势而对学科建设与人才培养作出战略性调整与根本性变革。2019年8月26日，教育部召开2018年全国教育事业发展基本情况年度发布会，相关负责人介绍，要通过大力发展新工科、新医科、新农科、新文科，优化学科专业结构，推动形成覆盖全部学科门类的中国特色、世界水平的一流本科专业集群。在教育部高等教育司司长吴岩看来，创新决胜未来，改革关乎国运。为主动拥抱新科技革命和产业变革的机遇与挑战，下好"先手棋"，必须发展"四新"：新工科、新医科、新农科、新文科。在率先提出"新工科"之后，"新文科"的讨论与推进也提上议事日程。

按照笔者的理解，"新文科"至少可以从以下三个角度进行解读。一是范围的不同，即存在着"狭义文科"与"广义文科"的不同理解。"狭义文科"更多的是指文史哲等人文科学，"广义文科"则是指"人文社会科学"（或称"哲学社会科学"），即人文科学和社会科学的统称。其中，人文科学主要研究人的观念、精神、情感和价值；社会科学主要研究各种社会现象及其发展规律。按照我国《普通高等学校本科专业目录（2012年）》，哲学、经济学、法学、教育学、文学、历史学、管理学、艺术学等学科门类基本上都可纳入"文科"范畴。从这个意义上讲，"新文科"

的范围较之"新工科""新农科""新医科"要更加广泛,坊间讨论的"新商科"事实上也包含在广义的"新文科"之内。二是指向的差异。"新文科"主要是强调文科建设与人才培养对新时代新形势的适应与对接,这也是我国实施"六卓越一拔尖计划"2.0的目标所在。三是模式的区别。"新文科"意在通过突破传统学科的自我设限,加强学科的融合与创新,提升高等教育支撑国民经济与社会发展的能力。

事实上,"新文科"建设是一场全球性教育改革运动。美国希拉姆学院就旗帜鲜明地提出"新文科"的教育理念,并于2017年10月开始对培养方案进行全面修订,对29个专业进行重组,即把新技术融入哲学、文学、语言等课程中,为学生提供综合性的跨学科学习。在王铭玉、张涛看来,新文科是相对于传统文科而言的,是以全球新科技革命、新经济发展、中国特色社会主义进入新时代为背景,突破传统文科的思维模式,以继承与创新、交叉与融合、协同与共享为主要途径,促进多学科交叉与深度融合,推动传统文科的更新升级,从学科导向转向以需求为导向,从专业分割转向交叉融合,从适应服务转向支撑引领。[①]

因此,我们有理由将"新文科"视为因应国际局势、国内形势、产业趋势、学科态势而开展的对传统人文社会科学设置方式、运营形式及人才培养模式作出根本变革的一场学科建设行动。

二、重新出发的定位

教育部门在推出"新文科"建设方案时特别强调,加强新文科建设,要把握新时代哲学社会科学发展的新要求,培育新时代中国特色、中国风格、中国气派的新文化,培养新时代哲学社会科学家,推动哲学社会科学与新一轮科技革命和产业变革交叉融合,形成哲学社会科学的中国学派。

事实上,"求新图变"正是"新文科"提出与推进的基本方略,而这一方略的形成,与人文社会科学面临的形势变化密切相关。在笔者看来,经过长期发展,人文社会科学正日益呈现"对策化、跨界化、技术化、国际化"的趋势。"对策化"是指人文社会科学在重视知识传承与创新的

---

① 参见王铭玉、张涛《高校"新文科"建设:概念与行动》,载《中国社会科学报》2019年3月21日第4版。

同时，日益强化其咨询服务功能，即"思想库""智囊团"的作用。"跨界化"是指人文社会科学日益突破原有的学科局限与知识领域，以解决问题为旨归，不断尝试文科与理科、工科、医科、农科等"大科际"的跨越、不同文科内部"小科际"的融合渗透，不断强调文科与新的科学进展、技术创新的结合，不断推进文科建设的模式变革与途径创新。"技术化"是指文科正突破传统意义上"一支笔、一本书、一张嘴"的单一模式，强调数据采集与分析、人工智能算法、新媒介传播、虚拟交互等研究、传播与教学模式的使用，以新技术支撑新文科的创新，体现出文科建设与技术支撑的深度结合。"国际化"是指在重视意识形态安全的前提下，文科建设日益呼唤跨国跨境协作，日益重视在全球交互中共享知识资源、共创思想成果，形成人文社会科学领域的"人类命运共同体"。在这一方面，深化文化自觉、坚定文化自信，努力构建中国特色、中国风格、中国气派的人文社会科学话语体系，大力推动中国学术"走出去""走进去"，充分发挥人文社会科学在"讲好中国故事""传播中国声音"中的作用，成为不可或缺的重要共识。

因此，"积极应变"成为"新文科"建设的基本出发点，成为人文社会科学找寻新的时代方位的重要策略。教育部高等教育司吴岩司长曾这样分析：从世界来看，新科技革命和产业变革呼唤新文科建设；从中国来看，新时代呼唤新文科建设；从教育来看，新方针呼唤新文科建设；从方位来看，世界舞台全球格局呼唤新文科建设。要加快中国特色理论体系创新、深化文科专业改革、打造"金课"等，大力推动新文科建设。这一分析已深刻呈现了文科改革的急迫性与基本方向。

从这个意义上讲，"新文科"建设应该找准"新定位"，才能产生"新作为"、体现"新地位"。毋庸讳言，前些年，部分高校对人文社科类课程重视不够，存在课时不足、被边缘化现象，这既受到教育功利化理念的影响，也与人文社科类课程教学功能定位不明确、专业设置雷同、特色不明显、学生创新能力弱、回应和解答重大理论与实际问题不力有很大关系。人文社科只有不断明确"学科自觉"、克服"自身虚弱"，才能开辟出新的创新空间。

笔者认为，"新文科"的"新定位"，可从强化硬通识、催生新思想、体现新担当着手。

强化硬通识。传统的文科教育，除了培养专业技能，一个很重要的使命就是强化通识教育，夯实学生的人文之基；但存在的问题是观念陈旧、知识老套、新意不足，相关课程常常沦为缺少知识含量的"水课"，成为学生不费力气混学分的方式。新文科应在重视专业技能培养的同时，进一步强化其通识功能，成为"课程育人"的重要载体。因此，创新培养理念、改革教学内容、大力推出"金课"、强化"硬核"能力，便成为新文科未来重要的发力点之一。

催生新思想。区别于理、工、农、医科的教育，文科教育不仅要重视知识传授，更要成为思想创生的主要平台。新文科应着重培养学生的批判性思维，引导学生"求真""向善""寻美"，形成高度的文化自觉与文化自信，树立对自身、社会、他人的正确认知，处理好与自然界、社会群体的关系，确立正确的生态观、社会观、历史观、国家观、全球观、未来观，以积极的独立思考和独特的思想发现，构建立身处世之本及贡献社会之基。

体现新担当。"文章合为时而著，歌诗合为事而作"，中国知识分子素有"经世济用"的传统担当。在当今全球形势日益复杂，政治多极化、经济全球化、科技前沿化、文化跨国化的背景下，新文科应积极承担供给思想、输出对策、资政育人的新使命，在关系国计民生的重大问题上发声出力，以智力之为体现时代担当，才能拥有新的有价值的历史方位。

三、期待务实的定向

2019年被认为是"新文科建设元年"，一系列战略部署刚刚破题，诸多举措有待持续实施方可见效。笔者认为，在新文科建设的诸多路向和举措中，以下几点显得十分重要和急迫。

一是坚持以人为本。小到学科建设，大到教育发展，其根本目的是促进人的完善与提升。新文科建设的首要指向，应是因应时代发展要求，重塑"新人文精神"。应该说，科学技术的突飞猛进，已经向人类提出了一系列挑战和质疑：科学技术的单向突破是否有益于人类进步？人工智能时代人的本质能量如何显现？基因技术发展与应用如何尊重人的尊严与社会正义？大数据与区块链技术应用如何保护人的隐私？科技哲学发展可否助推新的科技伦理形成？……一系列问题正扑面而来，需要新文科作出有效的正面回答。

二是突出跨界融合。人类知识与技术的产出进入了新时代，交叉、融合、渗透、创新成为新的方式与特征。这种融合当然不应是"为融合而融合"，而应是着眼于发现和解决问题，致力于创新和突破。事实上，近年来从教育主管部门到高校科研院所，从学术组织到学者个人，都在积极探索从"学科导向"到"问题导向"的思路调适。比如，十几年前教育部的人文社科重点研究基地便开始了这一思路的尝试，设置了一批问题研究型的研究基地。科研项目的设立也确立了这一倾向，一批着眼国计民生、需要多学科联动才能解决的社科重大项目应运而生。在人才培养的改革上，许多高校也大力探索"完全学分制"及打破学科专业边界的"创新班""试验班"培养模式，推动创新人才培育。接下来，应进一步解放思想，以社会需求与科技进步的新趋势，倒逼文科拔尖人才培养改革与通识教育创新，努力探索跨界复合型的新文科发展道路。

三是强化实践导向。新文科建设重在强调实效。应克服传统文科偏软、偏散的弊病，突出人文社会科学研究与教育同新的科技变革、社会实践的深入结合，突出与未来世界的无缝对接，强化文科的实践导向。比如对新的全球化背景下大国关系构建的建议，对新经济模式、新产业形态的发现，对互联网环境下新的社会治理模式的探索，对新技术条件下科幻产业的预测，对人工智能快速发展后科技伦理的重新思索……这些事关国计民生、人类未来的重要命题，应及时予以追踪性、引领性研究，以有效的思想作为体现新文科的时代担当。

四是探索范式创新。必须认识到，新文科建设有着崭新的历史背景与技术语境，同时也面临着人类知识生产与学科重构的新挑战。新文科建设应正视这些背景和挑战，以实事求是的态度、求新图变的精神，不断探索和尝试人文社会科学发展的"范式创新"。比如，能否进一步解放思想，创新专业和学科设置的方式，紧贴科学技术与社会发展前沿设立新的专业学科方向？能否取消传统的课程设置，师生共同创造"问题解决式"的新型课程？能否突破现有研究和教学中的专业限制、国别限制，走向真正的跨界融合培养？能否突破传统的象牙塔自体循环，将社会、企业中的智力资源更多引入大学？能否突破既往的评价模式，以前瞻性、引领性、突破性作为成果评价的重要尺度？……这些都是新文科建设需要着力解决的重要问题，也应成为人文社会科学范式转型的主要突破口。

（发表于《探索与争鸣》2020年第1期；全文收录于《新文科建设年度发展报告2020》，山东大学出版社2021年版）

新文科视野下的大学通识教育

2019年8月26日,教育部倡导大力发展"新工科、新医科、新农科、新文科"。"新文科"是在新形势下对传统学科建设和人才培养模式的反思,是主动拥抱新科技革命和产业变革的机遇与挑战的"先手棋"①,更是构建"人类命运共同体"所体现的新使命、新担当。20世纪初,为应对新时代、新需求,改变当时分割式教学、条块化管理和碎片化思维的教育状况,西欧各国大力倡导和普及通识教育,变革人才培养的思维和模式。新文科在百年变局与全球化进程相互激荡的背景下产生,有着极不平凡的意义。随着我国经济社会进入新发展阶段,社会对人才的需求发生巨大变化,厚基础、宽口径、专业化、创新型的复合型人才成为新的时代需求,"新工科、新医科、新农科、新文科"正是在这一新的历史语境中提出的人才和学科发展新方略。就新文科建设而言,未来可望在发展交叉学科、培养复合人才、创新话语体系、推动智库服务等方面积极探索。在此过程中,发展通识教育,不仅是新文科建设的题中之义,也是建设新文科的重要抓手。

一、大学通识之弊

通识教育(General Education)的概念起源于古希腊自由教育(Liberal Education,或译"博雅教育"),在美国发扬光大。1945年,美国哈佛大学校长科南特(James Bryant Conant)推动本科生课程体系改革,发表了著名的红皮书《自由社会中的通识教育》(*General Education in a Free Society*)。中国近代,清华大学前校长梅贻琦也曾倡导过"通才教育",他在《大学一解》中认为大学教育"应在通而不在专",应以"通识为本,

---

① 李凤亮:《新文科:定义·定位·定向》,载《探索与争鸣》2020年第1期。

而专识为末"。① 学者张亚群认为梅贻琦所提"通才教育"与西方所提"通识教育"是同义的②。高等教育发展至今，总的来说有以下几层内涵：一是旨在将学生教育成"社会公民"，二是相对于专业教育而言跨专业学科的教育，三是不以教育结果为目的、以人为本的全面教育。其与我国20世纪末兴起的文化素质教育一脉相承。虽然两者产生背景殊异，但两者的教育目的与途径一致。通识教育与文化素质教育均要求学生既能融会贯通，通达不同领域的知识，又能整合所学知识，注重内外兼修，提倡全面发展。通识教育在我国快速推广，不仅推动人才培养和学科建设发展，还成为大学教育改革的一个重要方向。但整体来看，通识教育仍然存在着诸多值得警醒之处。

（一）认知偏差

通识教育的内涵是什么、是否需要推进通识教育、如何推进通识教育，我国高等教育界对上述问题还未达成完全共识。基于国内教育发展历史沿革，大学人才培养模式还带有工业化进程中培养分科人才的显著特征，即强调培养专业型人才，对于通识教育在层次和阶段上存在较大分歧。2009 年，陈跃红教授提出大学通识教育应放在初高中阶段完成，大学阶段应着重培养学生的科学创新能力，改变目前大学阶段所谓"通识课"的现状，即看看电影、听听音乐、赏赏名画、搞搞摄影、学学服饰，以及交际礼仪、西餐吃法、塑身美容，等等。③ 马晓春教授针对陈跃红教授提出的通识教育阶段前移建议提出不同意见，提出通识教育应是全人教育。虽已过去十余年，两位教授相左的观点也依然能折射出学界对通识教育的认识存在偏差，这种认识偏差源自学界对通识教育之用的不同理解。前者认为当前大学通识教育流于表面，对学生创新能力培养和学术修养提升没有裨益，反而因大量充斥的易选、易修、易得学分的所谓"通识课"而耽搁学生的专业学习和训练。后者则认为通识教育理应成为贯穿现代人

---

① 梅贻琦：《大学一解》，见刘琅、桂苓主编《大学的精神》，中国友谊出版公司 2004 年版，第 37 页。

② 参见张亚群《中国近代大学通识教育与创新人才培养》，福建教育出版社 2015 年版，第 136 – 137 页。

③ 参见陈跃红《大学通识教育面向广度还是面向深度》，载《探索与争鸣》2009 年第 6 期。

一生的教育。[①] 总的来说，学术界和教育界对大学通识教育产生认识偏差可总结为以下几点：一是认为通识教育可有可无，可强可弱，部分学者基于大学通识教育良莠不齐的现状，对大学通识教育知识扩展和视野拓展存疑，认为通识教育只是大学教育的一种调剂，而非大学教育的关键环节。二是专业本位主义，强调学生应该深耕于专业领域，而不是各种知识都浅尝辄止。三是认为通识教育职责限于某些特定部门或学院，某些人认为大学通识教育仅仅是大学个别部门的事情，如文学院开设导读课、艺术学院赏读名画等，对于通识教育的认识还局限于知识普及阶段。四是认为通识教育只是知识传授，缺乏实践支撑，目前大学通识教育由于学分易选、易修，且多数为大课堂的形式，导致通识教育课仅仅侧重于知识的简单传播，老师与学生之间缺乏深入交流，更奢谈实践教育。

（二）操作失误

大学通识教育本来肩负拓宽学生视野、培养学生批判性思维的重任。但是，在实际操作过程中，由于历史遗留导致的分科、分类积习，大学通识教育成为脱离于专业教育的一种可有可无的存在。一是教学模式单一，目前国内通识教育多采取大班教学的方式，又由于通识教育课老师良莠不齐，教学模式固化，学生参与积极性不高，存在为了学分而选课的被动局面。二是课程设置受社会氛围影响。例如，一个时期大众对于国学的热情高涨，导致国内大学开设国学通识教育课程增多，但是这些国学通识课多置于大学语文公共课这个层面，学生上课体验感和获得感均与其预期相悖，导致多数学生视大学通识教育课为质量不高的"大课"。三是课程设置不合理，国内许多大学的通识课缺乏系统性规划，课程设置上欠缺跨界融合意识，未能打通学科之间的壁垒，导致学生能选、想选的课程不多。四是监管缺位，大学通识教育课多数被置于公共选修课中，由于缺乏相应的制度保障和评估手段，导致大学通识课成为学生混学分的重灾区。

（三）多元之难

国内大学通识教育目前尚缺乏统一设计和整体规划，总体上处于各自

[①] 参见马晓春《通识教育应是全人教育——与陈跃红教授商榷》，载《探索与争鸣》2009年第10期。

探索的状态。例如，复旦大学建有"复旦学院"，南京大学设有"匡亚明学院"，北京大学推出"元培计划"等，各高校现有的通识教育呈现多向探索的发展态势。在新文科建设背景下，这种多元化的通识教育发展模式，不利于形成示范效应，同时各高校在通识教育的特色凝练上也尚未有显著成果。有些知名高校有条件开展通识教育且发展不错，有些条件有待完善的高校通识教育还处于筹备阶段或者一直未开设。这种大学通识教育发展面临多元、复杂的格局，制约着我国新文科建设战略布局。一是难以满足不同类型大学的需求。目前我国高等教育分为综合性大学、理工类院校、师范类院校、医学类院校等，高校的办学层次不同、办学方向不同，导致各个大学的学科设置不同，对通识教育的需求也应不一样，但目前却有"千校一面"之感。二是难以满足不同专业的需求。不同专业的培养方向不同，对通识教育的知识和技能要求也不尽一样。但目前大多数高校开设的却是"广谱型"通识课程，难以精准适应不同专业的知识结构要求。三是难以满足不同专业学生的需求。高校学生的家庭背景、个人兴趣、知识储备不同，势必造成学生的兴趣各异，也形成学生需求的多样化。加之目前高校开设的通识教育课程总量有限、品类不足，导致学生在按需择课时往往产生缺失感，其个性化需求未能得到有效实现。这种态势下，2015 年，由北京大学、清华大学、复旦大学、中山大学四校共同发起成立了"大学通识教育联盟"，该联盟旨在加强高校在通识教育方面的合作，促进大学人才培养模式创新，推动中国高校通识教育的发展。目前，有 52 所高校加入该联盟，联盟运行时间不算长，以联盟形式促进通识教育共同发展的效果令人期待。

（四）知行不一

国内通识教育整体呈现"通"之不畅、"识"之不足的状态。造成这种现象，一是由于大学通识教育未能突破各自的学科壁垒，不能凸显跨界融合的倍增效果，尤其高校在开设大学通识课的时候未能充分考虑学科之间的内在联系，造成大学通识教育与专业教育关联度不高、学生知识广度短板明显。二是由于大学通识教育课内容浅显，在专业深度上显示出不足。现在的通识教育越来越呈现出知识灌输的发展态势，部分老师照本宣科，不能和学生形成有效的课堂互动与知识探讨，流于肤浅的上课内容，导致学生上课时注意力涣散，游离于课堂之外，这有违开设通识教育

"纵横贯通、内外兼修"的初衷,也让通识教育逐渐脱离教育实际,变成一种空洞的内容输出。三是现行通识教育缺乏实践意识,学生对所学知识与社会需求方面认识模糊。学生初入社会对将要从事的工作适应能力不足,造成学生"学而不能用""学而不会用"的尴尬局面。

二、提升通识之思

新文科建设为我国通识教育发展提供了契机,不仅能优化学科专业结构,解决学科细分问题,还为应对教育改革提出新要求,为新时代人才培养设置新规格。新文科建设是对大学教育体系的一种增补、转型和更新,是为解决当今世界共同面临的全球化问题所形成的新格局、新观念、新方法、新模式和新路径。大学通识教育是新文科发展的重要抓手和支撑。

(一)形成"跨界融合"的新格局

要以新的认识论、方法论和价值观去重新认识世界,关照现实问题。当前世界面临"日益突显出严重的'文明病'症状:超级智能隐忧、基因技术隐患、生态危机、地缘政治与单边主义、文明割裂、思想隔绝、逻辑变异、秩序丧失、物奴现象与后物质主义并存,以及人性的退化、心智的弱化等"[①] 问题,已经无法用单一学科或单一思维去解决,要以"跨学科"甚至是"超学科"的视野和方法弥合生态与文明的割裂,构建"人类命运共同体"和"人与自然共同体"。大学通识教育能发挥出沟通各个学科的作用,能有效促进学科之间的跨越和融合,起到推动各个学科发展的提质增效作用。"跨学科"即按照学科组织方式,从学科的概念、形式、特征、理论和方法出发,从分科治学到科际融合,重视学科间性,重组学科内部结构;"超学科"不仅指学科与学科之间的交叉融合,还包括学科与"非学科"之间的交叉、跨越和融合,还包括专业内学者与"专业外"的各行各业人士的跨界合作,因此其代表着更高等级或最高等级

---

① 刘洪一:《文明通鉴与普惠文明:人类命运共同体的文明路径》,载《深圳大学学报(人文社会科学版)》2019 年第 5 期。

的"跨学科"①,"超学科"是为应对当前全球化、现代化、复杂化、个性化的社会问题而提出,需要用跨媒介的方法、跨文化的思维去重构教育方针和教育体系;"共同体"思维将世界作为一个难以分割的整体,将微观世界与宏观世界相结合、科学与人文相融合,以国际视野应对全球范畴出现的多样化、复杂化的局势,以缓和生态文明冲突、世界治理纷争和精神文明冲突等问题。

(二) 强化"以人为本"的新观念

通识教育是一种全人教育,将人作为教育的主体,强调人的全面发展。"以人为本"是现代思想产物,但对人类本体性和主体性的关注和肯定,从古希腊时期就已经存在,古希腊学者普罗泰戈拉提出"人是万物的尺度",肯定人的价值。在西方的历史中,人的主体意识又不断地将人从神学、宗教和世俗观念中解放出来。中国哲学主张"天人合一",人的主观意识不可或缺,成为推动万事万物和谐发展的力量。马克思在年轻的时候就能认识到,要达到"真正的人",教育是最好的途径。在他的德语文章《青年在选择职业时的考虑》中,他也强调个人的全面发展和相互依赖的人群共同体的全面发展理念②,凸显人类精神的绝对自主性,以及"自由个体的自我意识"。在现代社会,对人类主体性的肯定更加重要,尤其是人工智能时代的到来,在后人类主义情境下探索人类的主体意识更加重要。在现代生态网络中,人的主体性不仅体现在如何认识自我和重塑自我,还将社会作为有机整体,发挥人的协调和治理能力。首先要处理好人与自然的关系,不断关照人与自然的历史、当下和未来,以寻求两者发展的平衡点。其次要处理好人文和科技的关系,科技既作为一种手段和方法,推动人文发展,人文反思科学发展,科学向前关照前沿问题,人文往后诠释与重塑人的伦理、审美等经典命题;科学又作为对象,与人文协同分工,两者相互促进、共同发展。学生主体性是人类主体性的重要组成部分,不仅强调学生主体获取知识和技能的能力,还要重视学生的主体情

---

① 参见赵奎英《"新文科""超学科"与"共同体"——面向解决生活世界复杂问题的研究教育》,载《南京社会科学》2020年第7期。

② 参见[英]戴维·麦克劳伦《马克思传》,王珍译,中国人民大学出版社2016年版,第10页。

感、道德价值等主观能动性的培养，也不能因科技快速发展而忽略对学生美育和人文素养的培养。

（三）创生"资源整合"的新方法

一是要整合文化资源，文化资源是不可估量的生产要素，也是文化创新和文化自信不可或缺的文化因子。整合文化资源要从横向和纵向两方面共同着手，横向上，要以开放的心态看待和尊重不同国家和地域文化的差异性，以共同的文明通约打通不同文化之间的壁垒，培养通晓国际文化和国际礼仪、具备跨文化视野的文化人才；纵向上，要以文化为本位，以创新为导向，让中国传统文化重新焕发出新的生机，构建中国特色的文化话语体系和学术体系，并培养热爱中国传统文化、具有创新意识的文化人才。二是要整合社会资源，将社会作为一个有机整体，发挥社会的引领和整合作用。传统的教育观念是以教师为主体，以学校为教育发生场所，这就导致教育的单向性和局限性。在充分发挥学生自主性和能动性的同时，还应整合社会、学校和家庭等多方资源，探索范式创新，将社会、企业和政府等资源引入高校，探索"产学研政"一体的学习模式；充分发挥现代媒介和现代技术优势，搭建实验平台和学习平台，跨越时空的界限，实现"人人可参与，时时可参与，处处可参与"的无障碍式学习。通识教育是整合知识资源的一个重要抓手，其摒弃了以往以学科为导向的知识架构，而是转向以问题为导向的知识架构，创设师生共同探讨"问题解决式"新型课程，并培养知识复合型人才；整合理论知识和实践知识，发挥理论的应用能力，深化实践的理论意义，运用交叉知识，积极探索知识创新和知识融合。

（四）建立"强化实践"的新模式

以人工智能、大数据、生命科学、量子力学、虚拟现实等新技术催生了新兴产业和新兴业态的发展，由新技术、新产业和新业态所引发的生活方式、思维范式和学习模式的转变呼唤学科的内在改造、升级和转型，以跨界融合为特征的新产业和新业态迫切需要跨学科和重实践的复合型人才；与此同时，外部世界风云巨变，全球气候变暖、生态环境破坏、国际事务失序等问题逐渐凸显并且愈演愈烈，脱离社会现实且视野局限的人已经无法解决此类问题，要以开放合作的心态和积极的行动能力参与到国际公共事务和社会服务之中，创设新时代新生态新语境。新文科建设背景下的通识教育发展，注重打破以往只关注自身学科内部发展的局限性，提倡与历史和世界同步，以跨界融合为定位，以实践为导向，与新科技相融合，探索创新范式，生成新文科的新内涵和新意义。

（五）构建"创新为体"的新路径

创新是新时代的内在呼唤，科技的发展催生了智能时代的来临，人工智能、生命科学、量子科学等新技术的快速发展，要求我们不能只做单线程思考，而要有一个多线程的思维模式，去重新看待世界的本质和文明的本质。社会消费化、文化产业化的趋势呼唤新业态的产生、提升对文化的重视和对经济消费的需求。科技创新、经济发展、产业变革等引起了社会和文化的变革，产生了新的学科和新的生活形态。这些变革对我们提出新的要求和挑战，要求我们持续更新观念，用科技逻辑和人文逻辑共同思考。大力发展通识教育就是注重培养年青的一代综合能力和创新思维能力。一是需要拓宽学生的知识广度，使学生不再囿于自己专业的窄小天地。二是需要提升学生的知识深度，使学生在了解别的学科的同时，对本学科产生新的认识、新的想法。

三、未来通识之路

当前，全球正经历百年未有之大变局，新技术、新业态不断涌现，各个领域之间沟通交流频繁，尤其在教育领域，各个学科之间交叉互融趋势明显。为适应新变局、新业态和新挑战，打造一支"面向现代化、面向世界、面向未来"的人才队伍将成为当前教育的重要使命。

（一）创新培养理念

大学通识教育本质上是贯通、通达、融汇各门类知识，着重培养学生各个学科知识整合的能力，提高学生处理复杂问题的能力，构建复合型人才、跨界型人才培养新模式。一是要构建科学素养、人文素养兼备的人才培养机制，国内现有14个省份开启了高考改革，大方向是打破文理分科。但是，学生进入高校后依然要面临选择专业方向的问题，部分高校试行大二再选专业的"大类招生"模式，但是文理科之间依然泾渭分明。如上海大学在 2011 年就推出了不按专业招生机制（艺术类/中外合作办学专业除外），招生只分文理科。新生大一期间将统一接受通识教育，一年后再根据高考成绩和综合情况，采取学院、学生双向选择的方式安排专业，那些难以吸引学生的院系，则会引入淘汰机制。这种机制虽然能在一定程度上满足学生需求，但是文科与理科之间的割裂依然存在。未来全球变局加剧，科技与文化之间融合发展趋势明显。专才培养模式已不能有效满足社会整体发展需求，科学素养与人文素养兼备的人才将是中国参与国际竞争的核心竞争力。二是要健全理论与实践相结合的人才培养机制，随着全球新技术变革加速推进，大数据、5G 等新一代信息技术不断嵌入日常生活，不断涌现的新产业、新业态对人才的适应性提出新挑战、新要求。现有大学教育模式依然存在重理论、轻实践的状况，培养出来的人才与社会需求严重脱节，学生进入社会之后再培训、再教育成本增加，造成社会资源浪费。注重理论与实践相结合，强化大学通识教育的通达效用，一方面使学生清楚学校教育与社会需求之间的距离，从而调整自己的知识结构，以备未来能够较好地适应社会生活；另一方面推动学校重构教学体系，提升学校教育与社会需求之间的接驳能力。三是要构建通识教育与专业知识教育整合机制，改变当前通识教育边缘化现状，将通识教育作为大学教育各个学科之间融合的催化剂，依托通识教育的纵横贯通优势，促进学生对自身专业的再认识、再思考，提升学生专业化水平。四是构建跨界人才供给机制，跨界融合能有效整合社会资源，"科技 + 人文""科技 + 金融"等跨界融合发展已渐成趋势，但跨界融合仍面临复杂的内部、外部制约。目前我国亟需培养具备通晓多领域知识的复合型人才。据预测，2021 年中国 VR/AR 市场规模将达 544.5 亿元，年均增长率为 95.2%，但是高素质复合型人才短缺成为 VR 产业发展主要瓶颈。① 现有的专才教育已经难以支撑跨界融合发展的需求，复合型人才紧缺难题已经成为制约产业发展的掣肘，因此培养跨界人才、复合型人才势在必行。

（二）改革教学内容

为应对全球百年未有之变局，贯彻落实教育部大力发展新工科、新医科、新农科、新文科，优化学科专业结构，推动形成覆盖全部学科门类的

---

① 《高素质复合型人才短缺成 VR 产业发展主要瓶颈》，载《新闻世界》2019 年第 12 期。

中国特色、世界水平的一流本科专业集群教育改革精神。一是要倡导全人教育，全人教育在20世纪曾风行日本，日本著名教育家小原国芳从学问、道德、艺术、宗教、体育和生活六个方面构建了一个整体的全人教育培养模式，并将六个方面对应于真、善、美、圣、健、富的价值追求。这与东亚文化圈儒家所提倡君子"六艺"所追求的"全人教育"在思想维度上有着内在联系。君子"六艺"指礼（道德、宗教）、乐（艺术）、射（体育）、御（生活、体育）、书（学问）、数（学问）。全人教育可以看成是一个整体的教育体系，旨在实现人的全面发展。不仅东亚文化圈提倡全人教育，苏联著名教育家苏霍姆林斯基（Василий Александрович Сухомлинский）也提倡"全面和谐教育发展观"，坚持德育、智育、体育、美育、劳动教育全面发展。可见，全人教育是人类发展的一个共同目标。二是健全批判思维教育，批判性思维是以问题为导向，注重问题从发现到解决的全过程思维培养。在此过程中，老师要注重"启"，注重问题设计，培养学生的问题意识，引导学生发现问题，解决问题，并在这个过程中培养具备思辨能力、独立思考能力的人；要改变传统教育模式，更加重视对学术认知过程、情感动机、人格价值观等非量化因素的评价。三是提倡全球观教育，随着世界一体化进程的不断深化，各国交往紧密度进一步加强。习近平总书记强调，中国提出构建以国内大循环为主体、国内国际双循环相互促进的新发展格局。这决不是封闭的国内循环，而是更加开放的国内国际双循环，不仅是中国自身发展需要，而且将更好造福各国人民。[①] 中国全面深化改革开放就是对全球化趋势的精准研判。在此背景下，加强通识教育有助于学生拓展国际视野，增强全球化观念，培养具有跨界思维、独立思考和共享精神的人才，有利于中国实现中华民族伟大复兴。四是强化实践教育，在大力建设新文科的背景下，通识教育有别于以往的通识教育，将更加注重实践的作用。学生通过实践习得的知识融会贯通，并且在实践中发现自身短板，做到学以致用、交叉融合，重构自身知识结构，从而实现自身全面发展。

---

① 《习近平：中国新发展格局不是封闭的国内循环，而是更加开放的国内国际双循环》（https://www.gov.cn/xinwen/2020-11/04/content_5557396.htm），引用时间：2024年7月23日。

(三) 大力发展"金课"

2018年,教育部印发了《关于狠抓新时代全国高等学校本科教育工作会议精神落实的通知》,在这份指导性文件中提出了对各高校课程内容的全面要求,做到"淘汰'水课'、打造'金课'"。高校的通识教育课程也必须大力打造"金课",应以学生需求为导向,注重师资知识结构的多元性,突出跨界融合的特征,强调学生自主性、能动性和实践能力,拓展学生全球化视野,提升学生知识整合水平。一是要强化"金课"的互补性,截至2020年6月30日,全国高等学校共计3005所,其中:普通高等学校2740所,含本科院校1272所、高职(专科)院校1468所;成人高等学校265所(本数据未包含香港特别行政区、澳门特别行政区和台湾地区高等学校)。① 国内高校办学层次、办学历史等差异较大,为提升国内高校通识教育整体水平,提倡差异化"金课",有助于激发高校创新活力。如医学院等高校可以多开设艺术和人文领域的"金课",在拓展学生视野的同时,还能促进学生对专业领域的深化理解。从医学与美术跨学科产生的"医学美术"这一新学科可以看出新时代对于新学科的诉求和内在呼唤,随着技术进步,医学美术与传媒专业相融合,用传统大美术创作手法与新传媒技术相结合,将医学的概念和内涵用生动直观的视觉语言表达出来,有利于加强人们对医学的理解。二是要提升"金课"的整体性,雅斯贝尔斯认为,"专门的学科只有作为知识整体的一部分而存在的时候才是有意义的,而如果离开了科学的整体,孤立的学科也就成了无本之木、无源之水"②。高校开设"金课",一定要强调"金课"的整体性思维。"金课"作为大学通识教育发展的抓手,着重培育学生的系统性思维。改变以往通识课与专业课不相关、零散碎片化的状态,加强专业课与大学"金课"之间的联系。如上述医学院开设艺术类"金课",有利于形成两者的融合发展,提升学生对专业知识的认知水平。以整体性为考量重构大学通识课程设置,将设置"金课"当成系统性工程来做,对培养

---

① 《全国高等学校名单》,见中华人民共和国教育部官网(http://www.moe.gov.cn/jyb_xxgk/s5743/s5744/202007/t20200709_470937.html),引用日期:2021年3月15日。

② [德]卡尔·雅思贝尔斯:《大学之理念》,邱立波译,上海人民出版社2007年版,第86页。

复合型人才有极强的促进作用。三是要突出"金课"的跨界性，一方面，跨界思维有助于解决多领域协作问题；另一方面，跨界融合能产生新业态，提供发展新动能。如前所述，高素质复合型人才制约着中国 VR 产业发展，中国不仅面对技术"卡脖子"的问题，还面临人才短缺的窘境。面对新一代信息技术革命的冲击，人们的工作内容已经与传统工业化进程中的社会分工有了很大的区别，对人的综合素质要求越来越高。跨界融合将成为社会发展的助推力，如随着 5G 技术的应用，人工智能与汽车跨界融合，催生出无人驾驶等智能驾驶辅助系统，这些融合能极大提高人驾驶汽车的舒适度和安全性。大力推广"金课"，突出"金课"的跨界性，加深学生对社会新业态的认识，将有助于学生培养跨界融合意识，从而提升学生的创新、创业能力。四是要体现"金课"的创新性，首先，在课程内容上侧重知识结构与内容的前沿性，瞄准高精尖前瞻性问题；其次，在课程形式上展现先进性，传统的线下课堂教学仍然是"金课"的主阵地，通过慕课（MOOC）、虚拟仿真教学（VR 教学）、社会实践课程等课程形式作有机补充，形成线上线下一体式教学形式，真正以学生为中心，实现学生学习时间、学习空间、教师资源、课程资源的分配转变和有效整合。

（四）强化"硬核"能力

大学通识教育有利于优化学生的知识结构、拓展学生的视野、增强学生对跨界融合的认识，从而培养其自身的"硬核"能力。一是解决问题的能力，大学通识课注重以问题为导向，转变以往以学科为导向的传统，注重以老师启发为主，培养学生发现问题、分析问题和解决问题的能力。二是知识整合能力，随着社会不断发展，新产业、新业态、新模式不断涌现，产业"链"式发展使得社会协同工作越来越受到重视，社会对未来人才的要求不再满足于习得一门知识，而对高素质的复合型人才需求旺盛。培养复合型人才就是培养人才的知识整合能力，培养能突破现有学科壁垒的"破壁者"。很多发明创造需要这种"破壁者"，如在抗生素还未普及的时候，1932 年德国病理学家格哈德·杜马克在工业颜料中试出了首款商用抗菌药。与之相对应的是，2020 年人工智能首次发现强效抗生素，据《自然》报道，一项开创性的机器学习方法从 1 亿多个分子中发现了强大的新型抗生素。① 由此可见，科技创新和文化创新离不开知识整合和知识创新。三是跨境交流能力，我们处于信息"爆炸"的时代，信息传播速率加快导致现代人对信息的共享需求加剧。大学通识课着重强调学生全球化视野的开拓，随着全球化进程加剧，没有哪个国家能关起门来发展，中国也在积极构建国际国内双循环发展新格局，提升跨境交流能力，对国际大循环格局发展形成有力支撑。中国在不断深化改革中，跨境交流人才紧缺，如在大湾区战略的背景下，粤港澳大湾区建设对具备跨境交流复合型人才需求加剧。区别于以往只关注自身领域发展的教学模式，大学通识教育能有效促进学生对全球化的认识，既有利于学生树立有针对性的个人理想和职业规划，又能帮助解决中国面临的技术"卡脖子"等问题。

新文科背景下的通识教育更加强调新时代、新机遇、新挑战和新需求，呼唤具有跨界融合思维和实践行动能力的创新型、复合型人才。新时代创新型人才要有新担当、新使命，以全球化视野和命运共同体思维深化新文科新内涵，构建新发展格局。

[发表于《山东大学学报（哲学社会科学版）》2021年第4期；全文收录于《新文科建设年度发展报告2021》，山东大学出版社2021年版]

---

① 参见文乐乐《人工智能首次发现强效抗生素》，载《中国科学报》2020年3月3日第2版。

加快建设中国特色世界一流的新文科

习近平总书记在中国人民大学考察时的重要讲话，立足中华民族伟大复兴战略全局和世界百年未有之大变局，从坚定文化自信、构建人类命运共同体的战略高度，深刻论述了高校哲学社会科学的发展定位、发展方向、发展路径等一系列重大问题，为我们建设中国特色世界一流的新文科，指明了前进方向、提供了根本遵循。笔者认为，加快建设中国特色世界一流的新文科，必须心怀"国之大者"，牢记习近平总书记的殷殷嘱托，才能在新文科的中国性、世界性、资政育人等方面出实招见实效。

一、坚定高度文化自觉基础上的文化自信，彰显新文科建设的中国性

党的十八大以来，以习近平同志为核心的党中央始终高度重视哲学社会科学工作。习近平总书记在哲学社会科学工作座谈会上指出，坚定中国特色社会主义道路自信、理论自信、制度自信，说到底是要坚定文化自信。文化自信是更基本、更深沉、更持久的力量。[1] 哲学社会科学不同于自然科学，具有更加突出的民族性、国家性以及文化自觉性。[2] 因此，我们必须坚定文化自信，强调新文科的中国性，彰显哲学社会科学的中国特色。

（一）建构中国自主的知识体系

习近平总书记在中国人民大学考察时指出，加快构建中国特色哲学社会科学，归根结底是建构中国自主的知识体系。2022年4月，中共中央

---

[1] 参见习近平《在哲学社会科学工作座谈会上的讲话》，载《人民日报》2016年5月19日第2版。

[2] 参见李凤亮《内化与外溢——社会转型背景下的人文学术生产》，载《探索与争鸣》2021年第6期。

办公厅印发《国家"十四五"时期哲学社会科学发展规划》，要求加快中国特色哲学社会科学学科体系、学术体系、话语体系建设。中国自主的知识体系，不是中国历史文化的简单延续，不是其他国家知识体系的转换迁移，而是将马克思主义基本原理同中国的具体实际相结合，是对中华传统知识体系的创新与发展。① 新文科要坚定高度的文化自觉和文化自信，在充分吸收国际学术研究养分的基础上，扎根于本土化学术生产。要加快构建中国话语和中国叙事体系，用中国理论阐释中国实践，用中国实践升华中国理论，打造融通中外的新概念、新范畴、新表述。②

（二）坚持问题导向，解决真问题

解决实际问题是哲学社会科学的最高价值原则。一段时间以来，国内哲学社会科学领域盛行西方的研究范式、评价标准，而忽视了中国自身的问题、自己的解决路径。新文科应采取回归问题的学术路径，立足中国和世界的最新发展，在研究解决事关党和国家全局性、根本性、关键性的重大问题上拿出真本事、取得好成果。例如，对新的全球化背景下大国关系构建的建议，对新经济模式、新产业形态的阐释等，做好追踪性、引领性研究，回答好"世界怎么了""人类向何处去"的时代之题。

（三）强调学科交叉，面向学科前沿

近代以来的哲学社会科学学科大多聚焦于自身的研究领域，学科之间独立运作、壁垒森严、缺乏交流。新文科要立足于国情和教育现状，打破传统学科的自我设限，夯实基础学科建设，强化相关学科协作和跨学科交流，通过创新知识生长点来扩大影响力，提高学术显示度。要借力现代信息技术赋能新文科发展能限，积极筹建新文科实验室，大力探索数字人文、社会计算等新文科应用场景，提高文科知识生产和育人效益，③ 提升高等教育支撑国民经济与社会发展的能力。

---

① 参见高文书《加快构建中国特色哲学社会科学》，载《红旗文稿》2022年第10期。
② 《习近平在中共中央政治局第三十次集体学习时强调　加强和改进国际传播工作　展示真实立体全面的中国》，载《人民日报》2021年6月2日第1版。
③ 参见刘振天、俞兆达《新文科建设：新时代中国高等教育的"新文化运动"》，载《厦门大学学报（哲学社会科学版）》2022年第3期。

二、坚持文明交流互鉴中的开放包容，凸显新文科建设的世界性

习近平总书记在中国人民大学考察时强调，要发挥哲学社会科学在融通中外文化、增进文明交流中的独特作用，传播中国声音、中国理论、中国思想，让世界更好读懂中国，为推动构建人类命运共同体作出积极贡献。① 因此，我们要做好不同文明的交流互鉴，强调新文科的世界性，凸显中国话语的世界意义。

（一）做好学术成果的外溢传播

中华文明自古就以开放包容闻名于世，在同其他文明的交流互鉴中不断焕发新的生命力。改革开放以来，特别是党的十八大以来，中国在国际上的影响力与日俱增，有关中国道路、中国模式的研究亦成为备受关注的话题。要立足中国大地，讲好中华文明故事，向世界展现可信、可爱、可敬的中国形象。② 要向世界讲好中国共产党治国理政的故事，引导国际社会形成更加客观的中共观、中国观。同时，要加强和改进国际传播工作，更好发挥高层次专家作用，利用重要国际会议论坛、外国主流媒体等平台和渠道发声，推进中国故事和中国声音的全球化表达、区域化表达、分众化表达，增强国际传播的亲和力和实效性。③

（二）进一步加大对外开放的力度

我国哲学社会科学采用国际通用的学术表达方式，在将中国学术推向世界的同时，也让世界能够更加深入地解读中国这个伟大的发展个案。但是相较于自然科学而言，哲学社会科学研究的国际化程度仍有待提升。新文科要进一步坚持国际化的发展道路，秉承"拿来主义"，深度融入世界哲学社会科学体系，不断借鉴和吸收世界哲学社会科学的最新研究方法和

---

① 参见《论坚持和推动人类命运共同体》（第一卷），中央文献出版社2018年版。
② 《习近平在中共中央政治局第三十九次集体学习时强调 把中国文明历史研究引向深入 推动增强历史自觉坚定文化自信》，载《人民日报》2022年5月29日第1版。
③ 《习近平在中共中央政治局第三十次集体学习时强调 加强和改进国际传播工作 展示真实立体全面的中国》，载《人民日报》2021年6月2日第1版。

知识成果，在学术交流与对话之中提升科学研究水平，增强知识建构和理论创新能力。

（三）以我为主，主动设置议题

近年来，我国先后举办了中国共产党与世界政党高层对话会、中国共产党与世界政党领导人峰会，习近平总书记出席会议并发表主旨讲话，皆引起了与会者的共鸣和世界各国各政党的热议。中央的先进做法和典型经验，对我们做好新文科的国际交流，具有很强的示范意义。新文科要坚持以我为主，牵头举办国际性的学术论坛、专题报告会等活动，主动设置面向人类未来的哲学社会科学的真议题、真问题。例如，关于人类命运共同体的问题，关于人类文明未来发展的问题，如何看待中国道路，如何理解中国经验，如何看待中国文化对人类的贡献等。通过设置议题，在交流互鉴之中尊重彼此文明、习得他人所长，真正做到各美其美、美人之美、美美与共、天下大同。

三、坚守"两个大局"中的使命担当，强化新文科的资政育人功能

2020年以来，习近平总书记多次提到"两个大局"，强调要清醒认识国际国内各种不利因素的长期性、复杂性，妥善做好应对各种困难局面的准备，"最重要的还是做好我们自己的事情"。因此，在"两个大局"背景下，新文科应该肩负起"思想库""智囊团"作用，积极承担供给思想、输出对策、资政育人的新使命，在关系国计民生的重大问题上发声出力，以智力之为体现时代担当。①

（一）建设中国特色新型智库

党的十九大报告指出，深化马克思主义理论研究和建设，加快构建中国特色哲学社会科学，加强中国特色新型智库建设。近年来，我国智库在出思想、出成果、出人才方面取得了很大成绩，为推动改革开放和现代化建设作出了重要贡献。同时，随着形势发展，智库建设跟不上、不适应的

---

① 参见李凤亮《新文科：定义·定位·定向》，载《探索与争鸣》2020年第1期。

问题也越来越突出，尤其是与欧美发达国家相比，还缺乏具有较大影响力和国际知名度的高端智库。高校作为哲学社会科学"五路大军"的重要力量，学科优势突出，研究力量雄厚，思想观念活跃，创新意识强烈，应该深化管理体制改革，整合优质资源，着力打造一批党和政府信得过、用得上的新型智库，建设一批社会科学专题数据库和实验室、软科学研究基地。①

（二）注重传播的有效性

哲学社会科学以人类自身的文化现象和社会现象为研究对象，不可避免地要承担意识形态功能，在坚持学术性的前提下，要自觉地维护一定的价值观念和社会利益。② 因此，新文科要特别处理好学术性与政治性的关系，其所传播的信息须到达受众并被受众所理解和接受，做到有效传播。要始终围绕中国特色社会主义建设的"大局"和"中心"，不断提升人民群众的人文精神和人文素质。要坚持从学术本身出发，注重学术理念、学术逻辑、学术正义和学术自由，凝聚社会共识、塑造民族品格，服务社会主义文化强国建设。当前，还要进一步开放学术研究的领域和空间，保障学术自由，促进学术交流，持续激发新文科的研究创新活力。

（三）突出文科创新人才的培养

近年来，哲学社会科学正日益呈现"对策化、跨界化、技术化、国际化"的趋势。新文科作为对传统学科建设和人才培养模式的反思，应坚持以人为本，突出跨界融合，强化实践导向，探索范式创新③，主动拥抱新科技革命和产业变革的机遇和挑战。要用好大学通识教育这一重要载体，不断创新培养理念、改革教学内容、大力推出"金课"，强化大学生发现问题、知识整合、跨境交流的能力④，培养能够担当民族复兴大任的

---

① 参见《中办国办印发〈意见〉加强中国特色新型智库建设》，载《人民日报》2015年1月21日第1版。
② 参见樊丽明《"新文科"：时代需求与建设重点》，载《中国大学教育》2020年第5期。
③ 参见李凤亮《抢抓"新文科"发展机遇，加快文化产业交叉学科建设》，载《中国文化产业评论》2021年第1期。
④ 参见李凤亮《新文科视野下的大学通识教育》，载《山东大学学报（哲学社会科学版）》2021年第4期。

时代新人。

  总的来看，新文科建设要做到基础理论深厚、创新，应用研究跨界、有效，扎根中国大地、富有中国特色，具备全球视野、得到国际高度认可。从这个层面而言，培养语言基础好、学术功底深、国际视野宽、交流能力强的新型文科人才亦显得尤为重要。

      （发表于《新文科理论与实践》2022年第2期）

新文科与当代中国文论的"破"与"立"

"新文科"讨论的兴起,既有着人文社会科学知识生产与学科发展范式反思的内在逻辑,也深受新时代社会变革所提出的人才、思想、文化等需求的外部驱动。2020年初,笔者曾在《新文科:定义·定位·定向》一文中对此作了初步探讨,认为"求新图变"正是"新文科"提出与推进的基本方略,而这一方略的形成,与人文社会科学面临的形势变化密切相关。经过长期发展,人文社会科学正日益呈现"对策化、跨界化、技术化、国际化"的趋势。"新文科"的"新定位",可从强化硬通识、催生新思想、体现新担当着手。在举措方面,新文科建设应坚持以人为本、突出跨界融合、强化实践导向、探索范式创新。[①] 2021年、2022年,笔者再以《新文科视野下的大学通识教育》《抢抓"新文科"发展机遇,加快文化产业交叉学科建设》《以新文科建设大力推进创新人才培养》《加快建设中国特色世界一流的新文科》[②] 等文,对如何推进新文科建设、加快创新人才培养作进一步讨论。本文拟从新文科建设这一时代背景出发,分析改革开放以来当代中国文艺理论的"破"(过去)与"立"(当下),进而提出以"新文论"(未来)参与"新文科"建设的初步思考。

一、破除壁垒:文论作为思想解放的先声

回顾改革开放40余年来当代中国文论的发展历程,我们能够发现,文艺理论常常以敏锐的触角,成为新时期全社会思想解放的"报春花"。当代文论界勇敢突破"极左"时期设定的诸多思想禁区,以鲜明的批评

---

① 参见李凤亮《新文科:定义·定位·定向》,载《探索与争鸣》2020年第1期。
② 参见李凤亮《新文科视野下的大学通识教育》,载《山东大学学报(哲学社会科学版)》2021年第4期;《抢抓"新文科"发展机遇,加快文化产业交叉学科建设》,载《中国文化产业评论》2021年第1卷(总第30卷);《以新文科建设大力推进创新人才培养》,载《学习时报》2022年7月8日第6版;《加快建设中国特色世界一流的新文科》,载《新文科理论与实践》2022年第2期。

立场质疑陈见，以巨大的理论勇气构建新论。不破不立，长期禁锢的文论思想闸门一旦打开，便持续产生一种破除壁垒的力量。破除，成为20世纪80年代初文论界、批评界的共同意识，并在其后几十年的文论发展中不断发挥着除旧布新的作用。

新时期以来文论的"破除"，重点表现在以下几个方面。

一是破除了文艺对政治的"绝对从属"。文艺和政治的关系一直是20世纪中国文艺理论与批评的重要话题。文艺作为一种特殊的意识形态，离不开政治，也影响政治。在不同的历史条件下，人们对文艺和政治关系的认识、理解差异较大。"救亡"与"启蒙"相互纠缠、不可分割，但也会受到时代环境的影响出现此消彼长的情况。在20世纪上半叶中国面临民族解放和国共斗争的情境下，文艺为政治服务、为工农兵服务的要求成为时代主流。毛泽东同志在延安文艺座谈会上的讲话明确指出，为了革命文艺的正确发展，中心问题"是一个为群众的问题和一个如何为群众的问题"。他特别强调"为什么人的问题，是一个根本的问题，原则的问题"，提出文艺为工农兵服务的方针，认为"文艺是从属于政治的，但又反转来给予伟大的影响于政治"①。毛泽东同志的这一讲话是有历史意义的，深刻地阐明了在特定历史阶段文学艺术家的立场问题。1980年初，邓小平在《目前的形势和任务》里指出，我们"不继续提文艺从属于政治这样的口号，因为这个口号容易成为对文艺横加干涉的理论根据，长期的实践证明它对文艺的发展利少害多。但是，这当然不是说文艺可以脱离政治。文艺是不可能脱离政治的。任何进步的、革命的文艺工作者都不能不考虑作品的社会影响，不能不考虑人民的利益、国家的利益、党的利益"②。20世纪80年代，文艺理论界深刻意识到文艺对政治的"绝对从属"窄化了文艺功能、压缩了文艺发展空间。因此，一种拨乱反正、破除文艺对政治"绝对从属"的思想在文论和批评界逐步生长，从对"形象思维"的重新讨论到"美学热"，直到21世纪关于"审美意识形态论"的争论及由海外华人学者发起的关于中国文学"抒情特质"的讨论，都

---

① 毛泽东：《在延安文艺座谈会上的讲话》，见《毛泽东选集》第3卷，人民出版社1991年版，第865页。

② 中共中央文献编辑委员会：《邓小平文选（1975—1982年）》，人民出版社1983年版，第220页。

丰富了学界对文艺本质及文艺与政治关系的认识。

二是破除了文艺理论对西方文论话语的"片面依附"。毋庸讳言，破除文艺对政治的"绝对从属"，是与西方文论话语的大量译介密切相关的。20世纪80年代国门再开，思想解放，西学再入，各种西方文论思潮、话语的引入，更新了中国文论界的知识视域与认知方法，在一定程度上也形成了"言必称西方"、奉其为圭臬的现象。这种矫枉过正的文论景观很快得到反思，20世纪末关于"中国古代文论现代转换"的讨论，以及近年来关于"强制阐释""公共阐释"的持续探究，都在质疑新时期以来以西方文论取代俄苏文论、导致中国文论在一定程度上再次"失语"的弊症。在社科理论界推动"建构中国话语体系"的背景下，文论研究中的"中国问题""中国话语""中国方法"等论题的讨论也日趋热烈。

三是破除了以文学为主的研究对象的单维局限。新时期以来，随着思想解放和媒介发展，文学形式和形态持续丰富，文艺消费也呈现多样化的态势。盛行于20世纪80年代的"美学热"与文学批评的勃兴相辅相成，打开了人们封存已久的审美思维；90年代开始有关"日常生活审美化"的探讨，与文化研究思潮和方法交相辉映，在市场经济所带来的价值观念与审美思潮流变中，进一步拓宽了文艺理论与批评的视域。① 进入新世纪，随着互联网和数字技术的快速发展，"文学""艺术"无论是涵盖的内容还是表现的形式，都有了革命性的变化，文化产业的发展更助推了文艺边界的扩展，既往以文学为主的研究对象的局限也被突破，创意产业、数字人文、文化创新等成为新的研究对象，"文艺研究"进入了一个更加广阔的新天地。

四是破除了文艺研究的时空领域限制。新时期以来文艺研究的突破还显示在其逐步形成了新的基于时间、空间、领域的"整体观"。20世纪80年代中期北京、上海学者分别提出"二十世纪中国文学"（黄子平、陈平原、钱理群）、"中国新文学整体观"（陈思和）以来，打通20世纪中国文学研究已渐成学术界的一种共识，由此还形成了几次"重写文学史"的浪潮。在海外华人学者那里，这种"20世纪中国文学整体观"似乎走得更远。在学科意识明确的王德威笔下，这种整体观体现得尤为显著。王德威的"中文小说"研究大体上呈现出这样三个特征：一是空间

---

① 参见姚文放《新中国的三次"美学热"》，载《学习与探索》2009年第6期。

上跨越现有的政治地理疆界，涉及大陆、台湾、香港、海外；二是时间上打破大陆学界关于现当代的分立，甚至将"晚清"这一重要领域引入视野；三是在写作思维上超越文学、历史、政治、思想、想象的交叉领域，体现明显的跨科际特点。无论是大陆的"世界华文文学"还是近年来海外热议的 sinophone literature（华语语系文学），都在张扬着一种突破限制、走向跨地域的"中国现代诗学"的努力。① 应该说，这也成为40年来当代中国文论发展的一个重要维度。

五是破除了文艺研究对单一范式的依赖。在方法上，基于"反映论"的社会-历史批评曾长期作为20世纪中国文学研究的主流，随着80年代开始各种外国文艺思潮的引介，文艺研究方法也呈现出百花竞妍的开放格局。人类学、思想史、语言论、审美意识形态、性别研究、数据计量分析等各种方法进入文艺研究领域，"横看成岭侧成峰"，文论发展和方法创新形成了热烈有效的互动。

二、守正立新：在开放格局中扩大文论阐释场域

新时期以来的当代中国文论在反思中破壁，在守正中立新，在开放格局中不断扩大文论的阐释场域。40多年当代中国文论成果丰硕，从大处看，笔者认为有三点"确立"特别值得重视。

一是确立了文艺为人民服务、为社会主义服务的方向。当代文艺在自律与他律、文学与政治的纠缠中，始终没有脱离关注社会、服务国家、造福人民的发展主流，与此相关，当代中国文论在政治话语、社会话语、学术话语的整合上走出了一条新的道路。在2014年的文艺工作座谈会上，习近平总书记深刻指出："人民既是历史的创造者、也是历史的见证者，既是历史的'剧中人'、也是历史的'剧作者'。文艺要反映好人民心声，就要坚持为人民服务、为社会主义服务这个根本方向。……以人民为中心，就是要把满足人民精神文化需求作为文艺和文艺工作的出发点和落脚点，把人民作为文艺表现的主体，把人民作为文艺审美的鉴赏家和评判

---

① 参见李凤亮《走向跨地域的"中国现代诗学"——海外华人批评家的启示》，载《南方文坛》2010年第5期。

者,把为人民服务作为文艺工作者的天职。"① 文艺创作要坚守人民性立场,文艺研究也要倡导人民性标准,以人民爱不爱看、愿不愿听、感不感动、叫不叫好作为最高的评价标准。在这一点上,40多年来文艺思潮不断变幻,但在表现人民、服务人民、满足群众日益增长的精神文化需求上是始终一致的。

二是确立了文艺研究中的文化自觉立场。文化自觉是文化自信的基础,是我们从事人文社科学术研究的思想前提。文化自觉的核心是对自身文化发展的"自知之明",既不妄自尊大,也不妄自菲薄;既能注重中华优秀传统文化的创造性转化、创新性发展,又能以开放心态接纳人类优秀文明成果。经历过近一个世纪对中国文化发展道路的论辩与求索,新时期以来的当代中国文论逐步由对过去经验的总结、失语的反思,走向一种新的建设路向。如90年代末期关于古代文论现代转换的讨论及近年来新文科中关于中国特色文论话语体系的构建,都希图通过古今结合、中外融合、文史哲结合,走向中国文论发展的"澄明之境"。多年前笔者曾参与编著《文化诗学:理论与实践》② 一书,集中探讨过王国维、郭沫若、闻一多、朱光潜、宗白华、王元化等先哲在文化自觉意识观照下对文化诗学式批评的多维探索。我们能够看到,百年未有之大变局下中国在全球地位的提升,基于高度文化自觉的文化自信,都促进了我们以一种更加从容不迫的心境着力设置中国文论议题,构建中国学术话语,从而在人类文明新形态的创造中彰显文论力量。

三是确立了文艺研究的开放格局。如前所言,当前人文社科研究对策化、跨界化、技术化、国际化的发展趋向,以及伴随信息化而形成的多元文艺生态,都呼唤且推动着文艺研究和文论建设走向一种更加开放多元的格局。一方面是传统文学形态与多种新型文艺类型的共生,另一方面是文艺研究与思想辨析、历史反思、社会发展考察的融合,同时还伴随着文艺的本土性与国际化的相互促进,这些共同推动着当代文论多元共生生态的形成。这一态势也将随着社会生活和文艺自身的发展,而呈现更加摇曳多变的姿彩。

---

① 习近平:《在文艺工作座谈会上的讲话》,载《人民日报》2015年10月15日第2版。
② 蒋述卓主编:《文化诗学:理论与实践——20世纪中国文学批评的跨文化视野与现代性进程》,人民文学出版社2005年版。

三、新文科背景下的新文论：往何处去

走过40多年的新时期中国文论，经历文化潮流的迭代和审美风尚的变迁，面临着新的发展际遇。新文科所倡导的人本取向、跨界思维、实践品格、创新精神，也在启发中国文论在新千年走向新天地。有没有可能综合创生出一种更具阐释力、影响力的"新文论"？这一"新文论"的生成途径有哪些？它在当代思想文化的建设中能够发挥什么样的作用？这些都是新文科背景下的新文论要着力思考的问题。笔者尝试为未来新文论的建设提供三个入思视角，也期待着新文论从过去数十年的"破"与"立"中汲取养分、开启新程。

（一）因应文艺发展的新态势

一时代有一时代的文学，一时代也有一时代的文学研究。今天的文学不仅自身形态发生一系列重要变化，产生了非虚构文学、跨文体写作、互联式文本等一批文学新样态，而且随着创意社会和新创意时代的来临，文化消费正日益呈现出迥异于既往的特征，这些特征随着数字化对生活和文化的改变而不断增加新的质素。从文学研究到文化研究再到创意研究，我们面临着以往不曾面对的一系列文艺生产（假如我们还称之为"文艺"的话）的新命题，比如，怎样理解创意的本质？进入创意生产链条的文艺应如何重新定义？拟像化的艺术如何颠覆我们对"真实性"的认知？当下的文学生产是否必然是意义生产，又生产怎样的意义？数字化、信息化怎样影响今天的文学生产、传播、消费？今天文艺消费的模式与价值呈现出什么新的走向？当代产生"经典"是否可能，若可能，其条件是什么？"体验"这一中外审美范畴在今天的文化场景中能被赋予什么新的意蕴？人工智能条件下如何理解并维护文艺创作的技术伦理？……这些都是我们今天面临的文化现实，也是当代文论创新绕不开的话题。"理论是灰色的，而生命之树常青。"文艺理论只有不断适应文艺发展的新态势，才能以丰沛的阐释力影响当下、引领时代。否则，理论就会失去其源头活水，成为无谓的空蹈或虚幻的自呓。

（二）成为重要的思想策源地

不少文论界同仁都十分怀念 20 世纪 80 年代的批评氛围，为什么？在很大程度上，那是一个需要思想也产生了思想的时代，文艺批评恰好成为那个时代思想发生的重要阵地和话语引擎。思想和理论从来都应相伴相生，王元化先生在这方面为文学研究者做出了示范。他在晚年严肃批评学术界粗疏的带有意识形态化的学风，大力提倡"有学术的思想"和"有思想的学术"，在思想探索中运用具有学术性的研究和探讨，并以自己的研究和反思而身体力行，坚守"根柢无易其故，而裁断必出己意"。这一点，在其关于"五四"新文化运动的系列反思中得到充分体现。文学连接着社会，映现着人生，文学理论恰要在形象中予以抽象、在学术里彰显思想。德国汉学家顾彬极力反对"无思想的文学史"，他曾说："我对大部分的中国文学史非常不满意……我很少看到中国文学史有什么思想。我讨厌人以编年体写史，好的文学史也应该同时是思想史。"① 顾彬的话当然属于一家之言，但也说明了一个道理：无论是文学史写作，还是文艺理论与批评，倘若没有思想的支撑，则失去灵魂和趣味。美国华人学者夏志清的《中国现代小说史》，因其独立判断而闻名于世。他曾在接受笔者学术访谈时明确讲道："要有勇气说出自己的想法！"② 这点出了当代批评和文论建设的一个重要缺失：批评的发现与思想的创造。思想从哪里来？往往来自问题意识，如刘禾所言："从根本上说，所谓'理论'，就是提出别人没有提过的问题，它不是炫耀名词概念，更不是攀附知识权贵。理论就是问题意识，看一个人能不能提出真正的问题。"③

（三）提升与世界对话的能力

2022 年 4 月，习近平总书记在视察中国人民大学讲话时提道："要发挥哲学社会科学在融通中外文化、增进文明交流中的独特作用，传播中国声音、中国理论、中国思想，让世界更好读懂中国，为推动构建人类命运

---

① 魏沛娜：《德国汉学家顾彬：文学史应该是以著作为主》，载《深圳商报》2014 年 8 月 25 日第 C1 版。

② 李凤亮：《要有勇气说出自己的看法——夏志清教授访谈录》，载《花城》2008 年第 6 期。

③ 李凤亮：《穿越：语言·时空·学科——刘禾教授访谈录》，载《天涯》2009 年第 3 期。

共同体作出积极贡献。"① 思想传播和价值观传递是一个国家文化软实力的重要标志,如何推动中国学术走出去,通过学术话语让世界了解中国、读懂中国,是新文科建设的重要命题,当代中国文论建设也责无旁贷。一方面要主动设置议题,掌握文论发声的话语权,不能再重蹈过去要么俄苏文论、要么美西话语的旧途,而应让博大精深的中国传统文论与当代文化发展实际产生的新命题有机融合,提出有时代价值、普遍意义、未来观念的真问题,体现"汉语学术的世界贡献"(刘禾)或"第三世界的国际意义"(张旭东)。另一方面,也应创新传播对话途径,要以他人听得懂、听得进的语言积极发声,实现从"走出去"到"走进去"。同时还可"借船出海",引导西方学者关注和研究中国文学与文化问题,重张中国文艺的世界意义,为人类文明的发展提供素材、问题、路径和启示。值得一提的是,培养具有深刻文化自觉意识和全球对话能力的文论人才,应该成为文学门类相关学科参与新文科建设的基础性工作,无疑,这对我们在新形势下改革学科专业设置和人才培养模式、评价方式提出了新的要求。

(发表于《探索与争鸣》2022 年第 9 期)

---

① 《坚持党的领导传承红色基因扎根中国大地 走出有一条建设中国特色世界一流大学新路》,载《人民日报》2022 年 4 月 26 日第 2 版。

内化与外溢：社会转型背景下的人文学术生产

伟大的时代孕育伟大的精神，近代以来的中国人文学术无疑成为这个民族和国家在每一个时代和阶段的精神核心的存在。尤其伴随着一次次的社会转型，人文学术对于转型期的社会思想启蒙和社会心理稳定，都产生了决定性的作用。人文科学以人的精神世界为认识和研究对象，其与当代社会的互动性机制始终是人文学术史研究的中心话题。可以说，人们在改造精神世界的同时，亦能够以精神世界的光明照亮其所处物质世界的改造进程，而人文科学就是人类精神世界中那一抹最具生命力和穿透力的光明。

综观近 30 年以来当代中国社会的持续转型和发展，最大的变革之一就是 20 世纪 90 年代初伴随着中国共产党第十四次全国代表大会召开而形成的社会主义市场经济体制建设目标的确立。市场经济无异于滔天巨浪，它造就"一浪起百浪兴"的态势给改革开放初期的中国社会所带来的冲击，丝毫不亚于持续了半个世纪的二元对立冷战格局的戛然消解。市场力量最大程度的释放，为幅员辽阔、人口众多的中国蓦然找到了积压已久的宣泄口，人们奔走相告"消费时代"和商品经济的来临。然而，就在这样一幅充满了期待与激情、蓄势待发、百业待兴的中国经济社会横切面的另一角，精神生产领域中的知识分子却开始陷入一场焦虑于边缘化的自我审视。在他们的主体性视角中，商品经济的爆发使精神产品的多元化、大众化、娱乐化甚至工业化发展越发明显，精神生产沦为商业附庸，成为人们获利的工具，那种从一出生起就带有的崇高性、神圣性光环被彻底摔碎，精神生产也不再是文化精英们的专有权利……凡此种种，都成为驱使他们深刻而强烈地感受到其重建人文精神、重塑人文学术之志业危机的市场经济因素渊源。市场经济语境下，多种力量的博弈，人文思潮的流变，无不预示着精神生产方式和人文学术生产方式都将迎来种种新的变迁。

一、语境变迁：市场崛起中的人文新潮

20世纪90年代，无论对于中国还是世界的发展史而言，都具有重要的节点性意义。中国人文学术的变迁在20世纪90年代之所以能够成为一段重大转折，是因为其发生发展的必然性，是不断在多种力量的多重博弈之下实现的。

（一）力量场域演变：诸种力量下的多重博弈与发展

其一，政治的力量。在国际政治环境方面，发生在1989年及1991年的东欧剧变和苏联解体，标志着以两个超级大国为核心的二元对立的冷战格局得以结束，国际政治斗争的重点从社会制度和意识形态领域转移到国家统一与国家安全领域中来，尽管以美国为首的西方国家对于我国的文化渗透还在不断加剧，和平与发展开始真正成为国际社会的共同主题，西方国家对中国发展的封锁不断被打开缺口。近30年相对稳定、和平的国际政治环境，成为保障中国社会各领域高速发展的重要外部支撑。在国内政治环境方面，体制改革成为重要内容，无论是文化生产部门还是人文科学部门，都承受了一定的改革压力，但从长远看，这些变革都是符合生产者长远利益的。于是便有了文化事业单位一统天下的局面被逐步打破，有了学术出版业的市场化改制，有了人文科学和高等教育与市场经济接轨等改革推进。外部政治环境的持续稳定和国内渐变式体制改革的向深推进，使中国社会的精神生产和人文学术生产，既具备了相对稳定的外部保障，又契合了生产组织自变革的内生诉求。

其二，市场的力量。从20世纪90年代初期以来，精神生产和人文学术生产愈发深刻地被市场经济打上印记。市场经济发展初期，造成这种趋势的主要动力是精神需求端和消费端的大爆发。如果把20世纪80年代及此前中国社会整体文化产品和精神产品的极度短缺、单一状态，看成一场旷日持久的"饥饿营销"，那么市场经济的闸口一旦打开，多元化、大众化、商业化的精神生产方式冲击必然迅猛无比，急剧形成的精神产品"卖方市场"必然给广大知识分子、人文科学从业者带来窘迫、不适甚至危机感，市场的力量迫使精神生产者不得不寻求自我变革而获得内外压力的平衡。而到了市场经济不断成熟的中后期，市场力量加快精神生产和人

文学术生产变迁的另一种动力，更多地来自适度的竞争（或是适度的自由竞争），迫使传统模式下的精神生产和人文学术生产在计划体制中沉积的僵化与麻木，不得不由于市场竞争机制的引入而分崩离析。

其三，文化的力量。"一代人有一代人的文化""一代人有一代人的学术"，不管是文化抑或学术都会随着时代更替而维新发展，在文化与时代互为镜像的情境中，什么样的时代原则就能产生什么样的时代精神（或学术导向）。例如，市场经济时代所倡导的"效率至上"原则，必然要求注重效率和绩效的学术思想涌现，于是以绩效为核心理念的"新公共管理"主义不断被引入并由此兴起[①]。市场经济时代所重视的"多元融合"理念，必然要求这个时代的精神生产需要满足更多的受众更加多维的诉求，要求人文学术生产更多地开展与自然科学的跨界融合。市场经济时代所呼唤的"开放性"思维，必然要求人文学术研究者更加注重国际化的研究方式，关注跨空间逻辑的研究主题。文化力量对精神生产和人文学术生产的影响，归根到底还是通过时代的变迁来加速影响力的传导，既包括在生产方式等形式上施加的影响，也呈现出对生产对象等内容上施加的影响。

其四，学术的力量。20世纪90年代之前的较长一段时期内，中国人文学术生产者面临着学术生产职业化、规范化严重受损的问题。新中国成立之初，在阶级斗争等意识形态影响下，诸多从民国时期延伸而来的人文社会科学被大幅调整和压缩，甚至取消、停办。人文学术生产受到政治和意识形态的严重挤压，即便在改革开放之后，整个社会对于自然科学与人文社会科学依然存在极大的认识偏颇，"学好数理化，走遍天下都不怕"这样重理轻文的社会意识弥久不散。也就是在1992年前后，从中央传达出了一系列重视人文哲学和社会科学发展的政策精神，国家高等教育系统开始不断推进人文学术生产者的职业化、规范化发展进程，例如，教育部的人文社科奖励、基金、项目和平台建设就是在此之后不断完善起来的。这种情况下，相对充分的学术资源供给，也使人文学术生产者、生产体系内部对学术规范构建、评价体系改革、学术共同体建设等学术职业化的基本范畴，有了更为激烈的探讨，这也将深刻影响中国人文学术生产方式

---

① 参见张应强《人文社会科学学术评价及其治理——基于对"唯论文"及其治理的思考》，载《西北工业大学学报（社会科学版）》2019年第4期。

变革。

其五，全球化的力量。全球化的本质内涵是人类社会发展过程中全球联系的不断增强，人们更多时候会把经济全球化、贸易全球化看成全球化的最主要方式，而忽略或者避开精神产品生产、人文学术生产领域的全球化认识。事实上，随着1984年《国务院关于自费出国留学的暂行规定》的颁布，以及1992年邓小平同志南方谈话中对留学政策的松绑，"支持留学、鼓励回国、来去自由"被确立为我国留学政策的指导思想。此后，越来越多的人文学者和文化从业者纷纷萌发出国留学的想法，尤其是那一批在国内接受高等教育之后再到国外深造的人文学者们和文化从业者们，他们在走出国门的同时，也纷纷带来西方人文学术的最新思潮、范式和研究热点，带来他们对于好莱坞、百老汇等西方精神与艺术产品的认识和理解。他们对于将西方人文学术、文化艺术的新发展引入中国，起到重要的学术及艺术交流和互动促进作用，也使中国人文学术、中国精神生产从与世界"断裂"的状态，重新回到与世界"链接"的状态中来。

（二）人文思潮流变：两种思想解放与思想启蒙路径

除了多种力量的博弈之外，人文思潮的流变也是20世纪90年代中国精神产品生产方式和人文学术生产方式发生重大转变的基本原因，甚至可以认为是更加内在的原因。回顾20世纪90年代的人文思潮流变，自上而下式的、发生在宏观层面的、关于发展体制与发展道路的思想解放运动，以及自下而上式的、自发性发生在全社会的人文精神大讨论，这两场重要的人文思潮流变对于此后30余年的中国人文学术生产都产生了深刻的影响。

如果要把20世纪90年代作为中国经济社会发展跨时代的起点，那么社会主义市场经济体制被正式确立为基本经济制度，无疑就是划分这个起点的最重要依据，这也是发生在1990年前后的自上而下的思想解放运动，更是中国共产党关于国家和民族发展道路的理论建设结晶。作为中国特色社会主义理论发展的重要组成，市场经济体制建设目标的确立过程，同样展示了马克思主义理论中国化所一贯坚持的传承与创新相统一的重要理论品质。邓小平同志作为社会主义市场经济体制理论的开拓者，其理论贡献同样是建立在党内相关理论思想不断孕育、补充、发展的基础上，这些孕育、补充和发展主要包括：1956年毛泽东在《论十大关系》讲话中提出的"统筹兼顾、各得其所"原则,1956年周恩来在《关于发展国民经济的第二个五年计划的建议的报告》中提出的"国家市场统一领导下,将有计划地组织一部分自由市场"等相关思想①,1978年十一届三中全会上对我国原有的高度集中的计划经济体制中存在的"严重缺点"所作出的深刻分析,1979年陈云关于"市场与计划"问题的提纲,以及贯穿整个20世纪80年代党和国家重要会议相关决议、邓小平等主要领导人关于社会主义市场经济的重要论述等。在1992年初的南方谈话中,邓小平进一步明确指出:"计划多一点还是市场多一点,不是社会主义与资本主义的本质区别。计划经济不等于社会主义,资本主义也有计划;市场经济不等于资本主义,社会主义也有市场。计划和市场都是经济手段。"②再到1992年10月中共十四大正式提出建立社会主义市场经济体制的目标,这场思想解放运动才有了正统的、较为圆满的市场经济思想启蒙基础,也为此后的市场经济发展,尤其是凝聚社会意识、扫清认识误区奠定了坚定的、统一的、自上而下的社会心理基石。

1993—1995年之间,中国社会发生了一场由文学、哲学、艺术等人文知识分子主导,再向社会学、经济学等社会科学知识分子逐渐蔓延,并引起全社会关于人文精神的深刻反思和激烈表达的大讨论活动。③笔者至今清晰记得,1994年12月参与了所在高校的一场关于"社会主义市场经济条件下的人文精神"的主题讨论,提及"狭义的人文主义运动'文艺复兴'与'五四'运动均是以'人'的自我意识觉醒为标志与先声的,因此,当前返回秩序、理性、道德常态仍应注重唤醒和救治人精神与心理的痼疾,在这一点上,人文精神建设与精神文明建设大同小异"。④不论各种观点是否成熟,但这一场持续两年多、席卷全社会的大讨论,其争论之活跃、影响之深远、反思之彻底都是近30年来最为突出的。究其本质,这是一场源于当代知识分子尤其是人文领域的精神生产者,在市场经济、

---

① 周恩来:《关于发展国民经济的第二个五年计划的建议的报告》,人民出版社1956年版,第15页。
② 《邓小平文选》(第三卷),人民出版社1993年版,第373页。
③ 这场人文精神大讨论的主要观点,后来收录在王晓明主编的《人文精神寻思录》(文汇出版社1996年版)中。
④ 鸣凤:《"社会主义市场经济条件下的人文精神"学术研讨会综述》,载《徐州师范学院学报(哲学社会科学版)》1995年第1期。

商品经济爆发下的一种以人为本的价值大反思;也是一场源于当代知识分子对人文精神危机感的内省①,以及一批坚定的人文主义秉承者对于新时期文学、艺术、哲学等精神生产领域产生的诸多问题的现实反诘。这一时期的精神生产活动中,不少人发现了精英意识、理想主义、人文关怀和浪漫情怀的突然遗落,仿佛崇高而神圣的精神生产猛然跌落云端,意识到了人文科学和人文精神都到了必须重建的时刻。如今看来,人们失落的只是消费时代的精神生产走向大众化、娱乐化、工业化、商业化的开始,30年后横行当下、喧嚣尘上的"娱乐至死""爱豆经济""自媒体热潮""网红打卡"等社会现象,早已远离当时更为纯粹的人文主义价值理性范畴。这场关于人文精神的讨论,与20世纪90年代末期中国人文学术界持续较久的关于人文学术和思想百年回顾与反思的讨论(如"中国古代文论的现代转换")相映成辉,成为20世纪90年代学术内部反思的两个重要场景。

二、效用蝶变:社会转型的学术参与

关于语境变迁的分析是从动力机制的角度,探究是什么导致了20世纪90年代中国社会精神生产和人文学术生产变迁。下面关于效应蝶变的分析,将立足于以下三个方面内容开展:一是20世纪90年代中国人文学术生产到底发生了哪些变化;二是这些变化对于人文学术发展产生了哪些正反方面的影响;三是上述人文学术生产中的效用蝶变是如何与当代社会转型互动发展的。第一、第二个主题仍然集中于人文学术内部的变化分析,第三个主题则是一种将人文学术与社会转型的扩大化、上升化的研究考量。

(一) 20世纪90年代以来人文学术生产方式的主要变迁

近30年来中国人文学术生产方式变迁,其表现形式既有新兴模式的线性发展,又有传统模式的返璞归真;既有研究手段的综合创新,又有价值理性的时代凸显;既有学术评价的逐步完善,又有资源配置的不断改革。

---

① 参见杨蓉蓉《90年代"人文精神"大讨论之反思》,载《兰州学刊》2005年第5期。

第一，人文学术生产的价值理性变迁。正是由于20世纪90年代以来开放的人文学术交流环境，跨学科和跨区域的学术方式从不同学科、不同国家或地区的借鉴中产生。最为显著的就是人文学术生产工程化发展，例如自20世纪90年代中期以来，不少人文社会科学越来越强调实证研究的重要性，甚至发展到了"工具崇拜"的地步。部分主流经济学家试图通过数学元素的添加使其变成一门科学，但是过度数学模型崇拜以及对经济学思想的忽视，使经济学脱离了现实并且扼制了理论的发展①。过度追求工具理性从而令当代人文学术的价值理性不断弱化，这成为造成"学问家凸显，思想家淡出"局面的关键。

第二，人文学术传播方式的多元化变迁。人文学术生产的最终目的一定要通过学术成果的传播与交流来完成，20世纪90年代以来，随着人文学术传播方式的多元化变迁，人文学术思想和学术成果越来越具有更高的可获得性，越来越具有更广的传播空间。近年来，不断涌现了一大批通过电视、多媒体、自媒体和融媒体等新兴传播媒介促进和弘扬我国人文学术的发展案例。例如2005年的易中天老师踏上了CCTV-10的《百家讲坛》，以白话式的幽默分析历史、开讲三国，将电视传媒作为人文学术传播方式推上新的高度②，其后的于丹、杨雨等人文学术从业者采取了同样的方式，姑且不论各位老师的学术水平和深度，其传播方式创新是值得肯定的。

第三，后现代主义人文学术研究范式变迁。后现代主义是20世纪60年代以来在西方出现的具有反西方近现代体系哲学倾向的思潮，具有非常深远的影响，几乎涉及了各大人文科学领域。中国人文学术引入后现代主义研究范式，并开展了大量的学术生产活动，主要就是在20世纪90年代后期开始盛行的。包括在历史学、文学、艺术学、哲学、教育学、社会学等主要人文社科领域引入后现代主义的重要范式，如解构主义、反本质主义、无中心意识、多元价值取向等。后现代主义一定程度上使当代中国人文学术生产呈现一定的碎片化发展趋势。

---

① 参见吕景胜《论人文社科研究本土化与国际化的契合》，载《科学决策》2004年第9期。

② 参见郭景华《电视传媒与传统学术生产方式的转型——关于易中天、于丹现象的思考》，载《理论与创造》2007年第4期。

第四，人文学术评价方式的计量化变迁。当前我国的人文社科学术生产和学术管理，很大程度上受到新公共管理思想的影响。新公共管理理念中的一条核心思想就是追求绩效和效率，且注重通过外部绩效评价和绩效问责机制来达到这个目标。在具体操作上主要以量化方法和技术来评价组织中的个体绩效，实行绩效问责。可以说这种评价方式具备一定的合理性和科学性，但目前我们的人文学术评价中存在的诸如以论文数量、引用数量、项目搭载情况为标准的机械方式，也明显存在失真失实、不能体现创新性和学术水平的缺陷。

第五，人文学术研究问题导向的回归。谈到20世纪90年代以来的中国人文学术生产，注重问题导向是一条正确的道路，且这个学术生产方式问题还与自主意识、本土化等问题交缠在一起。人文科学和社会科学不同于自然科学，具有更加突出的民族性、国家性及文化自觉性，不同的社会体系都具有迥异于其他社会体系的经验性存在。基于特定的社会生活，解决实际问题是人文社会科学的最高价值原则，西方学术范式对于中国人文学术不必然具有普遍价值。近年来我国的人文学术生产经历了一定的唯西方化，已经逐渐回归"中国经验""中国转型"的问题导向。

第六，人文学术资源配置方式变迁。与市场经济发展反向而去的是中国人文学术资源的配置方式变迁，从20世纪90年代之前的弱行政配置（这里的弱行政配置实际上是由于资源匮乏而导致的几乎没有资源配置的情况）到其后30余年的强资源配置方式的演变。国家对于人文社会科学的重视程度越来越高，投入的资源越来越多，行政化的学术管理也越来越突显。

（二）科学与偏差：生产方式变迁引致的学术走向

20世纪90年代以来的人文学术生产方式变迁之于人文学术自身发展，其带来的既可能有正面的有利于人文学术健康发展的一面，也可能有负面的不利于人文学术可持续发展的一面。换言之，生产方式变迁的本身并不具备有利或者不利的道德式价值批判基础，任何一种生产方式都可能带来生产力和产品的不同价值评价走向。

近30年来的人文学术生产方式变迁，为中国人文学术生产的科学主义、职业化、技术化和国际化等良好走向提供了方法论基础。从20世纪90年代开始，人文社科领域的学术生产方式，由于引入西方人文学术甚至自然科学中的实证研究方法、数理研究方法，吸收了自然科学和工程应用中大量的系统论、信息论、控制论、耗散结构、协同论、突变论等科学化理念，其科学主义色彩和特征不断得到强化。从另外一个角度而言，中国人文学术的国际化走向也在不断凸显，中国人文学术开始采取国际通用的学术表达方式，在将中国学术推向世界的同时，也让世界有机会更深层次地解读中国自身这个伟大的案例。此外，中国人文学术的职业化推进取得了重要的进展。就学科发展而言，随着世纪之交高校扩招和院校合并的深化，人文社科内部的学科不断细化、繁杂，20世纪80年代以系为主要学科单位的学术结构，到了当前，不少高校甚至分化出学部、学院、学系三级学科体系，早年的一个系如今能分化出若干个学院。就学术生产量能而言，中国人文科学学者无论在国内学术期刊还是SSCI、A&HCI等国际学术期刊的发文量都呈现出爆发式的增长，人文学术生产从业队伍不断得到强化。就学术共同体组织而言，各类学术发展共同体组织得到进一步加强，各学科及专业的细分领域学会、研究机构相继成立，其整体架构不断完善，从初具气象走向血肉日丰。

近30年以来的人文学术生产方式变迁，也为中国人文学术生产的碎片化发展、机械化评价、行政化管理、本土化缺失、内卷化趋势等问题提供了技术性可行。首先，人文学术生产正在走向碎片化。基于诸如后现代的解构主义方式研究方式，加上各种强调技术化、工程化的手段运用，原本人文学术中的整体性研究被不断削弱，过分注重研究形式而忽略研究内容，过分注重细节领域而忽视系统性关联，人文学术的碎片化发展不断加剧。其次，人文学术评价正在走向机械化。高度迷信绩效考核的标准化，抛开人文学术生产本身的渐进性特征，过度强调学术成果的国际化评价，通过"一刀切"式的期刊等级、论文数量、引用数量，以及一些"削足适履"的国际化指标，限定时间必须出成果等方式，促使人文学术评价方式走向机械化。然后，人文学术管理走向行政化。各类承载学术行政职能的政府部门及学术共同体机构，掌握了大量的人文学术资源，导致"审批学术""项目学术""等级学术""帽子学术"等高度行政化的学术现象大行其道，极度缺乏市场化的和社会性的学术资源及其管理方式，也导致了人文学术的非学术性导向更加明显。再次，人文学术研究的本土化缺失。相当一段时间，国内人文社科领域十分盛行西方各国的研究主题、研究方法、评价方法，照搬、照套于中国人文社会科学的学术生产实践，完全忽视西方的问题不同于中国的问题，西方的解决路径不同于中国的解决路径，学术生产的本土化趋势亟待纠正。最后，人文学术生产的内卷化趋势。显然，近30年来人文学术生产体系内部的竞争态势不断上升，学术产出的量能不断扩大，但是所谓的竞争带来的更多是内耗式、竞逐式的格局，大多数人文学术产出缺乏核心灵魂，绝大部分的产出增长仍然是一种"没有发展的增长"。

（三）内化与外溢：人文学术变迁与当代社会转型

目前为止更为重要的是，需要梳理清楚20世纪90年代以来的人文学术通过生产方式变迁如何与当代社会转型互动。这其中包含了一个问题的两个方面，本文此前大部分内容回答了社会转型对于人文学术生产方式的影响，下面就是回答关于人文学术生产如何影响社会转型。简单来讲，人文学术生产通过"内化"与"外溢"两种机制，使当代社会转型在其先导下，更加平稳、顺畅地向这个社会所坚持的一切美好价值原则的方向逐步前进。

"内化"可以理解为，将社会转型所需的公共精神转化为社会成员个体精神的过程。这是一种更为潜在的、隐性的但又决定性的影响机制，也是人文学术影响社会发展的首要形式。近30年中国处于巨大的经济和社会转型阶段，人文学术生产分别以如下三种方式完成了其对社会转型的内化影响。第一，通过精神内化或思想启蒙的方式，实现其对社会转型的"内化"影响。如前面所考察的20世纪90年代初期学术界影响甚大的"人文精神大讨论"，很快便通过公共媒体等在社会上形成广泛效应，不仅对那一阶段的学术和文化生产走向产生直接影响，而且也通过思想的争辩进一步丰富了人们对于"启蒙"的认识、对于社会文化多元化的认可、对于精神生产与物质生产应该同步并进的坚守。第二，通过凝聚社会意识、稳定社会心理的方式，实现其对社会转型的"内化"影响。第三，通过塑造民族品质与自信的方式，实现其对社会转型的"内化"影响。民族品质塑造和民族自信建设是调动和动员一个民族发展动能的最重要途径，人文学术生产往往通过对一个民族的美好品质进行整理、分析、弘扬及传承，能够更好地塑造出一个民族赖以生存和发展的最可靠的品格。

"外溢"可以理解为，通过人文学术的精神力量和理论力量，将其对于经济社会发展的推动力外在显化为具体的作用物的过程。根据最近30

年以来的实践，人文学术"外溢"于社会转型，人文学术片段上升为政策制度、人文学术思想指导产业发展、人文学术精神指引技术变革这三种形式最为常见和有效。第一，人文学术片段上升为政策制度。其主要情形包括：①政策制度对于学术主题的关注，如一些人文学术研究主题，在得到制度层面的重视后能够纳入社会发展的制度与决策层面。这在社会学研究领域显得尤为突出。②学术研究的对策化成果很好地契合了社会发展的制度需求，经过改良或者直接成为发展对策的部分。如关于"以国内大循环为主体"的学术成果，后来就被作为重大发展政策运用到新时代国家治理之中。③人文学术的基本精神、基本原则直接成为政策和制度的指导性原则。第二，关于人文学术思想指导产业发展，可以拿与人文学术生产关联最为紧密的文化创意产业（或精神生产产业）为例，近年来的人文学术研究所倡导的跨界化、融合化发展，已经在文化产业的跨界融合中产生了新的应用，一大批新的文化融合业态不断涌现，如数字文化产业的蓬勃发展，很大程度上就得益于人文学术思想的指导。第三，人文精神指引科学技术变革。这是一个古老而永恒的话题，"科技以人为本"就是最好的注解，任何科技的变革最终都要落到人类社会和人类自身的进步，使人的感受、体验、思想、表达等一切行为方式更加符合人自身的便利、舒适和健康。人文关怀既是科技变革的出发点，也是科技变革的终极目标。甚至可以毫不夸张地认为，一切人类科技产品都是人文精神的外化物。

三、未来发展：学术变迁与范式变革

从20世纪90年代开始中国人文学术生产方式变迁至今，不少好的趋势得到保持，不少难以解决的困境也仍然存在，往来30年的变化有如流水，不舍昼夜。站在中国人文学术发展的当下，处于百年未有之大变局的时代节点，把握未来更需要敏锐、冷静、深刻的思考，也需要敢于直面的勇气。笔者认为，面向未来，繁荣中国人文学术生产需要厘清三个问题、处理好三对关系、坚持好"新四化"。

（一）厘清三个问题

第一个问题：数字人文≠数字化的人文。近年来，关于数字人文的研究正在兴起和火热，这是人文学术界对于当下数字技术及以大数据广泛应用于社会生活的正向呼应，当然也不例外，关于数字人文的研究最早还是来源于国外。不可否认，这种研究是非常有前瞻性和巨大价值的，然而笔者通过多方索引和查找相关研究资料发现，相当一部分人文学者对于数字人文的理解有一定的偏差。他们把"数字人文"等同于"数字化的人文"，这里的误区主要在于数据分析与数字化呈现的混淆。"数字人文"的精髓应该是"把数据分析带入文本分析，通过其产生的统计性数量化的结果而导出新的结论或新的知识"①，更多侧重的是数据分析的方法。"数字化的人文"更好理解，就是将人文知识、人文学术产品、人文精神产品以数字化形式，展现给读者、消费者和学术从业者。数字化不过人们获取人文信息的现代技术手段。

第二个问题：学术分工≠学科分野。人文学术生产应该与物质生产一样存在社会分工，也就是所谓"学术分工"。这主要是因为学术生产的主体会由于其在知识结构、社会阅历、研究方式以及主观意识等方面存在客观差异，而形成的对于不同细分领域采取不同研究范式的人文学术研究，具有不同的研究偏好和学术效率。例如有人对于哲学研究更加热衷也更具潜力，有人对于文艺研究更加驾轻就熟富有激情，有人更擅长以数理模型展开分析，有人更擅长逻辑思辨分析，等等。而人文学科分野则通常可以认为是基于各细分人文学科之间的差异，而将某一个实际问题在各学科之间的不同反映孤立、分割起来开展学术分析的做法。可见，学科分野是人文学术生产的一大障碍。当前的高等院校人文学科越分越细，不同学科往往以其学科为本位出发点，强行割裂其他学科对于实践问题的解决之道，这种方式必将越走越窄直至不通。

第三个问题：实证研究≠科学主义。实证研究在自然科学领域具有很强的真理性，通过重复实验的方式获得理论进展已经成为自然科学和工程应用中的不二法门。甚至不少人文社会科学领域的支持者们，对于实证研究在人文学术中的全面推广也常常不遗余力，认为"实证研究是人文社会学术走向科学的必然途径"。当前学术界，越来越多的学者们也将实证研究与坚持科学主义画等号，其实这是值得商榷的，随意或刻意使用实证研究未必就是坚持科学主义。常常可以看到一些人文学者将十分浅显、通

---

① 李点：《数字人文的工具理性、学术价值与研究成果的评估》，载《燕山大学学报（哲学社会科学版）》2021年第1期。

俗的结论，用一大篇、一大堆复杂模型进行乐此不疲的"推理""论证"。也有一部分学者纯粹为了"实证"而"实证"，生编硬造各类参数、指数，为了固定"靶向"反复修改数据和公式。这些都是过分崇拜实证研究的错误倾向①。

（二）处理好三种关系

首先，要本处理好本土化与国际化的关系。人文学术研究不同于理工学科，理工科通常具有国际公认的、相对规范和标准的国际化的研究方法、范式、手段和评估体系，其科学研究的国别界限相对模糊。而人文社会科学更多的是基于社会生活实践，解决实际问题，各国之间文化、社会和经济发展差异较大，西方范式的人文社科研究对于中国人文学科不必然具有普遍性价值。应该采取回归问题的学术路径，针对人文学术中的本土化与国际化开展具体问题具体分析，在充分吸收国际化学术研究养分的基础上，扎根于本土化学术生产。习近平总书记近期在给《文史哲》编辑部全体编辑人员的回信中强调，要"增强做中国人的骨气和底气，让世界更好认识中国、了解中国，需要深入理解中华文明，从历史和现实、理论和实践相结合的角度深入阐释如何更好坚持中国道路、弘扬中国精神、凝聚中国力量"②。这为我们坚定文化自信、坚守文化自觉、打造中国特色中国风格中国气派的哲学社会科学话语体系指明了方向。人文社会科学界既要基于本土化研究，分析中国经验、总结中国模式、解决中国问题，又要以中国经验为重要推广依据，在国际学术体系中构建中国人文学术话语权，促使人文学术实现"引进来"和"走出去"两步走。

其次，要处理好学术性与政治性的关系。人文科学领域的学术生产往往与意识形态建设密切相关，具有一定的政治功能。处理不好人文学术生产中的学术性与政治性的关系，既有可能走向"学术政治化"，也有可能走向"政治学术化"这两大极端。近30年来的人文学术生产在二者的关系处理上逐渐走向理性化和辩证统一，归根到底还是人文学术应该始终坚

---

① 参见吕景胜《论人文社科研究本土化与国际化的契合》，载《科学决策》2014年第9期。

② 《习近平给〈文史哲〉编辑部全体编辑人员回信》，载《人民日报》2021年5月11日第1版。

持"实事求是""实践是真理的唯一标准"的实践性原则，学术发展以实践问题为基础，以实践标准为指向，围绕中国特色社会主义建设的"大局"和"中心"，以提升人民群众的人文精神和人文素质为主要目标。从学术本身出发，注重学术理念、学术逻辑、学术正义和学术自由，以中国特色的人文学术凝聚社会意识、塑造民族品格，服务国家振兴和民族复兴的伟业。

最后，要处理好传承性与创新性的关系。人文学术生产同样是一个"善于继承才能善于创新"的过程，任何领域的人文学术生产都具有其血脉相连的历史传承，这是人文学术生产的时间逻辑概括。20世纪90年代的人文学术生产吸收和秉承了其前一阶段甚至多个阶段的历史积淀，未来的中国人文学术生产也必将以当前人文学术生产中的积极因素为基础，传承好其中合理性、科学性的部分。同时，还必须根据时代发展、技术创新和经济社会中的新手段、新情况、新问题为突破点，做好综合创新的充分准备，使人文学术生产始终符合时代发展的需要，始终适用社会环境的变化，在历史和未来之间架起一座解决现实问题的桥梁。

（三）坚持好"新四化"

面向未来的人文社科学术发展，要坚持好对策化、跨界化、技术化、国际化的"新四化"趋势。① 第一，坚持人文学术的对策化研究。本质上是以人文社会科学研究中现状问题为出发点和目的，源于现实问题，止于现实问题的缓解或解决。坚持对策化研究要着重保障研究对策具有较强的针对性、可操作性和可推广性，特定的时间范围、特定的空间范围、特定的文化和制度条件，所采取的解决对策都需要因地制宜、因时而异。第二，坚持人文学术的跨界化走向。当今时代乃至未来社会发展中的一些新问题新情况往往都更加复杂和变化多样，只用单一学科来审视，难免管中窥豹。必须构建"多学科""交叉学科""跨学科"的研究模式，把不同学科的理论、工具、方法等有机统一起来，才能在科技和社会前沿问题上实现颠覆性创新，取得重大突破。深化跨学科、整体性研究是人文社会科

---

① 参见李凤亮《新文科：定义·定位·定向》，载《探索与争鸣》2020年第1期。

学发展重要理念。① 第三，坚持人文学术的技术化趋势。技术任何时候都是人文社科和自然科学的重要工具，技术手段一方面能够提高人文学术生产的效率，例如，大数据时代下的人文社会科学将更加注重数据统计，通过Python等数据工具相比人工搜索将大大提高工作效率。技术手段另一方面能够增强人文学术调查研究的便利性和精准性，例如，越来越多的人文学者通过在线调研、在线问卷的技术方式更高效地实现学术目的。第四，坚持人文学术研究的国际化发展。人文社科的学术建设相比自然科学学术发展，国际化标准不确定、社会和文化体系迥异都是其国际化发展的障碍。之所以还必须要坚持国际化发展道路，既有中国人文学术话语权建设的需要，也出于民族性与世界性相通的机理可能，更出于不同文明之间互学互鉴的需要，只有在相互了解、相互信任的基础上才能相互学习、相互促进。中国人文学术"走出去"和西方人文学术"引进来"都是需要长期遵循的基本原则。

（发表于《探索与争鸣》2021年第6期；全文转载于人大复印资料《社会科学总论》2022年第1期）

---

① 参见郝平《跨界与融合：中国高等教育现代化的新动能》，载《学习时报》2019年4月19日第6版。

新时代构建中国自主知识体系的几点思考

一、构建中国自主知识体系的时代背景

2016 年，习近平总书记在哲学社会科学工作座谈会上首次明确提出"加快构建中国特色哲学社会科学"的重大战略任务，强调着力构建中国特色哲学社会科学学科体系、学术体系和话语体系。2022 年 4 月，习近平总书记在考察中国人民大学时更是明确指出，"加快构建中国特色哲学社会科学，归根结底是建构中国自主的知识体系"①。这是习近平总书记站在统筹中华民族伟大复兴战略全局和世界百年未有之大变局的战略高度对我国哲学社会科学建设作出的科学判断，充分表明在中国式现代化进程中构建中国自主知识体系，是中国哲学社会科学发展的方向和路径②。

知识体系是人类文化得以传承、创新和发展的重要基础与直接载体，也是一种文化的核心价值观念体系得以养成和延续的载体。③ 构建中国自主知识体系，既是中国式现代化进程的重要任务，也是建设社会主义文化强国的重要组成部分。当前，我国的硬实力和软实力发展不平衡。在硬实力方面，随着经济的迅猛发展，中国实现了从 100 多年前的半殖民地半封建社会到经济总量跃居世界第二的历史性突破，已成为世界经济增长的主要动力源。软实力作为国家综合实力的重要组成部分，对于增强民族凝聚力、创造力、提升国家竞争力具有十分重要的作用。经过多年努力，我国软实力在一定程度上得到提升，据全球领先的专业品牌估值机构 Brand Finance 发布的 2023 年全球软实力排行榜，中国软实力排名第五位。但是与西方发达国家相比仍然存在一定差距，特别是在自主知识体系的构建与

---

① 《坚持党的领导传承红色基因扎根中国大地　走出一条建设中国特色世界一流大学新路》，载《人民日报》2022 年 4 月 26 日第 1 版。

② 参见王浦劬《在中国式现代化进程中构建中国自主的知识体系》，载《中国社会科学报》2023 年 2 月 24 日第 3 版。

③ 参见翟锦程《中国当代知识体系构建的基础与途径》，载《中国社会科学》2022 年第 11 期。

使用上。近代以来的中国知识界，较多地受到西方知识体系的影响，在译介、传播、使用及本土化方面进行了一个多世纪的探索。在承认和肯定"西学东渐"所取得的成绩的同时，我们更应清醒地看到，当代中国知识体系仍未根本跳脱西方知识体系的窠臼，在同中国具体实际相结合、同中华优秀传统文化相结合方面有较大缺失，其学科体系、学术体系和话语体系上的能力和水平同我国综合国力以及国际地位还不太相称。一言以蔽之，构建中国自主知识体系，不仅必要，而且紧迫。

事实上，古代中国就有着以"六艺"为基础的具有深厚历史文化积淀的知识体系。随着近代西方知识体系的传入，中国传统知识体系丧失了自主性，随之而来的就是以西方知识体系为基础的话语体系取代了中国的话语体系。在《通往大国之路：中国的知识体系重建和文明复兴》一书中，郑永年认为，"没有知识体系的一个严重结果，就是中国没有自己的国际话语权"[1]。这也就是近代以来我国由领先变为落后的原因之一。为了改变近代中国落后的局面，中国人以"中体西用"的方式重建知识体系，不管是"师夷长技以制夷"的洋务运动，还是改良式的变法维新，乃至提倡"民主与科学"的新文化运动，都是中国近代重构知识体系的探索与尝试。虽然这在一定程度上丰富了我国知识体系的内容，但这种将西方知识体系嫁接到中国传统知识体系的"新学"，仍然是西方知识体系在近代对中国传统知识体系的替代，并不意味着具有自主话语权。另外，现代知识体系是以西方知识体系为基础而发展起来的，并在自然科学、技术、经济贸易等领域占据主导地位。这也从侧面反映了我国不管是在内部世界还是外部世界，知识体系的构建还有很大的提升空间。对于改革开放以来我国哲学社会科学领域知识体系的发展现状，有学者做出这样的评价：

> 当改革开放以来的中国已经成为世界社会科学界最大实验场的时候，中国知识界并没有承担起解释中国的变革，为世界社会科学发展贡献知识的责任。社会科学领域发展滞后的现状不仅影响到了中国的知识重建，更累及中国文明的复兴。任何一种文明，其内核都是代表

---

[1] 郑永年：《通往大国之路：中国的知识重建和文明复兴》，东方出版社2012年版，第14页。

这个文明的知识体系。或者说，知识体系是一种文明的最高表达。从知识构建的角度讲，正是伟大的知识造就了文明，任何文明都需要一套完善的知识体系来支撑。但今天中国所面临的局面并非如此。一方面是改革的作为和文明的复兴，另一方面是能够解释改革实践的知识的缺失。近年来，中国政府提倡媒体和智库走出去，讲好"中国故事"，但是由于缺乏一套知识体系支撑，结果总是事与愿违。我们所讲的"中国故事"，外界听不懂。用一位西方外交官的话来说，讲好"中国故事"的最终结果却是"唤醒了中国在西方的敌人"。笔者认为，诸如此类现象的产生，最根本的症结在于改革开放乃至近代以来，中国一直没有发展出自己的知识体系，而是在用西方的知识体系来解释中国问题，结果不仅外在世界不感兴趣，而且在很大程度上"曲解"了自己。很显然，这种现象必须得到改变①。

由此可见，以中国与时代为观照，构建中国自主知识体系是十分必要的，它是中国式现代化道路和人类文明新形态创造的思想先导。构建中国自主知识体系也就是建构具有中国特色、中国风格和中国气派的学科体系、学术体系、话语体系。它破除了西方学说在国际话语体系的唯一性，体现了中国构建知识体系的自觉性，是文化自信、历史自信、学术自信的体现，也是讲好中国故事、传播好中国声音的关键内容，更是提升我国软实力的重要举措。在新时代，构建中国自主知识体系是解释中国实践、中国经验、中国奇迹、中国道路的需要，应在"两个大局"和"两个结合"中去把握和谋划，以此更好地推进中国式文化现代化。

二、"三大体系"之间的关系

在党的二十大报告中，习近平总书记明确提出："加快构建中国特色哲学社会科学学科体系、学术体系、话语体系。"② 习近平总书记这一论

---

① 郑永年、杨丽君：《中国文明的复兴和知识重建》，见《"如何构建中国特色哲学社会科学体系"笔谈之一》，载《文史哲》2019 年第 1 期。
② 习近平：《高举中国特色社会主义伟大旗帜 为全面建设社会主义现代化国家而团结奋斗》，载《人民日报》2022 年 10 月 26 日第 1 版。

述充分阐释了"三大体系"与构建中国特色哲学社会科学的关系,指出了"三大体系"是构建中国特色哲学社会科学的主体内容。而构建中国特色哲学社会科学的根本是建构中国自主的知识体系。因此,"三大体系"建设的开展与中国自主的知识体系构建有着根本关联,优化学科体系、强化学术体系、活化话语体系是当前构建中国自主知识体系的重要抓手和实现支点。2016 年,习近平总书记在哲学社会科学工作座谈会上指出:"每个学科都要构建成体系的学科理论和概念。"① 这里所说的"成体系的学科理论和概念"分别是对学术体系和话语体系内容的概括和表达,"成体系的学科理论"构成学术体系,"成体系的概念"构成话语体系。这一论述阐明了要构建学术体系与话语体系相统一的学科,深刻描述了"三大体系"的关系。学科体系、学术体系和话语体系作为构建中国自主知识体系的重要部分,辩证统一、相辅相成、互为基础。

学科体系是指由科学研究的若干基本领域或分支以特定方式联系而成的具有特定结构和功能的学科整体②,包括对学术领域的划定和研究对象的确定。它是根据社会发展需求和国家利益等需要而形成的合理的学科门类,为学术体系的深入研究和话语体系的形成奠定了坚实的基础。没有扎实的、具有中国特色的学科体系,学术体系和话语体系就是无源之水、无本之木。当前,我国已基本形成了门类齐全、布局合理的哲学社会科学学科体系,但仍然存在着一些问题。例如,一些学科的设置脱离社会发展、学科交叉融合建设比较薄弱等。根据《研究生教育学科专业目录(2022年)》,当前我国学科有 14 个门类,共有一级学科 117 个;而根据 2020 年的美国《教育项目分类》(CIP),美国有 48 个学科群、464 个一级学科③;英国的学科专业目录经过了多次修订,2012 年出版的《联合学科编码系统》(JACS)包括 21 个学科群和 154 个一级学科,2019 年英国学科目录系统《高等教育学科分类》(HECoS)正式替代 JACS 使用,不管是

---

① 习近平:《在哲学社会科学工作座谈会上的讲话》,载《人民日报》2016 年 5 月 19 日第 2 版。

② 谢立中:《探究"三大体系"概念的本质意涵》,载《中国社会科学报》2020 年 12 月 24 日第 1 版。

③ The Institute of Education Sciences, *The Classification of Instructional Programs*: 2020 Edition (CIP-2020)(https://nces.ed.gov/ipeds/cipcode/resources.aspx?y=56)引用日期:2020 年 5 月 10 日。

在学科大类还是一级学科上均未发生大的变化。① 相较于欧美国家的学科体系，当前我国学科体系在一定程度上无法满足中国丰富的社会实践活动。因此，建设完善的学科体系能够让更多的研究者超越既有的研究框架，以更开阔的视野去认知和探索中国实践，这也是学科体系成熟的重要表现。

学术体系是对学科对象本身所具有的本质规律的理论和知识的表达，为学科体系和话语体系的创新提供了充足的动力。学术体系的水平和属性也直接决定着学科体系、话语体系的水平和属性。② 例如，同样是文学，中国文学与外国文学就有很大的区别，这种区别不是学科和话语的差异，其根本原因在于思想观点的不同。纵观学术的发展过程，一个新理论或者新知识的提出能够推动学科的发展，它是一个学科成熟的重要标志，同时也是话语表达的重要内在思想，让话语体系更具中国特色，更加具有内在力量。"人类命运共同体"这一新理念的提出就是很好的例证。作为具有中国特色的国际关系理论，"人类命运共同体"不仅丰富了政治学学科内容，而且在国际上取得了广泛的共识，构建了有效的话语体系。

话语体系是"由交往主体通过语言符号建立起来的表达与接受、解释与理解、评价与认同等多重认知关系"③，也就是基于中国实践所形成的概念、术语、语言等，是一种思想、理论和知识的外在表现形式，是衡量一个学科是否具有深厚影响力的重要指标。话语体系也是学科体系和学术体系建设成效的具体表现，一个学科的学术体系要想被大家所熟知，只有通过自身的话语体系才能作为一种对象性的存在表达出来。④ 在国际竞争越来越激烈的今天，增强文化软实力，提升文明传播力已成为建设社会主义文化强国，以中国式现代化全面推进中华民族伟大复兴的必然要求。而构建自主的话语体系正是一个国家文化软实力、文明传播力的重要表现形式，也是反对话语霸权、避免西方强制阐释困境的重要举措。没有自主

---

① 参见张志强、乔晓鹏《中外学科目录中出版学的设置与比较研究》，载《出版发行研究》2020年第8期。
② 谢伏瞻：《加快构建中国特色哲学社会科学学科体系、学术体系、话语体系》，载《中国社会科学》2019年第5期。
③ 王莉：《中国话语体系构建的基本维度》，载《光明日报》2017年9月25日第11版。
④ 参见田心铭《学科体系、学术体系、话语体系的科学内涵与相互关系》，载《光明日报》2020年5月15日第11版。

的话语体系,那么中国的学科体系和学术体系就无法在国际上站稳脚跟,进而无法展示具有中国特色与风格的学术前沿研究,也就无法传播中国声音。究其原因,在于学术体系的研究理论与知识的传播必须通过话语体系来实现学科的任务与目标。因此,在中国传统知识体系/话语体系基础上形成有特色的、有效的话语体系是构建自主知识体系的核心。

总的来说,"三大体系"相互联系、相互作用,形成统一的有机整体,并在一定的条件下能够相互转化。学科体系是基础,学术体系是动力,话语体系是表现形式。构建自主的知识体系要让学术体系围绕学科体系展开,并通过话语体系的创新呈现出来[①],最终构建学术体系与话语体系相统一的学科体系,开创具有中国特色、中国风格、中国气派的自主知识体系建设新局面。

三、构建中国自主知识体系的重要路径

在全面深化改革的时代背景下,当前人文社会科学正日益呈现"对策化、跨界化、技术化、国际化"的趋势。[②] 构建中国自主知识体系,应深刻把握"四化"趋势,突出问题意识、创新精神,深具世界视野和未来眼光。在立足中国的实践上,面向时代,坚持问题导向;面向传统,强化古今对话;面向全球,加强话语传播;面向未来,实现跨界融通。

(一)面向时代,坚持问题导向

歌德曾经说过:理论是灰色的,生命之树常青。理论来自实践,也面向实践,没有被实践检验的理论无法实现自身的价值。构建中国自主知识体系应面向时代,坚持问题导向。坚持问题导向是马克思主义的鲜明特点与科学思维方法,也是习近平新时代中国特色社会主义思想的鲜明风格。马克思曾指出:"问题就是时代的格言,是表现时代自己内心状态的最实

[①] 参见潘玥斐《"三大体系"建设引领哲学社会科学迈向未来》,载《中国社会科学报》2019年2月22日第1版。

[②] 参见李凤亮《加快建设中国特色世界一流的新文科》,载《新文科理论与实践》2022年第2期。

际的呼声。"① 党的二十大报告用"六个坚持"概括和阐述了习近平新时代中国特色社会主义思想的世界观和方法论，其中重要的一点就是"坚持问题导向"。回顾历史上各种新思想的产生，我们会发现这些新思想是其所在时代对当时急迫问题的回应。如"百家争鸣""程朱理学""阳明心学""新文化运动"等等新思想或文化运动，均是在现实基础上对当时问题的反思。从某种意义上来说，这些新思想、新理论产生的过程就是发现问题、分析问题、解决问题的过程。坚持问题导向是构建中国自主知识体系的重要路径之一，为其注入源源不断的活力与动力，实现知识体系的自主建构、自我更新和发展完善。美籍华裔学者刘禾曾在接受笔者访谈时讲道："从根本上说，所谓'理论'，就是提出别人没有提过的问题，它不是炫耀名词概念，更不是攀附知识权贵。理论就是问题意识，看一个人能不能提出真正的问题。"② 因此，我们要从实际出发，坚持实践的观点、历史的观点、发展的观点，运用新思想、新理念、新办法解决现实中出现的新问题，以此通过回应中国之问、世界之问、人民之问和时代之问来构建自主的知识体系。同样，只有面向时代，坚持问题导向，才能把握历史脉络、找到发展规律，解决国内哲学社会科学领域盲目崇拜西方研究范式、评价标准的问题。例如，在当代文学批评与文论建设中应聚焦问题，特别是对于具有全球共识的问题的探索，这对于提高我国文论国际话语权十分重要，也是构建自主文学知识体系的重要内容。

（二）面向传统，强化古今对话

习近平总书记指出："绵延几千年的中华文化，是中国特色哲学社会科学成长发展的深厚基础。"③ 中华优秀传统文化是凝聚中华民族的强大精神纽带，也是中华民族最深厚的软实力，具有深厚的理论思维和博大精深的精神实质。从先秦诸子到两汉经学，从魏晋玄学到隋唐佛学，从儒释道合流到宋明理学等，中华优秀传统文化经历了一次又一次的学术繁荣和

---

① 中共中央马克思、恩格斯、列宁、斯大林著作编译局编译：《马克思恩格斯全集》（第一卷），人民出版社1995年版，第203页。
② 李凤亮：《穿越：语言·时空·学科——刘禾教授访谈录》，载《天涯》2009年第3期。
③ 习近平：《在哲学社会科学工作座谈会上的讲话》（2016年5月17日），载《人民日报》2016年5月19日第2版。

文化积淀，产生了儒、释、道、墨、名、法、阴阳、农、杂、兵等各家学说，在实践中形成了独特的思想体系。这一思想体系是新时代构建中国自主知识体系的宝贵财富与独特源泉。

　　构建中国自主知识体系就是要自主建设中国独特世界观、本体论或方法论等特征的知识体系，具有"中国特色"是我国自主建设知识体系的重要特征。知识体系的中国特色，在文化层面来源于中国几千年历史所积淀的优秀传统文化。构建中国自主知识体系应面向传统，强化古今对话。在立足中华优秀传统文化沃土的基础上，深入挖掘中华优秀传统文化的时代价值和现实意义，把中国文化精神、价值心理与知识体系相结合，坚持古为今用、推陈出新，努力实现中华优秀传统文化的创造性转化和创新性发展，不断夯实中国自主知识体系的文化根基。面向传统也就是面向中华优秀传统文化土壤，守住中华文化根脉，坚持"不忘本来"，充分挖掘和转化中华优秀传统文化的宝贵资源，不断从中华优秀传统文化中汲取营养，坚定文化自信，使中国自主知识体系拥有源源不断的生命力和旺盛的生长力。美籍华裔学者王德威曾这样反思："如果说过去我对于文学跟历史的讨论更集中在20世纪文学和20世纪历史之间错综复杂、相互印证的过程的话，那么过去五年中，我越来越认识到视野应该投向一个更广大的历史语境中。这个历史既是一个生活经验不断累积的历史，但是更重要的是我们的本行——文学史。"[①] 他强调在谈论中国现代性、后现代性的时候，不能忘掉历史性，也就不能忘记传统。面向传统不是简单延续中华历史文化母版，而是在继承中华优秀传统文化的基础上，结合新时代要求，不断推进知识、理论与方法创新。文化是一个国家、一个民族的灵魂，任何一个国家如果没有了自身的文化传承，它的文化传统也会逐渐湮灭，那么这个民族也将会陷入万劫不复、永无翻身之地。党的十八大以来，习近平总书记多次在重要场合强调"文化自信"，并赋予"文化自信"新的理论意义，他指出："文化自信是更基础、更广泛、更深厚的自信，是一个国家、一个民族中最基本、最深沉、最持久的力量，没有高度文化自信、

---

　　① 李凤亮：《彼岸的现代性——美国华人批评家访谈录》，广西师范大学出版社2011年版，第61页。

没有文化繁荣兴盛就没有中华民族伟大复兴。"① "三更""三最"话语深刻体现了文化自信对于中华民族伟大复兴的重要性，更是为构建中国自主知识体系指明了前进方向。坚持中华优秀传统文化的创造性转化、创新性发展，是为了从"本来"走向"未来"，着眼的是人类文明新形态的创造。2023 年 6 月 2 日，习近平总书记在文化传承发展座谈会上强调："在新的起点上继续推动文化繁荣、建设文化强国、建设中华民族现代文明，是我们在新时代新的文化使命。要坚定文化自信、担当使命、奋发有为，共同努力创造属于我们这个时代的新文化，建设中华民族现代文明。"② 无疑，这为我们坚持古今对话、构建中国自主知识体系增强了历史自信、文化自信，也进一步明确了方向和目标。

（三）面向全球，加强话语传播

习近平总书记指出："世界百年未有之大变局加速演进，世界进入新的动荡变革期，迫切需要回答好'世界怎么了''人类向何处去'的时代之题。"③ 构建中国自主知识体系应面向全球，加强话语传播。一方面，面向全球要吸收和借鉴世界哲学社会科学取得的有益成果。当今世界是开放的世界，各国之间的联系和紧密度不断加深，文明交流互鉴已成为时代主题。中国作为拥有五千年文明史的古国，是在文明交流互鉴中逐步走向世界舞台的。鸦片战争以来，西方文化的不断涌入，全面冲击着中国传统思想文化，也强有力地刺激了中国传统思想理念的变革，加速了现代知识体系的形成。④ 特别是马克思主义的传入，从根本上改变了中国文化形态，形成了具有中国特色的哲学社会科学。构建中国自主知识体系，需要在各国文明交流过程中，不断吸收世界哲学社会科学的优秀成果，并将其融入中国知识体系建设中，形成更加完善、系统、有影响力的知识体系。同时，对于西方学术模式和思维方式的借鉴应避免盲目追求、机械搬用。

---

① 《中共中央关于党的百年奋斗重大成就和历史经验的决议》，载《人民日报》2021 年 11 月 17 日第 1 版。
② 《担负起新的文化使命　努力建设中华民族现代文明》，载《人民日报》2023 年 6 月 3 日第 1 版。
③ 《坚持党的领导传承红色基因扎根中国大地　走出一条建设中国特色世界一流大学新路》，载《人民日报》2022 年 4 月 26 日第 1 版。
④ 参见岳亮《构建中国特色话语体系三要素》，载《学习时报》2016 年 8 月 8 日第 3 版。

只有在立足自身特色中借鉴，打造融通中外的中国话语和叙事体系，才能有效推动中国自主的知识体系构建。另一方面，面向全球要聚焦世界之问。当前全球面临着严重的治理赤字、信任赤字、发展赤字等问题，急需各国知识界为其提供解决方案，我国哲学社会科学工作者也肩负着用中国智慧回答世界之问的使命。因此，构建中国自主的知识体系应提升哲学社会科学的国际化视野，积极探索人类前途命运的重大问题，设置和提炼具有标识性的议题和概念，打造具有中国特色、世界意义的新概念、新范畴和新表述，为世界提供中国智慧和中国方案。例如在中国现代文学研究领域中，sinophone literature（"华语语系文学"）的提出相对于"汉语文学""海外华文文学"更加具有国际化和世界性。"华语语系文学"的命名借鉴了"英语语系文学""法语语系文学"和"葡语语系文学"，并与之紧密相连，有效将华文文学融入国际学术话语中，进一步提升了华文文学的国际传播力。这也就是说，构建中国自主知识体系，应不断提升学术话语概念的穿透力和推进力，在融通中外文化、增进文明交流的基础上，破解西方话语霸权，形成具有中国特色的国际话语体系，向世界展现真实、立体、全面的中国。

（四）面向未来，实现跨界融通

早期的中国具有"文史哲不分家"的学科传统，而随着学科知识的不断细分，学科体系日益完善，但也存在学科独立运作、壁垒森严、相互隔绝等突出问题。这在一定程度上造成了学科专业之间的隔阂与封闭，严重影响学科之间的交流互动，不利于其创新发展。当前，科技的创新、突破与发展越来越依赖于多学科的交叉与融合；同时，社会对于人才的需求也从单一学科人才逐渐转向跨学科、复合型人才。学科交叉融合是科学发展的重要时代特征，是学科发展的必然趋势，也是构建中国自主知识体系的重要途径。因此，构建中国自主知识体系应面向未来，加强学科跨界融通。具体而言，一是突破传统学科界限，强化相关学科协作和跨学科交流，进一步推进学科交叉协同发展。长期以来，我国哲学社会科学大多主要集中在本学科研究领域，跨学科研究一直处于不被重视的状态，导致学科互相孤立，不同学科的隔阂越来越深。突破传统学科界限也就是打破学科划分的限制与隔阂，打破固步自封的心态和陈腐封闭的学科界限，从思想和行动上消除学科壁垒,着重强调不同学科、知识、技能之间的融通和连接,形成跨界融合的学术思维,例如加强文学、艺术与技术的融合与跨界。二是立足现实,以社会发展需求为导向。随着社会的不断发展,新的需求和问题也随之出现。这些新需求、新问题需要汇聚不同学科智力,多学科交叉来协同作用才能得到有效解决。这也就要求我们应根据现实发展需求来设立交叉学科,布局新型学科,创新学科体系,构建适应社会发展需求的知识体系。像城市文明、文化产业、知识产权、科技伦理等,正是随着社会生产、生活的不断变化而出现的新知识领域,相应的学科设置也应与时俱进,及时调整,重视多学科交叉形成的新兴学科,避免上述学科因交叉渗透陷入传统的学科归属不明而影响发展的境况。

(发表于《中国高校社会科学》2023年第5期)

话语体系建设是构建中国特色哲学社会科学的关键

党的二十大报告明确指出:"加快构建中国特色哲学社会科学学科体系、学术体系、话语体系,培育壮大哲学社会科学人才队伍。"① 关于"构建中国特色哲学社会科学"这一战略任务,习近平总书记立足于中国现实与西方话语霸权的时代背景,早在2016年哲学社会科学工作座谈会上就重点提出该论断,并在2022年4月对中国人民大学进行考察时进一步指出,"加快构建中国特色哲学社会科学,归根结底是建构中国自主的知识体系"②。学科体系、学术体系和话语体系是构建中国特色哲学社会科学的重要内容,"三大体系"相互作用、相互联系,形成辩证统一的有机整体。学科体系是基础,学术体系是动力,话语体系是核心与关键,学术体系围绕学科体系展开,并通过话语体系的创新呈现出来。③

当前,在加快构建中国特色哲学社会科学进程中,"三大体系"建设取得了显著成效,相关的研究也在逐步增加,但有关"三大体系"的评价问题正处于探索阶段,尚未形成具有统一标准的评价体系。2018年习近平总书记在全国教育大会上就提出克服"唯分数、唯升学、唯文凭、唯论文、唯帽子"的"破五唯"要求。多年来"五唯"评价体系一直作为我国学术评价的标准,它是在西方评价标准的驱动下逐步形成的,以定量评价为标准,严重冲击着我国的办学道路、教育评价体系和学科分类体系,不利于中国特色哲学社会科学的发展。④ 因此,建立定量与定性方法

---

① 习近平:《高举中国特色社会主义伟大旗帜 为全面建设社会主义现代化国家而团结奋斗》,载《人民日报》2022年10月26日第1版。
② 《坚持党的领导传承红色基因扎根中国大地 走出一条建设中国特色世界一流大学新路》,载《人民日报》2022年4月26日第1版。
③ 参见潘玥斐《"三大体系"建设引领哲学社会科学迈向未来》,载《中国社会科学报》2019年2月22日第1版。
④ 参见周光礼《破"五唯"立新标:建构中国特色哲学社会科学评价体系》,载《中国人民大学学报》2022年第3期。

相结合，扎根于本土实践的科学的哲学社会科学评价体系是破除我国长期以来所面临的学科专业边缘化、学术体系不完善、话语解释力不足这三重困境的有力武器，能够及时发现学科体系、学术体系和话语体系中存在的问题，并通过相应的评价指标获得有针对性的解决方案，不断提高中国哲学社会科学在国际上的话语权和影响力。①

话语体系作为"三大体系"的组成部分，不仅是中国特色哲学社会科学评价体系建设的重要内容，更是构建中国自主知识体系的核心。一方面，话语体系涉及整个学术体系的建构，决定了学术体系的质量和水平，也体现了学术体系的创新性与合理性；另一方面，话语体系关系着人才的培养，在话语权上处于弱势地位的国家，其课程体系的设置和研究领域的设定必然会存在不均衡性问题，严重阻碍国际人才的培养。没有话语体系，学术体系和学科体系就没有生命力，强化话语质量更是成为构建中国特色哲学社会科学的关键。立足新时代，构建中国特色哲学社会科学应当在面向传统、面向时代、面向未来中坚持古为今用，强化问题意识，加强创新驱动。

一、不忘本来：坚持古为今用

话语体系是基于实践，以特定符号来表达某种观点、思想、理论和知识的概念、术语、语言等，是思想体系和知识体系的外在表现形式。借用布尔迪厄所言，"专门化的话语能够从社会空间的结构与社会阶层场域的结构之间所暗藏着的对应中获得其效验"②。构建中国特色哲学社会科学话语体系，重点在于"中国特色"。何为中国特色？其内在的基因密码就是中华优秀传统文化。中华优秀传统文化是中国几千年文明史的智慧结晶和精华所在，是中华民族的文化根脉和精神内核，也是我们在世界文化激荡中依旧保持中国特色的因由。党的十八大以来，习近平总书记关于中华优秀传统文化发表了一系列重要论述，2023年6月在文化传承发展座谈

---

① 参见中国社会科学院科研局"三大体系"建设研究课题组、崔建民、王子豪等《中国特色哲学社会科学"三大体系"建设进程评价：理论与实践探析》，载《中国社会科学评价》2022年第1期。

② ［法］皮埃尔·布尔迪厄：《言语意味着什么——语言交换的经济》，褚思真、刘晖译，商务印书馆2005年版，第12页。

会上更是强调,"中国文化源远流长,中华文明博大精深。只有全面深入了解中华文明的历史,才能更有效地推动中华优秀传统文化创造性转化、创新性发展,更有力地推进中国特色社会主义文化建设,建设中华民族现代文明"①。另外,在阐述中国特色哲学社会科学时,习近平总书记指出,"绵延几千年的中华文化,是中国特色哲学社会科学成长发展的深厚基础"②。可见,继承中华优秀传统文化对于构建中国特色哲学社会科学话语体系是何等重要。十几年前,笔者在访谈美籍华裔学者王德威教授时,他曾这样说道:"过去我对于文学跟历史的讨论更集中在 20 世纪文学和 20 世纪历史之间错综复杂、相互印证的过程的话,那么过去五年中,我越来越认识到视野应该投向一个更广大的历史语境中。这个历史既是一个生活经验不断累积的历史,但是更重要的是我们的本行——文学史。"③他强调在谈论中国现代性、后现代性的时候,不能忘掉历史性,也就不能忘记传统。

毫无疑问,构建中国特色哲学社会科学话语体系不能脱离传统。那么在面对内容丰富的传统文化时,要继承和弘扬的是什么?对于这一问题,费孝通先生提出要"文化自觉",也就是说对于文化要有自知之明,能够对其有充分的认识。例如,要识别中国传统文化的精华与糟粕,不能全盘否定,也不能全盘肯定,既不能全面"复旧",更不能全面"西化"。一方面要继承传统,汲取传统文化的深沉智慧;另一方面也要积极对传统的概念、术语进行创造性转化和创新性发展,避免简单地照搬照抄。换言之,话语体系的建设应把继承中华优秀传统文化与时代发展要求紧密结合起来,坚持在继承与发展中展现中华文化的永久魅力,增强中华文明传播力与影响力。20 世纪 90 年代末,"中国古代文论的现代转换"这一学术命题的出现在一定程度上就体现了在学术研究中继承优秀传统文化的重大意义。虽然学界关于该命题持有不同观点,但从中国文论或者文艺学的发展来说,当代中国文论的创新与建构必须继承中国古代文论的优秀成分,

---

① 习近平:《担负起新的文化使命 努力建设中华民族现代文明》,载《人民日报》2023 年 6 月 3 日第 1 版。

② 习近平:《在哲学社会科学工作座谈会上的讲话》,载《人民日报》2016 年 5 月 19 日第 2 版。

③ 李凤亮:《彼岸的现代性——美国华人批评家访谈录》,广西师范大学出版社 2011 年版,第 61 页。

注入时代精神，建设符合现实且具有强大阐释力的新文论。另外，中国文论失语症出现的根源也正是对中国古代文论传统继承和创造性发展的忽视，将中国文化与现代化二者对立起来。继承传统是中国文论发展的重要源泉，例如现代文论中"文学为政治服务"的观念，则是对古代文论中儒家"文以载道"思想的继承、延伸与发展。① 总的来说，话语体系是国家在国际上取得话语权的根基，继承本国优秀文化是构建话语体系的基础。构建中国特色哲学社会科学要不忘本来，坚持古为今用，将话语继承与话语创新相结合，在吸收借鉴中华文化精髓中实现创新。

二、驻足时代：强化问题意识

问题意识是马克思主义的鲜明品格，贯穿其发展始终。马克思曾指出："问题就是公开的、无畏的、左右一切个人的时代声音。问题就是时代的口号，它是表现自己精神状态的最实际的呼声"②。这一论述充分阐释了问题与时代的关系，认为问题的提出来源于时代的发展和变化，具有现实的紧迫性和时代的必然性。③ 这也就是说，任何一门科学的产生都是时代变化与社会实践的产物，其发展要立足时代与实践需要，具有问题意识。坚持问题意识是对马克思主义矛盾观的继承与发展，也是习近平新时代中国特色社会主义思想的鲜明特质，更是党治国理政的突出特点。党的十八大以来，习近平总书记就"问题的实质是什么""问题的重要性如何""如何解决问题"④ 这三个核心问题发表了一系列重要论断，并反复强调要增强问题意识、坚持问题导向。在党的二十大报告中谈及世界观和方法论时，习近平总书记明确提出"六个坚持"，其中第四个就是"必须坚持问题导向"，指出"问题是时代的声音，回答并指导解决问题是理论

---

① 参见朱立元《关于中国古代文论现代转换的再思考》，载《中国社会科学》2015年第4期。
② 《马克思恩格斯全集》（第四十卷），人民出版社1982年版，第289-290页。
③ 参见苑申成《马克思主义问题意识的逻辑理路》，载《思想教育研究》2020年第7期。
④ 关锋：《习近平新时代中国特色社会主义思想对"问题"的科学理解和求解》，载《福建师范大学学报（哲学社会科学版）》2022年第3期。

的根本任务"①。中国特色哲学社会科学建设应以中国为关切，以时代为观照，立足当代现实，坚持问题导向，在时代变化中以"中国问题"为中心来推进话语内容及表达方式的转变和创新。如前所言，构建中国特色哲学社会科学应面向传统，其实面向传统、继承中华优秀传统文化也是为了解决当下的问题，它是从传统文化中去寻找解决问题的方法。著名科学家袁隆平就曾说过，传统文化不能丢掉的，很多问题可以从传统文化里寻找智慧和答案。同样，问题是话语体系创新的源头与内在动力。

构建中国特色哲学社会科学首先应全面了解当前我国话语体系建设所处的发展阶段、面临的主要困境，从问题中寻找解决办法。例如，在学术评价体系方面，我国一直受西方话语体系所影响，并且一直依赖于西方标准体系，"五唯"评价体系则是很好的例证。同时，在治理评估体系上，许多的指标体系虽然强调价值中立，但仍然尚未跳出以西方发展模式为标准的治理评价。这种不客观、不公平、不科学的评价严重制约了我国国际话语权的提升。印度学者杜赞奇就曾说过："对于欧美以外地区的解释必须奠基在其自身历史发展的经验、轨迹当中，不能够简化地、错误地以欧美经验来丈量、解释自身。"② 这就要求我们应以全球眼光，探索立足于本国实际的理论评价体系。其次，坚持问题意识要求中国特色哲学社会科学建设要立足于中国实践，提炼出中国话语，克服"有实践没概念"的现象。改革开放 40 多年来，我国的经济、政治、文化和社会发生了重大变化，创造了人类发展史上的"中国奇迹"。纵观改革开放发展历程，人民群众的实践探索是改革开放不断发展的制胜法宝。我们要加强对改革开放实践经验的系统总结，概括和提炼出具有中国特色和世界影响的新模式、新理论，推出能够解决人类问题的新方案、新路径。特别要注重把我们党创造的马克思主义中国化的理论创新成果转化为学术话语体系③，突出话语的大众化特征，打造易于被国际社会所理解和接受的新概念、新范畴、新表述。"人类命运共同体"就是在总结中国共产党百年奋斗重要成

---

① 习近平：《高举中国特色社会主义伟大旗帜　为全面建设社会主义现代化国家而团结奋斗》，载《人民日报》2022 年 10 月 26 日第 1 版。

② 转引自张颂仁、陈光兴、高士明主编《历史意识与国族认同》，上海人民出版社 2013 年版，第 8 页。

③ 参见靳诺《加快构建中国特色哲学社会科学话语体系》，载《红旗文稿》2019 年第 23 期。

就和历史经验的基础上，为推动当今世界和平与发展而提出的中国方案，它是对西方价值观的超越，着眼于全人类共同利益，具有普遍性的全球价值观。最后，要进一步强化学理共识，寻求思想共约。要从实践中深入挖掘目标共识、思想共识、价值共识、表达共识，围绕"以人民为中心""民族复兴"等核心理念，提炼出具有标识性、世界性、大众性且具有学理性的新表述，增强我国在国际上的学术自信和理论自信。

三、面向未来：致力话语创新

创新是理论永葆强大生命力的源泉，也是构建中国特色哲学社会科学的内在动力。加强话语创新是习近平总书记在中国特色哲学社会科学话语建设中反复强调的重要内容，围绕"因何创新""以何为新""何为创新"三个基本问题，习近平总书记提出了一系列观点。如习近平总书记所言，"我们的哲学社会科学有没有中国特色，归根到底要看有没有主体性、原创性"①。原创性是构建中国特色哲学社会科学的基本要求。同时，在世界多极化、经济全球化、文化多样化、社会信息化的时代背景下，国际话语体系仍然存在"西强我弱"的现象。西方国家在国际话语权中占主导地位，我国话语体系建设和话语主权捍卫面临着巨大的外部压力，内部更是存在话语原创性不足、创新性不够等问题，话语体系构建还无法与中国综合国力、战略全局、国际地位相匹配。

因此，构建中国特色哲学社会科学应着眼于创新，通过思想创新、内容创新、传播方法创新等实现话语体系新飞跃。一是毫不动摇地坚持马克思主义在中国特色哲学社会科学话语体系建设中的指导地位，充分发挥它在话语体系建设中的思想引领作用。面对西方的意识形态渗透，要以马克思主义理论武装头脑，树立马克思主义的世界观、人生观和价值观。同时，坚持马克思主义的"人民主体思想"，树立以人民为中心的研究导向，增强中国哲学社会科学话语的吸引力和感染力。二是吸收借鉴世界各国哲学社会科学有益的理论观点和学术成果，面向未来持续丰富中国哲学社会科学建设的内容，激发中国话语的创新潜力。创新总是在吸收借鉴中

---

① 习近平：《在哲学社会科学工作座谈会上的讲话》，载《人民日报》2016年5月19日第2版。

不断向前发展，也就是说善于借鉴才能善于创新。这就要求我们要以平等谦虚的态度广泛吸收世界各国哲学社会科学的有益成果与实践经验，在吸收借鉴的基础上通过创新打造出更具有世界性的话语体系。三是不断强化话语体系的传播能力，提高中国话语的影响力。一方面注重话语的大众化和国际化表达，用通俗易懂且贴合西方受众的表达方式来进行国际传播，为强化话语传播工作提供表述支撑，也有利于讲好中国故事，传递好中国声音。例如，在对中国式现代化和人类文明新形态等内容进行传播时，应通过"讲故事、摆事实、举例子"的方式，应用具有穿透力和解释力的话语向国际社会阐释中国式现代化的深刻内涵，实现政治话语的大众化表达。另一方面，创新对外宣传方式，运用新技术、新媒体平台加强中国特色哲学社会科学的对外传播，特别是注重新技术对于话语传播的作用。Chat GPT 作为一项基于人工智能技术的自然语言处理工具，由于它的训练数据主要来源于西方数据库，其思维运行模式更符合西方受众的喜好[①]。我们要深刻认识到这些传播工具的巨大影响力和渗透力，"借船出海"，厚植理论话语，以更具共情性和国际表达性的方式全方位加强国际传播。

（以《"三大体系"如何因应时代之变》为题发表于《探索与争鸣》2023 年第 9 期）

---

① 参见郭晓科、刘俊、王瑾《全球话语竞争下的中国对外话语体系建构新思维》，载《对外传播》2023 年第 5 期。

附录

李凤亮主要著述目录

一、主要著作

[1]《诗·思·史：冲突与融合——米兰·昆德拉小说诗学引论》（李凤亮），商务印书馆 2006 年版。

[2]《沉思与怀想》（李凤亮），中国社会科学出版社 2003 年版。

[3]《彼岸的现代性》（李凤亮），广西师范大学出版社 2011 年版。

[4]《移动的诗学》（李凤亮等著），暨南大学出版社 2012 年版。

[5]《中国古典文论现代观照的海外视野》（李凤亮等著），中国台湾秀威出版公司 2016 年版。

[6]《20 世纪中国文学批评的海外视野——当代海外华人学者批评理论研究》，生活·读书·新知三联书店 2022 年版。

[7]《艺术原创与价值转换》（首批深圳学派建设丛书之一）（李凤亮等著），海天出版社 2014 年版。

[8]《跨界融合与文化创新——文化产业论集》（李凤亮、宗祖盼），社会科学文献出版社 2019 年版。

[9]《文化诗学：理论与实践——20 世纪中国文学批评的跨文化视野与现代性进程》（蒋述卓、李凤亮等著），人民文学出版社 2005 年版。

[10]《文化视野中的文艺存在——文艺文化学论稿》（蒋述卓、李凤亮等著），中国社会科学出版社 2003 年版。

[11]《批评的文化之路——文艺文化学论文集》（蒋述卓主编，李凤亮副主编），中国社会科学出版社 2003 年版。

[12]《荔园文创译丛》（李凤亮主编，共两辑 7 册），商务印书馆 2017 年版、2022 年版。

[13]《纪念中国经济特区成立 30 周年丛书》（李凤亮主编），商务印书馆 2010 年版。

[14]《中国比较文学 30 年与国际比较文学新格局》（李凤亮主编），暨南

大学出版社 2017 年版。

[15]《中国特色新型智库建设研究》（李凤亮主编），中国经济出版社 2016 年版。

[16]《世纪寄语》（李凤亮主编），暨南大学出版社 2000 年版。

[17]《对话的灵光》（李凤亮、李艳编），中国友谊出版公司 1999 年版。

[18]《传媒时代的文学存在方式》（蒋述卓、李凤亮主编），广西师范大学出版社 2010 年版。

[19]《风起南山——文化科技融合创新的深圳之路》（曹赛先、李凤亮主编），中国社会科学出版社 2017 年版。

[20]《新时代深圳城市文明建设的理念与实践》（李凤亮主编），中国社会科学出版社 2023 年版。

[21]《百年文创力——文化创意产业案例集》第 1 辑—第 3 辑（向勇、李凤亮、佘日新主编），北京联合出版中心 2012 版、2015 年版、2021 年版。

[22]《文化科技蓝皮书：文化科技创新发展报告》第 1 辑—第 11 辑（李凤亮主编），社会科学文献出版社 2013 年版、2014 年版、2015 年版、2016 年版、2017 年版、2018 年版、2019 年版、2020 年版、2022 年版、2023 年版。

[23]《粤港澳台文化创意产业发展报告（2014）：聚焦数字产业》（丁未、李凤亮主编），社会科学文献出版社 2015 年版。

[24]《全唐诗流派品汇》（孙映逵主编，李凤亮参撰），北岳文艺出版社 1998 年版。

[25]《十万个高科技为什么》第 1 辑—第 3 辑（李凤亮、刘青松主编），广东科技出版社 2020 年版、2021 年版、2022 年版。

二、代表性论文

（一）米兰·昆德拉与西方小说诗学

[1]《别无选择：诠释"昆德拉式的幽默"》（李凤亮），载《徐州师范学院学报（哲学社会科学版）》1994 年第 1 期；转摘于《高校文科学报文摘》1994 年第 4 期。

[2]《大复调：理论与创作——论米兰·昆德拉对复调小说的承继与发

展》（李凤亮），载《国外文学》1995 第 3 期。

[3]《复调小说：历史、现状与未来——米兰·昆德拉的复调理论体系及其构建动因》（李凤亮），载《社会科学战线》1996 年第 3 期；全文转载于中国人民大学报刊复印资料《外国文学研究》1996 年第 8 期。

[4]《诗·思·史：冲突与融合——米兰·昆德拉小说诗学研究论纲》（李凤亮），收入《思想文综》第四辑，暨南大学出版社 1999 年版。

[5]《米兰·昆德拉及其在中国的命运》（李凤亮），载《中国比较文学》1999 年第 3 期。

[6]《异质语境中的写作悖论——昆德拉的法语写作近况及发展趋向》（李凤亮），载《世界文学》2000 年第 4 期。

[7]《接受昆德拉：解读与误读》（李凤亮），载《国外文学》2001 年第 2 期。

[8]《幽默小说：品性与历史——米兰·昆德拉的启示》（李凤亮），载《暨南学报（哲学社会科学版）》2002 年第 3 期。

[9]《小说死了!?……——关于小说未来的几种观点》（李凤亮），载《小说评论》2002 年第 3 期。

[10]《小说：概念·形态·品性》（李凤亮），载《小说评论》2002 年第 5 期。

[11]《小说：关于存在的诗性沉思——米兰·昆德拉小说存在关键词解读》（李凤亮），载《国外文学》2002 年第 4 期。

[12]《历史境况：在复杂与简练之间——米兰·昆德拉的小说历史观》（李凤亮），载《华南师范大学学报（社会科学版）》2002 年第 6 期。

[13]《诗·语言·思：对抗与对话》（李凤亮），载《宁夏社会科学》2002 年第 6 期。

[14]《小说史：连续性的精神空间——米兰·昆德拉的小说史观》（李凤亮），载《广东社会科学》2002 年第 6 期。

[15]《遗忘·回忆·认同——从"昆德拉现象"看移民作家文化身份的变迁》（李凤亮），载《天津社会科学》2003 年第 2 期。

[16]《政治与性爱：公众视角与私人情境——米兰·昆德拉小说题材的历史内涵与存在意味》（李凤亮），载《暨南学报（哲学社会科学

版)》2003 年第 2 期。

[17]《复调：音乐术语与小说观念——从巴赫金到热奈特再到昆德拉》（李凤亮），载《外国文学研究》2003 年第 1 期；收入《南珠集·文学卷——暨南大学中国语言文学学科论文精选》，暨南大学出版社 2005 年版。

[18]《"第三时"的小说世界——米兰·昆德拉小说史论阐析》（李凤亮），载《南京社会科学》2003 年第 2 期。

[19]《遗忘·回忆·认同——从"昆德拉现象"看移民作家文化身份的变迁》（李凤亮），收入《比较文艺学论集》，学林出版社 2003 年版。

[20]《遗忘情境中的流浪身影——谈移民经历对昆德拉小说创作的影响》（李凤亮），载《译林》2004 年第 1 期；全文转载于中国人民大学报刊复印资料《外国文学研究》2004 年第 4 期。

[21]《文体的复调与变奏——对昆德拉"复调小说"的一种解读》（李凤亮），载《西南师范大学学报（人文社会科学版）》2004 年第 2 期；全文转载于中国人民大学报刊复印资料《外国文学研究》2004 年第 5 期。

[22]《叙事与述史：多元重合的精神空间——文学叙事与历史叙事比较的理论基点》（李凤亮），载《河南师范大学学报（哲学社会科学版）》2004 年第 2 期。

[23]《遗忘的悖论——从"昆德拉现象"看移民作家文化身份的变迁》（李凤亮），收入《跨文化语境中的比较文学——国际比较文学学术研讨会论文选》，译林出版社 2004 年版。

[24]《怀疑态度与相对精神》（李凤亮），载《小说评论》2004 年第 3 期。

[25]《遮蔽与敞亮："思想"道路上的小说——米兰·昆德拉小说诗学中的存在意识》（李凤亮），载《山东师范大学学报（人文社会科学版）》2004 年第 3 期。

[26]《隐喻：修辞概念与诗性精神》（李凤亮），载《中国比较文学》2004 年第 3 期。

[27]《文学叙事与历史叙事比较的理论基点》（李凤亮），载《华中师范

大学学报（人文社会科学版）》2004年第4期；全文转载于中国人民大学报刊复印资料《文艺理论》2004年第10期。

[28]《论米兰·昆德拉的幽默小说观》（李凤亮），载《南昌大学学报（人文社会科学版）》2004年第5期。

[29]《审美与存在的合奏——米兰·昆德拉小说诗学的当代意义》（李凤亮），载《江汉论坛》2004年第8期。

[30]《时间的悠游者》（李凤亮），载《小说评论》2005年第6期。

[31]《面对悖谬与错位的世界》（李凤亮），载《南方文坛（人文社会科学版）》2005年第1期。

[32]《遗忘与记忆的变奏——昆德拉小说的题旨隐喻》（李凤亮），载《深圳大学学报（人文社会科学版）》2005年第2期。

[33]《思想与音乐的交响——昆德拉小说的结构隐喻》（李凤亮），载《福建论坛（人文社会科学版）》2005年第6期。

[34]《米兰·昆德拉：走在"遗忘"的途中》（李凤亮），载《中国图书评论》2006年第4期。

（二）文学理论与文化批评

[1]《关于"人文精神"问题》（笔谈），载《文艺理论与批评》1995年第3期。

[2]《功能·尺度·方法：文学批评何为——重读韦勒克札记》（李凤亮），载《暨南学报（哲学社会科学版）》1997年第4期；全文转载于中国人民大学书报资料复印中心《文艺理论》1998年第1期；被《高等学校文科学报文摘》1998年第1期以《论中国当前的"文学批评"》为题转摘；收入《多维视域中的文艺学——暨南大学文艺学教学与研究论文集》，暨南大学出版社2005年版。

[3]《〈红楼梦〉的诗意叙事追求及其美学阈值界定》（李凤亮），载《红楼梦学刊》1997年第4期；全文转载于中国人民大学书报资料复印中心《中国古代近代文学研究》1998年第1期。

[4]《新理性主义与当代通俗文艺的审美化生成》（李凤亮），载《徐州师范大学学报（哲学社会科学版）》1997年第3期。

[5]《文学：涌向都市的潮声》（蒋述卓、李凤亮、汤重芬、林惠娜、贾柯），载《粤海风》1998年第1—2期。

[6]《文化观照下的文学批评与理论实践》（李凤亮），载《海南师范学院学报（社会科学版）》1998年第2期。

[7]《多元文化语境下的理论探讨与批评实践》（李凤亮），载《暨南学报（哲学社会科学版）》1998年第3期；全文转载于中国人民大学书报资料复印中心《文艺理论》1998年第9期。

[8]《文学史：理论与操作》（李凤亮），载《广东社会科学》1998年第2期。

[9]《文化观照与现实关怀》（李凤亮），载《社会科学家》1998年第5期。

[10]《弱视者的观察——从金岱的〈右手与左手〉说起》（李凤亮），载《书与人》1998年第6期。

[11]《从王国维的审美批评实践看中国古代文论的现代转换》（李凤亮），载《文学评论丛刊》第2卷第2期，江苏文艺出版社2000年3月。

[12]《契机·机制·途径：论"中国文论话语"的生成》（李凤亮），收入广东省文联理论研究室编《新千年文谭》，广东人民出版社2000年版。

[13]《〈在文化的观照下〉》（李凤亮），载《文艺研究》2000年第1期。

[14]《世情时序 文律运周——论社会时尚对文艺创作的影响》（李凤亮），载《暨南学报（哲学社会科学版）》2001年第1期；全文转载于中国人民大学报刊复印资料《文艺理论》2001年第4期。

[15]《大众文化：概念、语境与问题》（李凤亮），载《福建论坛（人文社会科学版）》2002年第5期；转载于《中国社会科学文摘》2003年第2期。

[16]《文化视野中的通俗文艺与高雅文艺》（李凤亮），载《兰州大学学报（社会科学版）》2002年第6期；收入《时代发展与文艺创新》，广东人民出版社2002年版。

[17]《文学批评如何走向多元——从外国文学思潮的影响说起》（李凤亮），载《当代文坛》2003年第1期。

[18]《文学人类学：概念·历史·语境·方法——文艺与人类学的相互碰撞与整合共生》（李凤亮），载《甘肃社会科学》2003年第2期。

[19]《反思之旅意深沉》(李凤亮),载《东方》2003 年第 2 期。

[20]《论民间文艺的民俗文化学意义》(李凤亮),载《思想战线》2003 年第 4 期;全文转载于中国人民大学书报资料复印中心《文艺理论》2003 年第 11 期;摘要转载于《高等学校文科学术文摘》2003 年第 5 期;收入陈建勤主编《文艺民俗学论文集》,上海文化出版社 2009 年版。

[21]《大众文化时代的文艺未来》(李凤亮),载《烟台大学学报(哲学社会科学版)》2003 年第 4 期。

[22]《金岱写作的现代性立场》(李凤亮),载《学术研究》2003 年第 11 期。

[23]《文艺传播:文艺价值实现的社会文化中介》(李凤亮),载《山西师大学报(社会科学版)》2004 年第 1 期;摘要转载于《高等学校文科学术文摘》2004 年第 2 期。

[24]《文化——制度嵌套中的现代性言思——从〈悖论的文化〉一书说起》(李凤亮),载《暨南学报(哲学社会科学版)》2004 年第 1 期。

[25]《批评的开放与开放的批评——论当代批评建构的文化之路》(李凤亮),载《福建论坛》2004 年第 12 期。

[26]《文学:都市的镜像》(李凤亮),收入《广东省作协 50 年文选(1953—2003)·文学评论卷》,花城出版社 2004 年版。

[27]《当代批评的文化求索》(李凤亮),收入《审美文化丛刊》第 3 辑,新华出版社 2004 年版。

[28]《论民俗风情在文艺作品中的多重价值显现》(李凤亮),载《中央民族大学学报(哲学社会科学版)》2005 年第 4 期。

[29]《形式与意义之间——重读〈意义的诱惑〉》(李凤亮),收入《追忆文超——程文超教授逝世一周年纪念文集》,花城出版社 2005 年版。

[30]《谁影响了这一代人的青春》(李凤亮、卢欣),载《当代文坛》2006 年第 1 期。

[31]《批评的伦理——从〈此时的事物〉说起》(李凤亮、华国栋),载《南方文坛》2006 年第 2 期。

[32]《批评的"进入"》(李凤亮、华国栋),载《文艺争鸣》2006年第2期。

[33]《文化批评的多重指涉》(李凤亮),载《学术研究》2006年第3期。

[34]《身体修辞学——文学身体理论的批判与重建》(李凤亮、孔锐才),载《天津社会科学》2006年第6期。

[35]《世俗生活的哲理思索》(李凤亮),收入钟晓毅主编《霭霭停云——华严文学创作学术研讨会论文集》,花城出版社2007年版。

[36]《都市·文学·现代性》(李凤亮),收入杨宏海主编《全球化语境下的当代都市文学》,社会科学文献出版社2007年版。

[37]《唤醒沉睡的灵魂》(李凤亮),载《名作欣赏》2007年第11期。

[38]《城市视野中的移民写作》(李凤亮),收入胡惠林、陈昕、王方华主编《中国都市文化研究》,上海人民出版社2009年版。

[39]《市民社会建构中的当代文艺生产》(李凤亮),收入田根胜、黄忠顺主编《城市文化评论》第4辑,花城出版社2009年版。

[40]《学理·才情·问题意识》(李凤亮),载《南方文坛》2010年第5期;收入张燕玲、张萍主编《我的批评观——今日批评百家》,广西师范大学出版社2016年版。

[41]《批评的灵性》(李凤亮),载《南方文坛》2013年第6期。

[42]《文化视野下的审美寻索》(李凤亮),载《南方文坛》2015年第5期;收入黄永健、安装智主编《逐潮听浪》,光明日报出版社2021年版。

[43]《倡导面向文化现实的文论创新》(李凤亮),载《福建论坛(人文社会科学版)》2015年第4期。

[44]《新时代文艺的生成逻辑和核心要义——习近平总书记关于文艺工作的重要论述研究》(杨丽、李凤亮),载《岭南学刊》2021年第2期。

(三)比较文学与海外华人诗学

[1]《诗意写实主义:东西方叙事美学的实证与互阐》(李凤亮),载《东方丛刊》1997年第4期。

[2]《宗教文艺本质的文化体悟》(李凤亮),载《民族艺术》1999年第

1 期。

[3] 《面向 21 世纪的比较文艺学》（李凤亮），载《学术研究》1999 年第 7 期。

[4] 《对话：理论精神与操作规则——巴赫金对比较诗学的启示》（蒋述卓、李凤亮），载《文学评论》2000 年第 1 期；收入饶芃子、蒋述卓、邓乔彬、朱寿桐主编《南珠集·文学卷——暨南大学中国语言文学学科论文精选》，暨南大学出版社 2005 年版。

[5] 《"互译性"研究与跨语际批评——兼论刘禾文学研究的现代性视野》（李凤亮），载《文学评论》2004 年青年学者专号；收入饶芃子主编《流散与回望——比较文学视野中的海外华人文学》，南开大学出版社 2007 年版。

[6] 《文学人类学：概念·历史·语境·方法——文艺与人类学的相互碰撞与整合共生》（李凤亮），载《福建师范大学学报（哲学社会科学版）》2004 年第 1 期。

[7] 《相遇·对话·创生——文学人类学在 20 世纪中国的兴起与发展》（李凤亮），载《南京社会科学》2004 年第 6 期。

[8] 《徘徊在现代与后现代之间——李欧梵文学批评的现代性视野》（李凤亮），载《山东师范大学学报（人文社会科学版）》2005 年第 3 期。

[9] 《文学批评现代性的译介与传达——刘禾文学批评思想研究》（李凤亮），收入《思想文综》第 9 辑，暨南大学出版社 2005 年版。

[10] 《海外华人学者批评理论研究的几个问题》（李凤亮），载《文学评论》2006 年第 3 期；全文转载于中国人民大学报刊复印资料《文艺理论》2006 年第 8 期；收入蒋述卓主编《跨文化的诗学探寻》，暨南大学出版社 2007 年版。

[11] 《民族话语的二重解读——论李欧梵的文学现代性思想》（李凤亮），载《文艺研究》2006 年第 6 期。

[12] 《浪漫·颓废：都市文化的摩登漫游——李欧梵的都市现代性批判》（李凤亮），载《宁夏社会科学》2006 年第 6 期；收入高小康主编《城市文化评论》，上海三联书店 2007 年版。

[13] 《现代汉诗的海外经验》（李凤亮），载《文艺研究》2007 年第

10 期。

[14]《海外华人学者批评理论新探》(李凤亮),载《红杉林——美洲华人文艺》(美)2007 年第 1 期。

[15]《诗情·眼识·理据》(李凤亮),载《文艺争鸣》2007 年第 5 期。

[16]《"华语语系文学"的概念及其操作》(李凤亮),载《花城》2008 年第 5 期。

[17]《海外中国现代文学研究:历史与现状》(李凤亮),载《南方文坛》2008 年第 5 期。

[18]《要有勇气说出自己的看法》(李凤亮),载《花城》2008 年第 6 期。

[19]《作者与男主人公——我读〈感情的历程〉》(夏志清著,李凤亮译),载《中山大学学报(社会科学版)》2008 年第 5 期;转载于中国人民大学报刊复印资料《中国现当代文学研究》2009 年第 1 期;以《张贤亮的三件宝:浪漫路线、想象力和幽默感》为题,被《朔方》2014 年第 11 期全文转载。

[20]《"跨国华语电影"研究的新视野》(李凤亮),载《电影艺术》2008 年第 5 期;全文转载于中国人民大学报刊复印资料《影视艺术》2008 年第 11 期;翻译为 New Horizons of Transnational Chinese-language Film Studies: An Interview with Sheldon H. Lu,发表于 Journal of Chinese Cinemas,2010 年第 4 卷第 3 期。

[21]《海外华语电影研究的新视野》(李凤亮),载《福建论坛(人文社会科学版)》2008 年第 9 期;全文转载于中国人民大学报刊复印资料《影视艺术》2008 年第 12 期。

[22]《海外中国现代文学与电影研究的学科意识》(李凤亮),载《文艺理论研究》2008 年第 6 期。

[23]《从比较文学到电影研究》(李凤亮),载《中国比较文学》2009 年第 1 期。

[24]《"华语语系文学":概念、争论及其操作问题》(李凤亮),载《中外论坛》(美)2009 年第 1 期、第 2 期。

[25]《20 世纪中国文学研究的整体观及其批评实践》(李凤亮),载《文艺研究》2009 年第 2 期;收入方宁主编《学者之镜》,西南师范大

学出版社 2009 年版。

[26]《穿越：语言·时空·学科》（李凤亮），载《天涯》2009 年第 3 期。

[27]《中国电影产业的新命题》（李凤亮），载《暨南学报（哲学社会科学版）》2009 年第 5 期。

[28]《华语电影研究：命名·理论·突破点》（李凤亮），载《艺术评论》2009 年第 7 期。

[29]《"再解读"的再解读》（李凤亮、唐小兵），载《小说评论》2010 年第 4 期。

[30]《从文学比较到文化批判》（李凤亮、王斑），载《小说评论》2010 年第 5 期。

[31]《走向跨地域的"中国现代诗学"——海外华人批评家的启示》（李凤亮），载《南方文坛》2010 年第 5 期；全文转载于《新华文摘》2010 年第 24 期、中国人民大学书报资料中心《中国现代、当代文学研究》2010 年第 12 期、《中国社会科学文摘》2011 年第 2 期。

[32]《20 世纪中国文艺运动的历史阐释》（李凤亮），载《文艺争鸣》2010 年第 17 期。

[33]《文学与"文人"》（李凤亮、张旭东），载《小说评论》2011 年第 1 期。

[34]《全球化时代的文化认同与文化政治》（李凤亮），载《天涯》2011 年第 1 期。

[35]《全球化与身份定位》（李凤亮），载《天涯》2011 年第 3 期。

[36]《美学·记忆·现代性：质疑与思考》（李凤亮），载《南方文坛》2011 年第 5 期。

[37]《海外华人学者的中国关怀》（李凤亮），载《福建论坛（人文社会科学版）》2011 年第 11 期。

[38]《对话的难度》（李凤亮），载《东吴学术》2012 年第 2 期。

[39]《"华语语系文学"与"世界华文文学"：一个待解的问题》（李凤亮、胡平），载《文艺理论研究》2013 年第 1 期。

[40]《批评的偏见与真诚——夏志清教授访谈录》（李凤亮），载《中外

论坛》（美）2014 年第 1 期、第 2 期。

[41]《开拓中国比较文学研究的新空间》（李凤亮），载《深圳大学学报（人文社会科学版）》2016 年第 2 期。

[42]《空泛与错位的"非虚构诗学传统"——评宇文所安〈中国传统诗歌与诗学：世界的征象〉》（李凤亮、周飞），载《文艺研究》2019 年第 4 期。

（四）文化产业与城市文明

[1]《中国艺博会：出路何在？》（李凤亮、杨光洲），载《画廊》2006 年第 1 期；转摘于《美术观察》2006 年第 4 期。

[2]《文化产业提升文化软实力的战略路径》（李凤亮），载《南京社会科学》2011 年第 12 期。

[3]《从"文化创新"到"创新文化"——创新型城市建设的一个视角》（李凤亮），载《深圳大学学报（人文社会科学版）》2013 年第 4 期。

[4]《文化科技融合：现状·业态·路径——2013 年中国文化科技创新发展报告》（李凤亮、谢仁敏），载《福建论坛（人文社会科学版）》2014 年第 12 期。

[5]《中国文化产业发展：趋势与对策》（李凤亮、宗祖盼），载《同济大学学报（社会科学版）》2015 年第 1 期；全文转载于《新华文摘》2015 年第 11 期、中国人民大学书报资料中心《文化创意产业》2015 年第 4 期、《红旗文摘》2015 年第 8 期、《文化深圳》2015 年、《深创协会刊》2015 第 1 期（创刊号）。

[6]《科技背景下文化产业的业态裂变与跨界融合》（李凤亮、宗祖盼），载《学术研究》2015 年第 1 期；《新华文摘》2015 年第 9 期摘编；获第六届中国社会科学院"优秀皮书报告奖"。

[7]《跨界融合：文化产业的创新发展之路》（李凤亮、宗祖盼），载《天津社会科学》2015 年第 3 期。

[8]《"互联网+"时代的文化科技融合——2014 年文化科技创新总报告》（李凤亮、胡鹏林），载《福建论坛（人文社会科学版）》2015 年第 12 期。

[9]《文化与科技融合创新：模式与类型》（李凤亮、宗祖盼），载《山东大学学报（哲学社会科学版）》2016 年第 1 期；《新华文摘》数字

平台 2016 年第 6 期全文转载；收入魏建主编《文化与经济前沿研究（2017）》，山东大学出版社 2017 年版。

[10]《深圳前海自贸区文化创新：定位与路径》（李凤亮），载《深圳大学学报（人文社科版）》2016 年第 1 期。

[11]《文化与科技融合创新：演进机理与历史语境》（李凤亮、宗祖盼），载《中国人民大学学报》2016 年第 4 期。

[12]《"一带一路"对文化产业发展的影响及对策》（李凤亮、宇文曼倩），载《同济大学学报（社会科学版）》2016 年第 5 期；《新华文摘》数字平台全文转载。

[13]《文化科技融合背景下文化产业发展的十大对策》（李凤亮），载《人文天下》2016 年第 11 期。

[14]《经济新常态背景下文化业态创新战略》（李凤亮、宗祖盼），载《北京大学学报（哲学社会科学版）》2017 年第 1 期。

[15]《我国文化产业创新的制度环境及优化路径》（李凤亮、潘道远），载《江海学刊》2017 年第 3 期；全文转载于人大复印资料《文化创意产业》2017 年第 4 期；获第二届（2014—2017 年度）文化创意产业优秀论文奖（2018 年 3 月）；收入上海社会科学院文学研究所编辑出版的《城市文化创新研究读本》。

[16]《新业态视域下的广东文化产业竞争力研究》（李凤亮、潘道远），载《广东社会科学》2017 年第 4 期。

[17]《英国城市再生的文化经验及对中国的启示》（李丹舟、李凤亮），载《学习与实践》2017 年第 7 期。

[18]《数字创意产业与国家文化软实力提升路径研究》（李凤亮、赵雪彤），载《广西民族大学学报（哲学社会科学版）》2017 年第 6 期；全文转载于《新华文摘》2018 年第 9 期。

[19]《直播产业的崛起与创意经济的新未来》（李凤亮），收入范周主编《文化经济研究》（第 3 辑），知识产权出版社 2017 年版。

[20]《以创新思维构建新时代广东文化体系》（李凤亮、宗祖盼），载《南方》2017 年第 2 期增刊。

[21]《提升我国创意经济能级的几点思考》（李凤亮），全文转载于人大复印资料《文化产业导刊》2017 年第 5 期。

[22]《率先实现社会主义现代化，广东亟须构建文化体系》（李凤亮、钟雅琴），载《南方》2017年第25期。

[23]《文化创意与经济增长：数字经济时代的新关系构建》（李凤亮、潘道远），载《山东大学学报（哲学社会科学版）》2018年第1期；《高等学校文科学术文摘》2018年第3期摘编。

[24]《文化自信与新时代文化产业的功能定位》（李凤亮、潘道远），载《深圳社会科学》2018年第1期（创刊号）；收入王京生主编《文化流动与文化创新研究报告2020》，广东人民出版社2022年版。

[25]《腾讯数字文化生态的构建逻辑与创新战略》（李凤亮、宗祖盼），收入李小甘主编《深圳十大文化名片》，人民出版社2018年版。

[26]《数字创意时代文化消费的未来》（李凤亮、单羽），载《福建论坛（人文社会科学版）》2018年第5期；收入管宁、林秀琴主编《以新思想引领文化发展》，九州出版社2022年版；以《数字创意产业发展和文化消费升级》为题，收入《文化科技蓝皮书：文化科技创新发展报告（2018）》，社会科学文献出版社2018年版。

[27]《文化产品消费国外研究述评》（罗小艺、李凤亮），收入胡惠林、李炎主编《中国文化产业评论》第26卷，上海人民出版社2018年版。

[28]《跨文化交流视域中的"一带一路"文化产业合作》（李凤亮、罗小艺），载《西北工业大学学报》（社会科学版）2018年第4期。

[29]《守正创新 繁荣文艺》（李凤亮），载《艺术教育》2018年第24期。

[30]《区块链与文化产业：数字经济的新实践趋势》（潘道远、李凤亮），载《文化产业研究》2018年第1辑。

[31]《论中国文化产业观念的发生》（宗祖盼、李凤亮），载《学术研究》2019年第1期。

[32]《文化产业研究的发生学视野》（宗祖盼、李凤亮），载《福建论坛》2019年第2期；全文转载于人大复印资料《文化产业专辑》2019年第4期。

[33]《数字创意时代大城市群的文化消费升级》（李凤亮），收入荣跃明主编《上海文化产业发展报告（2020）》，上海人民出版社、上海书

店出版社 2020 年版。

[34]《数字创意产业对于"一带一路"跨区域嵌入的耦合意义》(陈能军、李凤亮),载《江西师范大学学报(哲学社会科学版)》2020 年第 4 期;全文转载于人大复印资料《世界经济导刊》2021 年第 2 期。

[35]《乡村文化振兴中的如画场景营造结构》(刘晓菲、李凤亮),载《河南牧业经济学院学报》2020 年第 5 期。

[36]《新时代中华优秀传统文化现代化转换的价值、路径及原则》(李凤亮、古珍晶),载《东岳论丛》2020 年第 11 期。

[37]《以文旅融合助推两汉文化传承发展》(李凤亮、宗祖盼),载《群众》2020 年第 24 期。

[38]《艺术与科技融合的无限可能》(李凤亮),载《艺术学研究》2021 年第 1 期。

[39]《习近平总书记关于国家文化安全论述的哲学底蕴探析》(李凤亮、杨辉),载《学术研究》2021 年第 1 期。

[40]《中国与"一带一路"沿线国家文化产品出口波动影响因素研究》(杨辉、李凤亮),载《文化产业研究》2021 年第 1 期。

[41]《文化科技融合背景下新型旅游业态的新发展》(李凤亮、杨辉),载《同济大学学报(社会科学版)》2021 年第 1 期;《新华文摘》网刊 2021 年第 14 期全文转载。

[42]《全球文化创新资源集聚与深圳城市文明典范构建》(李凤亮、刘晓菲),载《特区实践与理论》2021 年第 5 期。

[43]《"双碳"视野下中国文化产业高质量发展的机遇、路径与价值》(李凤亮、古珍晶),载《上海师范大学学报(哲学社会科学版)》2021 年第 6 期;转摘于《高等学校文科学术文摘》2022 年第 2 期。

[44]《我国博物馆文化新业态的产业特征与发展趋势》(李凤亮、古珍晶),载《山东大学学报(哲学社会科学版)》2022 年第 1 期;全文转载于人大复印资料《文化创意产业》2022 年第 4 期。

[45]《新时代 新文创 新艺论》(李凤亮),载《艺术管理》2022 年第 1 期。

[46]《文化产业学科与理论体系建构的新探索——〈文化产业发生论〉

评介》（李凤亮），载《山东社会科学》2022年第3期。

[47]《新发展格局中的文化消费走向》（李凤亮、刘晓菲），载《山东社会科学》2022年第6期；转摘于《高等学校文科学术文摘》2022年第4期。

[48]《从文化自觉、文化自信到文明创新——中国共产党百年征程的文化贡献探赜》（李凤亮），载《中国高校社会科学》2022年第4期；全文转载于《新华文摘》2022年第23期、《文化深圳》2022年第10期；2023年获深圳市哲学社会科学优秀成果一等奖。

[49]《新时代守正创新的价值意蕴与文化实践》（李凤亮、刘晓菲），载《福建论坛（社会科学版）》2022年第10期。

[50]《科学·人文·艺术：深圳城市精神涵养的重要支点》（李凤亮），载《文化深圳》2022年第8期，《深圳特区报》"理论周刊"2022年11月1日第B1版。

[51]《数字文化产业视野下的传统文化创新》（李凤亮、周梦琛），载《文艺理论研究》2022年第6期。

[52]《国家文化安全：时代语境、战略布局与实践路径》（李凤亮），收入胡惠林、李炎主编《中国文化产业评论》第32卷，上海人民出版社2023年版。

[53]《全国统一大市场建设下我国文化产业新发展格局构建机制研究》（李凤亮、古珍晶），载《东岳论丛》2023年第1期；《新华文摘》网刊2023年第16期全文转载。

[54]《以中国式现代化全面推进中华民族伟大复兴——党的二十大报告思想逻辑初探》（李凤亮），载《特区实践与理论》2023年第1期。

[55]《数字技术与创意产业融合视野下美国传媒娱乐业的发展》（李凤亮、赵昕阳），载《上海大学学报》2023年第3期；全文转载于人大复印资料《文化创意产业》2023年第5期。

[56]《中国式文化现代化建设论纲》（李凤亮、陈能军），载《广东社会科学》2023年第3期；《新华文摘》2023年第21期、人大复印资料《体制改革》2023年第11期全文转载；《高等学校文科学术文摘》2023年第4期摘编。

[57]《数字创意产业推进文化自信自强的"全球—地方"创新》（亓冉、

李凤亮），载《理论月刊》2023 年第 7 期。

[58]《中华民族现代文明建设的三重自信》（李凤亮、涂浩），载《学术研究》2023 年第 10 期。

[59]《以习近平文化思想指引城市文明典范建设》（李凤亮、涂浩、陈能军），载《深圳社会科学》2023 年第 6 期。

（五）新文科与话语体系

[1]《跨学科、跨区域联合打造文化创意产业发展的高端智库》（李凤亮），载《深圳大学学报（哲学社会科学版）》2012 年第 3 期。

[2]《现代大学制度视野下的高校哲学社会科学评价创新》（李凤亮、王占军），载《中国高校科技》2012 年第 8 期。

[3]《艺术学理论视角下艺术管理研究的困境与出路》（李凤亮、宗祖盼），载《艺术百家》2014 年第 4 期。

[4]《以创新思维推进深圳学派建设》（李凤亮），载《南方论丛》2013 年第 5 期；全文收入彭立勋主编《深圳文化蓝皮书》，中国社会科学出版社 2014 年版。

[5]《新文科：定义·定位·定向》（李凤亮），载《探索与争鸣》2020 年第 1 期；全文收录于全国新文科教育研究中心编《新文科建设年度发展报告 2020》，山东大学出版社 2021 年版。

[6]《抢抓"新文科"发展机遇，加快文化产业交叉学科建设》（李凤亮），收入胡惠林、李炎主编《中国文化产业评论》第 30 卷，上海人民出版社 2021 年版。

[7]《内化与外溢——社会转型背景下的人文学术生产》（李凤亮、陈能军），载《探索与争鸣》2021 年第 6 期；全文转载于人大复印资料《社会科学总论》2022 年第 1 期。

[8]《新文科视野下的大学通识教育》（李凤亮、陈泳桦），载《山东大学学报（哲学社会科学版）》2021 年第 4 期；全文收录于全国新文科教育研究中心编《新文科建设年度发展报告 2021》，山东大学出版社 2021 年版。

[9]《加快建设中国特色世界一流的新文科》（李凤亮），载《新文科理论与实践》2022 年第 2 期。

[10]《新文科与当代中国文论的"破"与"立"》（李凤亮），载《探索

与争鸣》2022年第9期。

[11]《新时代构建中国自主的知识体系的几点思考》（李凤亮、杨辉），载《中国高校社会科学》2023年第5期。

[12]《"三大体系"如何因应时代之变》（李凤亮），载《探索与争鸣》2023年第9期。

（六）文化观察与教育时评

[1]《盼琴瑟春常润 思人天月共圆——现代词人沈祖棻〈蝶恋花〉赏析》（李凤亮），载《阅读与写作》1994年第10期。

[2]《情语亦景语 格高曲自新——评沈祖棻〈临江仙·一棹蒹葭初舣处〉》（李凤亮），载《阅读与写作》1997年第1期。

[3]《沈祖棻〈水调歌头〉欣赏》（李凤亮），载《阅读与写作》1997年第3期。

[4]《文缘连四海 畅叙在羊城》（李凤亮），载《文汇报》（香港）1997年9月21日。

[5]《回归之际话文学》（李凤亮），载《广州文艺》1997年第11期、《岭南文报》1997年10月8日。

[6]《心随饶师读红楼》（李凤亮），收入暨南大学比较诗学与比较文化研究中心编《师道悠悠》，暨南大学出版社1997年版。

[7]《一部具有突破意义的好作品》（李凤亮），载《深圳作家报》1997年12月28日。

[8]《塑造新人形象 抒写时代之声》（李凤亮），载《深圳作家报》1997年12月28日。

[9]《文缘连四海 畅叙在羊城》（李凤亮），载《台港澳海外华文文学·四海》1997年第6期。

[10]《柳梢月·官员创作·南海现象》（李凤亮），载《南海日报》1998年1月7日；收入广东省社会科学院文学研究所编《岭南乡土新奇葩——邓文初作品评论集》，中国文联出版社1999年版。

[11]《追求理想完美的诗意人生》（李凤亮），载《岭南文报》1998年1月8日。

[12]《三个特色·两条建议·一点感想——关于〈柳梢月〉》（李凤亮），载《南海文艺》1998年第2期；收入广东省社会科学院文学研究所

编《岭南乡土新奇葩——邓文初作品评论集》，中国文联出版社1999年版。

[13] 《塑造新时期的典型形象 展示新生活的人文价值》（李凤亮），载《深圳特区报》1998年2月26日。

[14] 《现代都市的扫描——香港电视五题》（刘刚、李凤亮），载《南方电视学刊》1998年第2期。

[15] 《文艺文化学研究的新开拓》（李凤亮），载《读书人报》1998年8月3日。

[16] 《返回常理看世界》（李凤亮），载《作家报》1998年8月6日。

[17] 《赵一凡的"治学三诀"》（李凤亮），载《中国人才》1998年第10期。

[18] 《令人忧思的穿越》（李凤亮），载《广州日报》1998年10月24日。

[19] 《他的事业是立人——从〈右手与左手〉说起》（李凤亮），载《语文月刊》1998年第11期。

[20] 《精神重建：理念·规则·姿态——从金岱的〈右手与左手〉说起》（李凤亮），载《岭南文报》1998年11月8日。

[21] 《怎样称呼"中国人"》（李凤亮），载《岭南文化时报》1998年11月20日。

[22] 《共和国文学五十年：一个值得探讨的话题》，载《南方日报》1998年11月18日第9版。

[23] 《读蒋述卓教授〈宗教艺术论〉》（李凤亮），载《澳门日报》1998年12月18日。

[24] 《反省与超越——杨匡汉谈中国当代文学研究的九个问题》（李凤亮），载《当代文学研究资料与信息》1999年第1期；转载于《北京文学》1999年第5期、《小小说月报》1999年第2期。

[25] 《世纪之交的广东文学：问题与语境》（李凤亮），载《深圳特区报》1999年1月14日第11版。

[26] 《永远"理亏"的上帝》（李凤亮），载《粤港信息日报》1999年1月16日第8版。

[27] 《岭南新乡土文学的一朵奇葩》（李凤亮），载《佛山文化》1999年

2月号；转载于《南海文艺》1999年第1期；收入《岭南乡土新奇葩——邓文初作品评论集》，中国文联出版社1999年版。

[28] 《昆德拉研究：何处是归途》（李凤亮），载《南方日报》1999年3月14日第10版；转载于《澳门日报》1999年4月9日。

[29] 《学术写作的策略》（李凤亮），载《南方日报》1999年4月11日第10版。

[30] 《博士之死》（李凤亮），载《南方都市报》1999年5月2日第11版。

[31] 《小城多底蕴——回归之年访澳门随感》（李凤亮），载《广东侨报》1999年5月。

[32] 《当代青年知识分子的历史使命——我们怎样纪念五四》（李凤亮），载《南方日报》1999年5月19日第3版。

[33] 《人在历史中——评〈虹霓〉》（李凤亮），载《南方日报》1999年6月2日第11版。

[34] 《通古今之变　抒爱国才情——评沈祖棻的两首〈浣溪沙〉词》（李凤亮），载《阅读与写作》1999年第6期。

[35] 《厚实凝重的历史画卷》（李凤亮），载《新世纪文坛》1999年6月8日。

[36] 《面向21世纪的比较文艺学》（李凤亮），载《澳门日报》1999年9月15日、1999年9月22日。

[37] 《一首风格健爽的女性词作——沈祖棻〈鹧鸪天·惊见戈矛〉赏析》（李凤亮），载《阅读与写作》1999年第11期。

[38] 《文艺美学：世纪之交的思考》（李凤亮），载《南方日报》1999年12月12日。

[39] 《昆德拉：离诺贝尔奖有多远》（李凤亮），载《中华读书报》2000年1月5日国际文化版。

[40] 《不倦的求索者——〈跨过的岁月——王元化画传〉读后》（李凤亮），载《读书人报》2000年2月18日。

[41] 《昆德拉：走向21世纪——由格拉斯获诺贝尔奖所想到的》（李凤亮），载《澳门日报》2000年4月5日。

[42] 《边缘文化的的生机与魅力》（李凤亮），载《粤海风》2000年5-

6月号。

[43]《大学之精神》(李凤亮),载《澳门日报》2000年5月8日。

[44]《中国第一代白领的主力阵容》(李凤亮),载《黄金时代》2000年第5期。

[45]《我们在南下的洪流中》(署名陶亥),载《黄金时代》2000年第5期。

[46]《生活在他方》(李凤亮),载《中国图书商报》2000年5月16日。

[47]《文艺美学:世纪之交的思考》(李凤亮),载《广东学术通讯》2000年第6期。

[48]《文学:都市的镜像》(李凤亮),载《广州文艺》2001年第1期。

[49]《意深构谨　浑然天成——金庸〈笑傲江湖〉浅评》(李凤亮),载《阅读与写作》2000年第8期。

[50]《创新的思路　可贵的收获》(李凤亮),载《太原日报·双塔文学副刊》2000年10月23日"文学评论"版。

[51]《现实与隐喻——我看〈会考之死〉》(李凤亮),载《广州文艺》2000年第9期。

[52]《穗沪之间的似与不似——关于城市建设与文化营造之思》(李凤亮),载《粤港信息日报》2000年11月16日。

[53]《文学:都市的镜像》(李凤亮),载《广州文艺》2001年第1期。

[54]《倡导对话共生的学理批评》(李凤亮),载《新世纪文坛》2001年第1期。

[55]《青春》(李凤亮),载《广东公安报》2001年1月20日第4版。

[56]《文学批评,呼唤对话》(李凤亮),载《广州文艺》2001年第2期。

[57]《多元时代的文学写作——〈惊魂黑碉楼〉的几点阅读启示》,载《新世纪文坛》2001年6月28日。

[58]《为了告别的聚会》(李凤亮),载《羊城晚报》2001年11月29日。

[59]《物质激情的反讽者》(李凤亮),载《广州文艺》2001年第12期。

[60]《米兰·昆德拉:越遗忘越关注》(李凤亮),载《羊城晚报》2002年2月14日。

[61]《非专业写作的新尝试——读吴振尧〈萍水相逢〉有感》,载《新世纪文坛》2002年3月8日。

[62]《多元时代的文学景观——广东非专业写作现象透视》(李凤亮),载《人民日报》2002年4月8日第15版。

[63]《虚拟时代的欲望寓言——读梅毅长篇新作〈白领青年〉》(李凤亮),载《南方都市报》2002年4月25日。

[64]《米兰·昆德拉文学小故事》,收入黄宝生主编《文学大师的故事》(李凤亮),解放军文艺出版社2002年版。

[65]《精神之重与生命之轻——读梅毅长篇新作〈失重岁月〉》(李凤亮、付勇),载《深圳特区报》2002年4月14日B5版;转载于《文艺报》2002年6月22日(72版)。

[66]《徘徊在精神隧道》(李凤亮),载《中国图书商报》2002年7月4日。

[67]《被误读的昆德拉》(李凤亮),载《南方周末》2002年8月8日第C19版。

[68]《为城市白领造像——一位青年小说家与批评家的对话》,载《深圳特区报》2002年9月1日B5版。

[69]《是谁误读了昆德拉——对米兰·昆德拉未能获得诺贝尔文学奖的思考》(李凤亮),载《深圳特区报》2003年1月13日B6版。

[70]《文章合为时而著——读〈2003:广州"非典"阻击战〉》(李凤亮),载《广州文艺家》2003年第2期。

[71]《南粤腾飞的浓缩画卷——吕雷、赵洪〈大江沉重〉的多重意蕴解读》(李凤亮),载《信息时报》2003年2月20日;转载于《新世纪文坛》2003年3月28日。

[72]《关于青春》(李凤亮),载《深交所》2003年第3期。

[73]《不倦的求索者——〈王元化画传〉读后》(李凤亮),收入钱钢主编《一切诚念终将相遇——解读王元化》,湖北教育出版社2003年版。

[74]《米兰·昆德拉:"遗忘"的悖论》(李凤亮),载《中华读书报》2003年4月9日第19版。

[75]《他不是"文学神话"》(李凤亮),载《信息时报》2003年5月19

日第 B6 版。

[76]《一个古典主义者的神话——西篱〈东方极限主义与皮鞋尖尖〉读后》(李凤亮),载《深圳特区报》2003 年 5 月 22 日第 7 版。

[77]《在现实生存中寻求"诗意栖居"》(李凤亮),载《信息时报》2003 年 5 月 26 日第 B4 版。

[78]《情爱浮世绘,或欲望的地图》(李凤亮),载《羊城晚报》2003 年 6 月 10 日。

[79]《文学:涌向都市的潮声》(蒋述卓、李凤亮、汤重芬、林惠娜、贾柯、潘伟);收入蒋述卓主编《城市的想像与呈现》,中国社会科学出版社 2003 年版。

[80]《不倦的求索者——〈跨过的岁月——王元化画传〉读后》(李凤亮),收入蒋述卓《批评的文化之路——文艺文化学论文集》,中国社会科学出版社 2003 年版。

[81]《〈云淡天高〉:电视剧创作的新尝试》(李凤亮),载《写作》2003 年第 6 期。

[82]《文章合为时而著》(李凤亮),载《人民日报》2003 年 6 月 23 日第 19 版。

[83]《一部结构谨严的电视剧力作》(李凤亮),载《中国老年报》2003 年 6 月 27 日。

[84]《琐碎的激情》(李凤亮),载《中国图书商报》2003 年 8 月 8 日。

[85]《小说诗学:理论与实践》(李凤亮),载《中国图书商报》2003 年 9 月 5 日第 C3 版。

[86]《主旋律与大众化——广东电视剧创作的启示》(李凤亮),载《写作》2004 年第 1 期;后收入广东省作家协会编《神圣的使命——广东当代文学理论研究成果集成》,花城出版社 2008 年版。

[87]《越走越近的昆德拉》(李凤亮),载《中华读书报》2004 年 2 月 4 日。

[88]《〈生命交响曲〉:生命力量的艺术呈现》(李凤亮),载《南方日报》2004 年 5 月 11 日。(《生命力量的艺术呈现——大型电视音诗〈生命交响曲〉观后》(李凤亮),载《写作》2004 年第 19 期。)

[89]《生命力量的艺术呈现》(李凤亮),载《广州日报》2004 年 5 月

13 日。

[90]《"红色经典"改编：想说爱你不容易》（李凤亮）（笔谈），载《南方日报》2004 年 6 月 2 日 A11 版。

[91]《体验赢家的魅力》（李凤亮），载《现代乡镇》2004 年第 5、6 期。

[92]《冷硬的灵魂》（李凤亮），载《中国图书商报》2004 年 10 月 8 日第 B10 版。

[93]《权谋文化的影视新变》（李凤亮），载《广州日报》2004 年 10 月 9 日。

[94]《生命力量的艺术显现》（李凤亮），载《写作》2004 年第 10 期。

[95]《美的历程》，收入贾益民主编《正月十五——贺饶芃子教授七十华诞文集》（李凤亮），暨南大学出版社 2005 年版。

[96]《文学：都市的镜像》（李凤亮），载《文艺报》2005 年 7 月 7 日第 2 版。

[97]《从音像产业链看文学影视"套种"：有助于小说突围》（李凤亮），载《羊城晚报》2005 年 7 月 16 日。

[98]《打工文学：在爱与痛的边缘徘徊》（李凤亮）（笔谈），载《羊城晚报》2005 年 7 月 30 日第 B4 版。

[99]《艺术·母亲·革命——电视连续剧〈冼星海〉中的双重意象》（李凤亮），载《南方日报》2005 年 8 月 1 日。

[100]《电视连续剧〈冼星海〉》（李凤亮）（笔谈），载《文艺报》2005 年 8 月 9 日第 2 版。

[101]《文化诗学的审美情怀——记蒋述卓教授》（李凤亮），载《文艺报》2005 年 8 月 25 日第 5 版。

[102]《都市·文学·现代性》（李凤亮），载《文学报》2005 年 9 月 1 日第 3 版。

[103]《对文学境界的一次开拓——读谢有顺〈此时的事物〉》（李凤亮），载《海南日报》2006 年 2 月 25 日。

[104]《广东的自信与自省》（李凤亮），《信息时报》2006 年 2 月 27 日第 B15 版。

[105]《欲望到理想的救赎——读谢宏长篇小说〈文身师〉》（李凤亮），载《深圳特区报》2006 年 3 月 27 日第 C3 版。

[106]《关于爱与疼、怜悯与追问》（李凤亮），载《南方都市报》2006年7月10日第B5版。

[107]《名人博客，为何"博"不起来？》（李凤亮），载《羊城晚报》2006年8月12日第B5版。

[108]《沉重的乡村——牟扬、大棚〈日月流转〉读后》（李凤亮），载《南方日报》2006年10月15日第12版。

[109]《社区的文化政治学》（李凤亮），收入《潜行在自己的时代》，广东旅游出版社2007年版。

[110]《日常生活的守候与审视》（李凤亮），载《人民日报》2007年11月17日第7版。

[111]《将神秘进行到底——〈大蛇〉短评》（李凤亮），载《作品》2008年7月号。

[112]《新客家文学：情境·悖论·策略——也谈外来作家如何融入本地写作》（李凤亮），载《广州文艺家》2009年第1期。

[113]《探索有中国特色的现代大学制度》（李凤亮）（笔谈），载《中国社会科学报》2009年4月20日。

[114]《海外中国现代文学研究：优势与影响》（李凤亮），载《中国社会科学报》2011年3月24日第7版。

[115]《以学术评价创新推动现代大学制度建设》（李凤亮、王占军），载《中国社会科学报》2011年10月25日第A7版。

[116]《在广袤的大地上抒写心志》（李凤亮），载《深圳商报》2011年11月14日第C3版。

[117]《推行以质量为导向的科研评价机制》（李凤亮），载《中国教育报》2011年12月22日第8版。

[118]《弘扬深圳特色的"观念文化"》（李凤亮），载《中国文化报》2012年3月27日第11版。

[119]《独具特色的深圳模式》（李凤亮），载《经济日报》2012年7月26日第14版。

[120]《科技创新与文化创意产业转型升级》（李凤亮），载《中国文化报》2012年12月4日第11版。

[121]《增强行业话语权 实现创意深圳梦》（李凤亮），载《深圳特区报》

2013 年 5 月 28 日第 B9 版。

[122]《打造文化产业发展的"创意引擎"》（李凤亮），载《三十八度评论》2013 年总第 9 辑。

[123]《忆夏志清》（李凤亮），载《深圳商报》2014 年 1 月 3 日第 B12 版。

[124]《批评的偏见与真诚》（李凤亮），载《晶报》2014 年 1 月 4 日第 B04 版。

[125]《〈人文颂〉：美美与共，天下大同》（李凤亮），载《深圳商报》2014 年 1 月 23 日第 C1 版。

[126]《以创新思维推进"深圳学派"建设》（李凤亮），载《深圳特区报》2014 年 3 月 25 日第 C2 版。

[127]《加强高校智库建设 繁荣人文社会科学》（李凤亮），载《中国社会科学报》2014 年 6 月 13 日第 B3 版。

[128]《前海自贸区文化创新定位与路径》（李凤亮），载《中国社会科学报》2015 年 10 月 13 日第 4 版。

[129]《从 DIY 到 DIWO 的创客之道》（李凤亮），载《中国出版传媒商报》2015 年 10 月 13 日第 14 版。

[130]《改革机制，协同创新，建设特色鲜明、优势突出的新型智库》（李凤亮），载《深大通讯》2015 年第 2 期。

[131]《面向生命的阅读》（李凤亮），载《学术评论》2016 年第 2 期；转载于《机关党建》2016 年第 4 期；全文收录于徐南铁选编《中国年度随笔 2016》（李凤亮），漓江出版社 2017 年版。

[132]《中国文化产业发展的五大趋势》（李凤亮），载《投资与创业》2016 年第 5 期。

[133]《深圳前海自贸区文化创新：定位与路径》（李凤亮），载《深圳特区报》2016 年 5 月 10 日第 C1 版。

[134]《看看这位全世界最有趣的人》（李凤亮），载《晶报》2016 年 12 月 3 日第 B8 版。

[135]《城市的"黄金时代"正在来临》（李凤亮），载《晶报》2016 年 12 月 10 日第 B6 版。

[136]《推动文化产业跨界融合》（李凤亮），载《人民日报》2016 年 7

月 31 日第 5 版。

[137]《坚持守正创新 繁荣文艺创作》（李凤亮），载《人民日报》2016 年 11 月 22 日第 14 版。

[138]《增强文化自信 推动文化创新——学习十九大报告中有关文化建设思想的体会》（李凤亮），载《中国文化报》2017 年 11 月 16 日第 9 版。

[139]《广东文化体系创新需处理好四个关系》（李凤亮、赵辉），载《深圳特区报》2017 年 11 月 28 日第 C2 版。

[140]《文化自信助推文化产业高质量发展》（李凤亮），载《中国社会科学报》2018 年 12 月 24 日第 8 版。

[141]《胡经之先生的三大贡献》（李凤亮），载《文艺报》2018 年 12 月 29 日第 7 版。

[142]《发挥文化力量，做改革开放的开拓者》（李凤亮、杨辉），载《光明日报》2019 年 1 月 4 日第 6 版。

[143]《以持续文化创新 增强城市文化自信》（李凤亮、杨辉），载《深圳特区报》2019 年 3 月 5 日第 C1 版。

[144]《先行示范需全面提升软实力支撑》（李凤亮），载《深圳特区报》2019 年 8 月 27 日第 A4 版。

[145]《"中国化"的文化产业观念是如何发生的》（宗祖盼、李凤亮），载《文汇报》2019 年 9 月 24 日第 7 版；全文转载于《新华文摘》2020 年第 1 期。

[146]《以高度文化自觉铸就中华文化新辉煌》（李凤亮），载《南方日报》2020 年 8 月 17 日第 A12 版。

[147]《提升特区软实力，创造发展新动能》（李凤亮），载《南方日报》2020 年 10 月 26 日第 A13 版。

[148]《5G"新基建"赋能数字创意产业高质量发展》（陈能军、李凤亮），载《中国社会科学报》2021 年 2 月 23 日第 A6 版。

[149]《新发展格局中的文化消费走向》（李凤亮、刘晓菲），载《中国社会科学报》2021 年 4 月 16 日第 A5 版。

[150]《粤港澳大湾区文化创新协同发展的新格局与新路径》（李凤亮），载《中国文化报》2021 年 9 月 26 日第 A5 版。

［151］《美育，给大学科技创新插上翅膀》（李凤亮），载《光明日报》2021年11月30日第14版。

［152］《贯通历史、现实与未来的光辉文献》（李凤亮），载《深圳特区报》2021年12月14日第B1版。

［153］《中华优秀传统文化是当代文艺创作的源头活水》（李凤亮），载《南方日报》2021年12月27日第A19版。

［154］《新型研究型大学的时代特征与发展导向》（李凤亮），载《中国教育报》2022年1月24日第3版。

［155］《以新文科建设大力推进创新人才培养》（李凤亮），载《学习时报》2022年7月8日第6版。

［156］《以文化创新发展创造人类文明新形态》（李凤亮），载《南方日报》2022年11月15日第A8版。

［157］《未来已来——数字时代的精神建构》（李凤亮、刘青松、司徒俊杰）（对谈实录），载《新阅读》2022年第12期。

［158］《持续开拓深圳美学研究新境界》（李凤亮），载《深圳特区报》2022年12月3日第A8版；转载于《特区文学·深圳评论》总第3期。

［159］《城市文明研究话语体系的新建构》（李凤亮），载《中华读书报》2023年1月18日第19版。

［160］《现代书院制：高校正在探索的人才培养模式》（李凤亮），载《学习时报》2023年5月12日第6版。

［161］《谱写中华民族现代文明建设的时代华章》（李凤亮），载《南方日报》2023年6月12日第11版。

［162］《以文旅深度融合，助推文化创新发展》（李凤亮），载《徐州日报》2023年7月31日第8版。

（统计截止至2023年12月）

后　记

　　这本自选集收录了我从事学术工作近30年间的31篇论文，基本上反映了这些年来我于学术研究走过的历程。我将论文按内容分为四辑。第一辑"米兰·昆德拉与西方小说诗学"集中讨论捷裔法籍小说家昆德拉的诗学问题，界定其诗、思、史相融合的创作特色，同时总结当代西方小说诗学的前沿成果；第二辑"批评理论与海外华人诗学"聚焦于当代海外华人学者批评理论的若干重要问题，既有理论研究篇章，又有个案分析之作，还前瞻了海外华人学者批评理论对于建构跨地域的"中国现代诗学"的重要意义与未来路径；第三辑"文化产业与城市文明"收文最多，反映了我近年来在文化诗学、文化产业、文明发展等领域的思考；第四辑"新文科与话语体系"收录了我因应近年来关于"新文科"建设和构建中国特色的哲学社会科学体系讨论的数篇文章，反映出在当代人文社会科学发展面临的对策化、跨界化、技术化、国际化形势下的新思考。为避免重复，已选入《沉思与怀想》（中国社会科学出版社2003年版）和《跨界融合与文化创新——文化产业论集》（社会科学文献出版社2019年版）两本论文集的文章，本次均未再收录。

　　自选集中的大多数文章为我独著。部分篇章由我提出构想，与学生讨论并合作完成，合作作者包括陈能军、杨辉、胡平、刘晓菲、周梦琛、涂浩、陈泳桦等。我向他们表示衷心感谢！

　　编选论文集往往是检视自己的好时机，它让我看到我曾经付出的努力，更看到业已存在的遗憾，思考知天命之年后的写作路向。所以，这是一个阶段性总结，提醒自己学无止境、研无达界，要以更从容的心境去思考和回应日益变化的学术世界、现实世界。

　　最后，我要感谢广东省委宣传部、广东省社会科学界联合会，有幸入选"广东省优秀社会科学家",才有了这本自选集的编选。同时,要感谢为论文集编辑付出诸多心力的中山大学出版社嵇春霞、陈霞两位老师。她们的耐心、细心,提醒我面对学术要永远心怀敬意。

李凤亮

2024 年 5 月于广州三文斋